Die kalte Zwangsverwaltung

Schriften zum Zivilverfahrensrecht und Insolvenzrecht

Herausgegeben von Martin Ahrens

Band 9

PL ACADEMIC RESEARCH

Viviane Körner

Die kalte Zwangsverwaltung

Freihändige Verwaltung massezugehöriger Grundstücke durch den Insolvenzverwalter aufgrund einer Verwertungsvereinbarung mit absonderungsberechtigten Gläubigern

PL ACADEMIC RESEARCH

Bibliografische Information der Deutschen Nationalbibliothek
Die Deutsche Nationalbibliothek verzeichnet diese Publikation in der Deutschen Nationalbibliografie; detaillierte bibliografische Daten sind im Internet über http://dnb.d-nb.de abrufbar.

Zugl.: Heidelberg, Univ., Diss., 2016

D 16
ISSN 2192-4953
ISBN 978-3-631-71719-6 (Print)
E-ISBN 978-3-631-71720-2 (E-PDF)
E-ISBN 978-3-631-71721-9 (EPUB)
E-ISBN 978-3-631-71722-6 (MOBI)
DOI 10.3726/b10796

PL Academic Research ist ein Imprint der Peter Lang GmbH.

Peter Lang – Frankfurt am Main · Bern · Bruxelles · New York · Oxford · Warszawa · Wien

Diese Publikation wurde begutachtet.

www.peterlang.com

Vorwort

Die vorliegende Arbeit entstand berufsbegleitend neben meiner praktischen Tätigkeit als Rechtsanwältin. Sie wurde im Sommersemester 2016 von der Juristischen Fakultät der Ruprecht-Karls-Universität Heidelberg als Dissertation angenommen.

Mein herzlicher Dank gilt zuallererst meinem Doktorvater, Herrn Prof. Dr. Andreas Piekenbrock, der mir die Anregung zum Thema dieser Arbeit gab. Er unterstützte mich stets bei meiner Arbeit und gewährte mir den nötigen wissenschaftlichen Freiraum. Herrn Rechtsanwalt beim BGH Prof. Dr. Matthias Siegmann danke ich ebenso herzlich für die Übernahme und die überaus schnelle Erstattung des Zweitgutachtens. Für die darin enthaltenen hilfreichen Anregungen bin ich ihm sehr verbunden. Dem Herausgeber Herrn Prof. Dr. Martin Ahrens danke ich für die Aufnahme meiner Dissertation in die Reihe „Schriften zum Zivilverfahrensrecht und Insolvenzrecht".

Mein ganz besonderer Dank gilt meiner lieben Freundin und Kollegin Frau Rechtsanwältin Natalie Ott, die trotz ihrer eigenen Verpflichtungen die Mühen des Korrekturlesens auf sich nahm und mich während der gesamten Zeit der Erstellung dieser Arbeit mental unterstützte. Für ihre Unterstützung und ihren Rat danke ich auch sehr meiner lieben Freundin Frau Dr. Lena Kunz, LL.M.

Tiefer Dank gebührt zudem meiner Mutter Andrea Körner und meiner Schwester Vanessa Körner für ihre liebevolle Unterstützung sowie ihr Verständnis und ihre Nachsicht für meine oft zu begrenzte Zeit. Meine Arbeit widme ich meinem leider viel zu früh verstorbenen Vater Ekkehard Körner, der mich stets darin bestärkte, mein Promotionsvorhaben doch noch in die Tat umzusetzen.

Stuttgart, im November 2016 Viviane Körner

Inhaltsverzeichnis

Einleitung

A. Ausgangslage

Grundstücke einschließlich der darauf errichteten Bauwerke gelten aufgrund ihrer nur begrenzten Verfügbarkeit als besonders werthaltig und wertbeständig.[1] Insbesondere Deutschland gilt wegen des traditionell langfristig ausgerichteten Finanzierungssystems mit Festzinsprodukten und hohen Eigenkapitalanteilen als ein risikoarmer und stabiler Immobilienstandort.[2] Rechte an Grundstücken sind aus diesem Grund besonders tauglich, langfristige Kreditvergaben abzusichern,[3] sei es, dass Privatpersonen einen Grundstückskauf oder ein (Um-) Bauvorhaben finanzieren möchten, sei es, dass Unternehmenstransaktionen oder sonstige Unternehmensinvestitionen getätigt werden sollen. In der Kreditpraxis kommt daher der Kreditsicherung durch Grundpfandrechte, insbesondere in Form der Sicherungsgrundschuld (vgl. Legaldefinition in § 1192 Abs. 1a Satz 1 Hs. 1 BGB),[4] eine erhebliche Bedeutung zu.[5]

---

1 *Baur/ Stürner*, Sachenrecht, 18. Aufl., 2009, § 36 Rdnr. 8; *Eickmann*, ZfIR 1999, 81 (81); *Federlin*, in: Kümpel/ Wittig, Bank- und Kapitalmarktrecht, 4. Aufl., 2011, 12. Teil Rdnr. 12.321; *Josten*, Kreditvertragsrecht, 2012, 5. Teil § 30 Rdnr. 646; *Keller*, ZfIR 2002, 861 (862); *Lausberg*, Das Immobilienmarktrisiko deutscher Banken, 2001, S. 59; *von Heymann/ Merz*, in: Schimansky/ Bunte/ Lwowski, Bankrechts-Handbuch, 4. Aufl., 2011, § 86 Rdnr. 3. Kritisch zur Immobilie als Sicherheit hingegen *Pape*, AnwBl 2008, 494 (495 f.).

2 *Bundesinstitut für Bau-, Stadt- und Raumforschung*, Wohnungs- und Immobilienmärkte in Deutschland 2011, Kurzfassung, S. 5 f. (abrufbar unter http://www.bbr.bund.de/BBSR/DE/Veroeffentlichungen/AnalysenKompakt/2012/DL_1_2012.pdf?__blob=publicationFile&v=2, Abruf v. 14.05.2016); *Bundesministerium für Verkehr, Bau und Stadtentwicklung*, Bericht über die Wohnungs- und Immobilienwirtschaft in Deutschland, 1. Aufl., 2013, S. 16 f. (abrufbar unter www.bmub.bund.de/fileadmin/Daten_BMU/Pools/Broschueren/wohnungs_immobilienwirtschaft_d_broschuere_bf.pdf, Abruf v. 14.05.2016).

3 *Bundesministerium der Justiz*, Erster Bericht der Kommission für Insolvenzrecht, 1985, Vorb. zu den Leitsätzen unter 3.5, S. 333; *Josten*, Kreditvertragsrecht, 2012, 5. Teil § 30 Rdnr. 646; *Weber*, Grundstücksrecht, 4. Aufl., 2015, § 13 Rdnr. 1, § 15 Rdnr. 1.

4 *Baur/ Stürner*, Sachenrecht, 18. Aufl., 2009, § 45 Rdnr. 4; *Federlin*, in: Kümpel/ Wittig, Bank- und Kapitalmarktrecht, 4. Aufl., 2011, 12. Teil Rdnr. 12.334; *Ganter*, in: Schimansky/ Bunte/ Lwowski, Bankrechts-Handbuch, Band 2, 4. Aufl., 2011, § 94 Rdnr. 1 f.; *Josten*, Kreditvertragsrecht, 2012, 5. Teil § 30 Rdnr. 645.

5 *Eickmann*, ZfIR 1999, 81 (81); *Josten*, Kreditvertragsrecht, 2012, 5. Teil § 30 Rdnr. 646; *Keller*, ZfIR 2002, 861 (862); *Lausberg*, Das Immobilienmarktrisiko deutscher Banken,

Wird über das Vermögen des Kreditnehmers (Insolvenzschuldner) das Insolvenzverfahren[6] eröffnet, tritt also der Sicherungsfall ein, so ist – gerade im gewerblichen Bereich – folgende Situation häufig anzutreffen:

In der Insolvenzmasse befindet sich (mindestens) ein Grundstück, welches an einen Dritten bzw. an Dritte vermietet oder verpachtet[7] ist. Dieses Grundstück ist mit mindestens einem Grundpfandrecht (wertausschöpfend) belastet. Wurden Vollstreckungsmaßnahmen in das Grundstück seitens eines Gläubigers bislang noch nicht beantragt, so stellt sich für den Grundpfandrechtsgläubiger nun die Frage, wie er seine Kreditsicherheit bestmöglich verwerten kann, um seinen eigenen Ausfall trotz Insolvenz des Kreditnehmers möglichst gering zu halten.[8] Für eine zumindest teilweise Befriedigung kann es insbesondere bei Gewerbeimmobilien für den Grundpfandrechtsgläubiger attraktiv sein, auf die oft sehr lukrativen, fortlaufenden Mieten mittels gerichtlich angeordneter Zwangsverwaltung[9] zuzugreifen.[10] Eine gerichtlich angeordnete Zwangsverwaltung kann für den Grundpfandrechtsgläubiger auch einen Weg darstellen, um die Zeit bis zu einer etwaigen Zwangsversteigerung des belasteten Grundstücks zu überbrücken.[11] Aufgrund der häufig hohen Arbeitsbelastung der Vollstreckungsgerichte kann es jedoch bis zur

---

2001, S. 62; *Tetzlaff*, ZInsO 2004, 521 (521); *Vieweg/ Werner*, Sachenrecht, 7. Aufl., 2015, § 15 Rdnr. 2; *Weber*, Grundstücksrecht, 4. Aufl., 2015, § 13 Rdnr. 1, § 15 Rdnr. 1; *Wolfsteiner*, in: Staudinger, BGB, Buch 3, 2015, Einl. zu § 1113 ff. Rdnr. 15. Siehe hierzu auch die Statistik der Deutschen Bundesbank, Stand 15.02.2016 (abrufbar unter www.bundesbank.de -> Statistiken -> Banken und andere finanzielle Institute -> Banken -> Kreditnehmerstatistik -> Tabellen -> Nr. 06 Kredite der Banken (MFIs) in Deutschland an inländische Unternehmen und Privatpersonen, Wohnungsbaukredite, Wirtschaftsbereiche, Abruf v. 14.05.2016). Kritisch zur Grundschuld als Sicherungsmittel aufgrund der zunehmenden Praxis des Verkaufs von Krediten und Sicherheiten an private Aufkäufer hingegen *Grziwotz*, AnwBl 2008, 501 (503).

6 Diese Arbeit verwendet einheitlich die Terminologie der InsO, auch wenn die Entscheidungen noch zur KO ergangen sind. Hiervon ausgenommen sind Angaben nach der KO sowie wörtliche Zitate.

7 Für eine bessere Lesbarkeit verwendet diese Arbeit im Folgenden einheitlich nur die mietrechtliche Terminologie. Nach § 581 Abs. 2 BGB sind auf Pachtverträge ohnehin die mietrechtlichen Vorschriften der §§ 535 ff. BGB entsprechend anzuwenden, soweit die §§ 582–584b BGB keine hiervon abweichenden Regelungen enthalten.

8 *Janca*, InsbürO 2004, 377 (377).

9 Zur eindeutigen Abgrenzung vom Rechtsinstitut der kalten Zwangsverwaltung wird das gesetzlich geregelte Institut der Zwangsverwaltung in dieser Arbeit als „gerichtlich angeordnete Zwangsverwaltung“ bzw. als „gerichtliche Zwangsverwaltung“ bezeichnet.

10 *Dörndorfer*, in: Münchener Kommentar, ZPO, Band 2, 5. Aufl., 2016, § 866 Rdnr. 5.

11 *Riedel*, in: Beck'scher Online-Kommentar ZPO, Band 8, 21. Edition, 2016, § 866 Rdnr. 3.

Anordnung einer beantragten gerichtlichen Zwangsverwaltung und damit dem Zugriff auf die Mietforderungen zu zeitlichen Verzögerungen kommen.[12] Auch ist die Durchführung einer gerichtlichen Zwangsverwaltung für den absonderungsberechtigten Grundpfandrechtsgläubiger mit hohen Kosten verbunden.[13]

Gleichzeitig hat der mit der Eröffnung des Insolvenzverfahrens bestellte Insolvenzverwalter ein Interesse daran, das massezugehörige Grundstück bestmöglich zur Befriedigung aller Gläubiger zu verwerten.[14] Bei einer parallel angeordneten gerichtlichen Zwangsverwaltung muss sich der Insolvenzverwalter mit dem bestellten Zwangsverwalter arrangieren. Auch kann ein gerichtliches Zwangsverwaltungsverfahren den Insolvenzverwalter in seinen Verwertungsmaßnahmen behindern.[15]

In solchen Situationen treffen Insolvenzverwalter und Grundpfandrechtsgläubiger häufig[16] als Alternative zu den gesetzlich geregelten und mittlerweile anerkannten Befriedigungs- und Verwertungsmöglichkeiten eine Vereinbarung über die Gläubigerbefriedigung aus den Mietforderungen ohne formelle Durchführung eines gerichtlich angeordneten Zwangsverwaltungsverfahrens. Diese Vorgehensweise wird als kalte Zwangsverwaltung bezeichnet.

---

12 *Bork*, ZIP 2013, 2129 (2132); *Janca*, InsbürO 2004, 377 (377); *Keller*, NZI 2013, 265 (267); *Tetzlaff*, ZfIR 2005, 179 (180); *Wipperfürth*, Das Grundstück in der Insolvenz, 1. Aufl., 2014, C. Rdnr. 663.

13 *BGH*, Beschl. v. 14.07.2016 – IX ZB 31/14 = WM 2016, 1543 (1544); *Bork*, ZIP 2013, 2129 (2132); *Tetzlaff*, ZInsO 2004, 521 (527).

14 *BT*-Drucks. 12/2443, S. 108 (zu § 1 InsO-E); *Frege/ Keller/ Riedel*, Insolvenzrecht, 8. Aufl., 2015, Teil 1 Kap. 1 Rdnr. 1; *Ganter/ Lohmann*, in: Münchener Kommentar, InsO, Band 1, 3. Aufl., 2013, § 1 Rdnr. 20; *Janca*, InsbürO 2004, 377 (377); *Pape*, in: Uhlenbruck, InsO, 14. Aufl., 2015, § 1 Rdnr. 1; *Ries*, in: K. Schmidt, InsO, 19. Aufl., 2016, § 56 Rdnr. 23; *Tetzlaff*, ZfIR 2005, 179 (179); *Wipperfürth*, Das Grundstück in der Insolvenz, 1. Aufl., 2014, A. Rdnr. 38.

15 Siehe hierzu Kapitel 1 A.II.2.b)cc).

16 *Bork*, ZIP 2013, 2129 (2129); *Laroche*, in: Vallender/ Undritz, Praxis des Insolvenzrechts, 2012, Kap. 2 Rdnr. 270. Nach *Pape* (AnwBl 2008, 494, (497 Fn. 14)) wird die kalte Zwangsverwaltung in der Praxis von Insolvenzverwaltern aufgrund der zahlreichen noch offenen Rechtsfragen eher mit „gemischten Gefühlen" gesehen. Zum (angeblichen) Bedeutungsverlust der kalten Zwangsverwaltung aufgrund der Forderungsübernahme von non-performing loans (notleidende Kredite) vgl. *Niering*, ZInsO 2008, 790 (791); *ders.*, NZI 2008, 146 (147); ähnlich auch *Pape*, AnwBl 2008, 494 (494).

B. Anlass dieser Arbeit

Das Rechtsinstitut der kalten Zwangsverwaltung hat sich in der Rechtspraxis entwickelt und ist bislang gesetzlich nicht geregelt.

Trotz der praktischen Bedeutung der kalten Zwangsverwaltung gibt es nur sehr wenige Gerichtsentscheidungen, die sich mit diesem Rechtsinstitut auseinandersetzen. Darüber hinaus wird die kalte Zwangsverwaltung in einzelnen Entscheidungen lediglich am Rande erwähnt.

Auch von der Literatur wurde das Rechtsinstitut der kalten Zwangsverwaltung bislang noch nicht umfassend aufgearbeitet. Lediglich *Bork*[17] und *Keller*[18] haben sich jeweils in einem zentralen Aufsatz dieser Thematik gewidmet. Daneben existieren einige wenige detaillierte Abhandlungen zu Einzelproblemen, die bei Durchführung einer kalten Zwangsverwaltung auftreten können. Zu oft finden sich in der Literatur jedoch lediglich pauschale Feststellungen ohne nähere Begründung und tiefergehende Analyse. Auch werden Fragen teilweise nur aufgeworfen, ohne sie einer Lösung zuzuführen.

Die fehlende Kodifikation sowie die fehlende umfassende Aufarbeitung und Ausgestaltung des Rechtsinstituts der kalten Zwangsverwaltung durch Rechtsprechung und Literatur führen nach *Johann*[19] zu einer gewissen Unsicherheit der beteiligten Personen bei der Vereinbarung und Durchführung einer kalten Zwangsverwaltung. Die vorgenannten Gründe gaben Anlass für diese Arbeit.

C. Ziele und Gang dieser Arbeit

Mit dieser Arbeit werden zwei Hauptziele verfolgt:

Das *erste* Hauptziel besteht darin, einen Rahmen für die Vereinbarung einer kalten Zwangsverwaltung zu erarbeiten. Zum einen ist zu untersuchen, welche Voraussetzungen vorliegen müssen, um eine derartige Vereinbarung treffen zu können. Zum anderen sind auch etwaige Grenzen aufzuzeigen, bei deren Vorliegen die Vereinbarung einer kalten Zwangsverwaltung nicht (mehr) möglich oder zweckmäßig ist.

Als *zweites* Hauptziel dieser Arbeit ist zu ermitteln, welche (Mindest-) Anforderungen an die inhaltliche Ausgestaltung der Vereinbarung einer kalten Zwangsverwaltung zu stellen sind. Trotz grundsätzlicher Vertragsfreiheit und fehlender gesetzlicher Regelungen zur kalten Zwangsverwaltung sind nämlich

17 *Bork*, ZIP 2013, 2129 ff.

18 *Keller*, NZI 2013, 265 ff.

19 *Johann*, DStZ 2012, 127 (128).

bestimmte gesetzliche Vorgaben für eine zulässige Verwertungsvereinbarung zu beachten, wie noch zu zeigen sein wird.

Nicht Gegenstand dieser Arbeit sind hingegen steuerrechtliche Fragen.[20] Des Weiteren behandelt diese Arbeit nicht die Frage, ob eine kalte Zwangsverwaltung bereits mit dem vorläufigen Insolvenzverwalter möglich ist.[21] Darüber hinaus werden etwaige Besonderheiten im Rahmen eines Insolvenzplanverfahrens nicht erörtert. Die vorliegende Arbeit geht vielmehr davon aus, dass die kalte Zwangsverwaltung im Rahmen eines Regelinsolvenzverfahrens vereinbart wird.

Für eine umfassende Analyse und Bewertung der kalten Zwangsverwaltung ist es zunächst erforderlich, die Gründe dafür zu verstehen, weshalb sich das Rechtsinstitut der kalten Zwangsverwaltung in der Rechtspraxis überhaupt entwickelt hat. *Kapitel 1* setzt sich daher mit der bestehenden Gesetzes- und Rechtslage im Hinblick auf Befriedigungs- und Verwertungsmöglichkeiten auseinander. Zunächst werden die gesetzlich geregelten Befriedigungsmöglichkeiten eines Grundpfandrechtsgläubigers dargestellt. Hierbei ist insbesondere auf die Möglichkeit einer gerichtlich angeordneten Zwangsverwaltung einzugehen, da sich die kalte Zwangsverwaltung als Alternative hierzu entwickelt hat. Auch ist die Frage zu klären, ob Grundpfandrechtsgläubiger auch noch nach Eröffnung eines Insolvenzverfahrens auf die Mietforderungen im Wege der Forderungspfändung zugreifen können. Sodann werden die gesetzlich geregelten und mittlerweile anerkannten Verwertungsmöglichkeiten eines Insolvenzverwalters in der gebotenen Kürze dargestellt.

In *Kapitel 2* geht diese Arbeit zunächst auf die Grundlagen und Voraussetzungen einer kalten Zwangsverwaltung ein. Es ist zu klären, was genau unter einer kalten Zwangsverwaltung zu verstehen ist und warum diese Situation überhaupt als kalte Zwangsverwaltung bezeichnet wird. Des Weiteren ist zu untersuchen, ob und falls ja, unter welchen Voraussetzungen eine derartige Verwertungsvereinbarung rechtlich zulässig ist und welche Mitwirkungserfordernisse gegebenenfalls bestehen.

Kapitel 3 widmet sich sodann ausführlich der inhaltlichen Ausgestaltung einer derartigen Verwertungsvereinbarung. Neben der Frage, wer überhaupt an

---

20 Zur umsatzsteuerrechtlichen Thematik vgl. *de Weerth*, NZI 2007, 329 ff.; speziell zur Einkommenssteuer vgl. *Kahlert*, DStR 2013, 97 ff.

21 Bejahend *Bork*, ZIP 2013, 2129 (2135); *Ellrich/ Lind*, ForderungsPraktiker Wiki Kredit-Servicing 2012, 16 (18); *Obermüller*, Insolvenzrecht in der Bankpraxis, 8. Aufl., 2011, Rdnr. 6.943; *Tetzlaff*, in: Lwowski/ Fischer/ Langenbucher, Das Recht der Kreditsicherung, 9. Aufl., 2011, § 6 Rdnr. 19. Verneinend *Molitor*, in: Molitor/ Hild, Immobilien in der Insolvenzrechtspraxis, 2014, I. Rdnr. 600.

einer kalten Zwangsverwaltung zu beteiligen ist, ist zu klären, welche Regelungen zwingend in die Verwertungsvereinbarung aufzunehmen sind und welche hingegen von den Parteien nicht vertraglich vereinbart werden können. Besonderes Augenmerk legt die vorliegende Arbeit hierbei auf den Einzug und die Verwendung von Mietforderungen im Rahmen der kalten Zwangsverwaltung.

In *Kapitel 4* werden sodann Gründe aufgezeigt, die von vornherein gegen den Abschluss einer derartigen Verwertungsvereinbarung sprechen.

Mittels einer Gegenüberstellung von gerichtlicher Zwangsverwaltung einerseits und kalter Zwangsverwaltung andererseits werden in *Kapitel 5* schließlich die wesentlichen Vor- und Nachteile des jeweiligen Rechtsinstituts beleuchtet und gegeneinander abgewogen.

Abschließend wird in *Kapitel 6* ein kurzes Gesamtfazit dieser Arbeit gezogen und ein Ausblick auf etwaige gesetzliche Regelungserfordernisse gegeben.

Kapitel 1 Gesetzlich geregelte und anerkannte Befriedigungs- und Verwertungsmöglichkeiten

In der vom Insolvenzverwalter zu verwertenden Insolvenzmasse befinden sich häufig Grundstücke. Je nachdem, welche Rechte an den Grundstücken bestehen, gibt es unterschiedliche Verwertungs- und Befriedigungsinteressen.

Der Gläubiger, dem vor Eröffnung des Insolvenzverfahrens über das Vermögen des Insolvenzschuldners nach materiellem Recht ein Grundpfandrecht wirksam bestellt wurde, kann auch nach Eröffnung des Insolvenzverfahrens Befriedigung aufgrund seines dinglichen Rechts suchen.[22] In Anbetracht der jeweils bezweckten Rechtsfolgen muss der Grundpfandrechtsgläubiger entscheiden, welche Maßnahme für ihn in der konkreten Situation vorteilhaft ist.

Auch der Insolvenzverwalter verfügt über verschiedene Verwertungsmöglichkeiten, um die Insolvenzmasse zur Befriedigung aller Gläubiger des Insolvenzschuldners zu vergrößern und Belastungen der Insolvenzmasse mit zusätzlichen Kosten zu vermeiden.

Im Folgenden werden die einzelnen gesetzlich geregelten Befriedigungsmöglichkeiten eines Grundpfandrechtsgläubigers (vgl. nachfolgend unter A.) sowie die gesetzlich geregelten und anerkannten Verwertungsmöglichkeiten des Insolvenzverwalters (vgl. nachfolgend unter B.) dargestellt.

A. Gesetzlich geregelte Befriedigungsmöglichkeiten des Grundpfandrechtsgläubigers

I. Ausgangsnorm des § 49 InsO

Ausgangsnorm für die Befriedigungsmöglichkeiten des Grundpfandrechtsgläubigers im eröffneten Insolvenzverfahren über das Vermögen des Insolvenzschuldners ist § 49 InsO. Danach sind Gläubiger, denen ein Recht auf Befriedigung aus Gegenständen zusteht, die der Zwangsvollstreckung in das unbewegliche Vermögen unterliegen (unbewegliche Gegenstände), nach Maßgabe des ZVG zur abgesonderten Befriedigung berechtigt. Das mit einem Grundpfandrecht

22 Nicht Gegenstand dieser Arbeit ist die Möglichkeit eines freihändigen Verkaufs der Grundschuld, vgl. hierzu *Federlin*, in: Kümpel/ Wittig, Bank- und Kapitalmarktrecht, 4. Aufl., 2011, 12. Teil Rdnr. 12.415 ff.

belastete Grundstück muss im Eigentum des Insolvenzschuldners stehen[23] und darf vom Insolvenzverwalter nicht freigegeben[24] worden sein. Nur unter diesen Voraussetzungen fällt das belastete Grundstück in die Insolvenzmasse. Die Massezugehörigkeit des Grundstücks ergibt sich grundsätzlich aus dem Insolvenzvermerk im Grundbuch.[25]

1. Recht auf Befriedigung aus unbeweglichen Gegenständen

Der zur abgesonderten Befriedigung aus einem Grundstück berechtigte Personenkreis ergibt sich aus dem Verweis von § 49 InsO auf die Bestimmungen des ZVG, insbesondere auf die §§ 10 ff. ZVG. § 10 ZVG bestimmt daneben auch deren Rangfolge untereinander. An vierter Rangstelle stehen dingliche Ansprüche. Erfasst werden alle dinglichen Rechte, die das Grundstückseigentum belasten oder beschränken und unmittelbar aus ihm zu befriedigen sind.[26] Grundpfandrechte gewähren dem Berechtigten materiell-rechtlich das Recht auf Befriedigung aus dem belasteten Grundstück und aus Gegenständen, auf die sich das Grundpfandrecht erstreckt (Haftungsverband), § 1147 BGB.[27] Mietforderungen sind Bestandteil des Haftungsverbandes bei vermieteten Grundstücken, § 1123 Abs. 1 BGB.

---

23 Im Falle der Drittsicherung, d. h. wenn das Grundpfandrecht zur Sicherung der Kreditschuld des Kreditnehmers an dem Grundstück eines Dritten bestellt wird, erfolgt die Verwertung des Grundpfandrechts außerhalb des Insolvenzverfahrens des Kreditnehmers.

24 Zur Freigabe siehe ausführlich Kapitel 1 B.IV.

25 *Mohrbutter*, in: Mohrbutter/ Ringstmeier, Handbuch Insolvenzverwaltung, 9. Aufl., 2015, Kap. 6 Rdnr. 167.

26 *Stöber*, ZVG, 21. Aufl., 2016, § 10 Rdnr. 8.

27 Für die mithaftenden Gegenstände ist der Begriff des „hypothekarischen Haftungsverbandes" geläufig. In der Praxis ist jedoch die Grundschuld in Form der Sicherungsgrundschuld das am meisten verwendete Sicherungsmittel aus dem Bereich der Grundpfandrechte. Diese Arbeit geht daher von der Bestellung einer derartigen Sicherheit aus (vgl. Einleitung A.). Die Vorschriften des Hypothekenrechts finden über die Verweisungsnorm des § 1192 Abs. 1 BGB entsprechende Anwendung, soweit sie nicht das Bestehen einer Forderung voraussetzen. Die Verweisungsnorm wird im Folgenden nicht zitiert. Für die mithaftenden Gegenstände wird in dieser Arbeit der allgemeine Begriff des „Haftungsverbandes" verwendet.

2. Gläubiger, denen ein Recht auf Befriedigung „zusteht"

Nach § 49 InsO muss dem Grundpfandrechtsgläubiger das Befriedigungsrecht des Weiteren zustehen. Das Befriedigungsrecht muss nach materiellem Recht bei Eröffnung des Insolvenzverfahrens über das Vermögen des Insolvenzschuldners bereits wirksam entstanden sein.[28] Hieraus folgt zweierlei:

Die Bestellung eines Grundpfandrechts stellt eine Belastung des Grundstücks und somit eine Verfügung über das Grundstück dar.[29] Zum Schutz der Insolvenzmasse sind Verfügungen des Insolvenzschuldners *nach* Eröffnung des Insolvenzverfahrens daher grundsätzlich unwirksam, § 81 Abs. 1 Satz 1 InsO.[30] Die Verfügungsbefugnis über massezugehörige Gegenstände geht mit Eröffnung des Insolvenzverfahrens auf den Insolvenzverwalter über, § 80 Abs. 1 InsO.[31]

Selbst ein *vor* Eröffnung des Insolvenzverfahrens entstandenes dingliches Recht ist nur dann insolvenzfest, wenn es auch in unanfechtbarer Weise entstanden ist.[32]

3. Rechtsfolge: Recht zur abgesonderten Befriedigung

Liegen die vorgenannten Voraussetzungen vor, dann ist der Grundpfandrechtsgläubiger nach § 49 InsO „zur abgesonderten Befriedigung berechtigt". Dingliche Rechte begründen für deren Berechtigte im Falle der Eröffnung des Insolvenzverfahrens kraft ihres gesetzlichen Inhalts ein Absonderungsrecht.[33]

---

28 *RG*, Urt. v. 21.06.1918 – VII 140/18 = RGZ 93, 209 (212); *Bäuerle*, in: Braun, InsO, 6. Aufl., 2014, Vorb. vor §§ 49–52 Rdnr. 4; *Frege/ Keller/ Riedel*, Insolvenzrecht, 8. Aufl., 2015, Teil 3 Kap. 4 Rdnr. 1500; *Ganter*, in: Münchener Kommentar, InsO, Band 1, 3. Aufl., 2013, Vorb. vor §§ 49–52 Rdnr. 17.

29 Zum Begriff der „Verfügung" vgl. *BGH*, Urt. v. 24.10.1979 – VIII ZR 289/78 = BGHZ 75, 221 (226).

30 Entsprechendes gilt für einen Rechtserwerb in sonstiger Weise nach § 91 Abs. 1 InsO, es sei denn, es liegt ein Ausnahmetatbestand des § 91 Abs. 2 InsO vor.

31 Vom Insolvenzverwalter können Pfandrechte nach Eröffnung des Insolvenzverfahrens bestellt werden, vgl. *Thole*, in: K. Schmidt, InsO, 19. Aufl., 2016, § 49 Rdnr. 6.

32 *Brinkmann*, in: Uhlenbruck, InsO, 14. Aufl., 2015, § 49 Rdnr. 7; *Foerste*, Insolvenzrecht, 6. Aufl., 2014, § 24 Rdnr. 369.

33 *BGH*, Urt. v. 13.10.1959 – VIII ZR 186/58 = NJW 1959, 2251 (2251); *ders.*, Beschl. v. 12.02.2009 – IX ZB 112/06 = WM 2009, 807 (808); *Bassenge*, in: Palandt, BGB, 75. Aufl., 2016, § 1147 Rdnr. 1; *Bäuerle*, in: Braun, InsO, 6. Aufl., 2014, § 49 Rdnr. 15; *Büchler*, in: Hamburger Kommentar, InsO, 5. Aufl., 2015, Vorb. zu §§ 49–51 Rdnr. 1; *Gundlach*, in: Pape/ Gundlach/ Vortmann, Handbuch der Gläubigerrechte, 2. Aufl., 2011, Teil 6 Rdnr. 625, 784.

Das Absonderungsrecht eines dinglichen Gläubigers stellt die insolvenzrechtliche Wirkung seines materiellen Rechts dar.[34] Eine Beschlagnahme ist insoweit nicht erforderlich.[35]

Absonderungsrechte sind insolvenzfeste Vorzugsrechte an haftungsrechtlich der Insolvenzmasse zugeordneten beweglichen oder unbeweglichen Gegenständen.[36] Sie gewähren einen vorrangigen Anspruch auf Befriedigung aus einem bestimmten Gegenstand der Insolvenzmasse, der ihnen aufgrund einer besonderen Vereinbarung oder eines besonderen Rechts verhaftet ist.[37] Der absonderungsberechtigte Gläubiger kann allerdings nicht auf die Substanz des belasteten Gegenstandes, sondern nur auf dessen Wert zugreifen. Bereits der historische Gesetzgeber hielt eine derartige Bevorzugung von Realgläubigern für selbstverständlich.[38] Bis heute hat sich an dieser Wertung nichts geändert. Es wäre ein unverhältnismäßiger Eingriff in die Wertsubstanz der Sicherheiten und damit in die Rechtsstellung immobiliargesicherter Gläubiger, wenn sie durch die Eröffnung des Insolvenzverfahrens einem automatischen Verwertungsverbot unterworfen werden würden.[39]

Das Institut der Absonderung gewährleistet somit die Beständigkeit des Sicherungsrechts und damit dessen Wert.[40] Ohne diese insolvenzrechtliche Wirkung wäre die Kreditfinanzierungsfähigkeit des späteren Insolvenzschuldners nicht sichergestellt.[41] Der moderne Wirtschaftsverkehr wäre andernfalls so nicht denkbar.[42] Dies gilt insbesondere für Kreditgeber wie Kreditinstitute und Versicherungsunternehmen, denen fremde Gelder anvertraut sind, mittels derer die

34 *Brinkmann*, in: Uhlenbruck, InsO, 14. Aufl., 2015, § 49 Rdnr. 4.

35 *Bäuerle*, in: Braun, InsO, 6. Aufl., 2014, § 49 Rdnr. 15.

36 *Foerste*, Insolvenzrecht, 6. Aufl., 2014, § 24 Rdnr. 368; *Häsemeyer*, Insolvenzrecht, 4. Aufl., 2007, Rdnr. 18.03.

37 *Pape*, in: Pape/ Gundlach/ Vortmann, Handbuch der Gläubigerrechte, 2. Aufl., 2011, Teil 1 Rdnr. 21.

38 *Hahn*, Die gesamten Materialien zu den Reichs-Justizgesetzen, Band 4, 1983, A. c. I. 1. Buch 5. Titel, Begründung zu § 39 KO-E, S. 186 („Das Recht der Realgläubiger auf Absonderung der ihnen dinglich verhafteten Gegenständen bedarf keiner weiteren Begründung.").

39 *BT*-Drucks. 12/2443, S. 86 f.

40 *Bülow*, Recht der Kreditsicherheiten, 8. Aufl., 2012, Einf. Rdnr. 1.

41 *Lwowski/ Merkel*, Kreditsicherheiten, 8. Aufl., 2003, S. 15; *Stürner*, ZZP 94 (1981), 263 (270); *Thole*, in: K. Schmidt, InsO, 19. Aufl., 2016, § 49 Rdnr. 1.

42 *Ringstmeier*, in: Beck/ Depré, Praxis der Insolvenz, 2. Aufl., 2010, § 15 Rdnr. 4.

ausgegebenen Kredite refinanziert werden.[43] Sie müssen zum Schutz ihrer eigenen Gläubiger für eine möglichst risikofreie Besicherung der ausgegebenen Kredite sorgen.[44]

II. Einzelne Befriedigungsmöglichkeiten

Die Befriedigung des absonderungsberechtigten Gläubigers erfolgt grundsätzlich außerhalb des Insolvenzverfahrens im Wege der Zwangsvollstreckung.[45]

Voraussetzung einer jeden Befriedigung ist zunächst, dass die Verwertungsvoraussetzungen des dinglichen Rechts eingetreten sind.[46] Zudem müssen die allgemeinen Prozess- und Vollstreckungsvoraussetzungen vorliegen. Der Grundpfandrechtsgläubiger benötigt insbesondere einen dinglichen Titel,[47] wonach der Grundstückseigentümer die Zwangsvollstreckung in das belastete Grundstück in

---

43 *Baur/ Stürner*, Sachenrecht, 18. Aufl., 2009, § 40 Rdnr. 52; *Kern/ Schmider/ Hoch*, in: Becker/ Berndt/ Klein, Sachsicherheiten, 3. Aufl., 2012, A. Rdnr. 4.

44 *Baur/ Stürner*, Sachenrecht, 18. Aufl., 2009, § 40 Rdnr. 52; *Lwowski*, in: Lwowski/ Fischer/ Langenbucher, Das Recht der Kreditsicherung, 9. Aufl., 2011, § 1 Rdnr. 2; *Lwowski/ Merkel*, Kreditsicherheiten, 8. Aufl., 2003, S. 15.

45 *Clemente*, Recht der Sicherungsgrundschuld, 4. Aufl., 2008, Teil 9 Rdnr. 1025; *Keller*, NZI 2013, 265 (265); *Leithaus*, in: Andres/ Leithaus, InsO, 3. Aufl., 2014, § 49 Rdnr. 4.

46 *Clemente*, Recht der Sicherungsgrundschuld, 4. Aufl., 2008, Teil 9 Rdnr. 1025. Die Grundschuld kann erst verwertet werden, wenn sie fällig ist. Grundsätzlich ist eine Kündigung mit einer Frist von sechs Monaten erforderlich, § 1193 Abs. 1 BGB. Seit Inkrafttreten des Gesetzes zur Begrenzung der mit Finanzinvestitionen verbundenen Risiken (Risikobegrenzungsgesetz) v. 12.08.2008 (BGBl. I Nr. 36 v. 18.08.2008, S. 1666) ist eine hiervon abweichende Vereinbarung für Sicherungsgrundschulden, die nach dem 19.08.2008 bestellt werden (Art. 229 § 18 Abs. 3 EGBGB) nicht mehr zulässig, § 1193 Abs. 2 Satz 2 BGB. Die sonstigen Verwertungsvoraussetzungen richten sich nach der Sicherungsabrede. § 41 InsO, wonach nicht fällige Forderungen als fällig gelten, findet zumindest dann keine analoge Anwendung, wenn der Absonderungsberechtigte nicht zugleich Insolvenzgläubiger ist (vgl. *BGH*, Urt. v. 11.12.2008 – IX ZR 194/07 = NJW-RR 2009, 340 (342); *Bitter*, in: Münchener Kommentar, InsO, Band 1, 3. Aufl., 2013, § 41 Rdnr. 14). Ist der Absonderungsberechtigte zugleich Insolvenzgläubiger, so ist die entsprechende Anwendbarkeit von § 41 InsO umstritten (vgl. hierzu *Bitter*, in: Münchener Kommentar, InsO, Band 1, 3. Aufl., 2013, § 41 Rdnr. 15 m. w. N.). Ist die Grundschuld nicht fällig, so ist umstritten, ob eine Vollstreckungsklausel erteilt werden darf (dagegen *Eickmann*, in: Münchener Kommentar, BGB, Band 6, 6. Aufl., 2013, § 1193 Rdnr. 3, *Haarmeyer/ Hintzen*, Handbuch zur Zwangsverwaltung, 3. Aufl., 2012, Kap. 2 Rdnr. 3; dafür *Habersack*, NJW 2008, 3173 (3176)).

47 *Baur/ Stürner*, Sachenrecht, 18. Aufl., 2009, § 40 Rdnr. 27.

bestimmter Höhe zu dulden hat.[48] In der Praxis verlangen insbesondere Kreditinstitute üblicherweise bereits im Rahmen der Grundschuldbestellung hinsichtlich des dinglichen Anspruchs die Unterwerfung des Grundstückseigentümers unter die sofortige Zwangsvollstreckung in notariell beurkundeter Urkunde (§ 794 Abs. 1 Nr. 5 ZPO).[49] Hat der absonderungsberechtigte Gläubiger bereits einen Titel gegen den Insolvenzschuldner, so genügt eine titelumschreibende Vollstreckungsklausel gegen den Insolvenzverwalter entsprechend § 727 ZPO.[50] Der Titel ist dem Insolvenzverwalter zuzustellen, § 750 ZPO.

Sind die vorgenannten Voraussetzungen erfüllt, steht dem absonderungsberechtigten Gläubiger hinsichtlich der einzelnen Befriedigungsmöglichkeiten ein Wahlrecht nach eigenem Ermessen zu, obwohl sich diese Möglichkeiten in ihrer Eingriffsintensität für den Insolvenzschuldner unterscheiden.[51] Die verschiedenen Vollstreckungsarten stehen gleichberechtigt nebeneinander und können allein, gleichzeitig oder nacheinander durchgeführt werden, § 866 Abs. 2 ZPO.[52] Welche Vollstreckungsart der absonderungsberechtigte Gläubiger wählt, ist – wie bereits einleitend angedeutet – von der konkreten Situation und den mit der Verwertung verfolgten Zielen abhängig.

1. *Zwangsversteigerung*

a) *Begriff, Umfang und Zweck*

Der absonderungsberechtigte Gläubiger kann die Durchführung des Zwangsversteigerungsverfahrens beantragen, § 866 Abs. 1, § 869 ZPO i. V. m. den Bestimmungen des ZVG. Bei der Zwangsversteigerung erfolgt die Befriedigung durch die Verwertung des belasteten Versteigerungsobjekts. Der absonderungsberechtigte

---

48 *BGH*, Urt. v. 13.03.2008 – IX ZR 119/06 = WM 2008, 801 (802); *Baur/ Stürner*, Sachenrecht, 18. Aufl., 2009, § 37 Rdnr. 55.

49 *Bülow*, Recht der Kreditsicherheiten, 8. Aufl., 2012, Kap. 1 Rdnr. 414.

50 *BGH*, Beschl. v. 14.04.2005 – V ZB 25/05 = WM 2005, 1324 (1326); *Brox/ Walker*, Zwangsvollstreckungsrecht, 10. Aufl., 2014, § 7 Rdnr. 127; *Seiler*, in: Thomas/ Putzo, ZPO, 37. Aufl., 2016, § 727 Rdnr. 3a. Für die in § 794 ZPO erwähnten Schuldtitel gelten die allgemeinen Vorschriften der §§ 724–793 ZPO entsprechend, soweit das Gesetz in den §§ 795a–800 ZPO keine hiervon abweichende Regelung enthält. Die Verweisungsnorm des § 795 Satz 1 ZPO wird in dieser Arbeit nicht zitiert.

51 *Hock/ Klein/ Hilbert/ Deimann*, Immobiliarvollstreckung, 5. Aufl., 2011, Einf. Rdnr. 4.

52 *BGH*, Urt. v. 07.05.2003 – IV ZR 121/02 = NJW-RR 2003, 1076 (1077); *Stöber*, in: Zöller, ZPO, 31. Aufl., 2016, § 866 Rdnr. 4.

Gläubiger greift auf die Substanz des Grundstücks zu.[53] Unter den möglichen Vollstreckungsmaßnahmen stellt die Zwangsversteigerung für den Insolvenzschuldner den schwersten Eingriff dar, da er das Eigentum an seinem Grundstück verliert.[54]

Die Verwaltungs- und Benutzungsbefugnis in Bezug auf das Grundstück verbleibt bis zum Zuschlag bei dem Insolvenzverwalter, § 56 Satz 2 ZVG. Um bis dahin die wirtschaftliche Bewegungsfreiheit des Insolvenzverwalters zu erhalten, bestimmt § 21 Abs. 2 ZVG, dass Mietforderungen nicht von der Beschlagnahmewirkung im Rahmen des Zwangsversteigerungsverfahrens erfasst werden.[55]

b) Fazit

Ein Zwangsversteigerungsverfahren ist für den absonderungsberechtigten Gläubiger nur zielführend, wenn er auf die Substanz des Grundstücks zugreifen möchte. Auf die Mieteinnahmen kann er mithilfe dieses Verfahrens nicht zugreifen.

Die vorliegende Arbeit behandelt die Frage, wie sich absonderungsberechtigte Gläubiger nach Eröffnung des Insolvenzverfahrens über das Vermögen des Grundstückseigentümers aus den Mieteinnahmen, welche sich aus der Nutzung des belasteten Grundstücks ergeben, befriedigen können. Ein abstrakter Vergleich der Zwangsversteigerung mit anderen Vollstreckungsarten ist nicht Bestandteil dieser Arbeit.

2. Gerichtliche Zwangsverwaltung

a) Begriff und Zweck

Im Gegensatz zur Zwangsversteigerung bleibt dem Insolvenzschuldner im Rahmen der gerichtlichen Zwangsverwaltung die Substanz des Vermögensgegenstandes ungeschmälert erhalten.[56] Mit der gerichtlichen Zwangsverwaltung wird auf die laufenden, aus der ordnungsgemäßen Nutzung des Grundstücks

---

53 *Gaul/ Schilken/ Becker-Eberhard*, Zwangsvollstreckungsrecht, 12. Aufl., 2010, § 62 Rdnr. 16.

54 *Hock/ Klein/ Hilbert/ Deimann*, Immobiliarvollstreckung, 5. Aufl., 2011, Einf. Rdnr. 3; *Riedel*, in: Keller, Handbuch Zwangsvollstreckungsrecht, 2013, Kap. 4 Rdnr. 126.

55 *Brox/ Walker*, Zwangsvollstreckungsrecht, 10. Aufl., 2014, § 27 Rdnr. 859; *Hintzen*, in: Hintzen/ Engels/ Rellermeyer, ZVG, 14. Aufl., 2013, § 20 Rdnr. 36.

56 *BGH*, Beschl. v. 10.12.2004 – IXa ZB 231/03 = BGHZ 161, 336 (340); *Riedel*, in: Keller, Handbuch Zwangsvollstreckungsrecht, 2013, Kap. 4 Rdnr. 596; *Stöber*, ZVG, 21. Aufl., 2016, § 146 Rdnr. 2.

stammenden Erträge zur Deckung laufender Lasten und zur Befriedigung der Gläubiger zugegriffen.[57]

Zudem soll eine Wertminderung des Grundstücks verhindert werden. Durch notwendige und werterhaltende Instandhaltungs- und Instandsetzungsmaßnahmen soll das verwaltete Grundstück erhalten bleiben bzw. bei Bedarf zunächst in einen guten Zustand versetzt werden.[58] Auch soll es gegebenenfalls durch geeignete Maßnahmen vor einem Verfall oder sonstigen Beeinträchtigungen geschützt werden.[59] Soweit dies noch nicht der Fall ist, soll das verwaltete Grundstück einer einträglichen Nutzung zugeführt werden.[60]

Die Durchführung einer gerichtlichen Zwangsverwaltung wird teilweise beantragt, um die titulierten Ansprüche des absonderungsberechtigten Gläubigers zu erfüllen, ohne auf die Substanz des Grundstücks zugreifen zu müssen. Eine

---

57 *Hahn*, Die gesamten Materialien zu den Reichs-Justizgesetzen, Band 5, 1983, A. 1. Abschnitt 3. Titel, S. 62 f.; *BGH*, Beschl. v. 10.12.2004 – IXa ZB 231/03 = BGHZ 161, 336 (340); *Molitor*, ZInsO 2011, 1486 (1486); *Riedel*, in: Keller, Handbuch Zwangsvollstreckungsrecht, 2013, Kap. 4 Rdnr. 596; *Stöber*, ZVG, 21. Aufl., 2016, § 146 Rdnr. 2.

58 *BGH*, Beschl. v. 18.07.2002 – IX ZB 26/02 = BGHZ 151, 384 (389); *ders.*, Beschl. v. 10.12.2004 – IXa ZB 231/03 = BGHZ 161, 336 (340 f.); *Molitor*, ZInsO 2011, 1486 (1486); *Riedel*, in: Keller, Handbuch Zwangsvollstreckungsrecht, 2013, Kap. 4 Rdnr. 585; *Stöber*, ZVG, 21. Aufl., 2016, § 146 Rdnr. 2. Nach *Eickmann* (ZfIR 2007, 557 (557)) ist im Rahmen eines Insolvenzverfahrens die Befriedigung des absonderungsberechtigten Gläubigers indes alleiniger Zweck, da zum Schutz des verwalteten Grundstücks vor Wertminderungen die Rechtsmacht des Insolvenzverwalters ausreiche. Hiergegen spricht jedoch, dass die Verwaltungs- und Benutzungsbefugnis des Insolvenzverwalters hinsichtlich des zwangsverwalteten Grundstücks von derjenigen des Zwangsverwalters überlagert wird. Der Insolvenzverwalter muss das verwaltete Grundstück an den Zwangsverwalter übergeben (§ 150 Abs. 2 ZVG). Er hat somit keinen unmittelbaren Zugriff mehr.

59 *BGH*, Beschl. v. 18.07.2002 – IX ZB 26/02 = BGHZ 151, 384 (389); *ders.*, Beschl. v. 10.12.2004 – IXa ZB 231/03 = BGHZ 161, 336 (340 f.); *Knees*, Zwangsversteigerung und Zwangsverwaltung, 7. Aufl., 2013, S. 203; *Molitor*, ZInsO 2011, 1486 (1486); *Riedel*, in: Keller, Handbuch Zwangsvollstreckungsrecht, 2013, Kap. 4 Rdnr. 585; *Stöber*, ZVG-Handbuch Zwangsvollstreckung in das unbewegliche Vermögen, 9. Aufl., 2010, Rdnr. 577; *ders.*, ZVG, 21. Aufl., 2016, § 146 Rdnr. 2.

60 *BGH*, Beschl. v. 18.07.2002 – IX ZB 26/02 = BGHZ 151, 384 (389); *Knees*, Zwangsversteigerung und Zwangsverwaltung, 7. Aufl., 2013, S. 203; *Molitor*, ZInsO 2011, 1486 (1486); *Riedel*, in: Keller, Handbuch Zwangsvollstreckungsrecht, 2013, Kap. 4 Rdnr. 585; *Stöber*, ZVG-Handbuch Zwangsvollstreckung in das unbewegliche Vermögen, 9. Aufl., 2010, Rdnr. 577.

Zwangsversteigerung des Grundstücks soll in diesen Fällen gerade vermieden werden.[61] Häufig wird die gerichtliche Zwangsverwaltung aber auch gleichzeitig mit einer Zwangsversteigerung[62] oder – jedenfalls aus späterer Sicht – im Vorfeld einer Zwangsversteigerung[63] beantragt. Entscheidend ist hierbei jedoch, dass die Beantragung der gerichtlichen Zwangsverwaltung aus den im vorherigen Absatz genannten Gründen geschieht und nicht alleine der Vorbereitung des Zwangsversteigerungsverfahrens dient. Andernfalls würde dies dem Charakter als eigenständige Vollstreckungsart widersprechen.[64]

b) Wirkungen der Anordnung der gerichtlichen Zwangsverwaltung

aa) Beschlagnahme des Grundstücks

Der Anordnungsbeschluss des Vollstreckungsgerichts gilt zugunsten des betreibenden Gläubigers als Beschlagnahme des Grundstücks, § 146 Abs. 1 i. V. m. § 20 Abs. 1 ZVG. Die Beschlagnahme stellt eine Zäsur dar, denn ohne sie kann sich der absonderungsberechtigte Gläubiger aus dem Grundstück nicht befriedigen.[65] Durch die Beschlagnahme zum Zwecke der gerichtlichen Zwangsverwaltung wird dem bestellten Insolvenzverwalter die Verwaltung und Benutzung des Grundstücks und der mithaftenden Gegenstände entzogen, § 148 Abs. 2 ZVG. Er kann das Grundstück insbesondere nicht mehr vermieten und auch keine Miete mehr einziehen.[66] Die Verwaltungs- und Benutzungsbefugnis geht auf den Zwangsverwalter über, § 152 ZVG. Daneben bewirkt die Beschlagnahme ein relatives Verfügungsverbot, § 146 Abs. 1 i. V. m. § 23 Abs. 1 Satz 1 ZVG.[67] Verfügungen über die beschlagnahmten Gegenstände sind dem betreibenden Gläubiger gegenüber unwirksam, denn die haftenden Gegenstände sollen möglichst

---

61 *Mock*, in: Gottwald/ Mock, Zwangsvollstreckung, 7. Aufl., 2015, § 866 Rdnr. 7.

62 *BGH*, Beschl. v. 14.04.2005 – V ZB 16/05 = BGHZ 163, 9 (17); *Hock/ Klein/ Hilbert/ Deimann*, Immobiliarvollstreckung, 5. Aufl., 2011, 3. Teil Rdnr. 1465.

63 *Hock/ Klein/ Hilbert/ Deimann*, Immobiliarvollstreckung, 5. Aufl., 2011, 3. Teil Rdnr. 1465.

64 *BGH*, Beschl. v. 10.12.2004 – IXa ZB 231/03 = BGHZ 161, 336 (340).

65 *BGH*, Urt. v. 09.06.2005 – IX ZR 160/04 = NJW-RR 2005, 1466 (1468).

66 *Stöber*, ZVG, 21. Aufl., 2016, § 148 Rdnr. 3.

67 Zur Kritik am Begriff des relativen Veräußerungsverbots vgl. *Böttcher*, in: Böttcher, ZVG, 6. Aufl., 2016, § 23 Rdnr. 2.

ungeschmälert für die Verwertung erhalten bleiben.[68] Nur so wird eine uneingeschränkte Nutzungsmöglichkeit durch den Zwangsverwalter sichergestellt.[69]

bb) Wirksamwerden der Beschlagnahme

Die Wirkungen der Beschlagnahme treten erst ein, wenn die Beschlagnahme wirksam geworden ist.[70] Hierbei ist zwischen dem Wirksamwerden der Beschlagnahme gegenüber dem Insolvenzverwalter sowie gegenüber sonstigen Dritten zu differenzieren. Die jeweiligen Zeitpunkte können divergieren.

Die Beschlagnahme gegenüber dem Insolvenzverwalter wird wirksam mit Zustellung des Anordnungsbeschlusses an den Insolvenzverwalter, § 146 Abs. 1 i. V. m. § 22 Abs. 1 Satz 1 ZVG.[71] Sie wird auch wirksam mit dem Eingang des Ersuchens um Eintragung des Zwangsverwaltungsvermerks bei dem Grundbuchamt, sofern die Eintragung demnächst erfolgt, § 146 Abs. 1 i. V. m. § 22 Abs. 1 Satz 2 ZVG. Die Wirksamkeit tritt zudem ein, wenn der Zwangsverwalter den Besitz am Grundstück erlangt, § 151 Abs. 1 ZVG. Ist das Grundstück vermietet, genügt hierzu die mittelbare Inbesitznahme durch Unterrichtung der Mieter.[72] Maßgeblich ist für den jeweiligen betreibenden Gläubiger die zeitlich erste Beschlagnahme, § 13 Abs. 4 Satz 1 ZVG.

Gegenüber einem Drittschuldner (z. B. Mieter) des Insolvenzschuldners wird die Beschlagnahme hingegen erst wirksam, wenn die gerichtliche Zwangsverwaltung ihm bekannt ist oder ihm ein Zahlungsverbot zugestellt wurde, § 146 Abs. 1 i. V. m. § 22 Abs. 2 Satz 2 ZVG.[73] Diese Regelung schützt den Drittschuldner vor Zahlungen an den falschen Adressaten aufgrund einer ihm unbekannten Beschlagnahme.[74]

---

68 *Hennings-Holtmann*, Zwangsversteigerung und Zwangsverwaltung, 5. Aufl., 2007, Kap. 4 Rdnr. 3.29; *Hintzen*, in: Hintzen/ Engels/ Rellermeyer, ZVG, 14. Aufl., 2013, § 23 Rdnr. 1.

69 *Haarmeyer/ Hintzen*, Handbuch zur Zwangsverwaltung, 3. Aufl., 2012, Kap. 1 Rdnr. 38.

70 *BGH*, Urt. v. 07.12.1998 – II ZR 382/96 = BGHZ 140, 147 (155); *Haarmeyer/ Hintzen*, Handbuch zur Zwangsverwaltung, 3. Aufl., 2012, Kap. 2 Rdnr. 86.

71 *Eickmann*, ZIP 1986, 1517 (1518); *Hintzen*, in: Hintzen/ Engels/ Rellermeyer, ZVG, 14. Aufl., 2013, § 22 Rdnr. 5; *a. A. Haarmeyer/ Wutzke/ Förster/ Hintzen*, Zwangsverwaltung, 5. Aufl., 2011, § 151 Rdnr. 2 („Trotz Eröffnung des Insolvenzverfahrens hat die Zustellung des Anordnungsbeschlusses in der Zwangsverwaltung an den Schuldner zu erfolgen.“).

72 *Haarmeyer/ Hintzen*, Handbuch zur Zwangsverwaltung, 3. Aufl., 2012, Kap. 2 Rdnr. 90.

73 *Hennings-Holtmann*, Zwangsversteigerung und Zwangsverwaltung, 5. Aufl., 2007, Kap. 4 Rdnr. 3.46.

74 *Böttcher*, in: Böttcher, ZVG, 6. Aufl., 2016, § 22 Rdnr. 7; *Stöber*, ZVG, 21. Aufl., 2016, § 22 Rdnr. 3.

cc) Nebeneinander von Insolvenz- und Zwangsverwalter

(1) Grundkonstellation

Die Beschlagnahme des Grundstücks durch Anordnung einer gerichtlichen Zwangsverwaltung führt zu einem Nebeneinander von Insolvenz- und Zwangsverwalter. Die beiden Verwalter führen ihre jeweiligen Verfahren unabhängig voneinander durch.[75] Hierbei kann es zu Kompetenz- und Abgrenzungsstreitigkeiten zwischen der Aufgabe des Zwangsverwalters zur Nutzung des Grundstücks und der Aufgabe des Insolvenzverwalters zur Verwaltung und Verwertung der Insolvenzmasse kommen.[76] Insbesondere über die Zugehörigkeit einzelner Gegenstände zur jeweiligen Vermögensmasse bestehen häufig Streitigkeiten.[77] Die „Aufteilung" des Grundstücks als einheitlichem Wirtschaftsgut in die Nutzungen einerseits und die Substanz andererseits kann zudem dazu führen, dass es schwieriger ist, den vollen Wert des Grundstücks bei der Verwertung zu realisieren.

Auch treffen beide Verwalter ihre Entscheidungen jeweils nach pflichtgemäßem Ermessen, ohne sich mit dem jeweils anderen Verwalter abstimmen zu müssen oder es gar zu dürfen.[78] Dies kann im Ergebnis dazu führen, dass Handlungen des Zwangsverwalters (wie z. B. bestimmte Instandhaltungsmaßnahmen oder Vermietungen) das Verwertungskonzept des Insolvenzverwalters negativ beeinflussen und so die Tätigkeit des Insolvenzverwalters behindern.

In der Krise sind derartige Kompetenzkonflikte hinderlich, da der Insolvenzverwalter häufig schnelle und widerspruchsfreie Entscheidungen zu treffen hat.

Diese Problematik wurde bereits unter Geltung der KO erkannt. Der Erste Bericht der Kommission für Insolvenzrecht enthielt daher den Vorschlag, dass für die Dauer des Reorganisationsverfahrens die Befugnisse des Zwangsverwalters

---

75 *Molitor*, in: Molitor/ Hild, Immobilien in der Insolvenzrechtspraxis, 2014, I. Rdnr. 591; *Zipperer*, ZfIR 2011, 385 (386 f.).

76 *BT*-Drucks. 12/2443, S. 88, 177 (zu § 190 InsO-E); *Eickmann/ Böttcher*, Zwangsversteigerungs- und Zwangsverwaltungsrecht, 3. Aufl., 2013, § 39 IV Ziff. 1; *Elsner*, in: Mohrbutter/ Ringstmeier, Handbuch Insolvenzverwaltung, 9. Aufl., 2015, Kap. 24 Rdnr. 19; *Mönning/ Zimmermann*, NZI 2008, 134 (137); *Pape*, in: Lambert-Lang/ Tropf/ Frenz, Handbuch der Grundstückspraxis, 2. Aufl., 2005, Teil 14 Rdnr. 141; *Tetzlaff*, in: Münchener Kommentar, InsO, Band 2, 3. Aufl., 2013, § 165 Rdnr. 16.

77 *Gerhardt*, Grundpfandrechte im Insolvenzverfahren, 11. Aufl., 2005, VII. 2. b Rdnr. 264; *Henckel*, in: Jaeger, InsO, Band 1, 1. Aufl., 2004, Vorb. vor §§ 49–52 Rdnr. 35.

78 Siehe hierzu Kapitel 5 B.II.1.

auf den Insolvenzverwalter übergehen sollen.[79] Dieser Vorschlag wurde jedoch nicht umgesetzt.

Um etwaige Kompetenz- und Abgrenzungsstreitigkeiten zwischen den Verwaltern zu vermeiden und die Effizienz der Verfahren zu steigern, *wird* alternativ *vorgeschlagen*, den Insolvenzverwalter auch zum Zwangsverwalter zu bestellen.[80] Wegen etwaiger Interessengegensätze wird jedoch von dieser Möglichkeit *vielfach abgeraten*.[81] Eine gesetzliche Regelung, die eine derartige Doppelstellung als Insolvenz- und Zwangsverwalter verbietet, existiert nicht. Zu bedenken ist jedoch, dass das Vollstreckungsgericht bei der Auswahl des zu bestellenden Zwangsverwalters frei ist.[82] Das Vollstreckungsgericht entscheidet nach pflichtgemäßem Ermessen[83] und ist hierbei an Vorschläge und Anträge der Beteiligten nicht gebunden.[84] Die Parteien wären daher auf die Mitwirkung des Vollstreckungsgerichts angewiesen.

79 *Bundesministerium der Justiz*, Erster Bericht der Kommission für Insolvenzrecht, 1985, Begründung zu Leitsatz 2.4.5.6, S. 265.

80 *Becker*, in: Nerlich/ Römermann, InsO, 29. EL, 2016, § 165 Rdnr. 15; *Haarmeyer/ Wutzke/ Förster/ Hintzen*, Zwangsverwaltung, 5. Aufl., 2011, Einl. Rdnr. 28; *von Wilmowski*, Deutsche Reichs-Konkursordnung, 6. Aufl., 1906, § 126 KO Ziff. 4; so im Ergebnis auch *Breitling*, Grundzüge des Konkursrechts und Konkursverfahrens, 1. Aufl., 1882, C. 2. a § 8, S. 59 Fn. 30 (in der 2. Aufl. von 1908 so nicht mehr explizit erwähnt); *a. A. Andres*, in: Andres/ Leithaus, InsO, 3. Aufl., 2014, § 56 Rdnr. 4; *Hennings-Holtmann*, Zwangsversteigerung und Zwangsverwaltung, 5. Aufl., 2007, Kap. 4 Rdnr. 3.51.

81 *LG Augsburg*, Beschl. v. 28.02.1996 – 4 T 214/95 = Rpfleger 1997, 78 (79, „untunlich"); *LG Leipzig*, Beschl. v. 23.01.2007 – 12 T 763/06 = ZInsO 2007, 148 (149); *Depré/ Mayer*, Die Praxis der Zwangsverwaltung, 7. Aufl., 2013, § 3 Rdnr. 978 („untunlich"); *Gerhardt*, Grundpfandrechte im Insolvenzverfahren, 11. Aufl., 2005, VII. 2. f Rdnr. 278; *Jaeger*, KO, Band 2, Halbband 1, 8. Aufl., 1973, § 126 Rdnr. 9; *Mohrbutter*, in: Mohrbutter/ Ringstmeier, Handbuch Insolvenzverwaltung, 9. Aufl., 2015, Kap. 6 Rdnr. 82; *Smid*, Kreditsicherheiten in der Insolvenz, 3. Aufl., 2015, § 25 Rdnr. 72; *Stöber*, ZVG, 21. Aufl., 2016, § 150 Rdnr. 2. So im Ergebnis auch *Rellermeyer*, in: Hintzen/ Engels/ Rellermeyer, ZVG, 14. Aufl., 2013, § 172 Rdnr. 19 (ohne Begründung).

82 *Brox/ Walker*, Zwangsvollstreckungsrecht, 10. Aufl., 2014, § 32 Rdnr. 1010; *Knees*, Zwangsversteigerung und Zwangsverwaltung, 7. Aufl., 2013, S. 212. Die Ausnahmetatbestände der §§ 150a, 150b ZVG sind vorliegend nicht einschlägig.

83 *BVerfG*, Beschl. v. 15.02.2010 – 1 BvR 285/10= NJW 2010, 1804 (1804); *BGH*, Beschl. v. 18.07.2013 – V ZB 29/12 = MDR 2013, 1371 (1372); *Brox/ Walker*, Zwangsvollstreckungsrecht, 10. Aufl., 2014, § 32 Rdnr. 1010.

84 *Riedel*, in: Keller, Handbuch Zwangsvollstreckungsrecht, 2013, Kap. 4 Rdnr. 609.

(2) Einstweilige Einstellung der gerichtlichen Zwangsverwaltung

Der Gesetzgeber hat dem Insolvenzverwalter die Möglichkeit eingeräumt, die (vollständige oder teilweise)[85] einstweilige Einstellung eines gerichtlichen Zwangsverwaltungsverfahrens zu beantragen, § 153b ZVG. Hierdurch soll verhindert werden, dass die Tätigkeit des Insolvenzverwalters durch ein parallel laufendes gerichtliches Zwangsverwaltungsverfahren ernsthaft behindert wird.[86] Die Verwaltungsrechte des Insolvenzverwalters gehen somit den Rechten des Zwangsverwalters vor.[87]

Voraussetzung für die Beantragung der einstweiligen Einstellung eines gerichtlichen Zwangsverwaltungsverfahrens ist, dass durch die Fortsetzung der gerichtlichen Zwangsverwaltung eine wirtschaftlich sinnvolle Nutzung der Insolvenzmasse wesentlich erschwert wird, § 153b Abs. 1 ZVG. Bezugspunkt ist hierbei die gesamte Insolvenzmasse.[88] Eine wesentliche Erschwerung der wirtschaftlich sinnvollen Nutzung der Insolvenzmasse liegt dann vor, wenn die Fortführung der gerichtlichen Zwangsverwaltung das Verwertungskonzept des Insolvenzverwalters zum Scheitern bringen würde.[89] Dies ist z. B. der Fall, wenn aus dem Grundstück Bodenerzeugnisse oder Gebrauchsmöglichkeiten gezogen werden können, die der Insolvenzverwalter für die Nutzung des Grundstücks im Rahmen des Insolvenzverfahrens unbedingt benötigt.[90] Nicht ausreichend sind hingegen bloß gesetzliche Folgen des gerichtlichen Zwangsverwaltungsverfahrens ohne Auswirkungen auf das Insolvenzverfahren, wie wenn das Grundstück vermietet ist und außer den Mieteinnahmen keinerlei weitere Nutzungen für die Insolvenzmasse gezogen werden können.[91] Auch Gespräche des Insolvenzverwalters über eine Veräußerung des verwalteten Grundstücks mit potentiellen

---

85 *Stöber*, ZVG, 21. Aufl., 2016, § 153b Rdnr. 2.

86 *BT*-Drucks. 12/2443, S. 177 (zu § 190 InsO-E); *Mönning/ Zimmermann*, NZI 2008, 134 (137); *Zipperer*, ZfIR 2011, 385 (391).

87 *BT*-Drucks. 12/2443, S. 177 (zu § 190 InsO-E); *BFH*, Urt. v. 10.02.2015 - IX R 23/14 = DStR 2015, 1307 (1311); *Eickmann*, ZfIR 1999, 81 (85); *Haarmeyer/ Hintzen*, Handbuch zur Zwangsverwaltung, 3. Aufl., 2012, Kap. 6 Rdnr. 4; *Lwowski/ Tetzlaff*, WM 1999, 2336 (2336 f.); *Mönning/ Zimmermann*, NZI 2008, 134 (137); *Tetzlaff*, ZInsO 2004, 521 (527); *Zipperer*, ZfIR 2011, 385 (391).

88 *Haarmeyer/ Hintzen*, Handbuch zur Zwangsverwaltung, 3. Aufl., 2012, Kap. 6 Rdnr. 7; *Mönning/ Zimmermann*, NZI 2008, 134 (138).

89 *Engels*, in: Hintzen/ Engels/ Rellermeyer, ZVG, 14. Aufl., 2013, § 153b Rdnr. 4; *Haarmeyer/ Wutzke/ Förster/ Hintzen*, Zwangsverwaltung, 5. Aufl., 2011, § 153b Rdnr. 5.

90 *Keller*, in: Böttcher, ZVG, 6. Aufl., 2016, § 153b Rdnr. 3.

91 *Hörndler*, in: Lindner-Figura/ Oprée/ Stellmann, Geschäftsraummiete, 3. Aufl., 2012, Kap. 19 Rdnr. 94; *Keller*, in: Böttcher, ZVG, 6. Aufl., 2016, § 153b Rdnr. 3; *Smid,*

Käufern rechtfertigen regelmäßig noch keine Einstellung des gerichtlichen Zwangsverwaltungsverfahrens.[92] Nach *Pape*[93] kann die Durchführung von gerichtlichen Zwangsverwaltungsverfahren aufgrund der gesetzlichen Vorgaben nur mit erheblichen Schwierigkeiten vermieden werden.

Mit Anordnung der einstweiligen Einstellung wird das gerichtliche Zwangsverwaltungsverfahren jedoch nicht aufgehoben, sondern lediglich vorübergehend eingestellt, so dass auch der Zwangsverwalter weiter im Amt bleibt.[94] Die Beschlagnahmewirkungen bleiben bestehen,[95] beziehen sich jedoch nicht mehr auf die Nutzungen.[96] Die Verwaltungs- und Benutzungsbefugnis obliegt nun zwar (wieder) dem Insolvenzverwalter,[97] er ist jedoch aufgrund des relativen Verfügungsverbots weiterhin in seinem Handlungs- und Entscheidungsspielraum beschränkt.[98]

Des Weiteren dürfen die betreibenden Gläubiger durch die einstweilige Einstellung des gerichtlichen Zwangsverwaltungsverfahrens nicht benachteiligt

---

Kreditsicherheiten in der Insolvenz, 3. Aufl., 2015, § 25 Rdnr. 87; *Stöber*, ZVG, 21. Aufl., 2016, § 153b Rdnr. 2.

92 *Stöber*, ZVG, 21. Aufl., 2016, § 153b Rdnr. 2; *a. A. Haarmeyer/ Wutzke/ Förster/ Hintzen*, Zwangsverwaltung, 5. Aufl., 2011, § 153b Rdnr. 5; *Mönning/ Zimmermann*, NZI 2008, 134 (138).

93 *Pape*, AnwBl 2008, 494 (496).

94 *Brox/ Walker*, Zwangsvollstreckungsrecht, 10. Aufl., 2014, § 32 Rdnr. 1008; *Depré/ Mayer*, Die Praxis der Zwangsverwaltung, 7. Aufl., 2013, § 3 Rdnr. 1009; *Eickmann*, ZfIR 1999, 81 (86); *Engels*, in: Hintzen/ Engels/ Rellermeyer, ZVG, 14. Aufl., 2013, § 153b Rdnr. 17 f.; *Haarmeyer/ Hintzen*, Handbuch zur Zwangsverwaltung, 3. Aufl., 2012, Kap. 6 Rdnr. 8; *Mönning/ Zimmermann*, NZI 2008, 134 (139); *Stöber*, ZVG, 21. Aufl., 2016, § 153b Rdnr. 7.

95 *Depré/ Mayer*, Die Praxis der Zwangsverwaltung, 7. Aufl., 2013, § 3 Rdnr. 1009; *Haarmeyer/ Hintzen*, Handbuch zur Zwangsverwaltung, 3. Aufl., 2012, Kap. 6 Rdnr. 8; *Keller*, in: Böttcher, ZVG, 6. Aufl., 2016, § 153b Rdnr. 7; *Mönning/ Zimmermann*, NZI 2008, 134 (139).

96 *Engels*, in: Hintzen/ Engels/ Rellermeyer, ZVG, 14. Aufl., 2013, § 153b Rdnr. 17; *Stöber*, ZVG, 21. Aufl., 2016, § 153b Rdnr. 7.

97 *BFH*, Urt. v. 01.08.2012 – II R 28/11 = BFHE 238, 319 (323 f.); *Engels*, in: Hintzen/ Engels/ Rellermeyer, ZVG, 14. Aufl., 2013, § 153b Rdnr. 18; *Keller*, in: Böttcher, ZVG, 6. Aufl., 2016, § 153b Rdnr. 7; *Mönning/ Zimmermann*, NZI 2008, 134 (139); *Stöber*, ZVG, 21. Aufl., 2016, § 153b Rdnr. 7; *a. A. Sievers*, in: Kindl/ Meller-Hannich/ Wolf, Gesamtes Recht der Zwangsvollstreckung, 3. Aufl., 2016, § 153b ZVG Rdnr. 3 („Der Zwangsverwalter ist weiterhin berechtigt und verpflichtet, das Objekt zu verwalten. Insbesondere muss er weiterhin die Mieten einziehen.").

98 Siehe hierzu Kapitel 1 A.II.2.b)aa).

werden. Daher sieht § 153b Abs. 2 ZVG vor, dass deren aus der Einstellung der gerichtlichen Zwangsverwaltung erwachsenden Nachteile durch laufende Zahlungen aus der Insolvenzmasse auszugleichen sind. Die zu leistenden Ausgleichszahlungen legt das Vollstreckungsgericht als Auflage nach billigem Ermessen im Einstellungsbeschluss fest.[99] Die Ausgleichszahlungen sind an den Zahlungen, welche die betreibenden Gläubiger im Rahmen der gerichtlichen Zwangsverwaltung erhalten hätten, zu orientieren.[100] Hierbei handelt es sich letztlich um eine Prognoseentscheidung. Da sich insbesondere der Vermietungszustand des verwalteten Grundstücks ändern kann, fallen derartige Prognoseentscheidungen manchmal zugunsten der betreibenden Gläubiger und manchmal zugunsten der Insolvenzmasse aus.

Dem Begriff der „einstweiligen" Einstellung lässt sich bereits entnehmen, dass es sich hierbei nicht um eine endgültige, sondern um eine bloß vorübergehende Lösung handelt. Der betreibende Gläubiger kann jederzeit die Aufhebung der einstweiligen Einstellung beantragen, wenn die Voraussetzungen des § 153c Abs. 1 ZVG vorliegen.[101] Ein nochmaliger Verwalterwechsel wäre die Folge.[102]

(3) Zwischenfazit

Das Nebeneinander von Insolvenz- und Zwangsverwalter führt häufig zu praktischen Schwierigkeiten.[103]

Auch eine (ausnahmsweise) Bestellung des Insolvenzverwalters zum Zwangsverwalter im Rahmen eines gerichtlich angeordneten Zwangsverwaltungsverfahrens beseitigt nicht alle Nachteile. Aufgrund der Personenidentität entfallen zwar etwaige Kompetenzstreitigkeiten, der Insolvenzverwalter ist jedoch in seiner Funktion als Zwangsverwalter an die zwangsvollstreckungsrechtlichen Vorgaben gebunden. Hierdurch wird er in seiner Handlungsfreiheit und der Möglichkeit, Verwaltungs- und Verwertungsentscheidungen zu koordinieren, eingeschränkt.

---

99 *Stöber*, ZVG, 21. Aufl., 2016, § 153b Rdnr. 5.

100 *Keller*, in: Böttcher, ZVG, 6. Aufl., 2016, § 153b Rdnr. 5; *Mönning/ Zimmermann*, NZI 2008, 134 (139); *Stöber*, ZVG, 21. Aufl., 2016, § 153b Rdnr. 5.

101 Danach wird die einstweilige Einstellung aufgehoben, wenn die Voraussetzungen für die Einstellung fortgefallen sind, wenn die Auflagen nach § 153b Abs. 2 ZVG (Ausgleichszahlungen an die betreibenden Gläubiger) nicht beachtet werden oder wenn der Insolvenzverwalter der Aufhebung zustimmt.

102 *Niering*, ZInsO 2008, 790 (792).

103 *BT*-Drucks. 12/2443, S. 177 (zu § 190 InsO-E).

Bei Vorliegen der gesetzlichen Voraussetzungen kann die einstweilige Einstellung eines gerichtlich angeordneten Zwangsverwaltungsverfahrens für den Insolvenzverwalter eine Möglichkeit darstellen, die vorgenannten Schwierigkeiten zu überwinden. Die einstweilige Einstellung ist jedoch nur vorübergehend und beseitigt nicht alle Wirkungen. So bleibt bei einem einstweilig eingestellten gerichtlichen Zwangsverwaltungsverfahren die Beschlagnahmewirkung – mit Ausnahme der Verwaltungs- und Benutzungsbefugnis – bestehen, so dass der Insolvenzverwalter aufgrund des relativen Verfügungsverbots weiterhin in seinem Handlungs- und Entscheidungsspielraum beschränkt ist.

Zudem wird die Insolvenzmasse durch die an die das gerichtliche Zwangsverwaltungsverfahren betreibenden Gläubiger zwingend zu zahlenden Ausgleichszahlungen (§ 55 Abs. 1 Nr. 1 Var. 1 InsO) belastet.[104]

c) *Gegenstand der Beschlagnahme*

Der Wert des Grundstücks wird nicht nur durch dessen Wert und den Wert der wesentlichen Bestandteile bestimmt. Der wirtschaftliche Bestand des Haftungsgegenstandes wird vielmehr maßgeblich durch die Erzeugnisse, sonstigen Bestandteile, Mieten etc. beeinflusst. Ohne die Gegenstände, die für die Bewirtschaftung des Grundstücks erforderlich sind oder die sich aus der Nutzung des Grundstücks ergeben, wäre die Verwertbarkeit des Grundstücks sehr eingeschränkt.[105] Das Grundstück bildet mit den sonstigen Gegenständen eine wirtschaftliche Einheit.[106]

Der Fokus der vorliegenden Arbeit liegt auf der Frage, wie sich absonderungsberechtigte Gläubiger durch Zugriff auf die Mietforderungen des Insolvenzschuldners gegen seine Mieter befriedigen können. Nachfolgend wird hierzu dargestellt, ab wann und weshalb ein absonderungsberechtigter Gläubiger auf Mietforderungen im Rahmen der gerichtlichen Zwangsverwaltung zugreifen kann und auf welche Mietforderungen sich dieses Zugriffsrecht erstreckt.

---

104 *Engels*, in: Hintzen/ Engels/ Rellermeyer, ZVG, 14. Aufl., 2013, § 153b Rdnr. 15.

105 *Baur/ Stürner*, Sachenrecht, 18. Aufl., 2009, § 39 Rdnr. 2.

106 *Baur/ Stürner*, Sachenrecht, 18. Aufl., 2009, § 39 Rdnr. 2 f.; *Eickmann*, in: Münchener Kommentar, BGB, Band 6, 6. Aufl., 2013, § 1120 Rdnr. 1; *Wolfsteiner*, in: Staudinger, BGB, Buch 3, 2015, § 1120 Rdnr. 2.

aa) Mietforderungen als Bestandteil des Haftungsverbandes

(1) Begründung für Zugriffsmöglichkeit auf Mietforderungen

Die Eröffnung des Insolvenzverfahrens hat auf den Bestand von Vertragsverhältnissen zunächst keine Auswirkungen. Um jedoch die Insolvenzmasse vor der Durchführung von für sie unvorteilhaften Verträgen zu schützen,[107] steht dem Insolvenzverwalter bei gegenseitigen Verträgen, die im Zeitpunkt der Eröffnung des Insolvenzverfahrens bereits bestanden und von dem Insolvenzschuldner und dessen Vertragspartner nicht oder nicht vollständig erfüllt sind, grundsätzlich ein Wahlrecht zu, § 103 InsO. Der Insolvenzverwalter entscheidet, ob das Vertragsverhältnis fortgeführt wird oder nicht. Mietverhältnisse des Insolvenzschuldners über unbewegliche Gegenstände oder Räume bestehen hingegen mit Wirkung für die Insolvenzmasse fort, § 108 Abs. 1 Satz 1 InsO. § 108 InsO verdrängt als speziellere Norm § 103 InsO, soweit er anwendbar ist.[108] Entsprechend sieht § 152 Abs. 2 ZVG vor, dass ein Mietvertrag während des gerichtlichen Zwangsverwaltungsverfahrens auch gegenüber dem Zwangsverwalter wirksam ist.

Als Ausgleich für das fortbestehende Nutzungsrecht des Mieters wird mit der gerichtlichen Zwangsverwaltung u. a. auf die Mieteinnahmen als mittelbare Sachfrüchte i. S. v. § 99 Abs. 3 BGB[109] zugegriffen, § 148 Abs. 1 Satz 1 ZVG. Die Erträge des Grundstücks sollen dem Zwangsverwalter zur Deckung der laufenden Lasten und Kosten dienen. Daher fällt die Fruchtziehung grundsätzlich in den Bereich der Verwaltung.[110] Ohne eine derartige Erstreckung der

---

107 *Kreft*, in: Münchener Kommentar, InsO, Band 2, 3. Aufl., 2013, § 103 Rdnr. 2; *Ringstmeier*, in: K. Schmidt, InsO, 19. Aufl., 2016, § 103 Rdnr. 3.

108 Nach Ansicht des *BGH* gilt dies allerdings nur, wenn die Mietsache dem Mieter bereits vor Eröffnung des Insolvenzverfahrens überlassen wurde, vgl. *BGH*, Urt. v. 05.07.2007 - IX ZR 185/06 = BGHZ 173, 116 (120 ff.) mit Hinweis auf die *h. L.*, die auf den wirksamen Abschluss des Mietvertrages abstellt. Dem *BGH* folgend hingegen *Foerste*, Insolvenzrecht, 6. Aufl., 2014, § 18 Rdnr. 247.

109 *BGH*, Urt. v. 20.10.1989 - V ZR 341/87 = BGHZ 109, 111 (116); *ders.*, Urt. v. 09.06.2005 - IX ZR 160/04 = BGHZ 163, 201 (208); *Mansel*, in: Jauernig, BGB, 16. Aufl., 2015, Anm. zu den §§ 99–103 Rdnr. 2; *Stresemann*, in: Münchener Kommentar, BGB, Band 1, 7. Aufl., 2015, § 99 Rdnr. 6, 9. Für eine Einordnung als mittelbare Rechtsfrüchte hingegen *Baur/ Stürner*, Sachenrecht, 18. Aufl., 2009, § 39 Rdnr. 15; *Bülow*, Recht der Kreditsicherheiten, 8. Aufl., 2012, Kap. 1 Rdnr. 117.

110 *Hahn*, Die gesamten Materialien zu den Reichs-Justizgesetzen, Band 5, 1983, A. 1. Abschnitt 2. Titel, S. 39 f.

Beschlagnahmewirkung könnten die mit der gerichtlichen Zwangsverwaltung bezweckten Ziele nicht erreicht werden.[111]

(2) Absonderungsrecht an Mietforderungen

Mietforderungen sind Bestandteil des Haftungsverbandes bei vermieteten Grundstücken, § 1123 Abs. 1 BGB. Daher begründet ein Grundpfandrecht nach *h. M.* ein gegenwärtiges Pfandrecht an den Mietforderungen[112] und zwar unabhängig davon, welche konkrete Verwertungsart der die Zwangsvollstreckung betreibende Gläubiger wählt. Mittels der Beschlagnahme im Rahmen der gerichtlichen Zwangsverwaltung wird das bereits bestehende Pfandrecht realisiert.[113]

Demgegenüber vertritt *Bork*[114] die Ansicht, dass mit der Bestellung des Grundpfandrechts noch kein Pfandrecht an den Mietforderungen entstehe, sondern nur ein dingliches Recht begründet werde, auf die Mietforderungen zugreifen zu können. Das Grundpfandrecht gewähre kein Recht „an" der Forderung, sondern lediglich ein Recht „auf" die Forderung.[115] Ein Pfandrecht an der Mietforderung entstehe erst durch Beschlagnahme.[116] *Bork*[117] begründet dies mit dem Verfügungsrecht des Grundstückseigentümers (§ 1124 Abs. 1 BGB), welches zur Enthaftung der Mietforderungen führen könne, sowie den fehlenden Rechtsbehelfen des Grundpfandrechtsgläubigers gegen Vollstreckungsmaßnahmen Dritter.

---

111 Siehe hierzu Kapitel 1 A.II.2.a).

112 *BGH*, Urt. v. 09.11.2006 – IX ZR 133/05 = WM 2007, 129 (130); *ders.*, Urt. v. 17.09.2009 – IX ZR 106/08 = BGHZ 182, 264 (271); *Brandenburgisches OLG*, Urt. v. 14.01.1999 – 8 U 56/98 = ZIP 1999, 1533 (1535); *OLG Schleswig*, Urt. v. 23.05.2008 – 1 U 141/07 = BeckRS 2009, 89023; *Bassenge*, in: Palandt, BGB, 75. Aufl., 2016, § 1123 Rdnr. 1; *Konzen*, in: Soergel, BGB, Band 16, 13. Aufl., 2001, § 1123 Rdnr. 3; *Reischl*, in: jurisPK-BGB, Band 3, 7. Aufl., 2014, § 1123 Rdnr. 28; *Wenzel*, in: Erman, BGB, Band 2, 14. Aufl., 2014, § 1123 Rdnr. 1.

113 *Bassenge*, in: Palandt, BGB, 75. Aufl., 2016, § 1123 Rdnr. 1; *Reischl* in: jurisPK-BGB, Band 3, 7. Aufl., 2014, § 1123 Rdnr. 2.

114 *Bork*, ZIP 2013, 2129 (2129).

115 *Bork*, ZIP 2013, 2129 (2129). So jetzt auch der *BGH* in seiner neuesten Entscheidung (Beschl. v. 14.07.2016 – IX ZB 31/14 = WM 2016, 1543 (1544)), ohne allerdings seine bisherige Rechtsprechung ausdrücklich aufzugeben.

116 *Bork*, ZIP 2013, 2129 (2129 f.).

117 *Bork*, ZIP 2013, 2129 (2129 f.).

Aufgrund des Bedürfnisses nach Rechtssicherheit, insbesondere im Grundstücksverkehr, bestimmt das Gesetz die dinglichen Rechte erschöpfend (Typenzwang).[118] Ein Recht „auf" ein Recht – wie *Bork* es nennt – sieht das Gesetz nicht vor. Eine gewisse Ähnlichkeit bestünde höchstens mit dem Anwartschaftsrecht, jedoch ist dessen Wesen gerade, dass es dem Erwerber eine gesicherte Rechtsposition vermittelt und nicht mehr einseitig durch den Übertragenden beseitigt werden kann.[119] Ungeachtet der gesetzgeberischen Intention zur Enthaftungsregelung des § 1123 Abs. 2 BGB setzt diese Regelung im Übrigen gerade voraus, dass eine gewisse Haftung der Mietforderung zuvor besteht. Andernfalls wäre eine „Ent"-Haftung logisch nicht denkbar. Auch spricht der Wortlaut von § 1123 Abs. 1 BGB (*„erstreckt"*) für das Bestehen eines Pfandrechts an den Mietforderungen bereits mit Bestellung des Grundpfandrechts. Entsprechendes folgt aus § 91 Abs. 1 InsO. Danach können Rechte an den Gegenständen der Insolvenzmasse nach der Eröffnung des Insolvenzverfahrens nicht wirksam erworben werden, auch wenn keine Verfügung des Insolvenzschuldners und keine Zwangsvollstreckung für einen Insolvenzgläubiger zugrunde liegt.

Entsteht demnach bereits mit Bestellung des Grundpfandrechts ein Pfandrecht an den Mietforderungen, so ist fraglich, ob dieses auch von der Absonderungskraft des Grundpfandrechts im Falle der Eröffnung des Insolvenzverfahrens[120] erfasst ist oder ob hierfür die Beschlagnahme im Wege der gerichtlichen Zwangsverwaltung erforderlich ist. Der *BGH*[121] vertrat früher die Ansicht, dass eine Beschlagnahme für die Entstehung eines Absonderungsrechts an den Mietforderungen nicht erforderlich sei, da sich die Absonderungskraft des Grundpfandrechts an den Mietforderungen fortsetze. Dieser Ansicht haben sich einzelne *Instanzgerichte*[122] und Stimmen in der *Literatur*[123] angeschlossen.

---

118 *Bassenge*, in: Palandt, BGB, 75. Aufl., 2016, Einl. vor § 854 Rdnr. 3.

119 *BGH*, Urt. v. 30.05.1958 – V ZR 295/56 = BGHZ 27, 360 (368); *ders.*, Urt. v. 25.02.1966 – V ZR 129/63 = BGHZ 45, 186 (188 f.).

120 Siehe hierzu Kapitel 1 A.I.3.

121 *BGH*, Urt. v. 09.11.2006 – IX ZR 133/05 = WM 2007, 129 ff.; unklar hingegen *BGH*, Beschl. v. 13.07.2006 – IX ZB 301/04 = BGHZ 168, 339 (340 f.).

122 *OLG Naumburg*, Urt. v. 23.04.2008 – 5 U 19/08 = ZIP 2008, 1931 (1932); *OLG Schleswig*, Urt. v. 23.05.2008 – 1 U 141/07 = BeckRS 2009, 89023.

123 *Bräuer*, ZInsO 2006, 742 (749 f.); *J. Schmidt*, in: Buth/ Hermanns, Restrukturierung, Sanierung, Insolvenz, 4. Aufl., 2014, 6. Teil § 33 Rdnr. 47; *Neußer*, EWiR 2007, 83 (84); *Vortmann*, in: Mohrbutter/ Ringstmeier, Handbuch Insolvenzverwaltung, 9. Aufl., 2015, Kap. 8 Rdnr. 111; *Zimmer*, in: Ring/ Grziwotz/ Keukenschrijver, BGB, Band 3, 4. Aufl., 2016, § 1123 Rdnr. 2. *Vortmann* und *Zimmer* haben ihre Ansicht trotz der

Die Beschlagnahme leite lediglich die Befriedigung aus dem belasteten Recht ein[124] und schütze den Grundpfandrechtsgläubiger vor Verfügungen des Grundstückseigentümers (bzw. des Insolvenzverwalters).[125]

In Abänderung zu seiner vorgenannten Entscheidung hat der *BGH*[126] mit Urteil vom 17.09.2009 entschieden, dass Mietforderungen zwar dem Haftungsverband des Grundpfandrechts unterliegen, diese Haftung jedoch nur eine vorläufige sei. Vor Beschlagnahme des Grundstücks im Wege der gerichtlichen Zwangsverwaltung unterliegen Mietforderungen der Verfügung des Insolvenzverwalters.[127] Er zieht die Mietforderungen zur Insolvenzmasse ein. Hat der Grundpfandrechtsgläubiger daher vor der Beschlagnahme Mietforderungen eingezogen, muss er die Erlöse an den Insolvenzverwalter auskehren.[128] Nach inzwischen *h. M.* handelt es sich bis zur Beschlagnahme nur um eine „potentielle Haftung"[129] oder auch „latente Haftung".[130] Erst durch Beschlagnahme erstarke diese „potentielle Haftung" zu einer voll wirksamen, was bewirke, dass die erfassten Mietforderungen für die Insolvenzgläubiger

---

späteren Entscheidung des *BGH* v. 17.09.2009 (siehe Fn. 126) nicht geändert. Ob auch die anderen Vertreter noch an ihrer Meinung festhalten, kann aufgrund ihrer zeitlich früheren Publizierung nicht festgestellt werden.

124 *BGH*, Urt. v. 09.11.2006 - IX ZR 133/05 = WM 2007, 129 (130).

125 *J. Schmidt*, in: Buth/ Hermanns, Restrukturierung, Sanierung, Insolvenz, 4. Aufl., 2014, 6. Teil § 33 Rdnr. 47.

126 *BGH*, Urt. v. 17.09.2009 - IX ZR 106/08 = BGHZ 182, 264 (270 f.).

127 *BGH*, Urt. v. 17.09.2009 - IX ZR 106/08 = BGHZ 182, 264 (270 f.); ebenso *Mitlehner*, ZIP 2007, 804 (804). Der *BGH* begründet in seiner Entscheidung die vorläufige Haftung damit, dass „die Mietansprüche weder der Verfügung des Schuldners noch dem wirksamen Zugriff der Insolvenzgläubiger entzogen sind". Diese Formulierung ist aufgrund des bestehenden Insolvenzverfahrens ungenau. Die Mietforderungen unterliegen der Verfügungsbefugnis des Insolvenzverwalters.

128 *LG Stendal*, Urt. v. 07.02.2005 - 21 O 293/04 = ZIP 2005, 1800 (1800); *Büchler*, in: Hamburger Kommentar, InsO, 5. Aufl., 2015, § 165 Rdnr. 14; *Hawelka*, ZfIR 2010, 665 (671).

129 *BGH*, Urt. v. 08.12.1988 - IX ZR 12/88 = NJW-RR 1989, 200 (200); *OLG Karlsruhe*, Urt. v. 03.09.1997 - 1 U 126/97 = OLGR Karlsruhe 1998, 1 (3); *Baur/ Stürner*, Sachenrecht, 18. Aufl., 2009, § 39 Rdnr. 5; *Eickmann*, in: Münchener Kommentar, BGB, 6. Aufl., 2013, § 1123 Rdnr. 2; *Konzen*, in: Soergel, BGB, Band 16, 13. Aufl., 2001, § 1120 Rdnr. 1; *Mitlehner*, ZIP 2007, 804 (804, 806); *Stöber*, ZVG, 21. Aufl., 2016, § 20 Rdnr. 4. Kritisch zum Begriff der „potentiellen Haftung" hingegen *Bork*, ZIP 2013, 2129 (2131).

130 *Reischl*, in: jurisPK-BGB, Band 3, 7. Aufl., 2014, § 1124 Rdnr. 2; *Wenzel*, in: Erman, BGB, Band 2, 14. Aufl., 2014, Vorb. zu §§ 1120 ff. Rdnr. 2.

als Zugriffsobjekt nunmehr endgültig ausscheiden.[131] Dem Grundpfandrechtsgläubiger stehe erst mit Beschlagnahme ein Absonderungsrecht an den Mietforderungen zu.[132]

Für eine solche Differenzierung sprechen auch die folgenden Unterschiede zwischen Grundpfandrechten und Pfandrechten an Mietforderungen aufgrund des Haftungsverbandes: Grundpfandrechte gewähren dem Berechtigten im Insolvenzverfahren ein Recht auf abgesonderte Befriedigung.[133] Ein wirksam bestelltes Grundpfandrecht kann durch den Insolvenzverwalter nicht beseitigt werden. Hingegen kann der Insolvenzverwalter vor Beschlagnahme durch Verfügung über die Mietforderung die Erstreckung des Grundpfandrechts auf diese Mietforderung beseitigen und so den Haftungsverband lösen. Dem Grundpfandrechtsgläubiger steht mithin vor Beschlagnahme noch keine gesicherte Rechtsposition zu. Er muss sich das Absonderungsrecht an der Mietforderung erst durch Beschlagnahme verschaffen.

bb) Erfasste Mietforderungen

Um einen angemessenen Ausgleich zwischen der wirtschaftlichen Bewegungsfreiheit des Grundstückseigentümers sowie den Befriedigungsinteressen persönlicher und dinglicher Gläubiger zu erzielen, enthalten die §§ 1123 ff. BGB ein Ver- und Enthaftungsmodell für die Mietforderungen.[134] Auf dieses wird nachfolgend kurz eingegangen.

---

131 *BGH*, Urt. v. 17.09.2009 – IX ZR 106/08 = BGHZ 182, 264 (271); *OLG Karlsruhe*, Urt. v. 03.09.1997 – 1 U 126/97 = OLGR Karlsruhe 1998, 1 (3); *Smid*, Handbuch Insolvenzrecht, 6. Aufl., 2012, § 17 Rdnr. 52.

132 *OLG Hamm*, Urt. v. 14.06.2005 – 27 U 85/04 = ZInsO 2006, 776 (777, „bis zur Beschlagnahme das bis dahin nur potenzielle Absonderungsrecht"); *OLG Karlsruhe*, Urt. v. 03.09.1997 – 1 U 126/97 = OLGR Karlsruhe 1998, 1 (3); *Depré/ Lambert*, ZfIR 2012, 1 (7); *Eickmann*, ZfIR 2006, 273 (274); *Hawelka*, ZfIR 2010, 665 (671); *Keller*, NZI 2013, 265 (267); *Mylich*, WM 2010, 1923 (1924); *Smid*, Handbuch Insolvenzrecht, 6. Aufl., 2012, § 17 Rdnr. 52. Ebenso *Bork* (ZIP 2013, 2129 (2130 f., 2136)), nach dessen Ansicht jedoch auch ein Pfandrecht erst durch Beschlagnahme entsteht (siehe hierzu bereits Fn. 114–117).

133 Siehe hierzu Kapitel 1 A.I.3.

134 *Reischl*, in: jurisPK-BGB, Band 3, 7. Aufl., 2014, § 1123 Rdnr. 2.

(1) Im Voraus zu entrichtende Miete

Die Miete ist üblicherweise im Voraus zu entrichten.[135] Für den Umfang der Beschlagnahmewirkung ist der Tag der Beschlagnahme maßgeblich. Erfolgt die Beschlagnahme bis zum 15. Tag eines Kalendermonats, so erfasst die Beschlagnahme bereits die Mietforderung für den folgenden Kalendermonat, die Miete für den laufenden Kalendermonat ist hingegen „enthaftet". Erfolgt die Beschlagnahme nach dem 15. Tag eines Kalendermonats, so erstreckt sich die Befreiung auf den laufenden und den folgenden Kalendermonat, § 1123 Abs. 2 Satz 2 BGB. Die nicht erfassten Mietforderungen fallen in die Insolvenzmasse.

(2) Rückständige Mietforderungen

Der Haftungsverband erfasst auch rückständige Mietforderungen, die innerhalb eines Jahres ab ihrer Fälligkeit durch den Grundpfandrechtsgläubiger beschlagnahmt werden, § 1123 Abs. 2 Satz 1 BGB. Nach Ablauf dieser Jahresfrist bleiben fällige Forderungen von der Beschlagnahme frei.[136] Diese zeitliche Begrenzung beruht auf der Erwägung, dass eine Haftung älterer Rückstände schärfer als nötig in die wirtschaftliche Freiheit des Grundstückseigentümers eingreifen würde, zumal Grundpfandrechtsgläubiger, die längere Zeit von einer Beschlagnahme dieser Forderungen absehen, hierdurch zu erkennen geben, dass sie sich an diese nicht halten wollen.[137]

(3) Eingezogene Mieten

Zieht der Insolvenzverwalter die Mieten vor Beschlagnahme ein, erlöschen die Mietforderungen, § 1124 Abs. 1 Satz 1 BGB. Die absonderungsberechtigten Gläubiger können auf bereits eingezogene Mieten nicht mehr zugreifen.

(4) Vorausverfügung über Mietforderungen

Eine schrankenlose Anerkennung von Vorausverfügungen würde dem Grundpfandrechtsgläubiger einen wichtigen Haftungsgegenstand für unbestimmte Zeit entziehen und den Wert seiner Sicherheit aushöhlen.[138] Zum Schutz des

---

135 Für Wohnraummietverhältnisse ist dies in § 556b Abs. 1 BGB geregelt.

136 *Stöber*, ZVG, 21. Aufl., 2016, § 148 Rdnr. 2.

137 *Mugdan*, Die gesamten Materialien zum Bürgerlichen Gesetzbuch, Band 3, 1979, C. 9. Abschnitt 1. Titel, S. 371.

138 *BGH*, Urt. v. 09.06.2005 – IX ZR 160/04 = BGHZ 163, 201 (207 f.); *Eickmann*, in: Münchener Kommentar, BGB, Band 6, 6. Aufl., 2013, § 1124 Rdnr. 2; *Konzen*, in: Soergel, BGB, Band 16, 13. Aufl., 2001, § 1124 Rdnr. 1.

Grundpfandrechtsgläubigers beschränkt daher § 1124 Abs. 2 BGB die Wirksamkeit von Vorausverfügungen in zeitlicher Hinsicht. Erfolgt die Beschlagnahme bis zum 15. Tag eines Kalendermonats, so sind Vorausverfügungen über Mietforderungen ab dem auf die Beschlagnahme folgenden Kalendermonat gegenüber dem betreibenden Gläubiger[139] unwirksam, für den laufenden Kalendermonat ist die Verfügung wirksam, § 1124 Abs. 2 Hs. 1 BGB. Erfolgt die Beschlagnahme nach dem 15. Tag eines Kalendermonats, so sind die Verfügungen für den laufenden und den folgenden Kalendermonat wirksam, § 1124 Abs. 2 Hs. 2 BGB. Durch die Beschlagnahme werden Mietforderungen somit für die Zukunft wieder dem Haftungsverband unterstellt.[140]

(5) Gepfändete Mietforderungen

Bis zur Beschlagnahme im Wege der Zwangsvollstreckung in das unbewegliche Vermögen können Mietforderungen auch durch andere Gläubiger gepfändet werden, § 865 Abs. 2 Satz 2 ZPO. Die Pfändung von Mietforderungen gilt als Vorausverfügung i. S. v. § 1124 BGB.[141] Insolvenzfeste Pfändungen anderer Gläubiger sind dem Grundpfandrechtsgläubiger gegenüber wirksam.[142] Durch die Beschlagnahme kann der Grundpfandrechtsgläubiger jedoch die Wirkungen des Pfändungspfandrechts überlagern. Die Pfändung ist dann innerhalb der zeitlichen Grenzen des § 1124 Abs. 2 BGB[143] gegenüber dem betreibenden Grundpfandrechtsgläubiger relativ unwirksam und ruht für deren Dauer.[144]

---

139 *BGH*, Urt. v. 13.10.2011 – IX ZR 188/10 = NJW-RR 2012, 263 (264); *Bassenge*, in: Palandt, BGB, 75. Aufl., 2016, § 1124 Rdnr. 5.

140 *Bassenge*, in: Palandt, BGB, 75. Aufl., 2016, § 1124 Rdnr. 5.

141 *RG*, Urt. v. 05.12.1906 – V 152/06 = RGZ 64, 415 (419 f.); *LG Braunschweig*, Urt. v. 06.10.1995 – 1 O 194/95 = ZIP 1996, 193 (194); *Bassenge*, in: Palandt, BGB, 75. Aufl., 2016, § 1124 Rdnr. 2; *Eickmann*, in: Münchener Kommentar, BGB, Band 6, 6. Aufl., 2013, § 1123 Rdnr. 26, § 1124 Rdnr. 16; *Riedel*, in: Keller, Handbuch Zwangsvollstreckungsrecht, 2013, Kap. 4 Rdnr. 653.

142 *RG*, Urt. v. 05.12.1906 – V 152/06 = RGZ 64, 415 (419 f.); *Eickmann*, in: Münchener Kommentar, BGB, Band 6, 6. Aufl., 2013, § 1123 Rdnr. 25; *Hintzen*, in: Hintzen/ Engels/ Rellermeyer, ZVG, 14. Aufl., 2013, § 21 Rdnr. 8.

143 Siehe hierzu Kapitel 1 A.II.2.c)bb)(4).

144 *RG*, Urt. v. 05.12.1906 – V 152/06 = RGZ 64, 415 (420); *Becker*, in: Musielak/ Voit, ZPO, 13. Aufl., 2016, § 865 Rdnr. 6, 9a; *Hintzen*, in: Hintzen/ Engels/ Rellermeyer, ZVG, 14. Aufl., 2013, § 21 Rdnr. 10; *Mylich*, WM 2010, 1923 (1930); *Riedel*, in: Keller, Handbuch Zwangsvollstreckungsrecht, 2013, Kap. 4 Rdnr. 34, 586.

d) *Fazit*

Grundpfandrechtsgläubiger können Befriedigung aus Mieteinnahmen erst erlangen, wenn sie deren Beschlagnahme durch Anordnung eines gerichtlichen Zwangsverwaltungsverfahrens herbeigeführt haben. Erst durch Beschlagnahme entsteht ein Absonderungsrecht an den Mietforderungen, das den Grundpfandrechtsgläubigern die Mietforderungen haftungsrechtlich zuweist.

3. *Pfändung von Mietforderungen*

a) *Begriff und Zweck*

Anders als im Rahmen eines gerichtlichen Zwangsverwaltungs- und Zwangsversteigerungsverfahrens greift der Grundpfandrechtsgläubiger mit der Forderungspfändung isoliert auf die Mietforderungen zu. Die Pfändung führt zur Beschlagnahme der Mietforderungen.[145] Die beschlagnahmten Mietforderungen dienen bis zu seiner vollständigen Befriedigung dem Grundpfandrechtsgläubiger. Es findet kein Verteilungsverfahren statt. Außerhalb eines Insolvenzverfahrens ist die Pfändung von Mietforderungen unstreitig zulässig.[146] Die Forderungspfändung kann für den Grundpfandrechtsgläubiger eine effektivere und kostengünstigere Alternative zur gerichtlichen Zwangsverwaltung darstellen.[147]

b) *Zulässigkeit der Forderungspfändung nach Eröffnung des Insolvenzverfahrens?*

Es ist umstritten, ob ein Grundpfandrechtsgläubiger aufgrund seines dinglichen Titels auch noch *nach* Eröffnung des Insolvenzverfahrens Mietforderungen pfänden kann.

aa) Für die Zulässigkeit einer Forderungspfändung

Teilweise wird diese Möglichkeit damit begründet, dass eine Forderungspfändung nach § 829 Abs. 1, § 835 Abs. 1 ZPO als Einzelzwangsvollstreckungsmaßnahme eines Grundpfandrechtsgläubigers aufgrund seines dinglichen

---

145 *RG*, Urt. v. 21.12.1912 – V 361/12 = RGZ 81, 146 (148); *BGH*, Urt. v. 09.06.2005 – IX ZR 160/04 = BGHZ 163, 201 (205); *ders.*, Urt. v. 13.03.2008 – IX ZR 119/06 = NJW 2008, 1599 (1600); *Bassenge*, in: Palandt, BGB, 75. Aufl., 2016, § 1123 Rdnr. 3; *Eickmann*, ZfIR 2006, 273 (274); *ders.*, in: Münchener Kommentar, BGB, 6. Aufl., 2013, § 1123 Rdnr. 22; *Zipperer*, ZfIR 2006, 395 (395 f.).

146 Vgl. § 865 Abs. 2 Satz 2 ZPO.

147 *Mylich*, WM 2010, 1923 (1925); *Tetzlaff*, in: Lwowski/ Fischer/ Langenbucher, Das Recht der Kreditsicherung, 9. Aufl., 2011, § 6 Rdnr. 3; *Zipperer*, ZfIR 2006, 395 (397).

Titels nicht vom Vollstreckungsverbot des § 89 InsO erfasst werde.[148] § 89 InsO verbiete nur Einzelzwangsvollstreckungsmaßnahmen durch Insolvenzgläubiger, die wegen ihrer persönlichen Forderung vollstrecken.[149] Auch aus § 49 InsO folge letztendlich nichts anderes, da die Vorschrift nicht besage, dass Grundpfandrechtsgläubiger, denen vor Insolvenzeröffnung das Recht der Forderungspfändung aufgrund ihres dinglichen Titels zustand, dieses Recht mit Eröffnung des Insolvenzverfahrens verlieren sollen.[150] Da § 110 InsO lediglich die Konkurrenz von Zwangsvollstreckungen persönlicher Gläubiger mit dem die Mieten einziehenden Insolvenzverwalter löse, ändere diese Vorschrift nichts an den Befugnissen eines Grundpfandrechtsgläubigers nach Insolvenzeröffnung.[151]

bb) Gegen die Zulässigkeit einer Forderungspfändung

Nach *h. M.*[152] ist eine Pfändung mithaftender Mieten durch einen Grundpfandrechtsgläubiger nach Eröffnung des Insolvenzverfahrens hingegen nicht mehr möglich.

---

148 *LG Chemnitz*, Beschl. v. 25.09.2003 – 3 T 3193/03 = Rpfleger 2004, 234 (234); *LG Münster*, Beschl. v. 24.01.2005 – 5 T 1294/04 = Rdnr. 2 (juris); *LG Traunstein*, Beschl. v. 09.06.2000 – 4 T 1597/00 = NZI 2000, 438 (438); *Eickmann*, in: Münchener Kommentar, BGB, Band 6, 6. Aufl., 2013, § 1123 Rdnr. 24; *Knees*, ZIP 2001, 1568 (1575); *Zipperer*, ZfIR 2006, 395 (401).

149 *LG Chemnitz*, Beschl. v. 25.09.2003 – 3 T 3193/03 = Rpfleger 2004, 234 (234); *LG Traunstein*, Beschl. v. 09.06.2000 – 4 T 1597/00 = NZI 2000, 438 (438); *Knees*, ZIP 2001, 1568 (1575); *Zipperer*, ZfIR 2006, 395 (401).

150 *LG Chemnitz*, Beschl. v. 25.09.2003 – 3 T 3193/03 = Rpfleger 2004, 234 (234); *LG Traunstein*, Beschl. v. 09.06.2000 – 4 T 1597/00 = NZI 2000, 438 (438); so im Ergebnis auch *Eickmann*, ZfIR 2006, 273 (278).

151 *Zipperer*, ZfIR 2006, 395 (401).

152 *BGH*, Beschl. v. 13.07.2006 – IX ZB 301/04 = BGHZ 168, 339 ff.; *ders.*, Beschl. v. 26.10.2006 – IX ZB 155/05 = Rdnr. 5 ff. (juris); *ders.*, Beschl. v. 10.10.2013 – IX ZB 197/11 = WM 2013, 2176 f.; *AG Hamburg*, Beschl. v. 16.09.2005 – 617b M 680/05 = ZInsO 2005, 1058 f.; *dass.*, Beschl. v. 16.09.2005 – 68a IK 196/04 = ZIP 2005, 1801 ff.; *AG Kaiserslautern*, Beschl. v. 11.03.2005 – 1 M 3983/04 = NZI 2005, 636 f.; *Bassenge*, in: Palandt, BGB, 75. Aufl., 2016, § 1123 Rdnr. 3; *Becker*, in: Musielak/ Voit, ZPO, 13. Aufl., 2016, § 865 Rdnr. 6; *Dithmar/ Schneider*, in: Braun, InsO, 6. Aufl., 2014, § 165 Rdnr. 2; *Frege/ Keller/ Riedel*, Insolvenzrecht, 8. Aufl., 2015, Teil 3 Kap. 4 Rdnr. 1504; *Ganter*, in: Münchener Kommentar, InsO, Band 1, 3. Aufl., 2013, § 49 Rdnr. 86; *Keller*, NZI 2013, 265 (266); *Leithaus*, in: Andres/ Leithaus, InsO, 3. Aufl., 2014, § 49 Rdnr. 3.

(1) Vollstreckungsverbot des § 89 Abs. 1 InsO

Der Ausschluss der Forderungspfändung nach Insolvenzeröffnung folgt jedoch nicht bereits aus § 89 Abs. 1 InsO.[153] Das Vollstreckungsverbot des § 89 Abs. 1 InsO bezieht sich ausweislich seines eindeutigen Wortlautes nur auf Vollstreckungsmaßnahmen einzelner Insolvenzgläubiger.[154] Dem Grundpfandrechtsgläubiger sind somit Vollstreckungsmaßnahmen nur wegen seiner persönlichen Forderung untersagt, nicht jedoch wegen seines dinglichen Anspruchs.[155] Insoweit ist der Gegenansicht zuzustimmen.

(2) Verhältnis von Mobiliar- und Immobiliarvollstreckung nach § 865 Abs. 2 Satz 2 ZPO

Die Unzulässigkeit der Mietforderungspfändung nach Eröffnung des Insolvenzverfahrens wird u. a. mit dem Vorrang der gerichtlichen Zwangsverwaltung vor der Forderungspfändung begründet, welcher sich aus § 865 Abs. 2 Satz 2 ZPO für die Zwangsvollstreckung des Grundpfandrechtsgläubigers in mithaftende Mieten ergebe.[156] § 865 Abs. 2 Satz 2 ZPO regelt das Verhältnis von Mobiliar- und Immobiliarvollstreckung. Danach ist eine Beschlagnahme von Mietforderungen im Wege der Forderungspfändung solange möglich, bis ihre Beschlagnahme im Wege der gerichtlichen Zwangsverwaltung[157] bewirkt ist. Außerhalb eines Insolvenzverfahrens stehen die beiden Vollstreckungsarten grundsätzlich gleichberechtigt nebeneinander. Erst die Beschlagnahmewirkung als Rechtsfolge der Anordnung einer gerichtlichen Zwangsverwaltung führt zur Unzulässigkeit der Forderungspfändung und somit zum Vorrang der gerichtlichen Zwangsverwaltung.[158] Diese Vorrangstellung gilt allerdings nur für die Dauer der gerichtlichen

---

153 Zutreffend *AG Hamburg*, Beschl. v. 16.09.2005 – 617b M 680/05 = ZInsO 2005, 1058 (1059); *dass.*, Beschl. v. 16.09.2005 – 68a IK 196/04 = ZIP 2005, 1801 (1803); *a. A. Wittkowski/ Kruth*, in: Nerlich/ Römermann, InsO, 29. EL, 2016, § 89 Rdnr. 19; missverständlich *BGH*, Beschl. v. 13.07.2006 – IX ZB 301/04 = BGHZ 168, 339 (340).

154 *Keller*, in: K. Schmidt, InsO, 19. Aufl., 2016, § 89 Rdnr. 7.

155 *Keller*, in: K. Schmidt, InsO, 19. Aufl., 2016, § 89 Rdnr. 9.

156 *BGH*, Beschl. v. 13.07.2006 – IX ZB 301/04 = BGHZ 168, 339 (341); *Ganter*, in: Münchener Kommentar, InsO, Band 1, 3. Aufl., 2013, § 49 Rdnr. 86.

157 Der Wortlaut „Zwangsvollstreckung in das unbewegliche Vermögen" schließt zwar auch eine Zwangsversteigerung ein. Mietforderungen werden jedoch nach § 21 Abs. 2 ZVG bei Durchführung einer Zwangsversteigerung nicht beschlagnahmt; vgl. auch Kapitel 1 A.II.1.a).

158 *Becker*, in: Musielak/ Voit, ZPO, 13. Aufl., 2016, § 865 Rdnr. 9a.

Zwangsverwaltung.[159] Die Ansicht des *BGH*[160], wonach es § 865 Abs. 2 Satz 2 ZPO entspreche, wenn nur die gerichtliche Zwangsverwaltung den Insolvenzbeschlag mithaftender Mieten zugunsten eines Grundpfandrechtsgläubigers überwinde, lässt sich dem Wortlaut der Norm nicht entnehmen.

(3) Wortlaut des § 49 InsO

Zur Begründung der Unzulässigkeit der Mietforderungspfändung nach Eröffnung des Insolvenzverfahrens wird zudem auf den Wortlaut von § 49 InsO verwiesen.[161] Danach sind Gläubiger, denen ein Recht auf Befriedigung aus Gegenständen zusteht, die der Zwangsvollstreckung in das unbewegliche Vermögen unterliegen (unbewegliche Gegenstände), „nach Maßgabe des Gesetzes über die Zwangsversteigerung und die Zwangsverwaltung" zur abgesonderten Befriedigung berechtigt. Die Forderungspfändung ist in den §§ 828 ff. ZPO und nicht im ZVG geregelt. Der Wortlaut könnte daher dafür sprechen, dass die Vollstreckungsarten eines Grundpfandrechtsgläubigers im Rahmen eines Insolvenzverfahrens im Vergleich zur Einzelzwangsvollstreckung beschränkt sind.[162]

Die Vorgängernorm des § 47 KO enthielt keinen derartigen Verweis auf die Regelungen des ZVG.[163] Dies könnte für eine vom Gesetzgeber gewollte Beschränkung der Verwertungsarten sprechen. Allerdings sollte es nach der Begründung der Bundesregierung bei der bisherigen Rechtslage bleiben.[164] Unter

---

159 *Stöber*, in: Zöller, ZPO, 31. Aufl., 2016, § 865 Rdnr. 10.

160 *BGH*, Beschl. v. 13.07.2006 – IX ZB 301/04 = BGHZ 168, 339 (341).

161 *BGH*, Beschl. v. 13.07.2006 – IX ZB 301/04 = BGHZ 168, 339 (340); *ders.*, Beschl. v. 26.10.2006 – IX ZB 155/05 = Rdnr. 6 (juris); *AG Hamburg*, Beschl. v. 16.09.2005 – 617b M 680/05 = ZInsO 2005, 1058 (1058); *dass.*, Beschl. v. 16.09.2005 – 68a IK 196/04 = ZIP 2005, 1801 (1801); *AG Kaiserslautern*, Beschl. v. 11.03.2005 – 1 M 3983/04 = NZI 2005, 636 (636); *Ganter*, in: Münchener Kommentar, InsO, Band 1, 3. Aufl., 2013, § 49 Rdnr. 86.

162 *AG Hamburg*, Beschl. v. 16.09.2005 – 617b M 680/05 = ZInsO 2005, 1058 (1058 f.); *AG Kaiserslautern*, Beschl. v. 11.03.2005 – 1 M 3983/04 = NZI 2005, 636 (636).

163 *BGH*, Beschl. v. 13.07.2006 – IX ZB 301/04 = BGHZ 168, 339 (344 f.); *AG Hamburg*, Beschl. v. 16.09.2005 – 617b M 680/05 = ZInsO 2005, 1058 (1058); *dass.*, Beschl. v. 16.09.2005 – 68a IK 196/04 = ZIP 2005, 1801 (1802).

164 *BT*-Drucks. 12/2443, S. 125 (zu § 56 InsO-E, „Die Vorschrift belässt es bei dem Grundsatz des geltenden Rechts, (…)"); *BGH*, Beschl. v. 13.07.2006 – IX ZB 301/04 = BGHZ 168, 339 (344); *Zipperer*, ZfIR 2006, 395 (401); *a. A. AG Hamburg*, Beschl. v. 16.09.2005 – 617b M 680/05 = ZInsO 2005, 1058 (1059); *dass.*, Beschl. v. 16.09.2005 – 68a IK 196/04 = ZIP 2005, 1801 (1802); *AG Kaiserslautern*, Beschl. v. 11.03.2005 – 1 M 3983/04 = NZI 2005, 636 (636); *Hofmann/ Vendolsky*, ZfIR 2006, 403 (404).

Geltung der KO war die Zulässigkeit der Forderungspfändung durch Grundpfandrechtsgläubiger allerdings umstritten.[165] Aufgrund der nicht eindeutigen Rechtslage unter Geltung der KO ist die Begründung der Bundesregierung, wonach es bei der bisherigen Rechtslage bleiben solle, nicht eindeutig. Der ausdrückliche Verweis auf das ZVG spricht eher für eine Begrenzung der Vollstreckungsarten.

(4) Begründung mit § 110 Abs. 1, 2 InsO

Das Ergebnis einer wortlautgetreuen Auslegung von § 49 InsO wird zudem durch § 110 Abs. 1, 2 InsO gestützt.[166] Danach sind Verfügungen des späteren Insolvenzschuldners über Mietforderungen vor Insolvenzeröffnung spätestens nach Ablauf des nächsten auf die Eröffnung des Insolvenzverfahrens folgenden Kalendermonats unwirksam, § 110 Abs. 1 InsO. Vorauspfändungen stehen einer rechtsgeschäftlichen Verfügung insoweit gleich, § 110 Abs. 2 Satz 2 InsO. Nach Ansicht des *BGH*[167] wäre es daher widersprüchlich, wenn mithaftende Mieten des Haftungsverbandes nach der Eröffnung des Insolvenzverfahrens von Grundpfandrechtsgläubigern durch Pfändung beschlagnahmt werden könnten.

(5) Interessenausgleich

Letztendlich ist dieses Verständnis auch interessengerecht, denn die Möglichkeit einer Mietforderungspfändung im Rahmen eines Insolvenzverfahrens durch einen Grundpfandrechtsgläubiger würde im Ergebnis zu einer Belastung der Insolvenzmasse führen. Der pfändende Grundpfandrechtsgläubiger würde der Insolvenzmasse die Mieteinnahmen entziehen. Die öffentlichen Lasten des Grundstücks sowie die laufenden Kosten der Gebäudeinstandhaltung und Gebäudeversicherung müsste der Insolvenzverwalter als Masseverbindlichkeiten jedoch weiterhin aus der Insolvenzmasse bestreiten, ohne aus

---

165 Gegen eine Forderungspfändung *RG*, Urt. v. 09.07.1902 – V 202/02 = RGZ 52, 138 (139); vgl. hierzu *BGH*, Beschl. v. 13.07.2006 – IX ZB 301/04 = BGHZ 168, 339 (345) m. w. N.

166 *BGH*, Beschl. v. 13.07.2006 – IX ZB 301/04 = BGHZ 168, 339 (341); *ders.*, Beschl. v. 26.10.2006 – IX ZB 155/05 = Rdnr. 7 (juris); *Ganter*, in: Münchener Kommentar, InsO, Band 1, 3. Aufl., 2013, § 49 Rdnr. 86.

167 *BGH*, Beschl. v. 13.07.2006 – IX ZB 301/04 = BGHZ 168, 339 (341); *ders.*, Beschl. v. 26.10.2006 – IX ZB 155/05 = Rdnr. 7 (juris). Nach Ansicht des *BGH* kommt auch keine teleologische Reduktion des § 110 Abs. 1, 2 InsO in Betracht, vgl. hierzu *BGH*, Beschl. v. 13.07.2006 – IX ZB 301/04 = BGHZ 168, 339 (341 f.) m. w. N. zum Streitstand.

den Mieteinnahmen eine Deckung hierfür zu erhalten.[168] Im Rahmen einer gerichtlichen Zwangsverwaltung sind die öffentlichen Lasten und die Ausgaben der Verwaltung vorweg aus der Zwangsverwaltungsmasse zu bestreiten, § 155 Abs. 1, § 156 Abs. 1 Satz 1 ZVG. Eine Belastung der Insolvenzmasse findet nicht statt.[169]

Die Beschränkung der Befriedigungsmöglichkeiten von Grundpfandrechtsgläubigern im Rahmen eines Insolvenzverfahrens im Vergleich zur Einzelzwangsvollstreckung dient letztendlich dem Interessenausgleich der am Insolvenzverfahren Beteiligten, insbesondere dem Schutz der Insolvenzmasse.[170] Ohne eine derartige Beschränkung auf die Immobiliarvollstreckung müsste der Insolvenzverwalter zum Schutz der Insolvenzmasse die Pfändung mithaftender Mieten durch einzelne Grundpfandrechtsgläubiger durch einen eigenen Antrag auf Durchführung eines gerichtlichen Zwangsverwaltungsverfahrens nach § 165 InsO, §§ 172 ff. ZVG beenden.[171] Auch die übrigen absonderungsberechtigten Gläubiger, insbesondere im Falle einer Forderungspfändung durch nachrangige Grundpfandrechtsgläubiger, könnten die Pfändungswirkungen nur durch die Beantragung eines gerichtlichen Zwangsverwaltungsverfahrens für die Zukunft beseitigen, § 865 Abs. 2 Satz 2 ZPO i. V. m. § 1124 Abs. 2 BGB. Dies würde im Ergebnis dazu führen, dass es in (beinahe) jedem Insolvenzverfahren zur Beantragung eines gerichtlichen Zwangsverwaltungsverfahrens kommen würde. Absprachen zwischen den absonderungsberechtigten Gläubigern und dem Insolvenzverwalter, mithin insbesondere die Vereinbarung einer kalten Zwangsverwaltung, würden deutlich erschwert werden.

---

168 *BGH*, Beschl. v. 13.07.2006 – IX ZB 301/04 = BGHZ 168, 339 (343); *ders.*, Beschl. v. 26.10.2006 – IX ZB 155/05 = Rdnr. 8 (juris); *AG Hamburg*, Beschl. v. 16.09.2005 – 617b M 680/05 = ZInsO 2005, 1058 (1059); *AG Kaiserslautern*, Beschl. v. 11.03.2005 – 1 M 3983/04 = NZI 2005, 636 (636); *Ganter*, in: Münchener Kommentar, InsO, Band 1, 3. Aufl., 2013, § 49 Rdnr. 86; *Hofmann/ Vendolsky*, ZfIR 2006, 403 (404).

169 *Ganter*, in: Münchener Kommentar, InsO, Band 1, 3. Aufl., 2013, § 49 Rdnr. 88; *Raab*, DZWIR 2006, 234 (235).

170 *AG Hamburg*, Beschl. v. 16.09.2005 – 617b M 680/05 = ZInsO 2005, 1058 (1059); *dass.*, Beschl. v. 16.09.2005 – 68a IK 196/04 = ZIP 2005, 1801 (1802); *Hofmann/ Vendolsky*, ZfIR 2006, 403 (404).

171 *BGH*, Beschl. v. 13.07.2006 – IX ZB 301/04 = BGHZ 168, 339 (344); *ders.*, Beschl. v. 26.10.2006 – IX ZB 155/05 = Rdnr. 8 (juris). So jedoch *Eickmann*, ZfIR 2006, 273 (278).

cc) Zwischenfazit

Nach Eröffnung eines Insolvenzverfahrens können Grundpfandrechtsgläubiger – ungeachtet einer gemeinsamen freihändigen Verwertung zusammen mit dem Insolvenzverwalter – Befriedigung nur im Wege der Immobiliarvollstreckung gemäß § 49 InsO erlangen.[172] Forderungspfändungen sind nach Insolvenzeröffnung unzulässig.

c) Fazit

Aufgrund der überzeugenden aktuellen Rechtsprechung des *BGH*[173] spielt die Forderungspfändung durch Grundpfandrechtsgläubiger nach Eröffnung des Insolvenzverfahrens in der Praxis (derzeit) keine Rolle. Sie stellt daher keine Alternative zu den vorgenannten Befriedigungsmöglichkeiten der Zwangsversteigerung und der gerichtlich angeordneten Zwangsverwaltung dar.

B. Gesetzlich geregelte und anerkannte Verwertungsmöglichkeiten des Insolvenzverwalters

Die Frage der Verwertung von Immobiliarvermögen stellt sich auch für den Insolvenzverwalter. Dieser hat unverzüglich nach dem Berichtstermin das zur Insolvenzmasse gehörende Vermögen zu verwerten, soweit Beschlüsse der Gläubigerversammlung nicht entgegenstehen, § 159 InsO. Wie der Insolvenzverwalter verwertet, entscheidet er nach pflichtgemäßem Ermessen.[174] Er wägt hierfür das Ziel einer möglichst optimalen Gläubigerbefriedigung gegen etwaige mit der Verwertungsart verbundene Risiken ab.[175]

---

172 *AG Hamburg*, Beschl. v. 16.09.2005 – 617b M 680/05 = ZInsO 2005, 1058 (1058); *dass.*, Beschl. v. 16.09.2005 – 68a IK 196/04 = ZIP 2005, 1801 (1801).

173 *BGH*, Beschl. v. 13.07.2006 – IX ZB 301/04 = BGHZ 168, 339 ff.; *ders.*, Beschl. v. 26.10.2006 – IX ZB 155/05 = Rdnr. 5 ff. (juris); *ders.*, Beschl. v. 10.10.2013 – IX ZB 197/11 = WM 2013, 2176 f.

174 *RG*, Urt. v. 30.05.1892 – VI 336/91 = RGZ 29, 80 (83 f.); *dass.*, Urt. v. 28.09.1895 – V 54/95 = RGZ 35, 118 (121); *Bork*, ZIP 2013, 2129 (2131); *Dithmar/ Schneider*, in: Braun, InsO, 6. Aufl., 2014, § 165 Rdnr. 3; *Elsner*, in: Mohrbutter/ Ringstmeier, Handbuch Insolvenzverwaltung, 9. Aufl., 2015, Kap. 24 Rdnr. 7; *Häsemeyer*, Insolvenzrecht, 4. Aufl., 2007, Rdnr. 13.36; *Ott/ Vuia*, in: Münchener Kommentar, InsO, Band 2, 3. Aufl., 2013, § 80 Rdnr. 48; *Sternal*, in: K. Schmidt, InsO, 19. Aufl., 2016, § 80 Rdnr. 23.

175 *Ringstmeier*, in: Mohrbutter/ Ringstmeier, Handbuch Insolvenzverwaltung, 9. Aufl., 2015, Kap. 23 Rdnr. 122.

Zum besseren Verständnis, warum Insolvenzverwalter eine kalte Zwangsverwaltung vereinbaren (siehe hierzu ab Kapitel 2), geht die Arbeit nachfolgend in der gebotenen Kürze auf die gesetzlich geregelten und bereits anerkannten Verwertungsmöglichkeiten des Insolvenzverwalters ein.

I. Zwangsversteigerung[176]

Der Insolvenzverwalter kann bei dem zuständigen Vollstreckungsgericht die Zwangsversteigerung eines Grundstücks beantragen, selbst wenn das Grundstück mit Absonderungsrechten belastet ist, § 165 InsO. Das weitere Verfahren der sog. Verwalterversteigerung[177] richtet sich nach den Vorschriften des ZVG, insbesondere den §§ 172 ff. ZVG. Trotz des Vorteils eines Ausschlusses etwaiger Gewährleistungsansprüche des Erwerbers (§ 56 Satz 3 ZVG) sowie der Ausübung eines dinglichen Vorkaufsrechts (§ 1098 Abs. 1 Satz 2 BGB) kommt die Verwalterversteigerung in der Praxis eher selten vor.[178] Im Vergleich zur freihändigen Veräußerung verursacht die Zwangsversteigerung regelmäßig höhere Kosten und nimmt aufgrund des formalisierten Verfahrens mehr Zeit in Anspruch.[179] Der Insolvenzverwalter wird eine Verwalterversteigerung regelmäßig nur dann beantragen, wenn er sich mit den dinglich Berechtigten nicht über eine freihändige Veräußerung verständigen kann.[180]

II. Gerichtliche Zwangsverwaltung

Ab Eröffnung des Insolvenzverfahrens hat der Insolvenzverwalter massezugehörige Grundstücke zu verwalten, § 80 Abs. 1, § 148 InsO. Er kann aber auch die Durchführung eines gerichtlichen Zwangsverwaltungsverfahrens beantragen, § 165 InsO i. V. m. §§ 172 ff. ZVG.[181] An einem parallelen gerichtlichen

---

176 Andere Versteigerungsformen werden vorliegend nicht besprochen, vgl. hierzu *Elsner*, in: Mohrbutter/ Ringstmeier, Handbuch Insolvenzverwaltung, 9. Aufl., 2015, Kap. 24 Rdnr. 7; *Esser*, in: Braun, InsO, 6. Aufl., 2014, § 160 Rdnr. 10.

177 *Büchler*, in: Hamburger Kommentar, InsO, 5. Aufl., 2015, § 165 Rdnr. 19; *Tetzlaff*, in: Münchener Kommentar, InsO, Band 2, 3. Aufl., 2013, § 165 Rdnr. 120.

178 *Büchler*, in: Hamburger Kommentar, InsO, 5. Aufl., 2015, § 165 Rdnr. 9, 19.

179 *Tetzlaff*, in: Münchener Kommentar, InsO, Band 2, 3. Aufl., 2013, § 165 Rdnr. 123; *Wegener*, in: Frankfurter Kommentar, InsO, 8. Aufl., 2015, § 165 Rdnr. 26.

180 *Elsner*, in: Mohrbutter/ Ringstmeier, Handbuch Insolvenzverwaltung, 9. Aufl., 2015, Kap. 24 Rdnr. 13; *Schulte*, MietRB 2009, 179 (182).

181 So z. B. wenn die Kosten den Ertrag des Grundstücks übersteigen, der Insolvenzverwalter das Grundstück aber nicht aus der Insolvenzmasse freigeben möchte, vgl. *Ringstmeier*, in: Beck/ Depré, Praxis der Insolvenz, 2. Aufl., 2010, § 22 Rdnr. 113.

Zwangsverwaltungsverfahren hat der Insolvenzverwalter jedoch regelmäßig wegen der damit häufig verbundenen Kompetenz- und Abgrenzungsstreitigkeiten mit dem Zwangsverwalter[182] kein Interesse. Diese Vollstreckungsart spielt für Insolvenzverwalter daher in der Praxis keine Rolle.[183]

III. Freihändige Veräußerung

Der Insolvenzverwalter kann Grundstücke auch freihändig, d. h. durch Rechtsgeschäft und ohne Inanspruchnahme staatlicher Zwangsgewalt, veräußern.[184] Anders als bei der Verwertung von beweglichen Gegenständen ist diese Verwertungsmöglichkeit zwar gesetzlich nicht explizit geregelt, sie ergibt sich jedoch aus der allgemeinen Verwaltungs- und Verfügungsbefugnis des Insolvenzverwalters, § 80 Abs. 1 InsO.[185] Des Weiteren hat der Gesetzgeber die Zulässigkeit der freihändigen Veräußerung in § 160 Abs. 2 Nr. 1 InsO vorausgesetzt. Die freihändige Veräußerung unbeweglicher Gegenstände wird dort exemplarisch als eine der besonders bedeutsamen Rechtshandlungen genannt, die der Zustimmung des Gläubigerausschusses oder, wenn ein solcher nicht bestellt wurde, der Gläubigerversammlung bedürfen. Die freihändige Veräußerung ist allgemein anerkannt.[186]

Zu beachten ist indes, dass Grundstücke des Insolvenzschuldners regelmäßig belastet sind. Potentielle Erwerber sind jedoch meistens nur an einem lastenfreien

---

182 Siehe hierzu bereits Kapitel 1 A.II.2.b)cc).

183 *Büchler*, in: Hamburger Kommentar, InsO, 5. Aufl., 2015, § 165 Rdnr. 9; *Rellermeyer*, in: Hintzen/ Engels/ Rellermeyer, ZVG, 14. Aufl., 2013, § 172 Rdnr. 19; *Tetzlaff*, in: Lwowski/ Fischer/ Langenbucher, Das Recht der Kreditsicherung, 9. Aufl., 2011, § 6 Rdnr. 5 f.

184 *BGH*, Urt. v. 10.03.1967 – V ZR 72/64 = BGHZ 47, 181 (183); *LG Erfurt*, Urt. v. 22.05.2008 – 1 S 12/08 = Rdnr. 5 (juris); *Brinkmann*, in: Uhlenbruck, InsO, 14. Aufl., 2015, § 165 Rdnr. 1; *Foerste*, Insolvenzrecht, 6. Aufl., 2014, § 15 Rdnr. 159; *Häsemeyer*, Insolvenzrecht, 4. Aufl., 2007, Rdnr. 13.38; *Jaeger*, KO, Band 2, Halbband 1, 8. Aufl., 1973, § 126 Rdnr. 1 f.; *Leithaus*, in: Andres/ Leithaus, InsO, 3. Aufl., 2014, § 165 Rdnr. 1.

185 *Becker*, in: Nerlich/ Römermann, InsO, 29. EL, 2016, § 165 Rdnr. 17; *Foerste*, Insolvenzrecht, 6. Aufl., 2014, § 24 Rdnr. 379; *Sinz*, in: K. Schmidt, InsO, 19. Aufl., 2016, § 165 Rdnr. 1.

186 Allgemeine Meinung: *BGH*, Urt. v. 10.03.1967 – V ZR 72/64 = BGHZ 47, 181 (183); *ders.*, Urt. v. 17.02.2011 – IX ZR 83/10 = NZI 2011, 247 (247); *Ganter*, in: Münchener Kommentar, InsO, Band 1, 3. Aufl., 2013, Vorb. vor §§ 49–52 Rdnr. 99a; *Häsemeyer*, Insolvenzrecht, 4. Aufl., 2007, Rdnr. 13.38 f.

Grundstückserwerb interessiert.[187] Bei der freihändigen Veräußerung bleiben dingliche Rechte bestehen, wenn durch die Veräußerung kein Übererlös erzielt wird, mit welchem diese vollumfänglich abgelöst werden. Um eine lastenfreie Veräußerung sicherzustellen, ist der Insolvenzverwalter daher auf die Mitwirkung sämtlicher Grundpfandrechtsgläubiger angewiesen. Im Rahmen einer Verwertungsvereinbarung[188] vereinbart er mit den Grundpfandrechtsgläubigern insbesondere, dass diese auf ihre dinglichen Rechte gegen Erlösbeteiligung verzichten.[189] Da im Vergleich zur Zwangsversteigerung bei einer freihändigen Veräußerung der zu erwartende Erlös höher ist, sind nach der Verwertungspraxis dinglich Berechtigte häufig bereit, eine Löschungsbewilligung zu erteilen, um an dem höheren Verwertungserlös zu partizipieren.[190]

Reicht der Verwertungserlös einer (geplanten) freihändigen Veräußerung jedoch nicht aus, um sämtliche Grundpfandrechtsgläubiger zu befriedigen, so kommt den nachrangigen Grundpfandrechtsgläubigern ein erhebliches Blockadepotential zu. Durch Zahlung einer Ablösesumme, einer sog. „Lästigkeitsprämie",[191] an die nachrangigen Grundpfandrechtsgläubiger kann deren Mitwirkung bei einer freihändigen Veräußerung sichergestellt werden. Nach der Rechtsprechung des *BGH*[192] ist allerdings Voraussetzung, dass die Lästigkeitsprämie aus dem Verwertungserlös und nicht aus der Insolvenzmasse gezahlt wird. Eine Zahlung aus dem Verwertungserlös gehe allein zulasten der vorrangigen

---

187 *Büchler*, in: Hamburger Kommentar, InsO, 5. Aufl., 2015, § 165 Rdnr. 12; *Keller*, ZfIR 2002, 861 (866); *ders.*, NZI 2013, 265 (267); *Tetzlaff*, in: Münchener Kommentar, InsO, Band 2, 3. Aufl., 2013, § 165 Rdnr. 179.

188 *Büchler*, in: Hamburger Kommentar, InsO, 5. Aufl., 2015, § 165 Rdnr. 12; *Keller*, ZfIR 2002, 861 (867); *Sinz*, in: K. Schmidt, 18. Aufl., 2013, § 165 Rdnr. 31.

189 *Büchler*, in: Hamburger Kommentar, InsO, 5. Aufl., 2015, § 165 Rdnr. 12; *Foerste*, Insolvenzrecht, 6. Aufl., 2014, § 24 Rdnr. 383; *Ganter*, in: Münchener Kommentar, InsO, Band 1, 3. Aufl., 2013, Vorb. vor §§ 49–52 Rdnr. 99b; *Mitlehner*, ZIP 2012, 649 (651).

190 *BGH*, Urt. v. 11.03.2010 – IX ZR 34/09 = ZIP 2010, 791 (792); *Büchler*, in: Hamburger Kommentar, InsO, 5. Aufl., 2015, § 165 Rdnr. 13; *Laroche*, in: Vallender/ Undritz, Praxis des Insolvenzrechts, 2012, Kap. 2 Rdnr. 270; *Wegener*, in: Frankfurter Kommentar, 8. Aufl., 2015, § 165 Rdnr. 26.

191 Zur Kritik am Begriff der „Lästigkeitsprämie" und der Rechtsprechung des BGH vgl. *Frege/ Keller*, NZI 2009, 11 (12, 15).

192 *BGH*, Beschl. v. 20.03.2008 – IX ZR 68/06 = NZI 2008, 365 (365); *ders.*, Urt. v. 20.03.2014 – IX ZR 80/13 = NZI 2014, 450 (451); *ders.*, Urt. v. 30.04.2015 – IX ZR 301/13 = WM 2015, 1067 (1068).

Grundpfandrechtsgläubiger, während eine Zahlung aus der Insolvenzmasse sämtliche Gläubiger benachteilige und daher insolvenzzweckwidrig wäre.[193]

Zudem vereinbaren die Parteien üblicherweise einen Verwertungskostenbeitrag zugunsten der Insolvenzmasse.[194]

IV. Freigabe des Grundstücks

Der Insolvenzverwalter kann nach seinem Ermessen[195] auch einzelne Gegenstände aus der Insolvenzmasse freigeben.[196] Die Zulässigkeit der Freigabe wird in § 32 Abs. 3 InsO als Handlungsmöglichkeit des Insolvenzverwalters vorausgesetzt.[197] Mit der Freigabe entlässt der Insolvenzverwalter einen massezugehörigen Gegenstand mit Wirkung für die Zukunft[198] aus dem Insolvenzbeschlag; die Verwaltungs- und Verfügungsbefugnis geht wieder auf den Insolvenzschuldner über.[199] Der Insolvenzverwalter wird das Grundstück

---

193 *BGH*, Beschl. v. 20.03.2008 - IX ZR 68/06 = NZI 2008, 365 (365); *ders.*, Urt. v. 20.03.2014 - IX ZR 80/13 = NZI 2014, 450 (451); *ders.*, Urt. v. 30.04.2015 - IX ZR 301/13 = WM 2015, 1067 (1068).

194 *BGH*, Urt. v. 20.03.2014 - IX ZR 80/13 = NZI 2014, 450 (451); *OLG Kiel*, Beschl. v. 28.10.2011 - 5 W 46/11 = DZWIR 2013, 43 (44); *Dithmar/ Schneider*, in: Braun, InsO, 6. Aufl., 2014, § 165 Rdnr. 33; *Tetzlaff*, in: Münchener Kommentar, InsO, Band 2, 3. Aufl., 2013, § 165 Rdnr. 178. Vgl. ausführlich zum Inhalt derartiger Verwertungsvereinbarungen *Tetzlaff*, in: Münchener Kommentar, InsO, Band 2, 3. Aufl., 2013, § 165 Rdnr. 186.

195 *BGH*, VU v. 01.02.2007 - IX ZR 178/05 = WM 2007, 977 (978); *LG Stuttgart*, Urt. v. 23.04.2008 - 10 S 5/07 = NZI 2008, 442 (443); *Mohrbutter*, in: Mohrbutter/ Ringstmeier, Handbuch Insolvenzverwaltung, 9. Aufl., 2015, Kap. 6 Rdnr. 230. Die Freigabe bedarf nur dann der Zustimmung der Gläubigerorgane, wenn es sich um eine besonders bedeutsame Rechtshandlung nach § 160 Abs. 1 InsO handelt, vgl. hierzu *Peters*, in: Münchener Kommentar, InsO, Band 1, 3. Aufl., 2013, § 35 Rdnr. 102.

196 *BT*-Drucks. 16/3227, S. 11; *RG*, Urt. v. 03.02.1905 - VII 497/04 = RGZ 60, 107 (109, zu § 6 KO); *Depré/ Büteröwe*, in: Beck/ Depré, Praxis der Insolvenz, 2. Aufl., 2010, § 31 Rdnr. 84; *Häsemeyer*, Insolvenzrecht, 4. Aufl., 2007, Rdnr. 13.14; *Pape/ Uhlenbruck/ Voigt-Salus*, Insolvenzrecht, 2. Aufl., 2010, Kap. 22 Rdnr. 12.

197 *Büteröwe*, in: K. Schmidt, InsO, 19. Aufl., 2016, § 35 Rdnr. 37; *Pape*, in: Lambert-Lang/ Tropf/ Frenz, Handbuch der Grundstückspraxis, 2. Aufl., 2005, Teil 14 Rdnr. 62; *Tetzlaff*, ZInsO 2004, 521 (525); *ders.*, in: Lwowski/ Fischer/ Langenbucher, Das Recht der Kreditsicherung, 9. Aufl., 2011, § 6 Rdnr. 6.

198 *Kroth*, in: Braun, InsO, 6. Aufl., 2014, § 80 Rdnr. 29; *Peters*, in: Münchener Kommentar, InsO, Band 1, 3. Aufl., 2013, § 35 Rdnr. 103.

199 *RG*, Urt. v. 03.02.1905 - VII 497/04 = RGZ 60, 107 (108 f.); *BGH*, Urt. v. 05.10.1994 - XII ZR 53/93 = BGHZ 127, 156 (163); *ders.*, Urt. v. 21.04.2005 - IX ZR 281/03

freigeben, wenn es unverwertbar ist[200] oder er es nach dem Verwertungskonzept des Insolvenzverfahrens nicht benötigt und die Grundstückslasten die Einnahmen des Grundstücks übersteigen und somit ein Verwertungserlös für die Insolvenzmasse nicht zu erwarten ist.[201] Durch eine frühzeitige Freigabe kann der Insolvenzverwalter eine Verringerung der Insolvenzmasse verhindern. Den Insolvenzgläubigern steht somit mittelbar mehr Haftungsmasse zur Verfügung.[202]

C. Zusammenfassung

Im eröffneten Insolvenzverfahren können Grundpfandrechtsgläubiger Befriedigung aufgrund ihres dinglichen Rechts erlangen, indem sie die Durchführung eines gerichtlichen Zwangsverwaltungs- und / oder Zwangsversteigerungsverfahrens beantragen. Möchten sie auf die laufenden Erträge, insbesondere die Mieteinnahmen zugreifen, steht ihnen ohne Mitwirkung des Insolvenzverwalters nur die Möglichkeit des gerichtlichen Zwangsverwaltungsverfahrens zur Verfügung.

Dem Insolvenzverwalter stehen hingegen umfassendere Verwertungsmöglichkeiten zur Verfügung. Eine davon ist, das Grundstück freihändig zu veräußern und hierzu mit den Grundpfandrechtsgläubigern eine Verwertungsvereinbarung abzuschließen.

= BGHZ 163, 32 (35); *Mohrbutter*, in: Mohrbutter/ Ringstmeier, Handbuch Insolvenzverwaltung, 9. Aufl., 2015, Kap. 6 Rdnr. 229; *Pape*, in: Lambert-Lang/ Tropf/ Frenz, Handbuch der Grundstückspraxis, 2. Aufl., 2005, Teil 14 Rdnr. 62; *Sinz*, in: K. Schmidt, InsO, 19. Aufl., 2016, § 165 Rdnr. 34.

200 *Frege/ Keller/ Riedel*, Insolvenzrecht, 8. Aufl., 2015, Teil 3 Kap. 2 Rdnr. 1336; *Häsemeyer*, Insolvenzrecht, 4. Aufl., 2007, Rdnr. 13.18; *Keller*, ZfIR 2002, 861 (871); *Ringstmeier*, in: Mohrbutter/ Ringstmeier, Handbuch Insolvenzverwaltung, 9. Aufl., 2015, Kap. 23 Rdnr. 82; *Sinz*, in: K. Schmidt, InsO, 19. Aufl., 2016, § 165 Rdnr. 34.

201 *RG*, Urt. v. 03.02.1905 – VII 497/04 = RGZ 60, 107 (109); *Brandes/ Schoppmeyer*, in: Münchener Kommentar, InsO, Band 1, 3. Aufl., 2013, § 60 Rdnr. 16; *Depré/ Büteröwe*, in: Beck/ Depré, Praxis der Insolvenz, 2. Aufl., 2010, § 31 Rdnr. 85; *Pape*, in: Lambert-Lang/ Tropf/ Frenz, Handbuch der Grundstückspraxis, 2. Aufl., 2005, Teil 14 Rdnr. 62; *Ringstmeier*, in: Mohrbutter/ Ringstmeier, Handbuch Insolvenzverwaltung, 9. Aufl., 2015, Kap. 23 Rdnr. 121; *Tetzlaff*, in: Lwowski/ Fischer/ Langenbucher, Das Recht der Kreditsicherung, 9. Aufl., 2011, § 6 Rdnr. 6.

202 Die Freigabe wird daher einer Verwertungshandlung formal gleichgestellt, vgl. *Keller*, ZfIR 2002, 861 (871).

Den Grundpfandrechtsgläubigern ist es unbenommen, eine freihändige Verwertung des belasteten Grundstücks ohne formelle Durchführung eines gerichtlich angeordneten Verfahrens bei dem Insolvenzverwalter „anzuregen“ und mit letzterem entsprechende Verwertungsvereinbarungen zu schließen.[203] Nachfolgender Hauptteil dieser Arbeit klärt die Einzelheiten hierzu.

---

203 *RG*, Urt. v. 28.09.1895 – V 54/95 = RGZ 35, 118 (121); *BGH*, Beschl. v. 28.09.2000 – IX ZR 288/98 = Rdnr. 1 (juris); *Kilger/ K. Schmidt*, Insolvenzgesetze KO/ VglO/ GesO, 17. Aufl., 1997, § 4 KO Ziff. 2.

Kapitel 2 Grundlagen und Voraussetzungen für die kalte Zwangsverwaltung

Dieses Kapitel beschäftigt sich grundlegend mit dem Rechtsinstitut der kalten Zwangsverwaltung. Zunächst ist zu klären, was unter einer kalten Zwangsverwaltung zu verstehen ist (vgl. nachfolgend unter A.). Danach wird auf die mit der kalten Zwangsverwaltung verfolgten Zwecke (vgl. nachfolgend unter B.) und auf die Zulässigkeit der Vereinbarung einer kalten Zwangsverwaltung (vgl. nachfolgend unter C.) einzugehen sein. Sodann beschäftigt sich diese Arbeit mit dem Rechtscharakter der Verwertungsvereinbarung (vgl. nachfolgend unter D.) sowie etwaigen Mitwirkungserfordernissen bei deren Abschluss (vgl. nachfolgend unter E.).

A. Bedeutung und Begriff

Der Begriff kalte Zwangsverwaltung ist gesetzlich nicht legal definiert. Es handelt sich hierbei auch nicht um ein gesetzlich verankertes Rechtsinstitut, sondern um ein solches, welches durch die Rechtspraxis entwickelt worden ist.[204] Bevor man sich näher mit der Zulässigkeit und der rechtlichen Ausgestaltung dieses Rechtsinstituts auseinandersetzt, ist zu klären, welche Situation gemeint ist, wenn von einer kalten Zwangsverwaltung gesprochen wird. Zudem stellt sich die Frage, wieso derartige Situationen als kalte Zwangsverwaltung bezeichnet werden.

I. Bedeutung

In Rechtsprechung und Literatur wird der Begriff kalte Zwangsverwaltung häufig verwendet. Hierunter wird eine Vereinbarung zwischen dem Insolvenzverwalter und den Grundpfandrechtsgläubigern über die Gläubigerbefriedigung aus Mietforderungen ohne formelle Durchführung eines gerichtlich angeordneten Zwangsverwaltungsverfahrens verstanden.[205] Auf die Fragen, ob die Verwaltung

---

204 *Keller*, ZfIR 2002, 861 (867); *Wedekind/ Wedekind*, Zwangsverwaltung, 2011, L. Rdnr. 1879. Nach *Ringstmeier* (in: Beck/ Depré, Praxis der Insolvenz, 2. Aufl., 2010, § 22 Rdnr. 114) handelt es sich nicht um einen juristischen, sondern um einen umgangssprachlichen Begriff.

205 *Adolphsen*, in: Gottwald, Insolvenzrechts-Handbuch, 5. Aufl., 2015, § 42 Rdnr. 111; *Bork*, ZIP 2013, 2129 (2129); *Eickmann*, ZfIR 2007, 557 (558); *Ganter*, in: Münchener Kommentar, InsO, Band 1, 3. Aufl., 2013, Vorb. vor §§ 49–52 Rdnr. 100; *Homann*, in: Ahrens/ Gehrlein/ Ringstmeier, Fachanwaltskommentar Insolvenzrecht, 2. Aufl.,

des Grundstücks „für die Grundpfandrechtsgläubiger" erfolgt,[206] wer an derartigen Verwertungsvereinbarungen zu beteiligen ist und wie derartige Verwertungsvereinbarungen konkret inhaltlich auszugestalten sind, wird nachfolgend noch einzugehen sein. Bei der kalten Zwangsverwaltung handelt es sich um eine Form der freihändigen Verwaltung grundpfandrechtsbelasteter Grundstücke, ohne auf deren Substanz zuzugreifen.[207]

II. Ursprung des Begriffs

Eine Erklärung, weshalb die hierdurch erfasste Situation als kalte Zwangsverwaltung bezeichnet wird, findet sich allerdings weder in der Rechtsprechung noch in der Literatur. Dieser Frage soll im Folgenden nachgegangen werden.

Die freihändige Veräußerung eines Grundstücks wird gelegentlich auch als kalte Zwangs*vollstreckung* bezeichnet.[208] Der Gedanke liegt daher nahe, dass die beiden Begriffe – kalte Zwangsvollstreckung und kalte Zwangsverwaltung – parallel für die jeweiligen außergesetzlichen Verwertungsmöglichkeiten entwickelt wurden. Bezeichnet man die freihändige Verwaltung als Alternative zur gerichtlich angeordneten Zwangsverwaltung als kalte Zwangsverwaltung,

---

2014, § 165 Rdnr. 21; *Jacoby*, in: Jaeger, InsO, Band 3, 1. Aufl., 2014, § 108 Rdnr. 132; *Laroche*, in: Vallender/ Undritz, Praxis des Insolvenzrechts, 2012, Kap. 2 Rdnr. 270; *Molitor*, ZInsO 2011, 1486 (1487); *Morvilius*, Zwangsversteigerung/ Zwangsverwaltung, 2. Aufl., 2009, B. Zwangsverwaltung, Rdnr. 824; *Tetzlaff*, in: Lwowski/ Fischer/ Langenbucher, Das Recht der Kreditsicherung, 9. Aufl., 2011, § 6 Rdnr. 20; *Vogelsang*, in: Lexikon des Rechts, 116. EL, 2015, Sicherheitenverwertung; *Wedekind/ Wedekind*, Zwangsverwaltung, 2011, L. Rdnr. 1879. Nach *a. A.* handelt es sich auch bei einer Vereinbarung zwischen Grundpfandrechtsgläubiger und Insolvenzschuldner vor Eröffnung eines Insolvenzverfahrens (so *Undritz/ Knof*, in: Berliner Kommentar, InsO, Band 2, 2015, § 165 Rdnr. 60) oder bei fehlendem Insolvenzverfahren (so *Thrum*, InsbürO 2009, 96 (99)) um eine kalte Zwangsverwaltung.

206 *Haarmeyer/ Wutzke/ Förster/ Hintzen*, Zwangsverwaltung, 5. Aufl., 2011, Einl. Rdnr. 8; *Hawelka*, ZfIR 2010, 665 (670); *Henckel*, in: Jaeger, InsO, Band 1, 1. Aufl., 2004, Vorb. vor §§ 49–52 Rdnr. 36; *Tetzlaff*, ZfIR 2005, 179 (180). Kritisch hierzu und zum Begriff der kalten Zwangsverwaltung vgl. *Mitlehner*, ZIP 2012, 649 (654).

207 *Bäuerle*, in: Braun, InsO, 6. Aufl., 2014, § 49 Rdnr. 27; *Undritz/ Knof*, in: Berliner Kommentar, InsO, Band 2, 2015, § 165 Rdnr. 57.

208 *BMF*-Schreiben v. 30.04.2014 an die Obersten Finanzbehörden der Länder, BStBl. I 2014, 816; *BFH*, Urt. v. 28.07.2011 – V R 28/09 = BFHE 235, 22 (22, 26); *AG Wiesbaden*, Urt. v. 11.10.2013 – 93 C 6552/12 (16) = ZInsO 2014, 910 (911); *d'Avoine*, ZIP 2012, 58 (59); *Depré/ Lambert*, ZfIR 2012, 1 (4); *Johann*, DStZ 2012, 127 (128); *Sajogo*, AnwZert InsR 22/2011 Anm. 3.

so müsste man die freihändige Veräußerung als Alternative zur Zwangsversteigerung jedoch als kalte Zwangs*versteigerung* bezeichnen. Die Bezeichnung als kalte Zwangsvollstreckung ist daher ungenau. Bei dem Begriff Zwangsvollstreckung handelt es sich um den Oberbegriff für die verschiedenen Zwangsvollstreckungsmaßnahmen, worunter im Bereich der unbeweglichen Gegenstände sowohl die Zwangsversteigerung als auch die gerichtliche Zwangsverwaltung und die Zwangshypothek fallen.

Der Begriff kalte Zwangsverwaltung setzt sich aus den Bestandteilen „kalt" und „Zwangsverwaltung" zusammen. „*Zwangsverwaltung*" meint die Verwaltung eines Grundstücks durch eine vom Grundstückseigentümer verschiedene Person gegen den Willen des Grundstückseigentümers.[209] Mit diesem Begriffsbestandteil wird die Nähe zur gerichtlich angeordneten Zwangsverwaltung vermittelt. Zugleich dient der Begriffsbestandteil „*kalt*" der Abgrenzung zur gerichtlich angeordneten Zwangsverwaltung. Mit dem Zusatz „kalt" wird häufig ausgedrückt, dass etwas im Verborgenen, stillschweigend oder heimlich getan wird.[210] Die kalte Zwangsverwaltung wird nicht in das Grundbuch eingetragen und ist daher für einen Außenstehenden nicht erkennbar.[211] Durch die Kombination von „kalt"

---

209 *Knees,* Zwangsversteigerung und Zwangsverwaltung, 7. Aufl., 2013, S. 14 (Begriff „Zwangsverwaltung").

210 So wird von einer „kalten Liquidation" einer GmbH gesprochen, wenn der geschäftsführende Mehrheitsgesellschafter mit anderen Mitarbeitern versucht, den Geschäftsbetrieb ohne Kenntnis des Minderheitsgesellschafters auf ein anderes Unternehmen zu übertragen und die GmbH so insolvent wird (vgl. *BGH*, Urt. v. 24.10.2005 – II ZR 339/03 = NJW-RR 2006, 253 (253 f.)). Eine „kalte Räumung" liegt vor, wenn der Vermieter die Wohnung durch eigenmächtige Inbesitznahme ohne Räumungstitel räumt (vgl. *BGH*, Urt. v. 14.07.2010 – VIII ZR 45/09 = NJW 2010, 3434 (3434 f.)).

211 Als Vorteil der kalten Zwangsverwaltung gegenüber der gerichtlich angeordneten Zwangsverwaltung wird *teilweise* angeführt, dass das Grundstück mangels Zwangsverwaltungsvermerks nicht mit dem „Makel der Zwangsverwaltung" behaftet wird (so *FG Düsseldorf*, Urt. v. 10.06.2009 – 5 K 3940/07 U = DStRE 2009, 1392 (1394); *Eckardt*, Grundpfandrechte im Insolvenzverfahren, 14. Aufl., 2014, E. Rdnr. 419; *Ellrich/ Lind*, ForderungsPraktiker Wiki Kredit-Servicing 2012, 16 (17); *Nienerza/ Dahl,* in: Schulte/ Kühling/ Servatius/ Stellmann, Immobilienökonomie 2, 3. Aufl., 2013, Kap. 13 S. 1005; *Ringstmeier*, in: Beck/ Depré, Praxis der Insolvenz, 2. Aufl., 2010, § 15 Rdnr. 99, § 22 Rdnr. 115; *Sajogo*, AnwZert InsR 22/2011 Anm. 3; *Vogelsang*, in: Lexikon des Rechts, 116. EL, 2015, Sicherheitenverwertung). Bei dieser Bewertung darf jedoch nicht übersehen werden, dass bereits die Eröffnung des Insolvenzverfahrens im jeweiligen Grundbuch vermerkt wird. Die finanziellen Schwierigkeiten des Insolvenzschuldners (Grundstückseigentümers) werden bereits hierdurch sichtbar. Es darf daher bezweifelt werden, ob durch die zusätzliche Eintragung eines

mit „Zwangsverwaltung" soll verdeutlicht werden, dass es sich bei der kalten Zwangsverwaltung um eine Alternative zur gerichtlich angeordneten Zwangsverwaltung handelt.[212]

III. Begriff ausgehend von der verwaltenden Person

Der Begriff der kalten Zwangsverwaltung wird hinsichtlich der verwaltenden Person bzw. Personengruppen nicht einheitlich verwendet.

1. *Kalte Zwangsverwaltung durch Insolvenzverwalter*

Meistens wird der Begriff kalte Zwangsverwaltung verwendet, wenn der Insolvenzverwalter selbst die Verwaltung des Grundstücks übernimmt.[213]

Übernehmen hingegen vom Insolvenzverwalter verschiedene Personen die Grundstücksverwaltung, werden hierfür von den *Vertretern dieser Ansicht* andere Begriffe verwendet, die sich an den gesetzlich geregelten Rechtsinstituten orientieren. Die Verwaltung durch Mitarbeiter des Grundpfandrechtsgläubigers wird als kalte Institutsverwaltung, die Verwaltung durch Mitarbeiter des Insolvenzschuldners wird als kalte Eigenverwaltung bezeichnet.[214]

Nach *Depré/ Lambert*[215] entscheidet hingegen die vertragliche Vereinbarung über die verwaltende Person, wobei es sich nach ihrer Auffassung hierbei regelmäßig um den Insolvenzverwalter handeln dürfte.

Zwangsverwaltungsvermerks neben einem Insolvenzvermerk wirklich ein derartiger „Makel" entsteht. Hingegen wird bei einer Eigenverwaltung kein Insolvenzvermerk ins Grundbuch eingetragen (§ 270c Satz 3 InsO), da die Verwaltungs- und Verfügungsbefugnis bei dem Insolvenzschuldner verbleibt (§ 270 Abs. 1 Satz 1 InsO). Nach hier vertretener Ansicht (vgl. nachfolgend unter Kapitel 2 A.III.4.) liegen die Voraussetzungen für eine kalte Zwangsverwaltung bei der Eigenverwaltung jedoch nicht vor.

212 *Tetzlaff*, in: Münchener Kommentar, InsO, Band 2, 3. Aufl., 2013, § 165 Rdnr. 32.

213 *BFH*, Urt. v. 28.07.2011 – V R 28/09 = BFHE 235, 22 (31); *FG Düsseldorf*, Urt. v. 10.06.2009 – 5 K 3940/07 U = DStRE 2009, 1392 (1393); *Adolphsen*, in: Gottwald, Insolvenzrechts-Handbuch, 5. Aufl., 2015, § 42 Rdnr. 111; *Bork*, ZIP 2013, 2129 (2129); *Brinkmann*, in: Uhlenbruck, InsO, 14. Aufl., 2015, § 165 Rdnr. 34; *Dithmar/ Schneider*, in: Braun, InsO, 6. Aufl., 2014, § 165 Rdnr. 38; *Ganter*, in: Münchener Kommentar, InsO, Band 1, 3. Aufl., 2013, Vorb. vor §§ 49–52 Rdnr. 100; *Keller*, NZI 2013, 265 (267); *Molitor*, ZInsO 2011, 1486 (1487); *Ringstmeier*, in: Beck/ Depré, Praxis der Insolvenz, 2. Aufl., 2010, § 22 Rdnr. 114.

214 Zu den Begriffen vgl. *Molitor*, ZInsO 2011, 1486 (1487 f.).

215 *Depré/ Lambert*, ZfIR 2012, 1 (8 Fn. 48).

2. *Kalte Zwangsverwaltung durch Insolvenzverwalter oder Grundpfandrechtsgläubiger*

Nach *Obermüller*[216] handelt es sich um eine kalte Zwangsverwaltung, wenn entweder der (vorläufige[217] oder endgültige) Insolvenzverwalter dem Grundpfandrechtsgläubiger die Befugnis einräumt, in seinem Namen, aber auf eigene Kosten die Verwaltung wie in einem gerichtlichen Zwangsverwaltungsverfahren zu betreiben, oder der Insolvenzverwalter selbst die Verwaltung übernimmt. Eine begriffliche Differenzierung nach der das Grundstück verwaltenden Person ist nach *Obermüller* nicht vorzunehmen.

3. *Kalte Zwangsverwaltung durch Insolvenzverwalter oder Mitarbeiter des Insolvenzschuldners*

Andere[218] fassen unter den Begriff der kalten Zwangsverwaltung sowohl die Verwaltung durch den Insolvenzverwalter und seine Mitarbeiter als auch durch Mitarbeiter des Insolvenzschuldners.

4. *Stellungnahme*

Die Verwendung eines Begriffs für ein bestimmtes Rechtsinstitut sollte einheitlich und eindeutig sein. Nur so können Missverständnisse und Ungenauigkeiten im Umgang mit und bei der Diskussion über einzelne Rechtsinstitute vermieden werden. Wird ein Begriff hingegen für verschiedene Situationen verwendet, so besteht ein Bedürfnis, ihn im jeweiligen Einzelfall zu konkretisieren. Dies ist misslich. Wird von einer kalten Zwangsverwaltung gesprochen, so sollte klar sein, dass hiermit die Verwaltung eines Grundstücks durch den Insolvenzverwalter aufgrund einer Verwertungsvereinbarung mit den absonderungsberechtigten

---

216 *Obermüller*, Insolvenzrecht in der Bankpraxis, 8. Aufl., 2011, Rdnr. 6.943.

217 Die Frage, ob bereits der vorläufige Insolvenzverwalter mit den absonderungsberechtigten Gläubigern eine kalte Zwangsverwaltung vereinbaren kann, ist nicht Gegenstand dieser Arbeit (vgl. Einleitung C.).

218 *Hawelka*, ZfIR 2010, 665 (672); *Tetzlaff*, ZfIR 2005, 179 (180); *ders.*, in: Lwowski/ Fischer/ Langenbucher, Das Recht der Kreditsicherung, 9. Aufl., 2011, § 6 Rdnr. 24; *ders.*, in: Münchener Kommentar, InsO, Band 2, 3. Aufl., 2013, § 165 Rdnr. 189; *Undritz/ Knof*, in: Berliner Kommentar, InsO, Band 2, 2015, § 165 Rdnr. 60. In seinem Aufsatz mit *Erckens* (ZfIR 2003, 981 (984)) vertritt *Tetzlaff* hingegen die Auffassung, dass bei der kalten Zwangsverwaltung die Verwaltung durch den Insolvenzverwalter vorgenommen wird.

Gläubigern[219] gemeint ist. Die vorliegende Arbeit verwendet den Begriff der kalten Zwangsverwaltung daher nur in diesem Sinne. Wird die Verwaltung durch eine andere Person als den Insolvenzverwalter vorgenommen, so sollten hierfür eigenständige Begrifflichkeiten verwendet werden.

Unabhängig davon ist es empfehlenswert, in der schriftlichen Vereinbarung über die Durchführung der kalten Zwangsverwaltung ausdrücklich festzuhalten, dass die Verwaltung des Grundstücks durch den Insolvenzverwalter erfolgt.

IV. Begriff der stillen Zwangsverwaltung

Im Zusammenhang mit dem Begriff der kalten Zwangsverwaltung wird häufig auch der Begriff der stillen Zwangsverwaltung genannt.

Nach *Reischl*[220] und *Lauer*[221] liegt eine stille Zwangsverwaltung vor, wenn der Grundpfandrechtsgläubiger die Verwaltung des Grundstücks übernimmt. Danach wären die Begriffe der kalten Zwangsverwaltung und der stillen Zwangsverwaltung nicht gleichzusetzen. Die stille Zwangsverwaltung würde der kalten Institutsverwaltung[222] entsprechen.

Auch zwei Entscheidungen des *BGH* gaben Anlass, darüber zu spekulieren, ob dieser die beiden Begriffe der kalten Zwangsverwaltung und der stillen Zwangsverwaltung ausgehend von der verwaltenden Person unterschiedlich verwendet. Mit Beschluss vom 28.09.2000[223] entschied der *BGH* über die Wirksamkeit einer von ihm als stille Zwangsverwaltung bezeichneten Konstellation. In dem der Entscheidung zugrunde liegenden Fall ging es um die Vereinbarung zwischen dem Insolvenzverwalter und dem Grundpfandrechtsgläubiger, wonach der *Grundpfandrechtsgläubiger* die Mieten des belasteten Grundstücks einziehen, dafür die dem Vermieter obliegenden Aufwendungen tragen und von der Beantragung der gerichtlichen Zwangsverwaltung absehen sollte. In einem Verfahren, in welchen der *Insolvenzverwalter* selbst vortrug, *er* habe eine stille Mietverwaltung durchgeführt, vermutete derselbe Senat des *BGH*[224] neun Jahre später hingegen, dass es sich hierbei um eine kalte Zwangsverwaltung handelte.

---

219 Siehe hierzu ausführlich Kapitel 3 A.I.

220 *Reischl*, in: jurisPK-BGB, Band 3, 7. Aufl., 2014, § 1124 Rdnr. 30.

221 *Lauer*, Das Kreditengagement zwischen Sanierung und Liquidation, 4. Aufl., 2005, S. 311 f.

222 Siehe hierzu Fn. 214.

223 *BGH*, Beschl. v. 28.09.2000 – IX ZR 288/98 = Rdnr. 1 (juris).

224 *BGH*, Beschl. v. 19.11.2009 – IX ZB 261/08 = NZI 2010, 188 (190).

In seiner aktuellen Entscheidung vom 14.07.2016[225] verwendet der *BGH* die Begriffe der stillen Zwangsverwaltung und kalten Zwangsverwaltung jetzt ausdrücklich synonym:

> „Die Beurteilung der Frage, ob für die stille Zwangsverwaltung (auch kalte Zwangsverwaltung genannt) ein Zuschlag zu gewähren ist, wurde unvollständig vorgenommen."[226]

Dies entspricht der bislang *herrschenden Auffassung*.[227]

V. Stellungnahme

An dem Begriff der kalten Zwangsverwaltung wird zu Recht Kritik geübt. Er wird als irreführend und falsch bezeichnet.[228]

Die Situation der kalten Zwangsverwaltung gehört thematisch in den Bereich des Insolvenzrechts. Es handelt sich um eine Verwertungsmöglichkeit im Rahmen eines Insolvenzverfahrens.[229] Ohne nähere Kenntnis der Thematik verortet man dieses Rechtsinstitut aufgrund des Begriffsbestandteils „Zwangsverwaltung" jedoch zu Unrecht eher im Bereich der Einzelzwangsvollstreckung.

Bei der kalten Zwangsverwaltung handelt es sich um eine freihändige Verwaltung des Grundstücks durch den Insolvenzverwalter aufgrund einer Verwertungsvereinbarung mit den absonderungsberechtigten Gläubigern. Insofern hätte es nahe gelegen, derartige Vereinbarungen parallel zur freihändigen Veräußerung als *freihändige Verwaltung* zu bezeichnen. Diese Bezeichnung ließe erkennen, dass es um eine Verwaltung auf rechtsgeschäftlicher Grundlage ohne staatliche Zwangsinstrumente geht.

Auch wenn der Begriff der freihändigen Verwaltung aus den vorgenannten Gründen vorzugswürdig ist, verwendet diese Arbeit weiterhin den Begriff der

---

225 *BGH*, Beschl. v. 14.07.2016 - IX ZB 31/14 = WM 2016, 1543 ff.

226 *BGH*, Beschl. v. 14.07.2016 - IX ZB 31/14 = WM 2016, 1543 (1544).

227 *OLG Hamm*, Urt. v. 14.06.2005 - 27 U 85/04 = ZInsO 2006, 776 (778); *Eickmann*, ZfIR 2007, 557 (558); *Elsner*, in: Mohrbutter/ Ringstmeier, Handbuch Insolvenzverwaltung, 9. Aufl., 2015, Kap. 24 Rdnr. 18; *Erckens/ Tetzlaff*, ZfIR 2003, 981 (984); *Leithaus*, in: Andres/ Leithaus, InsO, 3. Aufl., 2014, § 165 Rdnr. 32; *Nienerza/ Dahl*, in: Schulte/ Kühling/ Servatius/ Stellmann, Immobilienökonomie 2, 3. Aufl., 2013, Kap. 13 S. 986; *Raab*, DZWIR 2006, 234 (234 f.). So im Ergebnis auch *Cranshaw* (ZfIR 2013, 393 (394 f.)), der die beiden Begriffe im Wechsel verwendet.

228 *Mitlehner*, ZIP 2012, 649 (654); *Sethe*, in: Kramer/ Vallender/ Vogelsang, Handbuch zur Insolvenz, 67. Lieferung, 2015, Kap. 3 E. IV. 4. Rdnr. 198.

229 *Mitlehner*, ZIP 2012, 649 (654).

kalten Zwangsverwaltung, da es sich um den in der Rechtspraxis und Rechtslehre bekannten und geläufigen Begriff handelt.

B. Verfolgte Zwecke

Das Rechtsinstitut der kalten Zwangsverwaltung hat sich im Rahmen eines Insolvenzverfahrens als Alternative zur gerichtlich angeordneten Zwangsverwaltung entwickelt. Diese Entwicklung lässt sich nur nachvollziehen, wenn man die mit diesem Rechtsinstitut verfolgten Zwecke kennt.

Mit der kalten Zwangsverwaltung bezwecken die Parteien eine Vereinfachung des Verfahrens.[230] Absonderungsberechtigte Gläubiger können bei einer kalten Zwangsverwaltung regelmäßig früher Befriedigung aus den Mieteinnahmen erlangen als dies bei einer gerichtlich angeordneten Zwangsverwaltung der Fall wäre, denn sie sind nicht auf die Mitwirkung des zuständigen Gerichts angewiesen. Aufgrund der hohen Arbeitsbelastung bei den Vollstreckungsgerichten kommt es regelmäßig bei der Anordnung eines gerichtlichen Zwangsverwaltungsverfahrens zu zeitlichen Verzögerungen.[231]

Weiterer Zweck und Vorteil für die absonderungsberechtigten Gläubiger ist die mit der kalten Zwangsverwaltung verbundene Kostenersparnis.[232]

Zudem hält sich der Insolvenzverwalter durch eine derartige Verwertungsvereinbarung künftige Verwertungsmöglichkeiten für das Grundstück offen. Er kann das Grundstück insbesondere freihändig veräußern, wodurch sich regelmäßig bessere Verwertungsergebnisse erzielen lassen.[233] Auch muss er sich nicht mit einem weiteren Verwalter abstimmen.[234]

Darüber hinaus können auch die Masse- und Insolvenzgläubiger des Insolvenzschuldners von einer kalten Zwangsverwaltung profitieren. Bei einem insolventen Eigentümer sind Grundstücke regelmäßig wertausschöpfend belastet, d. h. die Valuta der grundpfandrechtlich gesicherten Forderungen übersteigt den auf der Basis der Wertermittlung zu erwartenden Verwertungserlös

---

230 *BGH*, Beschl. v. 14.07.2016 – IX ZB 31/14 = WM 2016, 1543 (1544); *Bork*, ZIP 2013, 2129 (2129, 2132); *Jacoby*, in: Jaeger, InsO, 3. Band, 1. Aufl., 2014, § 108 Rdnr. 132.

231 Siehe hierzu Kapitel 5 E.I.

232 *Bork*, ZIP 2013, 2129 (2132); *Keller*, NZI 2013, 265 (267); *Tetzlaff*, ZfIR 2005, 179 (180 f.); kritisch hierzu *Cranshaw*, ZfIR 2013, 393 (395); *Hawelka*, ZfIR 2006, 258 (259); *Niering*, NZI 2008, 146 (147).

233 Siehe hierzu Kapitel 5 B.II.2.

234 Siehe hierzu Kapitel 1 A.II.2.b)cc).

des Grundstücks.[235] Der Verwertungserlös dient dann allein der (teilweisen) Befriedigung absonderungsberechtigter Gläubiger. Ein Vermögenszufluss zur Insolvenzmasse findet in diesen Fällen regelmäßig nicht statt. Anders verhält es sich bei einer kalten Zwangsverwaltung, für deren Durchführung die Parteien einen Ausgleichsbetrag zugunsten der Insolvenzmasse vereinbaren.[236] Die Insolvenzmasse wird hierdurch angereichert, was letztlich den Masse- und Insolvenzgläubigern zugutekommen kann.[237]

C. Zulässigkeit der kalten Zwangsverwaltung

Das Rechtsinstitut der kalten Zwangsverwaltung hat sich in der Rechtspraxis entwickelt und ist – zumindest bislang – gesetzlich nicht geregelt. Dies spricht jedoch nicht zwangsläufig gegen die Zulässigkeit dieses Rechtsinstituts.[238] Der Insolvenzverwalter kann ein Grundstück der Insolvenzmasse z. B. auch durch freihändige Veräußerung verwerten.[239] Die gesetzlich vorgesehenen Verwertungsmöglichkeiten stellen kein abschließendes Regelungssystem dar.

Nachfolgend wird daher untersucht, ob und unter welchen Voraussetzungen die Vereinbarung einer kalten Zwangsverwaltung zwischen Insolvenzverwalter und absonderungsberechtigten Gläubigern zulässig ist. Nur dann ist eine Auseinandersetzung mit den konkreten Inhalten, den Grenzen und Auswirkungen einer derartigen Verwertungsvereinbarung überhaupt angezeigt.

---

235 *BGH*, Urt. v. 27.03.1984 – IX ZR 49/83 = NJW 1984, 2890 (2891); *Niering*, NZI 2008, 146 (148); *Wipperfürth*, Das Grundstück in der Insolvenz, 1. Aufl., 2014, C. Rdnr. 276.

236 Siehe hierzu ausführlich Kapitel 3 E.III.1.

237 *BGH*, Beschl. v. 14.07.2016 – IX ZB 31/14 = WM 2016, 1543 (1544); *Bork*, ZIP 2013, 2129 (2132); *Keller*, ZfIR 2002, 861 (867); *Laroche*, in: Vallender/ Undritz, Praxis des Insolvenzrechts, 2012, Kap. 2 Rdnr. 270; *Mitlehner*, ZIP 2012, 649 (653); *Molitor*, ZInsO 2009, 231 (231 f.); *Sajogo*, AnwZert InsR 22/2011 Anm. 3; *Tetzlaff*, ZfIR 2005, 179 (180 f.). Zu den Auswirkungen der Insolvenzverwaltervergütung siehe Kapitel 3 E.III.4.

238 Auch andere Rechtsinstitute wurden durch Rechtsprechung und Rechtspraxis entwickelt und sind mittlerweile anerkannt (z. B. Grundsätze zum Missbrauch der Vertretungsmacht, Lehre vom Anwartschaftsrecht, Bestellung eines Sonderinsolvenzverwalters) oder sogar kodifiziert (z. B. culpa in contrahendo in § 311 Abs. 2, 3 BGB, Störung der Geschäftsgrundlage in § 313 BGB).

239 Siehe hierzu Kapitel 1 B.III.

I. Literatur

Häufig wird die Zulässigkeit einer kalten Zwangsverwaltung ohne weitere Begründung festgestellt.[240] *Viele Stimmen* in der Literatur setzen sich nur mit dem Begriff der kalten Zwangsverwaltung oder deren Inhalten auseinander und gehen somit stillschweigend von deren Zulässigkeit aus.[241]

Nur wenige begründen die Zulässigkeit einer derartigen Verwertungsvereinbarung mit der Verwaltungs- und Verfügungsbefugnis des Insolvenzverwalters und dem inhaltlich umfassenden Insolvenzbeschlag, der sich auch auf die Mieten erstrecke.[242] Auch wird darauf abgestellt, dass die Insolvenzmasse dadurch nicht geschädigt werde,[243] was freilich von der konkreten inhaltlichen Ausgestaltung der Verwertungsvereinbarung abhängt.

---

240 *Brinkmann*, in: Uhlenbruck, InsO, 14. Aufl., 2015, § 165 Rdnr. 34; *Cranshaw*, ZfIR 2013, 393 (394 f.); *Ellrich/ Lind*, ForderungsPraktiker Wiki Kredit-Servicing 2012, 16 (17); *Ganter*, ZfIR 2008, 389 (393 Fn. 15); *ders.*, in: Münchener Kommentar, InsO, Band 1, 3. Aufl., 2013, Vorb. vor §§ 49–52 Rdnr. 100; *Hess*, in: Hess, Insolvenzrecht, Band 2, 2. Aufl., 2013, § 165 Rdnr. 2; *Kahlert*, DStR 2013, 97 (98); *Leithaus*, in: Andres/ Leithaus, InsO, 3. Aufl., 2014, § 165 Rdnr. 32; *Mitlehner*, ZIP 2012, 649 (653); *Molitor*, ZInsO 2011, 1486 (1487); *ders.*, in: Molitor/ Hild, Immobilien in der Insolvenzrechtspraxis, 2014, I. Rdnr. 599; *Obermüller*, Insolvenzrecht in der Bankpraxis, 8. Aufl., 2011, Rdnr. 6.943; *Schulte*, MietRB 2009, 179 (181); *Tetzlaff*, ZfIR 2005, 179 (180); *Wipperfürth*, Das Grundstück in der Insolvenz, 1. Aufl., 2014, C. Rdnr. 656.

241 *Adolphsen*, in: Gottwald, Insolvenzrechts-Handbuch, 5. Aufl., 2015, § 42 Rdnr. 111; *Depré/ Lambert*, ZfIR 2012, 1 (8); *Franken/ Dahl*, Mietverhältnisse in der Insolvenz, 2. Aufl., 2006, Teil 6 Rdnr. 182; *Haarmeyer/ Wutzke/ Förster/ Hintzen*, Zwangsverwaltung, 5. Aufl., 2011, Einl. Rdnr. 8; *Haunschild*, ForderungsPraktiker 2010, 201 (205); *Heublein*, in: Beck'scher Online-Kommentar Mietrecht, 3. Edition, 2016, Lexikon, Insolvenz einschl. Verfahren, Kap. C Rdnr. 81; *Keller*, NZI 2013, 265 (267 ff.); *ders.*, in: Böttcher, ZVG, 6. Aufl., 2016, § 146 Rdnr. 9c; *Niering*, ZInsO 2008, 790 (791); *Pape*, AnwBl 2008, 494 (497); *Raab*, DZWIR 2006, 234 (234 f.); *Ringstmeier*, in: Beck/ Depré, Praxis der Insolvenz, 2. Aufl., 2010, § 15 Rdnr. 99, § 22 Rdnr. 114 f.; *Sajogo*, AnwZert InsR 22/2011 Anm. 3.

242 *Bork*, ZIP 2013, 2129 (2131 ff.); *Eckardt*, Grundpfandrechte im Insolvenzverfahren, 14. Aufl., 2014, E. Rdnr. 416; *Haarmeyer/ Hintzen*, Handbuch zur Zwangsverwaltung, 3. Aufl., 2012, Kap. 1 Rdnr. 2 „Kalte Zwangsverwaltung"; *Jacoby*, in: Jaeger, InsO, Band 3, 1. Aufl., 2014, § 108 Rdnr. 132; *Kolmann*, in: Cranshaw/ Paulus/ Michel, Bankenkommentar zum Insolvenzrecht, Band 2, 2. Aufl., 2012, § 165 Rdnr. 40.

243 *Haarmeyer/ Wutzke/ Förster*, Handbuch der vorläufigen Insolvenzverwaltung, 1. Aufl., 2011, § 14 Rdnr. 61.

II. Rechtsprechung

1. BGH

Die *Rechtslehre* war sich lange Zeit nicht darüber einig, ob die Rechtsprechung die kalte Zwangsverwaltung zwischenzeitlich anerkannt hat oder nicht.[244] Mit Beschluss vom 14.07.2016 hat der *BGH* ausdrücklich festgestellt:

> „Gegen die Zulässigkeit der stillen Zwangsverwaltung bestehen keine Bedenken (...), solange sie so gestaltet wird, dass die Masse im Verhältnis zur förmlichen Zwangsverwaltung nicht schlechter gestellt wird. Andernfalls kann die Vereinbarung über die stille Zwangsverwaltung wegen Insolvenzzweckwidrigkeit nichtig und der Verwalter zu Schadensersatz verpflichtet sein."[245]

Der Entscheidung des *BGH* vorausgehend, sind bereits das *RG* sowie einzelne *OLG* und *LG*[246] von der Zulässigkeit der kalten Zwangsverwaltung ausgegangen.

---

244 *Adolphsen*, in: Gottwald, Insolvenzrechts-Handbuch, 5. Aufl., 2015, § 42 Rdnr. 111 Fn. 297; *Cranshaw*, ZfIR 2013, 393 (395); *Eickmann*, ZfIR 2007, 557 (558); *Ganter*, in: Münchener Kommentar, InsO, Band 1, 3. Aufl., 2013, Vorb. vor §§ 49–52 Rdnr. 100; *Kahlert*, DStR 2013, 97 (97); *Pape*, AnwBl 2008, 494 (497); *Tetzlaff*, ZfIR 2005, 179 (180); *ders.*, in: Lwowski/ Fischer/ Langenbucher, Das Recht der Kreditsicherung, 9. Aufl., 2011, § 6 Rdnr. 24.

245 *BGH*, Beschl. v. 14.07.2016 – IX ZB 31/14 = WM 2016, 1543 (1544). In diese Richtung, aber letztendlich offen gelassen auch *BGH*, Urt. v. 09.11.2006 – IX ZR 133/05 = WM 2007, 129 (130 f.); *ders.*, Beschl. v. 24.01.2008 – IX ZB 120/07 = NZI 2008, 239 (240); *ders.*, Beschl. v. 19.11.2009 – IX ZB 261/08 = NZI 2010, 188 (190). Die Erwägungen von *Eickmann* (ZfIR 2007, 557 (558 f.)), ob aufgrund der Rechtsprechung des BGH zur Pfändung von Mietforderungen durch Grundpfandrechtsgläubiger nach Eröffnung des Insolvenzverfahrens (vgl. hierzu Kapitel 1 A.II.3.b)) die kalte Zwangsverwaltung unter der Geltung der InsO unzulässig geworden ist, da der BGH von der Notwendigkeit einer wortlautgetreuen Auslegung des § 49 InsO spreche, die nur den Weg in die Verfahren des ZVG offenlasse, sind durch die aktuelle Entscheidung überholt. *Eickmann* selbst stellte jedoch in Aussicht, dass bei Einhaltung der Vorschriften des ZVG die Unzulässigkeit „wohl abgewendet" werden könne.

246 *LG Bonn*, Urt. v. 04.12.2012 – 3 O 92/12 = Rdnr. 113 (juris); *LG Heilbronn*, Beschl. v. 04.04.2012 – 1 T 89/12 Bm, 1 T 89/12 = ZIP 2012, 2077 f.; *LG Köln*, Urt. v. 29.01.2009 – 90 O 44/09 = Rdnr. 3 (juris); *LG Leipzig*, Beschl. v. 23.01.2007 – 12 T 763/06 = ZInsO 2007, 148 f.; *LG Neuruppin*, Urt. v. 20.11.2007 – 5 O 184/06 = Rdnr. 95 (juris); *LG Stendal*, Urt. v. 07.02.2005 – 21 O 293/04 = ZIP 2005, 1800 (1801).

2. RG

Bereits das *RG*[247] hatte sich mit der Frage der Zulässigkeit von Verwertungsvereinbarungen zwischen Insolvenzverwaltern und absonderungsberechtigten Gläubigern auseinanderzusetzen. Konkret ging es um eine Vereinbarung zwischen dem Insolvenzverwalter und Hypothekengläubigern, wonach jener das Grundstück verwaltet und die Grundstückseinnahmen zur abgesonderten Befriedigung der Hypothekengläubiger verwendet. Das *RG* hielt eine derartige Vereinbarung für möglich, da

> „nicht verboten sein kann, eine Forderung, deren Erfüllung erzwungen werden könnte, freiwillig zu erfüllen".[248]

Schon in einer früheren Entscheidung verwies das *RG*[249] auf die unabhängige Stellung des Insolvenzverwalters, aufgrund derer er in der Disposition über die Insolvenzmasse frei sei. Er könne daher alles tun, was mit dem Zweck, die Insolvenzmasse zu verwerten und die Gläubiger zu befriedigen, vereinbar sei. Notwendiges Korrektiv seines Verhaltens sei hierbei seine etwaige Haftung.

3. OLG

Die frühere reichsgerichtliche Rechtsprechung bestätigte das *OLG München* in seiner Entscheidung vom 09.07.1992.[250] Es hatte darüber zu entscheiden, ob der Insolvenzverwalter in seiner früheren Eigenschaft als Sequester mit dem Grundpfandrechtsgläubiger für den Fall der Eröffnung des Insolvenzverfahrens eine Vereinbarung schließen kann, wonach der Grundpfandrechtsgläubiger die Verwaltung der Immobilie sowie die Kosten und anfallenden Masseverbindlichkeiten übernimmt. Der Senat hält derartige Vereinbarungen für zulässig, die zum gleichen Ergebnis führen wie eine dadurch ersparte gerichtlich angeordnete Zwangsverwaltung.

Das *OLG Hamm* entschied mit Urteil vom 09.09.2013[251] u. a über die insolvenzrechtliche Anfechtbarkeit einer unentgeltlichen Übertragung eines Gesellschaftsanteils und einer Bewilligung der Grundbuchberichtigung. Der Senat geht in seiner Entscheidung auf die ständige Rechtsprechung ein, wonach bei wertausschöpfend belasteten Grundstücken eine Benachteiligung der

---

247 *RG*, Urt. v. 28.09.1895 – V 54/95 = RGZ 35, 118 ff.

248 *RG*, Urt. v. 28.09.1895 – V 54/95 = RGZ 35, 118 (121).

249 *RG*, Urt. v. 30.05.1892 – VI 336/91 = RGZ 29, 80 (83 f.).

250 *OLG München*, Urt. v. 09.07.1992 – 6 U 5584/91 = WM 1993, 434 ff.

251 *OLG Hamm*, Urt. v. 09.09.2013 – 5 U 139/12 (juris).

Insolvenzgläubiger regelmäßig ausgeschlossen sei.[252] Nach Ansicht des Senats ist im vorliegenden Fall zu berücksichtigen, dass

> „der Kläger [Insolvenzverwalter] unbestritten vorgetragen hat, dass mit der Grundpfandgläubigerin (…) eine Abrede im Rahmen der kalten Zwangsverwaltung bestehe".[253]

Bereits in einer früheren Entscheidung ging das *OLG Hamm*[254] am Rande auf das Rechtsinstitut der kalten Zwangsverwaltung ein. In dem entschiedenen Fall lag eine Vereinbarung zwischen dem Grundpfandrechtsgläubiger und den Erben des Insolvenzschuldners vor. Strittig war, ob auch eine Vereinbarung über die Durchführung der abgesonderten Befriedigung des Grundpfandrechtsgläubigers zwischen diesem und dem Insolvenzverwalter vorlag. Der Senat setzt sich in seiner Entscheidung mit dem Verhalten des Insolvenzverwalters auseinander, welches für den Grundpfandrechtsgläubiger erkennbar gewesen sei. Danach führte das Verhalten des Insolvenzverwalters dazu

> „dass sie [Grundpfandrechtsgläubiger] nicht von einem Angebot auf stille Zwangsverwaltung ausgehen durfte".[255]

An einer anderen Stelle des Urteils führt der Senat ausdrücklich aus:

> „Eine solche sog. „stille" oder auch „kalte" Zwangsverwaltung ist während des Insolvenzverfahrens zulässig (…)."[256]

Auch das *OLG Köln* hält in seiner Entscheidung vom 13.11.2013 ausdrücklich fest:

> „Die Vereinbarung einer solchen kalten Zwangsverwaltung ist als Geschäftsbesorgungsvertrag i. S. v. § 675 BGB einzuordnen und im Grundsatz zulässig (…)."[257]

III. Stellungnahme

Zutreffend ist die Ansicht des *BGH*[258], dass die kalte Zwangsverwaltung unter bestimmten Voraussetzungen zulässig ist. Aus der Entscheidung ergibt sich allerdings nicht eindeutig, worauf der BGH die Zulässigkeit dieses Rechtsinstituts

---

252 Zur Anfechtung nach dem AnfG vgl. *BGH*, Urt. v. 23.02.1984 – IX ZR 26/83 = BGHZ 90, 207 (212).

253 *OLG Hamm*, Urt. v. 09.09.2013 – 5 U 139/12 = Rdnr. 69 (juris).

254 *OLG Hamm*, Urt. v. 14.06.2005 – 27 U 85/04 = ZInsO 2006, 776 ff.

255 *OLG Hamm*, Urt. v. 14.06.2005 – 27 U 85/04 = ZInsO 2006, 776 (779).

256 *OLG Hamm*, Urt. v. 14.06.2005 – 27 U 85/04 = ZInsO 2006, 776 (778).

257 *OLG Köln*, Urt. v. 13.11.2013 – 2 U 17/13 = ZInsO 2016, 108 (109); bestätigt durch Urt. v. 11.12.2013 – 2 U 2/13 = Rdnr. 119 (juris).

258 Siehe hierzu Kapitel 2 C.II.1.

stützt. Hierauf ist nachfolgend unter Einbeziehung der Argumente von Rechtsprechung und Literatur im Einzelnen einzugehen.

1. Verwertungsvereinbarung anstelle zwangsweiser Durchsetzung

Die Aussage des *RG*[259], wonach nicht verboten sein kann, eine Forderung, deren Erfüllung erzwungen werden könnte, freiwillig zu erfüllen, ist grundsätzlich zutreffend. Ein Schuldner muss die Möglichkeit haben, die gegen ihn bestehenden Forderungen freiwillig zu erfüllen und sich nicht dem staatlichen Zwang aussetzen zu müssen. Die freiwillige Erfüllung hat für den jeweiligen Gläubiger zudem den Vorteil, dass sich eine zeit- und kostenintensive Inanspruchnahme staatlicher Gewalt erübrigt.

Im Rahmen eines Insolvenzverfahrens sind jedoch Besonderheiten zu berücksichtigen. Die Verbindlichkeiten des Insolvenzschuldners werden durch den Insolvenzverwalter erfüllt. Der Insolvenzverwalter handelt als Partei kraft Amtes.[260] Er übt als Organ der Rechtspflege[261] kein öffentliches, sondern ein privates Amt aus.[262] Der Insolvenzverwalter ist ein mehrseitig fremdbestimmter Treuhänder, da er fremdes Vermögen zugunsten Dritter verwaltet.[263] Daher bedürfen sämtliche Maßnahmen des Insolvenzverwalters einer Rechtsgrundlage. Gleichwohl muss auch für den Insolvenzverwalter die Möglichkeit der freiwilligen Erfüllung von Verbindlichkeiten bestehen, wie sie auch außerhalb des Insolvenzverfahrens dem (späteren) Insolvenzschuldner zukommt. Dies ist jedoch alleine noch kein Argument für die Zulässigkeit der Vereinbarung einer kalten Zwangsverwaltung durch den Insolvenzverwalter.

---

259 Siehe Fn. 248.

260 Auf die unterschiedlichen Theorien zur Rechtsstellung des Insolvenzverwalters wird vorliegend nicht eingegangen, vgl. hierzu *Ott/ Vuia*, in: Münchener Kommentar, InsO, Band 2, 3. Aufl., 2013, § 80 Rdnr. 26 ff. m. w. N.

261 *BVerwG*, Urt. v. 13.04.2005 – 6 C 4.04 = BVerwGE 123, 203 (211); *dass.*, Beschl. v. 18.01.2006 – 6 C 21.05 = ZInsO 2006, 605 (606).

262 *BGH*, Urt. v. 10.03.1960 – II ZR 56/59 = BGHZ 32, 114 (118); *ders.*, Urt. v. 30.10.1967 – VIII ZR 176/65 = BGHZ 49, 11 (16); *Graeber*, in: Münchener Kommentar, InsO, Band 1, 3. Aufl., 2013, § 56 Rdnr. 142, 146.

263 *Zimmer*, in: Bork/ Hölzle, Handbuch Insolvenzrecht, 1. Aufl., 2014, Kap. 5 Rdnr. 103.

2. *Verwaltungs- und Verfügungsbefugnis des Insolvenzverwalters*

a) Handlungsbefugnisse des Insolvenzverwalters

Mit Eröffnung des Insolvenzverfahrens geht die Verwaltungs- und Verfügungsbefugnis über das zur Insolvenzmasse gehörende Vermögen auf den Insolvenzverwalter über, § 80 Abs. 1 InsO. Der Insolvenzschuldner bleibt zwar Eigentümer der einzelnen Vermögensgegenstände, die Dispositionsbefugnis über diese Vermögensgegenstände steht jedoch ab diesem Zeitpunkt dem Insolvenzverwalter zu.[264] Der Insolvenzverwalter ist bei seinen Entscheidungen nicht an den Willen des Insolvenzschuldners gebunden.[265]

Der Übergang der Verwaltungs- und Verfügungsbefugnis auf den Insolvenzverwalter stellt das Grundprinzip des Insolvenzverfahrens dar.[266] Das Insolvenzverfahren wiederum dient dem Zweck der gleichmäßigen und bestmöglichen Befriedigung sämtlicher Gläubiger, § 1 Satz 1 InsO.[267] Aufgabe des Insolvenzverwalters ist es daher, den Wert des Schuldnervermögens möglichst zu maximieren und ein masseschmälerndes Einwirken des Insolvenzschuldners auf die Insolvenzmasse zu verhindern.[268]

Die sehr umfassenden Befugnisse und Aufgaben des Insolvenzverwalters, die nicht selten eine schnelle Entscheidung und eine gewisse Risikobereitschaft verlangen, bedingen einen weiten Ermessensspielraum des Insolvenzverwalters.[269] Er wägt bei seinen Entscheidungen u. a. die mit der Verwertung verbundenen Kosten, die Dauer der Verwertungsmaßnahme, die für die Insolvenzmasse

---

264 *Sternal*, in: K. Schmidt, InsO, 19. Aufl., 2016, § 80 Rdnr. 6, 8. Zur Beschränkung des Eigentumsrechts des Insolvenzschuldners (Art. 14 Abs. 1 Satz 2 GG) vgl. *BVerfG*, Beschl. v. 18.07.1979 – 1 BvR 655/79 = BVerfGE 51, 405 (408, zu § 6 KO); *dass.*, Beschl. v. 28.07.1992 – 1 BvR 859/92 = ZIP 1993, 686 (686 f.); *Ott/ Vuia*, in: Münchener Kommentar, InsO, Band 2, 3. Aufl., 2013, § 80 Rdnr. 7.

265 *Hahn*, Die gesamten Materialien zu den Reichs-Justizgesetzen, Band 4, 1983, A. c. I. 1. Buch, 1. Titel, Begründung zu § 5 KO-E, S. 60 f.; *Ott/ Vuia*, in: Münchener Kommentar, InsO, Band 2, 3. Aufl., 2013, § 80 Rdnr. 6.

266 *Ott/ Vuia*, in: Münchener Kommentar, InsO, Band 2, 3. Aufl., 2013, § 80 Rdnr. 2.

267 *BT*-Drucks. 12/2443, S. 108 (zu § 1 InsO-E); *BGH*, Urt. v. 13.01.2011 – IX ZR 53/09 = NZI 2011, 138 (139); *ders.*, Urt. v. 09.10.2014 – IX ZR 69/14 = NJW 2015, 162 (163); *Sternal*, in: K. Schmidt, InsO, 19. Aufl., 2016, § 80 Rdnr. 1.

268 *BT*-Drucks. 12/2443, S. 86; *Sternal*, in: K. Schmidt, InsO, 19. Aufl., 2016, § 80 Rdnr. 1.

269 *RG*, Urt. v. 16.03.1904 – V 384/03 = RGZ 57, 195 (199); *OLG Karlsruhe*, Beschl. v. 12.08.2013 – 9 U 55/13 = NZI 2014, 121 (121); *Berger/ Frege/ Nicht*, NZI 2010, 321 (322).

entstehenden Risiken und den zu erzielenden Erlös gegeneinander ab.[270] Er wird hierbei von dem konkreten Verfahrensziel und den Bestimmungen der Gläubiger beeinflusst.[271] Auch der Zeitpunkt der Verwertungsmaßnahme kann eine Rolle spielen.

Die Vereinbarung einer kalten Zwangsverwaltung ist somit zulässig, wenn sie von den Befugnissen des Insolvenzverwalters gedeckt ist.

b) Grenze: Evidente Insolvenzzweckwidrigkeit

Die umfassenden Handlungsbefugnisse des Insolvenzverwalters bergen jedoch auch eine Missbrauchsgefahr in sich.[272] Es ist daher anerkannt, dass die Rechtsmacht des Insolvenzverwalters in bestimmten Situationen der Einschränkung bedarf.[273] Gleichzeitig darf der Insolvenzverwalter bei seinen unternehmerischen Entscheidungen aus den vorstehend genannten Gründen nicht zu sehr eingeschränkt werden. Auch gebietet es der Schutz des Rechtsverkehrs, nicht jede für die Insolvenzmasse nachteilige Rechtshandlung des Insolvenzverwalters als unwirksam anzusehen.[274] Ein außenstehender Dritter kann sich weniger gut vor für ihn nachteiligen Handlungen des Insolvenzverwalters schützen als ein am Verfahren Beteiligter. Daher ist die Unwirksamkeit einer Rechtshandlung nur ausnahmsweise anzunehmen.

Bloß unzweckmäßige, d. h. für die Insolvenzmasse nachteilige,[275] oder unrichtige, also fehlerhafte Handlungen des Insolvenzverwalters sind im Außenverhältnis gleichwohl wirksam.[276] Unabhängig davon haftet der Insolvenzverwalter bei einer schuldhaften Pflichtverletzung den Gläubigern gegebenenfalls im Innenverhältnis, § 60 Abs. 1 InsO.

---

270 *Esser*, in: Braun, InsO, 6. Aufl., 2014, § 159 Rdnr. 3; *Görg/ Janssen*, in: Münchener Kommentar, InsO, Band 2, 3. Aufl., 2013, § 159 Rdnr. 9.

271 *Görg/ Janssen*, in: Münchener Kommentar, InsO, Band 2, 3. Aufl., 2013, § 159 Rdnr. 9; *Häsemeyer*, Insolvenzrecht, 4. Aufl., 2007, Rdnr. 13.36.

272 *Windel*, in: Jaeger, InsO, Band 2, 1. Aufl., 2007, § 80 Rdnr. 253.

273 *Spickhoff*, KTS 2000, 15 (15).

274 *BGH*, VU v. 10.01.2013 - IX ZR 172/11 = NZI 2013, 347 (348).

275 *RG*, Urt. v. 16.12.1902 - III 437/02 = RGZ 53, 190 (192).

276 *RG*, Urt. v. 16.12.1902 - III 437/02 = RGZ 53, 190 (192); *BGH*, Urt. v. 13.01.1983 - III ZR 88/81 = NJW 1983, 2018 (2019); *ders.*, Beschl. v. 14.04.2011 - IX ZR 114/10 = Rdnr. 3 (juris); *ders.*, VU v. 10.01.2013 - IX ZR 172/11 = NZI 2013, 347 (348); *Berger/ Frege/ Nicht*, NZI 2010, 321 (324); *Gehrlein*, Aktuelle Rechtsprechung zum Insolvenzrecht, 1. Aufl., 2013, Kap. B. I. Ziff. 8; *Sternal*, in: K. Schmidt, InsO, 19. Aufl., 2016, § 80 Rdnr. 33; *Wittkowski/ Kruth*, in: Nerlich/ Römermann, 29. EL, 2016, § 80 Rdnr. 119.

Eine Rechtshandlung des Insolvenzverwalters ist hingegen unwirksam, wenn sie evident insolvenzzweckwidrig ist.[277] Das Erfordernis der evidenten Insolvenzzweckwidrigkeit wird sowohl von den Vertretern der Lehre der evidenten Insolvenzzweckwidrigkeit[278] als auch von den Vertretern der Lehre zum Missbrauch der Vertretungsmacht[279] als wesentlich angesehen.[280] Zweck des Insolvenzverfahrens ist bekanntlich die gleichmäßige und bestmögliche Befriedigung der Gläubiger.[281] Durch die Handlung des Insolvenzverwalters darf es zu keiner Belastung der Insolvenzmasse kommen,[282] denn

---

277 *RG*, Urt. v. 16.03.1904 – V 384/03 = RGZ 57, 195 (199); *BGH*, Urt. v. 25.04.2002 – IX ZR 313/99 = BGHZ 150, 353 (360); *Kroth*, in: Braun, InsO, 6. Aufl., 2014, § 80 Rdnr. 26; *Ringstmeier*, in: Mohrbutter/ Ringstmeier, Handbuch Insolvenzverwaltung, 9. Aufl., 2015, Kap. 6 Rdnr. 372; *Wittkowski/ Kruth*, in: Nerlich/ Römermann, 29. EL, 2016, § 80 Rdnr. 119, 121.

278 Die Beschränkung der Rechtsmacht des Insolvenzverwalters erfolgt bereits auf Tatbestandsebene (teleologische Reduktion von § 80 Abs. 1 InsO). Die Verwaltungs- und Verfügungsbefugnis geht nur insoweit auf den Insolvenzverwalter über, als seine Handlungen nicht evident insolvenzzweckwidrig sind, vgl. u. a. *Kroth*, in: Braun, InsO, 6. Aufl., 2014, § 80 Rdnr. 26; *Muthorst*, in: Bork/ Hölzle, Handbuch Insolvenzrecht, 1. Aufl., 2014, Kap. 6 Rdnr. 63.

279 Die inzwischen *h. M.* orientiert sich am Wortlaut von § 80 Abs. 1 InsO, wonach dem Insolvenzverwalter die Verwaltungs- und Verwertungsbefugnis ohne inhaltliche Beschränkung übertragen wird (*Mohrbutter*, in: Mohrbutter/ Ringstmeier, Handbuch Insolvenzverwaltung, 9. Aufl., 2015, Kap. 6 Rdnr. 372; *Ott/ Vuia*, in: Münchener Kommentar, InsO, Band 2, 3. Aufl., 2013, § 80 Rdnr. 60). Rechtshandlungen des Insolvenzverwalters sind unwirksam, wenn der Widerspruch zum Insolvenzzweck evident war und sich dem Geschäftspartner aufgrund der Umstände des Einzelfalles ohne Weiteres aufdrängen musste (*BGH*, Urt. v. 25.04.2002 – IX ZR 313/99 = BGHZ 150, 353 (361); *ders.*, VU v. 10.01.2013 – IX ZR 172/11 = NZI 2013, 347 (348); *OLG Celle*, Urt. v. 14.06.2006 – 3 U 20/06 = ZIP 2006, 1364 (1364); *OLG Dresden*, Urt. v. 16.06.2010 – 13 U 1912/09 = Rdnr. 25 (juris); *OLG Karlsruhe*, Beschl. v. 12.08.2013 – 9 U 55/13 = NZI 2014, 121 (121); *Gehrlein*, Aktuelle Rechtsprechung zum Insolvenzrecht, 1. Aufl., 2013, Kap. B. I. Ziff. 8). Dem Geschäftspartner des Insolvenzverwalters muss somit der Sache nach zumindest grobe Fahrlässigkeit vorzuwerfen sein (*BGH*, Urt. v. 25.04.2002 – IX ZR 313/99 = BGHZ 150, 353 (361); *Gehrlein*, Aktuelle Rechtsprechung zum Insolvenzrecht, 1. Aufl., 2013, Kap. B. I. Ziff. 8).

280 Ausführlich zu diesem Theorienstreit vgl. *Preuß*, NZI 2003, 625 (625 ff.); *Spickhoff*, KTS 2000, 15 (17 ff.) m. w. N.

281 Siehe Fn. 267.

282 *BGH*, Urt. v. 20.03.2014 – IX ZR 80/13 = NZI 2014, 450 (451); *ders.*, Beschl. v. 14.07.2016 – IX ZB 31/14 = WM 2016, 1543 (1544); *Tetzlaff*, in: Münchener Kommentar, InsO, Band 2, 3. Aufl., 2013, § 165 Rdnr. 192.

eine Verringerung der Haftungsmasse hat unmittelbare Auswirkungen auf die Quote der einzelnen Insolvenzgläubiger. Zudem darf das Wertungssystem der InsO nicht beeinträchtigt werden. Daher dürfen die absonderungsberechtigten Gläubiger nicht besser gestellt werden, als sie bei Befriedigung im Rahmen der Zwangsvollstreckung stünden.[283]

Die Insolvenzzweckwidrigkeit muss darüber hinaus „evident" sein. Eine derartige Evidenz wird *meist* bei Handlungen angenommen, die unter allen in Betracht kommenden Gesichtspunkten für jeden verständigen Menschen offensichtlich zweckwidrig sind.[284] Sie müssen dem Insolvenzzweck klar und eindeutig zuwiderlaufen.[285] *Manche* stellen hinsichtlich der Evidenz nicht auf die Erkennbarkeit, sondern auf die Schwere des Verstoßes ab.[286] *Vertreten* wird auch, dass die Erkennbarkeit und die Schwere des Verstoßes nebeneinander vorliegen müssen.[287] Eine derartige evidente Insolvenzzweckwidrigkeit wurde z. B. im Falle der Anerkennung nicht bestehender Aus- oder Absonderungsrechte angenommen.[288] Durch das Herausgeben von zur Insolvenzmasse gehörenden Gegenständen bei Anerkennung nicht bestehender Aussonderungsrechte oder der vorzugsweisen Befriedigung aus der Insolvenzmasse bei Anerkennung nicht bestehender Absonderungsrechte wird die Insolvenzmasse zum Nachteil der Insolvenzgläubiger verringert. Die Gläubigergemeinschaft wird benachteiligt.[289] Auch die Vereinbarung eines Insolvenzverwalters mit einem durch eine offensichtlich wertlose Grundschuld gesicherten Gläubiger, wonach dieser gegen Zahlung

---

283 *BGH*, Beschl. v. 14.07.2016 – IX ZB 31/14 = WM 2016, 1543 (1544); *Bork*, ZIP 2013, 2129 (2131); *Cranshaw*, ZfIR 2013, 393 (395).

284 *BGH*, Urt. v. 13.01.1983 – III ZR 88/81 = NJW 1983, 2018 (2019); *ders.*, Urt. v. 28.10.1993 – IX ZR 21/93 = NJW 1994, 323 (326); *OLG Düsseldorf*, Urt. v. 08.03.1995 – 9 U 160/94 = ZIP 1995, 1100 (1101); *Wittkowski/ Kruth*, in: Nerlich/ Römermann, 29. EL, 2016, § 80 Rdnr. 121.

285 *Gehrlein*, Aktuelle Rechtsprechung zum Insolvenzrecht, 1. Aufl., 2013, Kap. B. I. Ziff. 8; *Wipperfürth*, Das Grundstück in der Insolvenz, 1. Aufl., 2014, C. Rdnr. 132.

286 *Kuleisa*, in: Hamburger Kommentar, InsO, 5. Aufl., 2015, § 80 Rdnr. 21 (greift im Übrigen aber auf die Grundsätze zum Missbrauch der Vertretungsmacht zurück).

287 *Muthorst*, in: Bork/ Hölzle, Handbuch Insolvenzrecht, 1. Aufl., 2014, Kap. 6 Rdnr. 63.

288 *BGH*, VU v. 10.01.2013 – IX ZR 172/11 = NZI 2013, 347 (348); *OLG Düsseldorf*, Urt. v. 08.03.1995 – 9 U 160/94 = ZIP 1995, 1100 (1101); *Ott/ Vuia*, in: Münchener Kommentar, InsO, Band 2, 3. Aufl., 2013, § 80 Rdnr. 61.

289 *RG*, Urt. v. 13.03.1889 – V 343/88 = RGZ 23, 54 (62 f.); *dass.*, Urt. v. 26.01.1898 – I 447/97 = RGZ 41, 1 (2); *OLG Düsseldorf*, Urt. v. 08.03.1995 – 9 U 160/94 = ZIP 1995, 1100 (1101).

einer Ablösesumme aus der Insolvenzmasse die Löschung seines Grundpfandrechts bewilligt, wurde als insolvenzzweckwidrig eingestuft.[290]

Ausgehend von den vorstehenden Erwägungen müssen somit zwei Voraussetzungen vorliegen, damit die Vereinbarung einer kalten Zwangsverwaltung auch wirksam ist: *Erstens* darf es zu keiner Besserstellung der absonderungsberechtigten Gläubiger und *zweitens* zu keiner zusätzlichen Belastung der Insolvenzmasse kommen.[291] Welche Anforderungen hierfür an den Inhalt der konkreten Verwertungsvereinbarung zu stellen sind, wird in Kapitel 3 untersucht.

D. Rechtscharakter der Vereinbarung einer kalten Zwangsverwaltung

Bei der Vereinbarung einer kalten Zwangsverwaltung handelt es sich um einen Geschäftsbesorgungsvertrag i. S. v. § 675 Abs. 1 BGB zwischen dem Insolvenzverwalter als Verwalter der Insolvenzmasse und den absonderungsberechtigten Gläubigern.[292] Eine Geschäftsbesorgung ist dadurch gekennzeichnet, dass sich der Geschäftsbesorger gegenüber dem Geschäftsherrn verpflichtet, eine selbstständige Tätigkeit wirtschaftlicher Art zur Wahrnehmung fremder Vermögensinteressen gegen Entgelt auszuführen.[293]

Bei der kalten Zwangsverwaltung besteht die Geschäftsbesorgung in der Grundstücksverwaltung und der Auskehr der Mieteinnahmen an die

290 *BGH*, Beschl. v. 20.03.2008 – IX ZR 68/06 = NZI 2008, 365 (365); *ders.*, Urt. v. 30.04.2015 – IX ZR 301/13 = WM 2015, 1067 (1068). Siehe hierzu auch Fn. 192.

291 *BGH*, Beschl. v. 14.07.2016 – IX ZB 31/14 = WM 2016, 1543 (1544).

292 *OLG Köln*, Urt. v. 13.11.2013 – 2 U 17/13 = ZInsO 2016, 108 (109); *dass.*, Urt. v. 11.12.2013 – 2 U 2/13 = Rdnr. 119 (juris); *Ellrich/ Lind*, ForderungsPraktiker Wiki Kredit-Servicing 2012, 16 (19); *Ganter*, in: Münchener Kommentar, InsO, Band 1, 3. Aufl., 2013, Vorb. vor §§ 49–52 Rdnr. 100; *Haarmeyer/ Hintzen*, Handbuch zur Zwangsverwaltung, 3. Aufl., 2012, Kap. 1 Rdnr. 35; *Henckel*, in: Jaeger, InsO, Band 1, 1. Aufl., 2004, Vorb. vor §§ 49–52 Rdnr. 36; *Keller*, NZI 2013, 265 (267); *Tetzlaff*, ZfIR 2005, 179 (180); *Wipperfürth*, Das Grundstück in der Insolvenz, 1. Aufl., 2014, C. Rdnr. 664; *a. A. Eckardt*, Grundpfandrechte im Insolvenzverfahren, 14. Aufl., 2014, E. Rdnr. 412 Fn. 448; *Johann*, DStZ 2012, 127 (130).

293 *BGH*, Urt. v. 25.04.1966 – VII ZR 120/65 = BGHZ 45, 223 (228 f.); *Heermann*, in: Münchener Kommentar, BGB, Band 4, 6. Aufl., 2012, § 675 Rdnr. 3; *Mansel*, in: Jauernig, BGB, 16. Aufl., 2015, § 675 Rdnr. 4; *Sprau*, in: Palandt, BGB, 75. Aufl., 2016, § 675 Rdnr. 2.

absonderungsberechtigten Gläubiger.[294] Entgegen *teilweise vertretener Ansicht*[295] besteht die Geschäftsbesorgung nicht in dem Verzicht der absonderungsberechtigten Gläubiger auf die Geltendmachung ihres Absonderungsrechts durch Maßnahmen der Zwangsvollstreckung. Die geschäftsbesorgende Tätigkeit muss in einem aktiven Tun bestehen; ein bloßes Unterlassen oder Dulden genügt nicht.[296] Zudem muss es sich um eine Tätigkeit des Geschäftsbesorgers (Insolvenzverwalter) handeln. Die *Vertreter der Gegenansicht* begründen ihre Auffassung damit, dass die Bewirtschaftung des Grundstücks bereits zu den allgemeinen Aufgaben des Insolvenzverwalters gehöre und absonderungsberechtigte Gläubiger mangels Verwaltungs- und Verwertungsbefugnis ihrerseits den Insolvenzverwalter nicht mit diesen Aufgaben beauftragen könnten.[297] Zutreffend ist, dass die Verwaltung und Verwertung der Insolvenzmasse zu den Aufgaben des Insolvenzverwalters gehört. Jedoch handelt der Insolvenzverwalter im Rahmen seiner allgemeinen Verwertungsbefugnis im Interesse der Insolvenzgläubiger. Möchte ein Grundpfandrechtsgläubiger sein dingliches Recht durch Einziehung von Mietforderungen verwerten, muss *er* aktiv werden. Es ist *seine* Aufgabe, die gerichtliche Zwangsverwaltung zu beantragen. Der Zwangsverwalter führt dann im Interesse des Grundpfandrechtsgläubigers die gerichtliche Zwangsverwaltung durch. Diese Tätigkeit des Zwangsverwalters wird im Rahmen der kalten Zwangsverwaltung durch den Insolvenzverwalter ausgeführt. Der Insolvenzverwalter wird – im Gegensatz zur „reinen" Insolvenzverwaltung – zusätzlich für die absonderungsberechtigten Gläubiger in deren Auftrag tätig.[298] Mit dieser Tätigkeit kann der Geschäftsherr (absonderungsberechtigte Gläubiger) den Geschäftsbesorger (Insolvenzverwalter) auch beauftragen.

Der Geschäftsbesorger muss seine Tätigkeit definitionsgemäß selbständig ausführen.[299] Ihm muss gegenüber dem Geschäftsherrn ein gewisser Handlungs- und

---

294 *BFH*, Urt. v. 28.07.2011 – V R 28/09 = BFHE 235, 22 (31); *Haarmeyer/ Wutzke/ Förster/ Hintzen*, Zwangsverwaltung, 5. Aufl., 2011, Einl. Rdnr. 8; *Henckel*, in: Jaeger, InsO, Band 1, 1. Aufl., 2004, Vorb. vor §§ 49–52 Rdnr. 36; *Knees*, ZIP 2001, 1568 (1575).

295 *Becker*, ZInsO 2013, 2532 (2535); *Keller*, NZI 2013, 265 (268).

296 *Berger*, in: Erman, BGB, Band 1, 14. Aufl., 2014, § 675 Rdnr. 8; *Heermann*, in: Münchener Kommentar, BGB, Band 4, 6. Aufl., 2012, § 675 Rdnr. 5; *Sprau*, in: Palandt, BGB, 75. Aufl., 2016, § 675 Rdnr. 3.

297 *Becker*, ZInsO 2013, 2532 (2535); *Keller*, NZI 2013, 265 (268); ähnlich *Mitlehner*, ZIP 2012, 649 (652, 654). Im Ergebnis ebenso *Johann*, DStZ 2012, 127 (131).

298 *BFH*, Urt. v. 28.07.2011 – V R 28/09 = BFHE 235, 22 (27).

299 *Mansel*, in: Jauernig, BGB, 16. Aufl., 2015, § 675 Rdnr. 5.

Entscheidungsspielraum zustehen.[300] Da das Geschäft jedoch im Interesse des Geschäftsherrn wahrgenommen wird, ist dieser grundsätzlich befugt, dem Geschäftsbesorger Weisungen zu erteilen, § 675 Abs. 1 i. V. m. § 665 Satz 1 BGB. Weisungen sind einseitige Anordnungen des Geschäftsherrn, die dem Geschäftsbesorger Gegenstand sowie Art und Weise seines Tuns vorschreiben.[301] Der Geschäftsbesorger ist grundsätzlich verpflichtet, sich an die Weisungen des Geschäftsherrn zu halten, sofern sie sich im Rahmen der vertraglichen Vereinbarung halten und dem Geschäftsbesorger zumutbar sind.[302] Geht die Weisung über die ihr gesetzten Grenzen hinaus oder ist sie wegen Gesetzesverstoßes oder Sittenwidrigkeit unwirksam, so entfaltet sie keine Bindungswirkung.[303] Für den Umfang des Weisungsrechts ist auch die Art der Geschäftsbesorgung maßgeblich, insbesondere wenn der Geschäftsbesorger einer gewissen Unabhängigkeit bedarf, um interessengerecht handeln zu können.[304] Dies ist bei Durchführung einer kalten Zwangsverwaltung der Fall. Der Insolvenzverwalter handelt im Rahmen der insolvenzrechtlichen Bestimmungen nach pflichtgemäßem Ermessen. Ein etwaiges Weisungsrecht der absonderungsberechtigten Gläubiger widerspräche der unabhängigen und neutralen Stellung des Insolvenzverwalters.[305] Die Parteien können in der Verwertungsvereinbarung im Rahmen der insolvenzrechtlichen Bestimmungen die wesentlichen Eckpunkte festlegen.[306] Die konkrete Ausführung der Verwaltung nimmt jedoch der Insolvenzverwalter aufgrund eigener Sachkunde vor.

Die Tätigkeit des Insolvenzverwalters ist ferner auch dem Bereich des Wirtschaftslebens zuzuordnen und daher – wie nach der Definition erforderlich – wirtschaftlicher Art.[307]

---

300 *Heermann*, in: Münchener Kommentar, BGB, Band 4, 6. Aufl., 2012, § 675 Rdnr. 6.

301 *Seiler*, in: Münchener Kommentar, BGB, Band 4, 6. Aufl., 2012, § 665 Rdnr. 3.

302 *BGH*, Urt. v. 10.12.1970 – II ZR 132/68 = NJW 1971, 558 (558); *Seiler*, in: Münchener Kommentar, BGB, Band 4, 6. Aufl., 2012, § 665 Rdnr. 12, 14.

303 *Berger*, in: Erman, BGB, Band 2, 14. Aufl., 2014, § 665 Rdnr. 4; *Seiler*, in: Münchener Kommentar, BGB, Band 4, 6. Aufl., 2012, § 665 Rdnr. 13.

304 *Seiler*, in: Münchener Kommentar, BGB, Band 4, 6. Aufl., 2012, § 665 Rdnr. 12.

305 *BT*-Drucks. 12/2443, S. 127 (zu § 65 InsO-E); *BVerfG*, Beschl. v. 09.02.2005 – 1 BvR 2719/04 = WM 2005, 471 (471); *Blümle*, in: Braun, InsO, 6. Aufl., 2014, § 56 Rdnr. 29; *Eickmann/ Böttcher*, Zwangsversteigerungs- und Zwangsverwaltungsrecht, 3. Aufl., 2013, § 39 II Ziff. 2a; *Frege*, in: Ebke/ Seagon/ Blatz, Insolvenzrecht 2.020 Perspektiven und Visionen, 1. Aufl., 2014, S. 49 (49, 66); *Prütting*, ZIP 2002, 1965 (1965 f., 1970); *Ries*, in: K. Schmidt, InsO, 19. Aufl., 2016, § 56 Rdnr. 23. Siehe hierzu ausführlich Kapitel 3 A.II.2.

306 Siehe hierzu Kapitel 3.

307 *Heermann*, in: Münchener Kommentar, BGB, Band 4, 6. Aufl., 2012, § 675 Rdnr. 7.

Darüber hinaus muss die Tätigkeit zur Wahrung fremder Vermögensinteressen ausgeführt werden. Sie muss auf den Vermögensstatus des Geschäftsherrn Einfluss nehmen.[308] Dies ist im Rahmen der kalten Zwangsverwaltung der Fall: Die absonderungsberechtigten Gläubiger werden durch die Auskehr der Mieteinnahmen (teilweise) befriedigt.

Fremdnützig ist eine Tätigkeit dann, wenn für sie ursprünglich der Geschäftsherr selbst zu sorgen hatte, sie ihm nun aber von dem Geschäftsbesorger abgenommen wird.[309] Ein klassisches Beispiel für eine Geschäftsbesorgungstätigkeit ist die Prozessführung eines Rechtsanwalts für seinen Mandanten.[310] Abhängig vom zuständigen Gericht ist eine Prozessführung durch einen Rechtsanwalt zwingend. Es ist demnach nicht erforderlich, dass der Geschäftsherr die Tätigkeit vor der Beauftragung des Geschäftsbesorgers persönlich wahrgenommen hat bzw. wahrnehmen konnte. Auch im Rahmen einer gerichtlich angeordneten Zwangsverwaltung nehmen absonderungsberechtigte Gläubiger ihre Rechte unter Inanspruchnahme eines Zwangsverwalters wahr. Diese Tätigkeit übernimmt bei der kalten Zwangsverwaltung der Insolvenzverwalter. Der Insolvenzverwalter führt die kalte Zwangsverwaltung jedoch auch im Interesse der Insolvenzmasse sowie im eigenen Interesse durch.[311] Die Fremdnützigkeit der Geschäftsbesorgung wird dadurch jedoch nicht ausgeschlossen.[312] An der Wahrnehmung fremder Vermögensinteressen fehlt es erst dann, wenn der Geschäftsbesorger ausschließlich im eigenen Interesse tätig ist.[313]

---

308 *Heermann*, in: Münchener Kommentar, BGB, Band 4, 6. Aufl., 2012, § 675 Rdnr. 8.

309 *RG*, Urt. v. 10.12.1924 – I 583/23 = RGZ 109, 299 (301); *BGH*, Urt. v. 25.04.1966 – VII ZR 120/65 = BGHZ 45, 223 (229); *Berger*, in: Erman, BGB, Band 1, 14. Aufl., 2014, § 675 Rdnr. 12; *Heermann*, in: Münchener Kommentar, BGB, Band 4, 6. Aufl., 2012, § 675 Rdnr. 8.

310 *BGH*, Urt. v. 25.04.1966 – VII ZR 120/65 = BGHZ 45, 223 (229); *Berger*, in: Erman, BGB, Band 1, 14. Aufl., 2014, § 675 Rdnr. 55, 64.

311 *Depré/ Lambert*, ZfIR 2012, 1 (9). Nach *Johann* (DStZ 2012, 127 (130)) fehlt es an der Fremdnützigkeit, da der Insolvenzverwalter bei der freihändigen Verwertung ausschließlich seine eigenen Interessen verfolgt.

312 *BGH*, Urt. v. 16.12.1955 – I ZR 134/54 = BGHZ 19, 282 (292); *Berger*, in: Erman, BGB, Band 1, 14. Aufl., 2014, § 675 Rdnr. 13; *Heermann*, in: Münchener Kommentar, BGB, Band 4, 6. Aufl., 2012, § 675 Rdnr. 8; *Mansel*, in: Jauernig, BGB, 16. Aufl., 2015, § 675 Rdnr. 7.

313 *Berger*, in: Erman, BGB, Band 1, 14. Aufl., 2014, § 675 Rdnr. 13.

Zudem ist das Merkmal der Entgeltlichkeit gegeben. Als Gegenleistung für die Verwaltungstätigkeit des Insolvenzverwalters vereinbaren die Parteien, dass ein gewisser Ausgleichsbetrag als Entgelt in die Insolvenzmasse fließt.[314]

E. Mitwirkungserfordernisse bei der Vereinbarung einer kalten Zwangsverwaltung?

Die InsO weist den einzelnen Insolvenzorganen bei der Durchführung des Insolvenzverfahrens verschiedene Aufgaben zu. Während das Insolvenzgericht die staatliche Leitung des Insolvenzverfahrens übernimmt, gewährleisten Gläubigerversammlung und Gläubigerausschuss ein höchstmögliches Maß an Selbstverwaltung.[315] Näher zu untersuchen ist daher, inwieweit die Gläubigerorgane oder ein Gericht bei der Vereinbarung einer kalten Zwangsverwaltung mitzuwirken haben.

I. Mitwirkungserfordernis der Gläubigerorgane?

1. Gläubigerversammlung

Die Gläubiger haben ein gemeinschaftliches Interesse an der bestmöglichen Verwertung des Schuldnervermögens. Aufgabegemäß hat der Insolvenzverwalter die Interessen der Gläubiger nach außen zu wahren. Das Risiko von Fehlentscheidungen des Insolvenzverwalters tragen jedoch letztendlich die Gläubiger.[316] Aus diesem Grund müssen sie auf die Art und Weise der Verwertung der Insolvenzmasse sowie auf den Gang des Insolvenzverfahrens Einfluss haben.[317] Der Gläubigerversammlung stehen daher als zentralem Gläubigerorgan des Insolvenzverfahrens[318] umfangreiche Mitwirkungsbefugnisse zu.

---

314 *BFH*, Urt. v. 28.07.2011 – V R 28/09 = BFHE 235, 22 (31 f.); *Depré/ Lambert*, ZfIR 2012, 1 (9); *Hawelka*, ZfIR 2010, 665 (672). Zum Ausgleichsbetrag siehe Kapitel 3 E.III.1.

315 *Frege*, Der Sonderinsolvenzverwalter, 2008, 1. Teil C. II. 1 Rdnr. 17; *Holzer*, in: Beck/ Depré, Praxis der Insolvenz, 2. Aufl., 2010, § 3 Rdnr. 174 f.

316 *Görg/ Janssen*, in: Münchener Kommentar, InsO, Band 2, 3. Aufl., 2013, § 160 Rdnr. 1.

317 *BT*-Drucks. 12/2443, S. 79 f.; *Holzer*, in: Beck/ Depré, Praxis der Insolvenz, 2. Aufl., 2010, § 3 Rdnr. 174 f.

318 *Holzer*, Entscheidungsträger im Insolvenzverfahren, 3. Aufl., 2004, Rdnr. 704.

Damit die Gläubigerautonomie nicht leerläuft, kann die Gläubigerversammlung den Insolvenzverwalter an bestimmte Entscheidungen binden. Derartige Bindungen erfolgen allerdings nur im Innenverhältnis.[319] Weicht der Insolvenzverwalter von einem Beschluss der Gläubigerversammlung ab, so ist sein Handeln Dritten gegenüber wirksam, § 164 InsO. Er macht sich jedoch gegebenenfalls gegenüber den Gläubigern schadensersatzpflichtig. Es ist daher davon auszugehen, dass sich der Insolvenzverwalter an die ihn bindenden Beschlüsse halten wird. Bindungswirkung haben allerdings nur Beschlüsse, die auf gesetzlich normierten Mitwirkungsbefugnissen der Gläubigerversammlung beruhen.[320]

a) *Zustimmungserfordernis bei besonders bedeutsamen Rechtshandlungen, § 160 InsO*

Ist ein Gläubigerausschuss nicht bestellt, so hat der Insolvenzverwalter bei für das Insolvenzverfahren besonders bedeutsamen Rechtshandlungen die Zustimmung der Gläubigerversammlung einzuholen, § 160 Abs. 1 Satz 1, 2 InsO. Wann eine *besonders bedeutsame* Rechtshandlung im Sinne der Generalklausel vorliegt, ist gesetzlich nicht definiert und im Hinblick auf den jeweiligen Einzelfall auszulegen.[321] Rechtshandlungen sind dann „besonders bedeutsam", wenn durch ihre Vornahme die Befriedigungsaussichten der Gläubiger signifikant beeinträchtigt, ein maßgeblicher Einfluss auf die Sanierungschancen des schuldnerischen Unternehmens genommen oder sonst erheblich von dem durch die Vorschriften der InsO vorgegebenen Verfahrensablauf abgewichen werden soll.[322] Die Rechtshandlung muss mithin für den weiteren Verfahrensverlauf von grundlegender Bedeutung sein oder besondere Risiken in sich bergen.[323]

Nach dem Regelbeispiel des § 160 Abs. 2 Nr. 1 InsO ist insbesondere die freihändige Veräußerung eines Grundstücks zustimmungsbedürftig, da sie

---

319 *Ehrike*, in: Münchener Kommentar, InsO, Band 1, 3. Aufl., 2013, § 76 Rdnr. 31.

320 *Ehrike*, in: Münchener Kommentar, InsO, Band 1, 3. Aufl., 2013, § 76 Rdnr. 31; *Frege/ Keller/ Riedel*, Insolvenzrecht, 8. Aufl., 2015, Teil 3 Kap. 1 Rdnr. 1300; *Laroche*, in: Vallender/ Undritz, Praxis des Insolvenzrechts, 2012, Kap. 2 Rdnr. 190. Zu den gesetzlich normierten Mitwirkungsbefugnissen vgl. die Aufzählung von *Jungmann*, in: K. Schmidt, InsO, 19. Aufl., 2016, § 74 Rdnr. 3.

321 *Esser*, in: Braun, InsO, 6. Auf., 2014, § 160 Rdnr. 7; *Görg/ Janssen*, in: Münchener Kommentar, InsO, Band 2, 3. Aufl., 2013, § 160 Rdnr. 7 ff. m. w. N. zum Meinungsstand.

322 *OLG Köln*, Urt. v. 29.06.2001 – 19 U 199/00 = NZI 2001, 554 (558); *Jungmann*, in: K. Schmidt, InsO, 19. Aufl., 2016, § 160 Rdr. 19.

323 *Andres*, in: Andres/ Leithaus, InsO, 3. Aufl., 2014, § 160 Rdnr. 7; *Zipperer*, in: Uhlenbruck, InsO, 14. Aufl., 2015, § 160 Rdnr. 16 f.

eine grundlegende und nur schwer revidierbare Rechtshandlung darstellt.[324] Es besteht die Gefahr, dass das Grundstück unter Marktwert verschleudert wird.[325] Für die Beantragung einer gerichtlichen Zwangsverwaltung besteht hingegen kein Zustimmungserfordernis.[326]

Nicht anders verhält es sich bei einer kalten Zwangsverwaltung. Um eine Belastung der Insolvenzmasse zu vermeiden, haben die Parteien in der Verwertungsvereinbarung zu regeln, dass die Ausgaben der kalten Zwangsverwaltung aus deren Einnahmen und subsidiär im Falle einer Unterdeckung durch die an der Verwertungsvereinbarung beteiligten Gläubiger zu tragen sind.[327] Bekanntermaßen dürften durch die Vereinbarung einer kalten Zwangsverwaltung die Befriedigungsaussichten der Gläubiger des Insolvenzverfahrens gerade nicht beeinträchtigt werden.[328] Zudem wird bei einer kalten Zwangsverwaltung – wie bei einer gerichtlich angeordneten Zwangsverwaltung und eben anders als bei einer freihändigen Veräußerung – nicht auf die Substanz des Grundstücks zugegriffen. Die Vereinbarung einer kalten Zwangsverwaltung stellt als solches aus wirtschaftlicher Sicht für die Insolvenzmasse daher weder eine Belastung noch eine grundlegende Weichenstellung dar.[329] Abhängig vom konkreten Einzelfall kann es sich hinsichtlich Einzelmaßnahmen im Rahmen einer kalten Zwangsverwaltung hingegen anders darstellen, wenn z. B. umfassende Bauvorhaben geplant sind, die zu einer grundlegenden Weichenstellung führen können.[330]

---

324 *Esser*, in: Braun, InsO, 6. Aufl., 2014, § 160 Rdnr. 10.

325 *Balthasar*, in: Nerlich/ Römermann, InsO, 29. EL, 2016, § 160 Rdnr. 35; *Görg/ Janssen*, in: Münchener Kommentar, InsO, Band 2, 3. Aufl., 2013, § 160 Rdnr. 18. Bei einer öffentlichen Versteigerung wird hingegen die Realisierung des Marktwertes grundsätzlich gewährleistet. Es besteht daher kein Zustimmungserfordernis, vgl. *Andres*, in: Andres/ Leithaus, InsO, 3. Aufl., 2014, § 160 Rdnr. 8; *Balthasar*, in: Nerlich/ Römermann, InsO, 29. EL, 2016, § 160 Rdnr. 36; *Görg/ Janssen*, in: Münchener Kommentar, InsO, Band 2, 3. Aufl., 2013, § 160 Rdnr. 18.

326 *Jungmann,* in: K. Schmidt, InsO, 19. Aufl., 2016, § 160 Rdr. 27.

327 Siehe hierzu ausführlich Kapitel 3 E.II.

328 Siehe hierzu ausführlich Kapitel 2 C.III.2.b).

329 *A. A. Cranshaw* (ZfIR 2013, 393 (395)), der die Zustimmung der Gläubigerversammlung oder des Gläubigerausschusses aufgrund der Bedeutung der Angelegenheit für erforderlich hält.

330 Siehe hierzu Kapitel 5 B.I.2.

b) Zustimmungserfordernis aufgrund „ungeschriebener" Kompetenzen?

Auch ohne ein gesetzlich verankertes Mitwirkungserfordernis kann sich die Gläubigerversammlung nach *wohl h. M.*[331] grundsätzlich zu sämtlichen Bereichen der Verfahrensabwicklung äußern; so auch zur Vereinbarung einer kalten Zwangsverwaltung. Beschlüsse auf Grundlage von „ungeschriebenen" Kompetenzen stellen allerdings nur Empfehlungen dar, die den Insolvenzverwalter bei seiner Entscheidung nicht binden.[332]

2. Gläubigerausschuss

Die Frage nach einem Mitwirkungserfordernis des Gläubigerausschusses stellt sich nur in denjenigen Verfahren, in denen ein Gläubigerausschuss überhaupt eingesetzt wurde (vgl. § 67 Abs. 1 InsO).

a) Zustimmungserfordernis bei besonders bedeutsamen Rechtshandlungen, § 160 InsO

Da es sich bei der Vereinbarung einer kalten Zwangsverwaltung nach hier vertretener Ansicht nicht um eine besonders bedeutsame Rechtshandlung i. S. v. § 160 InsO handelt,[333] ist insoweit auch keine Zustimmung des Gläubigerausschusses erforderlich.

b) Zustimmungserfordernis aufgrund der Unterstützungs- und Überwachungspflicht, § 69 InsO?

Ein derartiges Zustimmungserfordernis des Gläubigerausschusses folgt auch nicht aus § 69 InsO, wonach die Mitglieder des Gläubigerausschusses den Insolvenzverwalter bei seiner Geschäftsführung zu unterstützen und zu überwachen haben. § 69 InsO enthält lediglich eine allgemeine Aufgabenzuweisung.[334] Die

---

331 Nach *a. A.* existieren neben den abschließend normierten gesetzlichen Rechten und Pflichten keine „ungeschriebenen" Kompetenzen der Gläubigerversammlung, vgl. hierzu *Jungmann*, in: K. Schmidt, InsO, 19. Aufl., 2016, § 74 Rdnr. 4. Zu den „ungeschriebenen" Kompetenzen der Gläubigerversammlung ausführlich *Pape*, NZI 2006, 65 ff. m. w. N.

332 *Ehrike*, in: Münchener Kommentar, InsO, Band 1, 3. Aufl., 2013, § 76 Rdnr. 31; *Frege/ Keller/ Riedel*, Insolvenzrecht, 8. Aufl., 2015, Teil 3 Kap. 1 Rdnr. 1300; *Gerhardt*, in: Jaeger, InsO, Band 2, 1. Aufl., 2007, § 74 Rdnr. 11; *Laroche*, in: Vallender/ Undritz, Praxis des Insolvenzrechts, 2012, Kap. 2 Rdnr. 190; *Pape*, NZI 2006, 65 (69).

333 Siehe hierzu Kapitel 2 E.I.1.a).

334 *Gerhardt*, in: Jaeger, InsO, Band 2, 1. Aufl., 2007, § 69 Rdnr. 8; *Schmid-Burgk*, in: Münchener Kommentar, InsO, Band 1, 3. Aufl., 2013, § 69 Rdnr. 13.

einzelnen Kompetenzen des Gläubigerausschusses sind in speziellen Normen innerhalb der InsO geregelt. Aus diesen speziellen Normen ergibt sich ausdrücklich, ob der Insolvenzverwalter für einzelne Handlungen die Zustimmung des Gläubigerausschusses benötigt oder nicht (z. B. § 160 InsO).[335] Ein Rückgriff auf die allgemeine Aufgabenzuweisungsnorm des § 69 InsO würde die Systematik der InsO und das ausdifferenzierte System der Mitwirkungserfordernisse des Gläubigerausschusses unterlaufen.

3. Fazit

Nach den insolvenzrechtlichen Regelungen ist der Insolvenzverwalter nicht verpflichtet, die Zustimmung der Gläubigerversammlung oder eines etwaig eingesetzten Gläubigerausschusses einzuholen, bevor er eine kalte Zwangsverwaltung vereinbart.

II. Mitwirkungserfordernis des zuständigen Gerichts?

In Deutschland obliegt dem Staat das Gewaltmonopol.[336] Dem Einzelnen ist es nicht gestattet, seine Rechtspositionen gegen den Willen des Betroffenen ohne die Inanspruchnahme staatlicher Hilfe durchzusetzen. Als Kernelement des Rechtsstaates hat der einzelne Bürger einen Anspruch gegen den Staat auf umfassenden Rechtsschutz in allen Bereichen rechtlicher Betroffenheit.[337] Die Rechtsverwirklichung erfolgt grundsätzlich durch Einzelzwangs- oder Gesamtvollstreckung.

Der Gesetzgeber hat sowohl die Durchführung des gerichtlichen Zwangsverwaltungs- als auch des Insolvenzverfahrens jeweils auf einen Verwalter übertragen, der als Organ der Rechtspflege kein öffentliches, sondern ein privates Amt ausübt.[338] Zum Schutz des Eigentums der Gläubiger und des Schuldners muss der Staat dann Personen, die er als Verwalter fremden Vermögens einsetzt, überwachen; die Wahrnehmungspflicht des Staates verwandelt sich insoweit also grundsätzlich in eine Aufsichtspflicht.[339] Nachfolgend soll untersucht werden, ob

---

335 *Schmid-Burgk*, in: Münchener Kommentar, InsO, Band 1, 3. Aufl., 2013, § 69 Rdnr. 13.

336 *Stürner*, in: Münchener Kommentar, InsO, Band 1, 3. Aufl., 2013, Einl. Rdnr. 77.

337 *Schilken*, Gerichtsverfassungsrecht, 3. Aufl., 2003, § 6 Rdnr. 86.

338 Für den Insolvenzverwalter: siehe Fn. 261, 262. Für den Zwangsverwalter: *BGH*, Urt. v. 05.02.2009 – IX ZR 21/07 = BGHZ 179, 336 (339); *Brox/ Walker*, Zwangsvollstreckungsrecht, 10. Aufl., 2014, § 32 Rdnr. 1011; *Stöber*, ZVG, 21. Aufl., 2016, § 152 Rdnr. 2 m. w. N. zum Theorienstreit.

339 *BVerfG*, Beschl. v. 28.07.1992 – 1 BvR 859/92 = NJW 1993, 513 (513, zu § 83 KO); *BGH*, Beschl. v. 09.01.1995 – NotZ 29/93 = NJW-RR 1995, 625 (625); *Graeber*, in:

die jeweils zuständigen Gerichte als Teil ihrer Aufsichtspflicht bei der Vereinbarung einer kalten Zwangsverwaltung mitwirken müssen.

1. *Vollstreckungsgericht*

Der Zwangsverwalter untersteht nach § 153 Abs. 1 ZVG der Aufsicht des Vollstreckungsgerichts, um die ordnungsgemäße Durchführung des Verwaltungsverfahrens sicherzustellen und die berechtigten Interessen von Gläubigern und Schuldnern zu wahren.[340] Für rechtlich besonders bedeutsame oder folgenintensive Maßnahmen benötigt der Zwangsverwalter die vorherige Zustimmung des Vollstreckungsgerichts, § 152a ZVG i. V. m. § 10 ZwVwV.[341,342] Das Vollstreckungsgericht wird jedoch nur bei einem entsprechenden Antrag auf Anordnung der gerichtlichen Zwangsverwaltung tätig, § 146 Abs. 1, § 15 ZVG bzw. § 172 ZVG. Ein solcher Antrag soll bei Durchführung einer kalten Zwangsverwaltung jedoch gerade vermieden werden.[343] Das Vollstreckungsgericht ist mithin bei einer kalten Zwangsverwaltung nicht involviert.

2. *Insolvenzgericht*

Dem Insolvenzgericht obliegen die Grundentscheidungen über die Verfahrenseröffnung und die Verfahrensbeendigung sowie die allgemeine Verfahrensleitung.[344] Es hat eine ordnungsgemäße Durchführung des Insolvenzverfahrens zum Schutz der Gläubiger- und Schuldnerinteressen und zur Wahrung des

---

Münchener Kommentar, InsO, Band 1, 3. Aufl., 2013, § 58 Rdnr. 1, 8; *Ley*, in: Beck/ Depré, Praxis der Insolvenz, 2. Aufl., 2010, § 8 Rdnr. 2, 6; *Preuß*, Zivilrechtspflege durch externe Funktionsträger, 2005, S. 324; *Vallender*, in: Uhlenbruck, InsO, 14. Aufl., 2015, § 58 Rdnr. 1; *Zimmer*, in: Bork/ Hölzle, Handbuch Insolvenzrecht, 1. Aufl., 2014, Kap. 5 Rdnr. 50.

340 *Engels*, in: Dassler/ Schiffhauer, ZVG, 14. Aufl., 2013, § 153 Rdnr. 1; *Haarmeyer/ Wutzke/ Förster/ Hintzen*, Zwangsverwaltung, 5. Aufl., 2011, § 1 ZwVwV Rdnr. 22; *Stöber*, ZVG, 21. Aufl., 2016, § 153 Rdnr. 1.

341 Zwangsverwalterverordnung (ZwVwV) v. 19.12.2003, BGBl. I Nr. 64 v. 24.12.2003, S. 2804 aufgrund von § 152a ZVG. Die Verweisungsnorm § 152a ZVG wird im Folgenden nicht zitiert.

342 *BR*-Drucks. 842/03, S. 13 (zu § 10 ZwVwV).

343 Siehe hierzu ausführlich Kapitel 3 F.III.

344 *Ehricke*, in: Münchener Kommentar, InsO, Band 1, 3. Aufl., 2013, § 74 Rdnr. 2; *Frege/ Keller/ Riedel*, Insolvenzrecht, 8. Aufl., 2015, Teil 3 Kap. 1 Rdnr. 805; *Ley*, in: Beck/ Depré, Praxis der Insolvenz, 2. Aufl., 2010, § 8 Rdnr. 2.

öffentlichen Interesses sowie der unabhängigen Stellung des Insolvenzverwalters gegenüber den Verfahrensbeteiligten sicherzustellen.[345]

Der Insolvenzverwalter untersteht der Aufsicht des Insolvenzgerichts, § 58 Abs. 1 Satz 1 InsO. Die insolvenzgerichtliche Aufsicht erstreckt sich auf die gesamte Geschäftsführung des Insolvenzverwalters.[346] Der Gesetzgeber geht allerdings davon aus, dass die Aufsicht als Kontrollmaßnahme nicht immer ausreichend ist. Er hat daher ein Mitwirkungserfordernis des Insolvenzgerichts in bestimmten Situationen ausdrücklich vorgesehen, so z. B. in § 78 Abs. 1 InsO (Aufhebung eines Beschlusses der Gläubigerversammlung auf Antrag), § 177 Abs. 1 Satz 2 InsO (Mitwirkung bei nachträglicher Forderungsanmeldung), § 235 Abs. 1 InsO (Bestimmung eines Erörterungs- und Abstimmungstermins über den Insolvenzplan) und § 248 Abs. 1 InsO (gerichtliche Bestätigung eines Insolvenzplans).[347]

Bei der kalten Zwangsverwaltung besteht die Sondersituation, dass es sich um ein gesetzlich nicht normiertes Rechtsinstitut handelt. Die fehlende gesetzliche Regelung ist daher von vornherein noch kein Argument gegen ein Mitwirkungserfordernis des Insolvenzgerichts. Dessen Mitwirkung scheidet indes aus anderen Gründen regelmäßig aus:

Der Insolvenzverwalter entscheidet im Rahmen seines pflichtgemäßen Ermessens selbständig über die Wirtschaftlichkeit und Zweckmäßigkeit seiner Entscheidungen.[348] Einzelmaßnahmen des Insolvenzverwalters, insbesondere

345 *Frege*, in: Ebke/ Seagon/ Blatz, Insolvenzrecht 2.020 Perspektiven und Visionen, 1. Aufl., 2014, S. 49 (68); *Graeber*, in: Münchener Kommentar, InsO, Band 1, 3. Aufl., 2013, § 58 Rdnr. 2.

346 *Gerhardt*, in: Jaeger, InsO, Band 2, 1. Aufl., 2007, § 58 Rdnr. 18; *Graeber*, in: Münchener Kommentar, InsO, Band 1, 3. Aufl., 2013, § 58 Rdnr. 13; *Ley*, in: Beck/ Depré, Praxis der Insolvenz, 2. Aufl., 2010, § 8 Rdnr. 72; *Naumann*, Die Aufsicht des Insolvenzgerichts über den Insolvenzverwalter, in: Kölner Schrift zur Insolvenzordnung, 2. Aufl., 2000, S. 431 (438).

347 *Blümle*, in: Braun, InsO, 6. Aufl., 2014, § 58 Rdnr. 4.

348 *Frege/ Keller/ Riedel*, Insolvenzrecht, 8. Aufl., 2015, Teil 3 Kap. 1 Rdnr. 811; *Ley*, in: Beck/ Depré, Praxis der Insolvenz, 2. Aufl., 2010, § 8 Rdnr. 6, 66; *Preuß*, Zivilrechtspflege durch externe Funktionsträger, 2005, S. 325. Nach der Begründung zur KO (§ 58 Abs. 1 Satz 1 InsO entspricht § 83 KO) hat das Gericht „niemals die Zweckmäßigkeit, sondern nur die Pflichtwidrigkeit der Handlungen oder Unterlassungen des Verwalters zu prüfen", vgl. *Hahn*, Die gesamten Materialien zu den Reichs-Justizgesetzen, Band 4, 1983, A. c. I. 2. Buch, 1. Titel, Begründung zu §§ 70–78 KO-E, S. 281. *A. A.* wohl *Gerhardt* (in: Jaeger, InsO, Band 2, 1. Aufl., 2007, § 58 Rdnr. 7), nach welchem das Gericht zwar grundsätzlich eine Zweckmäßigkeitskontrolle durchführt,

Verwertungsgeschäfte, unterliegen keiner *Zweckmäßigkeits*kontrolle.[349] Das Insolvenzgericht kann nicht bestimmen, ob und wie ein bestimmter Gegenstand der Insolvenzmasse verwertet wird.[350] Es überwacht lediglich die Einhaltung von Recht und Gesetz im Sinne einer *Rechtmäßigkeits*kontrolle.[351] Steht eine bestimmte Tätigkeit des Insolvenzverwalters in eklatantem Widerspruch zum Zweck des Insolvenzverfahrens und den Gläubigerinteressen, so kann das Insolvenzgericht dem Insolvenzverwalter die Vornahme dieser Tätigkeit untersagen.[352] Nimmt der Insolvenzverwalter sie dennoch vor, ist sie als solche wirksam; er selbst ist jedoch gegenüber den Gläubigern haftbar.[353]

3. *Fazit*

Der Insolvenzverwalter untersteht zwar der Aufsicht des Insolvenzgerichts, seine Verwertungsentscheidungen trifft er jedoch selbständig und ohne eine gerichtliche Zweckmäßigkeitskontrolle. Für die Entscheidung über die Durchführung einer kalten Zwangsverwaltung besteht seitens des Insolvenzgerichts kein Mitwirkungserfordernis.

---

allerdings nicht von Einzelmaßnahmen („(…), das Gericht hat gerade auch die wirtschaftliche Zweckmäßigkeit der Handlungen des Verwalters zu überwachen.“; „(…) keine Zweckmäßigkeitskontrolle von Einzelmaßnahmen, insbesondere von Verwertungsgeschäften und Entscheidungen über die Unternehmensfortführung, (…)“).

349 *Blümle,* in: Braun, InsO, 6. Aufl., 2014, § 58 Rdnr. 4; *Graeber*, in: Münchener Kommentar, InsO, Band 1, 3. Aufl., 2013, § 58 Rdnr. 20.

350 *Gerhardt*, in: Jaeger, InsO, Band 2, 1. Aufl., 2007, § 58 Rdnr. 13; *Keller*, NZI 2009, 633 (633 f.).

351 *RG*, Urt. v. 30.05.1892 – VI 336/91 = RGZ 29, 80 (83); *OLG Stuttgart*, Urt. v. 09.05.2007 – 4 U 204/06 = NZI 2008, 102 (104); *Frege/ Keller/ Riedel*, Insolvenzrecht, 8. Aufl., 2015, Teil 3 Kap. 1 Rdnr. 811; *Graeber*, in: Münchener Kommentar, InsO, Band 1, 3. Aufl., 2013, § 58 Rdnr. 20; *Ley*, in: Beck/ Depré, Praxis der Insolvenz, 2. Aufl., 2010, § 8 Rdnr. 66 f.; *Naumann*, Die Aufsicht des Insolvenzgerichts über den Insolvenzverwalter, in: Kölner Schrift zur Insolvenzordnung, 2. Aufl., 2000, S. 431 (443); *Ries*, in: K. Schmidt, InsO, 19. Aufl., 2016, § 58 Rdnr. 3.

352 *Frege*, in: Ebke/ Seagon/ Blatz, Insolvenzrecht 2.020 Perspektiven und Visionen, 1. Aufl., 2014, S. 49 (62); *Frege/ Keller/ Riedel*, Insolvenzrecht, 8. Aufl., 2015, Teil 3 Kap. 1 Rdnr. 810a; *Graeber,* in: Münchener Kommentar, InsO, Band 1, 3. Aufl., 2013, § 58 Rdnr. 40 f.

353 *Frege/ Keller/ Riedel*, Insolvenzrecht, 8. Aufl., 2015, Teil 3 Kap. 1 Rdnr. 810a; *Graeber,* in: Münchener Kommentar, InsO, Band 1, 3. Aufl., 2013, § 58 Rdnr. 43.

Kapitel 3 Inhaltliche Ausgestaltung der Verwertungsvereinbarung

Gerade bei Vereinbarungen im Hinblick auf gesetzlich nicht geregelte Rechtsinstitute wie dasjenige der kalten Zwangsverwaltung sollten die Parteien möglichst weitreichende Regelungen treffen, um Unklarheiten und Konfliktpotential zu vermeiden. Schuldrechtliche Verträge müssen mindestens die wesentlichen Vertragsbestimmungen (*essentialia negotii*) enthalten, da es für sie – anders als für die sonstigen allgemeinen Vertragsbestimmungen – kein ergänzendes Gesetzesrecht gibt.[354]

Vor diesem Hintergrund widmet sich dieses Kapitel der inhaltlichen Ausgestaltung von Vereinbarungen über die Durchführung einer kalten Zwangsverwaltung.

A. Parteien der Verwertungsvereinbarung

Schuldrechtliche Verträge[355] binden nur die jeweiligen Vertragsparteien. Eine kalte Zwangsverwaltung kann nur dann ungestört durchgeführt werden, wenn sämtliche Personen, die deren Durchführung beeinträchtigen oder verhindern könnten, beteiligt werden. Im Folgenden wird untersucht, wer auf Seiten der Gläubiger zu beteiligen ist und wie diese „Beteiligung" ausgestaltet sein kann. Zudem wird auf die Stellung des Insolvenzverwalters als Verwalter der Insolvenzmasse eingegangen.

I. Auf Gläubigerseite

Der Insolvenzverwalter verliert durch die Anordnung eines gerichtlichen Zwangsverwaltungsverfahrens seine Verwaltungs- und Benutzungsbefugnis hinsichtlich des in Beschlag genommenen Grundstücks vollständig an den Zwangsverwalter, § 148 Abs. 2, § 152 Abs. 1 ZVG.[356] Eine Bewirtschaftung des Grundstücks und damit die Durchführung einer kalten Zwangsverwaltung sind dem Insolvenzverwalter ab diesem Zeitpunkt nicht mehr möglich. Bei Anordnung eines Zwangsversteigerungsverfahrens verbleibt dem Insolvenzverwalter

---

354 *Medicus/ Petersen*, Grundwissen zum Bürgerlichen Recht, 10. Aufl., 2014, § 5 Rdnr. 56.

355 Zum Rechtscharakter der Verwertungsvereinbarung siehe Kapitel 2 D.

356 Siehe hierzu ausführlich Kapitel 1 A.II.2.b)aa).

zwar die Verwaltungs- und Benutzungsbefugnis, er ist jedoch in seinem Handlungs- und Entscheidungsspielraum beschränkt.[357]

Entscheidend ist daher, welche Gläubiger durch die Eröffnung eines Insolvenzverfahrens ausnahmsweise keinem automatischen Verwertungsverbot unterworfen werden, sondern weiterhin die Durchführung eines gerichtlichen Zwangsverwaltungs- und / oder Zwangsversteigerungsverfahrens beantragen und damit die Durchführung einer kalten Zwangsverwaltung beeinträchtigen können.

1. Einzelne Gläubigergruppen

a) Absonderungsberechtigte Gläubiger

Sämtliche absonderungsberechtigten Gläubiger können einen Antrag auf Durchführung eines gerichtlichen Zwangsverwaltungs- und / oder Zwangsversteigerungsverfahrens auch noch nach Eröffnung des Insolvenzverfahrens stellen. Selbst für nachrangige absonderungsberechtigte Gläubiger entfällt das Rechtsschutzinteresse für eine Antragsberechtigung nicht dadurch, dass eine Befriedigung aufgrund der wertausschöpfenden Belastung des Grundstücks aussichtslos erscheint.[358] Zu Beginn der Zwangsvollstreckung lässt sich regelmäßig nicht sicher beurteilen, ob der die Zwangsvollstreckung betreibende Gläubiger tatsächlich an aussichtsloser Rangstelle steht.[359] Vorrangige Grundstücksbelastungen können sich im Laufe des Vollstreckungsverfahrens ändern, gegebenenfalls werden auch die Versteigerungsbedingungen bei der Zwangsversteigerung geändert, § 59 ZVG.[360] Dem Vollstreckungsgericht ist es daher im formalisierten Zwangsvollstreckungsverfahren nicht zuzumuten, die Befriedigungsaussichten des beantragenden Gläubigers zu prüfen.[361]

---

357 Siehe hierzu Kapitel 4 B.

358 *BGH*, Beschl. v. 30.01.2004 – IXa ZB 233/03 = WM 2004, 646 (647). Ein gesetzliches Verbot der zwecklosen Pfändung existiert bei der Vollstreckung in das unbewegliche Vermögen nicht. § 803 Abs. 2 ZPO ist weder direkt noch analog anwendbar, vgl. zur ausführlichen Begründung *BGH*, Beschl. v. 18.07.2002 – IX ZB 26/02 = BGHZ 151, 384 (386 f.); *ders.*, Beschl. v. 30.01.2004 – IXa ZB 233/03 = WM 2004, 646 (647); *ders.*, Urt. v. 30.04.2015 – IX ZR 301/13 = WM 2015, 1067 (1068); *Sievers*, in: Kindl/ Meller-Hannich/ Wolf, Gesamtes Recht der Zwangsvollstreckung, 3. Aufl., 2016, § 15 ZVG Rdnr. 37.

359 *BGH*, Beschl. v. 30.01.2004 – IXa ZB 233/03 = WM 2004, 646 (647).

360 *BGH*, Beschl. v. 30.01.2004 – IXa ZB 233/03 = WM 2004, 646 (647).

361 *BGH*, Beschl. v. 30.01.2004 – IXa ZB 233/03 = WM 2004, 646 (647).

b) *Massegläubiger*

Auch Massegläubiger sind im eröffneten Insolvenzverfahren berechtigt, ihre Ansprüche durch Zwangsvollstreckung in das unbewegliche Vermögen des Insolvenzschuldners zu befriedigen.[362] Zu beachten sind hierbei allerdings gesetzliche Vollstreckungsverbote wie das auf die Dauer von sechs Monaten ab Eröffnung des Insolvenzverfahrens begrenzte Vollstreckungsverbot für Masseverbindlichkeiten, die nicht durch Rechtshandlungen des Insolvenzverwalters begründet worden sind (§ 90 InsO), oder im Falle der Anzeige von Masseunzulänglichkeit (§ 210 InsO).

c) *Insolvenzgläubiger*

Hingegen sind Insolvenzgläubiger während der Dauer eines Insolvenzverfahrens nicht berechtigt, Vollstreckungsmaßnahmen durchzuführen. Sie unterliegen einem Vollstreckungsverbot, § 89 Abs. 1 InsO. Von den Insolvenzgläubigern geht folglich kein entsprechendes Risiko für die Beantragung eines gerichtlichen Zwangsverwaltungs- und / oder Zwangsversteigerungsverfahrens aus.

2. *Art der „Beteiligung"*

Da seitens sämtlicher absonderungsberechtigter Gläubiger[363] sowie seitens der Massegläubiger[364] die Gefahr der Beantragung eines Zwangsvollstreckungsverfahrens in das unbewegliche Vermögen des Insolvenzschuldners besteht, ist fraglich, ob und wenn ja, wie derartige Beantragungen verhindert werden können.

a) *Einbeziehung in die Verwertungsvereinbarung als Partei*

Eine denkbare Möglichkeit wäre die Einbeziehung sämtlicher Massegläubiger und absonderungsberechtigten Gläubiger in die Verwertungsvereinbarung als Partei. Je mehr Personen jedoch an einer Vereinbarung zu beteiligen sind, desto mehr Interessen müssen berücksichtigt, koordiniert und in Einklang gebracht werden. Dies kann zu Schwierigkeiten und Verzögerungen bei Verhandlungen über und bei dem Abschluss von Verwertungsvereinbarungen sowie etwaigen Änderungsvereinbarungen führen. Ausgehend von diesen Schwierigkeiten wird nachfolgend die Möglichkeit der Einbeziehung als Partei für die jeweilige Gläubigergruppe erörtert.

---

362 *Ganter*, in: Münchener Kommentar, InsO, Band 1, 3. Aufl., 2013, § 49 Rdnr. 76a.

363 Siehe Kapitel 3 A.I.1.a).

364 Siehe Kapitel 3 A.I.1.b).

aa) Massegläubiger

Problematisch ist die Einbeziehung als Partei insbesondere hinsichtlich der Massegläubiger. Masseverbindlichkeiten entstehen während des Insolvenzverfahrens fortlaufend neu. Die Anzahl der zu beteiligenden Personen ist daher im Vorfeld nicht abschließend absehbar. Die Verwertungsvereinbarung müsste ständig unter Mitwirkung sämtlicher Parteien sowie des jeweils neuen Massegläubigers angepasst werden, was keine zuverlässige und praxistaugliche Vorgehensweise darstellt.

bb) Erstrangiger Grundpfandrechtsgläubiger

Anders als bei Massegläubigern sind Grundpfandrechtsgläubiger bereits zu Beginn des Insolvenzverfahrens aus dem Grundbuch ersichtlich. Die vorstehend dargestellten praktischen Beschwernisse bestehen folglich nicht. Ohne die Mitwirkung des erstrangigen Grundpfandrechtsgläubigers ist die Vereinbarung einer kalten Zwangsverwaltung nicht denkbar. Ein erstrangiger Grundpfandrechtsgläubiger muss Partei der Verwertungsvereinbarung sein.[365]

cc) Nachrangige Grundpfandrechtsgläubiger

Nach *Cranshaw* handelt es sich bei der kalten Zwangsverwaltung um eine

> „rechtsgeschäftliche Vereinbarung des Insolvenzverwalters mit dem (erstrangigen) Grundpfandrechtsgläubiger".[366]

Diese Formulierung lässt sich dahingehend verstehen, dass eine Vereinbarung nur mit dem erstrangigen Grundpfandrechtsgläubiger ausreichend ist. Dem ist jedoch nicht so. Da auch nachrangigen Grundpfandrechtsgläubigern ein entsprechendes Antragsrecht auf Durchführung eines gerichtlichen Zwangsverwaltungs- und / oder Zwangsversteigerungsverfahrens zusteht,[367] sind auch sie grundsätzlich[368] als Partei in die Verwertungsvereinbarung miteinzubeziehen.[369] Aus dem Grundbuch sind sämtliche Grundpfandrechtsgläubiger ersichtlich, deren Anzahl sich regelmäßig in überschaubaren Grenzen hält.

---

365 Siehe hierzu Einleitung A.

366 *Cranshaw*, ZfIR 2013, 393 (394).

367 Siehe hierzu vorstehend Kapitel 3 A.1.a).

368 Zum Abschluss von separaten vollstreckungsbeschränkenden Vereinbarungen siehe nachfolgend Kapitel 3 A.I.2.b)bb).

369 *Bork*, ZIP 2013, 2129 (2133); *Keller*, NZI 2013, 265 (268); *Molitor*, ZInsO 2011, 1486 (1487); *Obermüller*, Insolvenzrecht in der Bankpraxis, 8. Aufl., 2011, Rdnr. 6.944; im Ergebnis wohl auch *Tetzlaff*, in: Lwowski/ Fischer/ Langenbucher, Das Recht der

dd) Sonstige absonderungsberechtigten Gläubiger

Die *Ansicht*, dass derartige Verwertungsvereinbarungen lediglich mit dem / den Grundpfandrechtsgläubiger(n) abzuschließen sind, ist abzulehnen.[370] Da auch die sonstigen absonderungsberechtigten Gläubiger ein entsprechendes Antragsrecht haben, sind auch sie grundsätzlich[371] als Partei in die Verwertungsvereinbarung einzubeziehen.[372]

b) Abschluss von separaten vollstreckungsbeschränkenden Vereinbarungen[373]

Um die Anordnung eines gerichtlichen Zwangsverwaltungs- und / oder Zwangsversteigerungsverfahren zu vermeiden, könnte der Insolvenzverwalter mit den betreffenden Gläubigern auch vereinbaren, dass diese für die Dauer der kalten Zwangsverwaltung auf die Beantragung von Zwangsvollstreckungsmaßnahmen

---

Kreditsicherung, 9. Aufl., 2011, § 6 Rdnr. 26. Kritisch zur Vereinbarung einer kalten Zwangsverwaltung bei mehreren Grundpfandrechtsgläubigern hingegen *Kühne*, in: Haarmeyer/ Pape/ Stephan/ Nickert, Formular-Kommentar Insolvenzrecht, 3. Aufl., 2016, Teil 10 Muster 9 Rdnr. 74.

370 So jedoch *Cranshaw*, ZfIR 2013, 393 (394, „rechtsgeschäftliche Vereinbarung des Insolvenzverwalters mit dem (erstrangigen) Grundpfandrechtsgläubiger"); *Ganter*, in: Münchener Kommentar, InsO, Band 1, 3. Aufl., 2013, Vorb. vor §§ 49–52 Rdnr. 100 („aufgrund einer Vereinbarung mit dem Grundpfandrechtsgläubiger"); *Haarmeyer/ Wutzke/ Förster*, Handbuch der vorläufigen Insolvenzverwaltung, 1. Aufl., 2011, § 14 Rdnr. 61 („mit den Grundpfandrechtsgläubigern"); *Heublein*, in: Beck'scher Online-Kommentar Mietrecht, 3. Edition, 2016, Lexikon, Insolvenz einschl. Verfahren, Kap. C Rdnr. 81 („Vereinbarung zwischen dem Insolvenzverwalter und dem oder den Grundpfandgläubigern"); *Raab*, DZWIR 2006, 234 (234, „zwischen Insolvenzverwaltung und Grundpfandrechtsgläubigerin").

371 Zum Abschluss von separaten vollstreckungsbeschränkenden Vereinbarungen siehe nachfolgend Kapitel 3 A.I.2.b)cc).

372 *Becker*, ZInsO 2013, 2532 (2534, „Geschäftsbesorgungsvertrag zwischen Insolvenzverwalter und sämtlichen absonderungsberechtigten Gläubigern"); *Eckardt*, Grundpfandrechte im Insolvenzverfahren, 14. Aufl., 2014, E. Rdnr. 412 („privatautonome Verwaltungsvereinbarung zwischen dem Insolvenzverwalter und dem Inhaber des erstrangigen Grundpfandrechts (bzw. *allen* dinglich befriedigungsberechtigten Gläubigern)"); *Keller*, NZI 2013, 265 (267 f., „Geschäftsbesorgung zwischen dem Insolvenzverwalter und sämtlichen Absonderungsberechtigten" sowie „alle Absonderungsberechtigten einzubeziehen"); *Molitor*, ZInsO 2011, 1486 (1487, „bei Vorhandensein weiterer absonderungsberechtigter Gläubiger (...) sind diese zu integrieren").

373 Entsprechendes gilt bei Abgabe einer einseitigen Erklärung seitens des Gläubigers, vgl. *Bendtsen*, in: Kindl/ Meller-Hannich/ Wolf, Gesamtes Recht der Zwangsvollstreckung, 3. Aufl., 2016, § 843 Rdnr. 4.

verzichten. Auf diese Weise könnte der Insolvenzverwalter die Anzahl der an der Verwertungsvereinbarung zu beteiligenden Personen reduzieren.

Die Zulässigkeit derartiger vollstreckungsbeschränkender Vereinbarungen ist allgemein anerkannt.[374] Der jeweilige Gläubiger ist „Herr des Vollstreckungsverfahrens".[375] Es unterliegt seiner Disposition, ob, wann und wie er Befriedigung sucht.[376] Der Gläubiger kann daher mit dem Insolvenzverwalter etwa vereinbaren, dass er verpflichtet ist, von einem erwirkten Titel ganz oder teilweise keinen Gebrauch zu machen.[377] Auch können sie etwaige Zwangsvollstreckungsmaßnahmen zeitlich, gegenständlich oder nur auf bestimmte Zwangsvollstreckungsmaßnahmen beschränken,[378] indem sich z. B. der Gläubiger verpflichtet, erst zu einem späteren Zeitpunkt zu vollstrecken[379] oder der Beginn der Zwangsvollstreckung von bestimmten Bedingungen abhängig gemacht wird.[380]

Um den jeweiligen Gläubiger davon abzuhalten, entgegen der Vereinbarung dennoch einen entsprechenden Antrag zu stellen, könnten die Parteien zudem

---

374 *BGH*, Urt. v. 11.12.1967 – III ZR 115/67 = NJW 1968, 700 (700); *OLG Frankfurt am Main*, Beschl. v. 09.09.1980 – 20 W 387/80 = OLGZ 1981, 112 (113); *OLG Hamm*, Beschl. v. 07.02.1977 – 14 W 92/76 = MDR 1977, 675 (675); *Emmerich*, ZZP 82 (1969), 413 (429); *Seiler*, in: Thomas/ Putzo, ZPO, 37. Aufl., 2016, § 766 Rdnr. 24.

375 *Brox/ Walker*, Zwangsvollstreckungsrecht, 10. Aufl., 2014, § 10 Rdnr. 201; *Gaul/ Schilken/ Becker-Eberhard*, Zwangsvollstreckungsrecht, 12. Aufl., 2010, § 33 Rdnr. 35; *Schuschke*, in: Schuschke/ Walker, Vollstreckung und Vorläufiger Rechtsschutz, 6. Aufl., 2016, Einf. Buch 8 Rdnr. 10.

376 *Emmerich*, ZZP 82 (1969), 413 (429); *Gaul/ Schilken/ Becker-Eberhard*, Zwangsvollstreckungsrecht, 12. Aufl., 2010, § 33 Rdnr. 14, 35.

377 *BGH*, Urt. v. 02.04.1991 – VI ZR 241/90 = NJW 1991, 2295 (2296); *Brox/ Walker*, Zwangsvollstreckungsrecht, 10. Aufl., 2014, § 10 Rdnr. 202; *Gaul/ Schilken/ Becker-Eberhard*, Zwangsvollstreckungsrecht, 12. Aufl., 2010, § 33 Rdnr. 36; *Schuschke*, in: Schuschke/ Walker, Vollstreckung und Vorläufiger Rechtsschutz, 6. Aufl., 2016, Einf. Buch 8 Rdnr. 11.

378 *BGH*, Urt. v. 11.12.1967 – III ZR 115/67 = NJW 1968, 700 (700); *Emmerich*, ZZP 82 (1969), 413 (414); *Gaul/ Schilken/ Becker-Eberhard*, Zwangsvollstreckungsrecht, 12. Aufl., 2010, § 33 Rdnr. 38; *Schuschke*, in: Schuschke/ Walker, Vollstreckung und Vorläufiger Rechtsschutz, 6. Aufl., 2016, Einf. Buch 8 Rdnr. 11.

379 *OLG Hamm*, Beschl. v. 07.02.1977 – 14 W 92/76 = MDR 1977, 675 (675); *Gaul/ Schilken/ Becker-Eberhard*, Zwangsvollstreckungsrecht, 12. Aufl., 2010, § 33 Rdnr. 6, 39; *Schuschke*, in: Schuschke/ Walker, Vollstreckung und Vorläufiger Rechtsschutz, 6. Aufl., 2016, Einf. Buch 8 Rdnr. 11.

380 *BGH*, Urt. v. 31.01.1955 – II ZR 10/54 = BGHZ 16, 180 (180 ff.); *Gaul/ Schilken/ Becker-Eberhard*, Zwangsvollstreckungsrecht, 12. Aufl., 2010, § 33 Rdnr. 40.

eine Vertragsstrafe für den Fall des Verstoßes gegen die Unterlassungspflicht vereinbaren.[381]

Hält sich ein Gläubiger nicht an die vollstreckungsbeschränkende Vereinbarung, so kann der Insolvenzverwalter gegen die weitere Zwangsvollstreckung vorgehen.[382]

aa) Massegläubiger

Der Gesetzgeber hat in § 53 InsO eine Bevorzugung der Massegläubiger gegenüber den Insolvenzgläubigern vorgesehen. Grund hierfür ist, dass niemand mit dem Insolvenzverwalter kontrahiert und Leistungen für die Insolvenzmasse erbringt, wenn er hierfür nicht entlohnt wird, sondern seine Forderungen zur Insolvenztabelle anmelden müsste.[383] Dies würde jedoch eine ordnungsgemäße Abwicklung des Insolvenzverfahrens behindern.[384] Angesichts ihrer herausgehobenen gesetzlichen Stellung ist daher davon auszugehen, dass Massegläubiger vollstreckungsbeschränkende Vereinbarungen mit dem Insolvenzverwalter nicht eingehen werden.

---

381 *Gaul/ Schilken/ Becker-Eberhard,* Zwangsvollstreckungsrecht, 12. Aufl., 2010, § 33 Rdnr. 41.

382 *BGH,* Urt. v. 12.07.1955 - V ZR 11/53 = NJW 1955, 1556 (1556); *ders.,* Urt. v. 02.04.1991 - VI ZR 241/90 = NJW 1991, 2295 (2296); *Emmerich,* ZZP 82 (1969), 413 (432 ff.). Der Insolvenzverwalter kann durch Vorlage der vollstreckungsbeschränkenden Vereinbarung die Einstellung der Zwangsvollstreckung analog § 775 Nr. 4 ZPO erwirken, vgl. *Münzberg,* in: Stein/ Jonas, ZPO, Band 7, 22. Aufl., 2002, § 766 Rdnr. 26. Andernfalls ist umstritten, ob der Insolvenzverwalter Vollstreckungsgegenklage (analog) § 767 ZPO oder Erinnerung (analog) § 766 ZPO einlegen kann. Für Vollstreckungsgegenklage: *BGH,* Urt. v. 11.12.1967 - III ZR 115/67 = NJW 1968, 700 (700); *ders.,* Urt. v. 02.04.1991 - VI ZR 241/90 = NJW 1991, 2295 (2296); *ders.,* VU v. 27.03.2015 - V ZR 296/13 = WM 2015, 1005 (1007); *OLG Karlsruhe,* Beschl. v. 27.05.1998 - 18 WF 44/98 = MDR 1998, 1433 (1433). Für Erinnerung: *OLG Frankfurt am Main,* Beschl. v. 09.09.1980 - 20 W 387/80 = OLGZ 1981, 112 (113) m. w. N.; *OLG Hamm,* Beschl. v. 07.02.1976 - 14 W 92/76 = MDR 1977, 675 (675); *OLG Karlsruhe,* Beschl. v. 09.08.1974 - 1 W 56/74 = Rdnr. 11 f. (juris); *Baumbach/ Lauterbach/ Albers/ Hartmann,* ZPO, 74. Aufl., 2016, vor § 704 Rdnr. 25; *Emmerich,* ZZP 82 (1969), 413 (432 ff.). Zum Streitstand ausführlich *Gaul/ Schilken/ Becker-Eberhard,* Zwangsvollstreckungsrecht, 12. Aufl., 2010, § 33 Rdnr. 49 ff.

383 *Frege/ Keller/ Riedel,* Insolvenzrecht, 8. Aufl., 2015, Teil 3 Kap. 1 Rdnr. 928; *Hefermehl,* in: Münchener Kommentar, InsO, Band 1, 3. Aufl., 2013, § 53 Rdnr. 1.

384 *Hefermehl,* in: Münchener Kommentar, InsO, Band 1, 3. Aufl., 2013, § 53 Rdnr. 1.

bb) Nachrangige Grundpfandrechtsgläubiger

Gerade mit nachrangigen Grundpfandrechtsgläubigern sollte der Insolvenzverwalter hingegen versuchen, derartige separate vollstreckungsbeschränkende Vereinbarungen abzuschließen. Gelingt ihm dies, kann er hierdurch die Anzahl der an der Verwertungsvereinbarung zu beteiligenden Personen[385] reduzieren.

cc) Sonstige absonderungsberechtigten Gläubiger

Der Insolvenzverwalter sollte auch mit den sonstigen absonderungsberechtigten Gläubigern versuchen, derartige vollstreckungsbeschränkende Vereinbarungen abzuschließen. Für die Erfolgsaussichten spielt der Rang des Rechts eine entscheidende Rolle. Soweit den sonstigen absonderungsberechtigten Gläubigern ein besserer Rang als dem erstrangigen Grundpfandrechtsgläubiger zukommt, ist davon auszugehen, dass sie derartige vollstreckungsbeschränkende Vereinbarungen nicht abschließen werden. Ein Versuch bleibt dem Insolvenzverwalter natürlich unbenommen.

c) Fortlaufende Befriedigung der Massegläubiger

Die Einbeziehung der Massegläubiger in die Verwertungsvereinbarung ist praktisch nicht durchführbar.[386] Des Weiteren werden Massegläubiger keine vollstreckungsbeschränkenden Vereinbarungen abschließen.[387] Nur durch eine fortlaufende Befriedigung der Massegläubiger bei Fälligkeit ihrer Forderungen kann der Insolvenzverwalter verhindern, dass jene die gerichtliche Zwangsverwaltung und / oder Zwangsversteigerung beantragen.

3. Fazit

Dem Insolvenzverwalter stehen mehrere Möglichkeiten zur Verfügung, Gläubiger, die während eines Insolvenzverfahrens keinem Verwertungsverbot unterliegen, von der Beantragung eines gerichtlichen Zwangsverwaltungs- und / oder Zwangsversteigerungsverfahrens betreffend das verwaltete Grundstück abzuhalten.

Erstrangige Grundpfandrechtsgläubiger sind immer Partei der Verwertungsvereinbarung.

---

385 Siehe hierzu bereits Kapitel 3 A.I.2.a)cc).

386 Siehe hierzu Kapitel 3 A.I.2.a)aa).

387 Siehe hierzu Kapitel 3 A.I.2.b)aa).

Auch die sonstigen absonderungsberechtigten Gläubiger, die dem erstrangigen Grundpfandrechtsgläubiger im Rang vorgehen, sind regelmäßig als Partei in die Verwertungsvereinbarung einzubeziehen.

Mit nachrangigen Grundpfandrechtsgläubigern sowie sonstigen absonderungsberechtigten Gläubigern, die dem erstrangigen Grundpfandrechtsgläubiger im Rang nachgehen, sollte der Insolvenzverwalter versuchen, für die Dauer der kalten Zwangsverwaltung eine vollstreckungsbeschränkende Vereinbarung abzuschließen. Falls dies nicht gelingt, sind auch diese Gläubiger in die Verwertungsvereinbarung als Partei einzubeziehen.

Die Forderungen von Massegläubigern hat der Insolvenzverwalter nach Möglichkeit fortlaufend zu befriedigen, um Zwangsvollstreckungsmaßnahmen in das verwaltete Grundstück zu verhindern.

II. Insolvenzverwalter als Verwalter der Insolvenzmasse

Neben den absonderungsberechtigten Gläubigern ist der Insolvenzverwalter als Verwalter der Insolvenzmasse Partei der Verwertungsvereinbarung.

1. Handeln „wie ein gerichtlich bestellter Zwangsverwalter"

Die *Literatur* spricht davon, dass der Insolvenzverwalter im Rahmen der kalten Zwangsverwaltung das Grundstück für die Grundpfandrechtsgläubiger „wie ein gerichtlich bestellter Zwangsverwalter" verwaltet.[388] Mit dieser Formulierung wird verdeutlicht, dass der Insolvenzverwalter im Rahmen der kalten Zwangsverwaltung auch die Interessen der Grundpfandrechtsgläubiger wahrnimmt.[389]

---

388 *Depré/ Lambert*, ZfIR 2012, 1 (8); *de Weerth*, NZI 2007, 329 (330); *Görg/ Janssen*, in: Münchener Kommentar, InsO, Band 2, 3. Aufl., 2013, § 159 Rdnr. 11; *Haarmeyer/ Hintzen*, Handbuch zur Zwangsverwaltung, 3. Aufl., 2012, Kap. 1 Rdnr. 2 „Kalte Zwangsverwaltung"; *Haarmeyer/ Wutzke/ Förster/ Hintzen*, Zwangsverwaltung, 5. Aufl., 2011, Einl. Rdnr. 8; *Hasselblatt*, in: ForderungsPraktiker Wiki Kredit-Servicing 2012, 22 (25); *Hawelka*, ZfIR 2010, 665 (670); *Henckel*, in: Jaeger, InsO, Band 1, 1. Aufl., 2004, Vorb. vor §§ 49–52 Rdnr. 36; *Knees*, Zwangsversteigerung und Zwangsverwaltung, 7. Aufl., 2013, S. 257; *Kühne*, in: Haarmeyer/ Pape/ Stephan/ Nickert, Formular-Kommentar Insolvenzrecht, 3. Aufl., 2016, Teil 10 Muster 9 Rdnr. 72; *Pape*, AnwBl 2008, 494 (497); *Tetzlaff*, ZfIR 2005, 179 (180); *Vogelsang*, in: Lexikon des Rechts, 116. EL, 2015, Sicherheitenverwertung; *Weis*, in: Schmidt/ Haarmeyer/ Albrecht, Praxis und Ausbildung im Insolvenzbüro, 2. Aufl., 2010, G. Rdnr. 698. Kritisch hierzu und zum Begriff der kalten Zwangsverwaltung vgl. *Mitlehner*, ZIP 2012, 649 (654).

389 Siehe hierzu Kapitel 2 D.

Um Missverständnissen vorzubeugen, wird jedoch ausdrücklich darauf hingewiesen, dass der Insolvenzverwalter im Rahmen der kalten Zwangsverwaltung nicht durch ein (Insolvenz-) Gericht zum „kalten Zwangsverwalter“[390] bestellt wird. Der Insolvenzverwalter handelt vielmehr im Rahmen seiner Insolvenzverwaltertätigkeit aufgrund der zusätzlichen vertraglichen Verwertungsvereinbarung.[391] Er ist Insolvenzverwalter und übt daneben kein zweites Amt aus.

Auch wenn mit der Bezeichnung als „kalter Zwangsverwalter“ die Bezeichnung des Rechtsinstituts der kalten Zwangsverwaltung gespiegelt wird, ist sie irreführend.[392] Sie intendiert nämlich, dass der Insolvenzverwalter ein zusätzliches Amt ausführt. Entsprechendes gilt auch für die Bezeichnung als „Quasi-Zwangsverwalter“[393] oder „inoffizieller Zwangsverwalter“[394].

2. Unabhängige Stellung des Insolvenzverwalters

a) Unabhängigkeitserfordernis

Die Abwicklung des Insolvenzverfahrens als Gesamtvollstreckungsverfahren stellt eine im öffentlichen Interesse liegende Aufgabe dar,[395] welche durch die Vereinbarung einer kalten Zwangsverwaltung nicht beeinträchtigt werden darf. Eine sachgerechte Durchführung des Insolvenzverfahrens ist nur gewährleistet, wenn ein objektiv urteilender Dritter zum Insolvenzverwalter bestellt wird, der

---

390 Zur Bezeichnung als „kalter Zwangsverwalter“ vgl. *Bork*, ZIP 2013, 2129 (2134); *Hawelka*, ZfIR 2010, 665 (671); *Homann*, in: Ahrens/ Gehrlein/ Ringstmeier, Fachanwaltskommentar Insolvenzrecht, 2. Aufl., 2014, § 165 Rdnr. 23; *Kühne*, in: Haarmeyer/ Pape/ Stephan/ Nickert, Formular-Kommentar Insolvenzrecht, 3. Aufl., 2016, Teil 10 Muster 9 Rdnr. 75; *Tetzlaff*, ZInsO 2004, 521 (528); *ders.*, ZfIR 2005, 179 (182 f.); *Weis*, in: Schmidt/ Haarmeyer/ Albrecht, Praxis und Ausbildung im Insolvenzbüro, 2. Aufl., 2010, G. Rdnr. 699.

391 So auch *Bork*, ZIP 2013, 2129 (2136); *Ringstmeier*, in: Beck/ Depré, Praxis der Insolvenz, 2. Aufl., 2010, § 22 Rdnr. 114; *Wipperfürth*, Das Grundstück in der Insolvenz, 1. Aufl., 2014, C. Rdnr. 667.

392 *Ellrich/ Lind*, ForderungsPraktiker Wiki Kredit-Servicing 2012, 16 (18 f.). Zur Kritik am Begriff der kalten Zwangsverwaltung siehe bereits Kapitel 2 A.V.

393 *Tetzlaff*, ZfIR 2005, 179 (181); *Wipperfürth*, Das Grundstück in der Insolvenz, 1. Aufl., 2014, C. Rdnr. 656, 663.

394 *Boddenberg*, in: Haarmeyer/ Wutzke/ Förster, InsO, 2. Aufl., 2012, § 165 Rdnr. 11.

395 *BGH*, Urt. v. 05.12.1991 – IX ZR 275/90 = BGHZ 116, 233 (238); *Schumann*, Die Unabhängigkeit des Insolvenzverwalters – Sicherung der Integrität des Insolvenzverfahrens, in: FS Geimer, 2002, S. 1043 (1047).

neutral ist und die notwendige Distanz aufweist.[396] Daher bestimmt § 56 Abs.1 Satz 1 InsO, dass eine von den Gläubigern und dem Insolvenzschuldner unabhängige Person zum Insolvenzverwalter zu bestellen ist. Hieran sollte auch das ESUG[397], mit welchem die Gläubigerautonomie auch bei der Auswahl des Insolvenzverwalters gestärkt werden sollte, nichts ändern.[398] Das Insolvenzgericht ist zwar grundsätzlich an einen einstimmigen Vorschlag des vorläufigen Gläubigerausschusses gebunden, es darf hiervon jedoch abweichen, wenn die Geeignetheit und somit die Unabhängigkeit der vorgeschlagenen Person nicht gewährleistet ist, § 56a Abs. 2 Satz 1 InsO.

Jede Form der Abhängigkeit von einzelnen Beteiligten muss ausgeschlossen sein. Es dürfen weder rechtliche noch wirtschaftliche Beziehungen zwischen dem Insolvenzverwalter einerseits und dem Insolvenzschuldner oder einzelnen Gläubigern oder Gläubigergruppen andererseits bestehen.[399]

Für seine Tätigkeit benötigt der Insolvenzverwalter Rückhalt bei den Gläubigern und dem Insolvenzschuldner, auf deren Mitwirkung er (teilweise) angewiesen ist. Notwendige Voraussetzung für einen derartigen Rückhalt ist das Vertrauen aller Beteiligten in die Person des Insolvenzverwalters, in die Gewährleistung einer sachgerechten und streng sachbezogenen Insolvenzverwaltung sowie in ein funktionierendes Rechtspflegesystem.[400] Einseitige Abhängigkeitsverhältnisse können

---

396 *BT*-Drucks. 12/2443, S. 127 (zu § 65 InsO-E); *BVerfG*, Beschl. v. 09.02.2005 – 1 BvR 2719/04 = WM 2005, 471 (471); *Blümle*, in: Braun, InsO, 6. Aufl., 2014, § 56 Rdnr. 29; *Eickmann/ Böttcher*, Zwangsversteigerungs- und Zwangsverwaltungsrecht, 3. Aufl., 2013, § 39 II Ziff. 2a; *Frege*, in: Ebke/ Seagon/ Blatz, Insolvenzrecht 2.020 Perspektiven und Visionen, 1. Aufl., 2014, S. 49 (49, 66); *Prütting*, ZIP 2002, 1965 (1965 f., 1970); *Ries*, in: K. Schmidt, InsO, 19. Aufl., 2016, § 56 Rdnr. 23.

397 Gesetz zur weiteren Erleichterung der Sanierung von Unternehmen (ESUG) v. 07.12.2011, BGBl. I Nr. 64 v. 13.12.2011, S. 2582.

398 *BT*-Drucks. 17/5712, S. 25 (zu § 56 InsO-E: „Das Kriterium der Eignung des Verwalters bleibt allerdings zu berücksichtigen; (...)“).

399 *Andres*, in: Andres/ Leithaus, InsO, 3. Aufl., 2014, § 56 Rdnr. 4; *Blümle*, in: Braun: InsO, 6. Aufl., 2014, § 56 Rdnr. 38; *Bork*, ZIP 2013, 145 (148); *Frege/ Keller/ Riedel*, Insolvenzrecht, 8. Aufl., 2015, Teil 3 Kap. 1 Rdnr. 996; *Graeber*, in: Münchener Kommentar, InsO, Band 1, 3. Aufl., 2013, § 56 Rdnr. 26; *Pape/ Uhlenbruck*, Insolvenzrecht, 2002, Kap. 16 Rdnr. 162; *Ries*, in: K. Schmidt, InsO, 19. Aufl., 2016, § 56 Rdnr. 23; *Zimmer*, in: Bork/ Hölzle, Handbuch Insolvenzrecht, 1. Aufl., 2014, Kap. 5 Rdnr. 117.

400 *Hahn*, Die gesamten Materialien zu den Reichs-Justizgesetzen, Band 4, 1983, A. c. I. 2. Buch, 1. Titel, Begründung zu §§ 70–78 KO-E, S. 282; *BGH*, Urt. v. 24.01.1991 – IX ZR 250/89 = BGHZ 113, 262 (276); *Frege*, in: Ebke/ Seagon/ Blatz, Insolvenzrecht 2.020 Perspektiven und Visionen, 1. Aufl., 2014, S. 49 (53); *Prütting*, ZIP 2002, 1965 (1966, 1970).

zu einem Vertrauensverlust bei den anderen Beteiligten sowie der Allgemeinheit in die Wahrnehmung der gemeinsamen Gläubigerinteressen führen und die Besorgnis aufkommen lassen, dass für einzelne Gläubiger oder den Insolvenzschuldner Sondervorteile gewährt werden.[401] Auch besteht die Gefahr der Einflussnahme auf die Verfahrensabwicklung, insbesondere auf grundlegende Entscheidungen.

Dies bedeutet jedoch nicht, dass der Insolvenzverwalter von jeglichen Interesseneinflüssen Dritter unabhängig sein muss. Bei seinen Entscheidungen kann er sehr wohl z. B. von den Beschlüssen des Gläubigerausschusses oder der Gläubigerversammlung abhängig sein.[402] Der Insolvenzverwalter hat jedoch stets die Grenze zwischen der pflichtgemäßen Interessenwahrnehmung im Sinne des Insolvenzverfahrens und der besonderen Abhängigkeit zu einzelnen Verfahrensbeteiligten zu beachten.[403]

b) Vermeidung von Interessenkollisionen

Die unabhängige Stellung des Insolvenzverwalters soll etwaige Interessenkollisionen von vornherein ausschließen.[404] Eine Interessenkollision besteht, wenn nicht miteinander vereinbare Interessen aufeinandertreffen. Der Handelnde muss in diesen Fällen versuchen, die Interessenkollision (bestmöglich) zu lösen, wobei nicht alle Interessen gleichermaßen berücksichtigt werden können und dadurch einzelne Beteiligte benachteiligt werden.

Ein derartiges Risiko besteht, wenn der Insolvenzverwalter Rechtsgeschäfte für die Insolvenzmasse vornimmt und hierbei Eigeninteressen berücksichtigt oder von ihm vertretene Drittinteressen zu berücksichtigen hat.[405] Die Beteiligten des Insolvenzverfahrens müssen davor geschützt werden, dass der Insolvenzverwalter sein Amt möglicherweise nicht unvoreingenommen und

---

401 *Frege*, in: Ebke/ Seagon/ Blatz, Insolvenzrecht 2.020 Perspektiven und Visionen, 1. Aufl., 2014, S. 49 (49); *Graeber*, in: Münchener Kommentar, InsO, Band 1, 3. Aufl., 2013, § 56 Rdnr. 25, 37; *Schumann*, Die Unabhängigkeit des Insolvenzverwalters – Sicherung der Integrität des Insolvenzverfahrens, in: FS Geimer, 2002, S. 1043 (1071).

402 *Andres*, in: Andres/ Leithaus, InsO, 3. Aufl., 2014, § 56 Rdnr. 4; *Gerhardt*, in: Jaeger, InsO, Band 2, 1. Aufl., 2007, § 56 Rdnr. 42.

403 *Gerhardt*, in: Jaeger, InsO, Band 2, 1. Aufl., 2007, § 56 Rdnr. 43.

404 *Andres*, in: Andres/ Leithaus, InsO, 3. Aufl., 2014, § 56 Rdnr. 4; *Pape/ Uhlenbruck*, Insolvenzrecht, 2002, Kap. 16 Rdnr. 162.

405 *RG*, Urt. v. 04.11.1903 – I 228/03 = RGZ 56, 104 (106); *BGH*, Urt. v. 09.12.1968 – II ZR 57/67 = BGHZ 51, 209 (215, Testamentsvollstrecker); *ders.*, Urt. v. 19.04.1971 – II ZR 98/68 = BGHZ 56, 97 (101); *Ellenberger*, in: Palandt, BGB, 75. Aufl., 2016, § 181 Rdnr. 1 f.

allein dem Insolvenzzweck entsprechend ausübt.[406] § 181 BGB wird daher auf das Handeln eines Insolvenzverwalters analog angewandt.[407] Der Insolvenzverwalter kann grundsätzlich keine Rechtsgeschäfte mit sich selbst oder für einen Dritten abschließen, es sei denn, es ist ihm ausdrücklich gestattet oder das Rechtsgeschäft besteht ausschließlich in der Erfüllung einer Verbindlichkeit.[408] Ob ein materieller Interessenkonflikt im konkreten Fall tatsächlich besteht, ist unerheblich. Es wird an den leicht erkennbaren äußeren Tatbestand angeknüpft, um bereits die Gefahr eines Interessenkonflikts zu vermeiden.[409]

Treten während eines Insolvenzverfahrens Interessenkollisionen bei dem Insolvenzverwalter auf, können diese durch Bestellung eines Sonderinsolvenzverwalters, der für diesen Bereich die Aufgaben des Insolvenzverwalters übernimmt, beseitigt werden.[410] Gegebenenfalls kommt auch eine Entlassung des Insolvenzverwalters gemäß § 59 Abs. 1 Satz 1 InsO in Betracht.[411]

---

406 *BGH*, Urt. v. 24.01.1991 – IX ZR 250/89 = BGHZ 113, 262 (271).

407 *BGH*, Urt. v. 29.04.1959 – V ZR 11/58 = BGHZ 30, 67 (69); *ders.*, Urt. v. 24.01.1991 – IX ZR 250/89 = BGHZ 113, 262 (270); *Mansel*, in: Jauernig, BGB, 16. Aufl., 2015, § 181 Rdnr. 2; *Schubert*, in: Münchener Kommentar, BGB, Band 1, 7. Aufl., 2015, § 181 Rdnr. 53.

408 Zu rechtswirksamen Insich-Geschäften vgl. ausführlich *Schubert*, in: Münchener Kommentar, BGB, Band 1, 7. Aufl., 2015, § 181 Rdnr. 21 ff.

409 *BGH*, Urt. v. 19.04.1971 – II ZR 98/68 = BGHZ 56, 97 (101 f.); *ders.*, Urt. v. 24.01.1991 – IX ZR 250/89 = BGHZ 113, 262 (270); *Ellenberger*, in: Palandt, BGB, 75. Aufl., 2016, § 181 Rdnr. 2.

410 *BGH*, Urt. v. 24.01.1991 – IX ZR 250/89 = BGHZ 113, 262 (270); *Frege*, Der Sonderinsolvenzverwalter, 2008, 1. Teil D. II. 1 Rdnr. 88. Das Rechtsinstitut des Sonderinsolvenzverwalters ist gesetzlich nicht geregelt, jedoch allgemein als zulässig anerkannt, vgl. *BT*-Drucks. 12/2443, S. 20 (zu § 77 InsO-E: „Sonderinsolvenzverwalter"), S. 24 (zu § 103 Abs. 1 Satz 2 InsO-E: „oder von einem Sonderinsolvenzverwalter"); *BT*-Drucks. 12/7302, S. 162 (zu § 77 InsO-E: „Die Vorschrift des Regierungsentwurfs über den Sonderinsolvenzverwalter ist als überflüssig gestrichen worden. Der Ausschuss geht davon aus, dass die Bestellung eines Sonderinsolvenzverwalters (…) auch ohne eine ausdrückliche Regelung möglich ist. Dies entspricht der bisherigen Praxis zur KO, die ebenfalls keine spezielle Regelung des Problems des Sonderinsolvenzverwalters enthält."), S. 165 (zu § 103 InsO-E: „sind die Worte „oder von einem Sonderinsolvenzverwalter" entbehrlich"); *BGH*, Beschl. v. 25.01.2007 – IX ZB 240/05 = ZIP 2007, 548 (550); *Vallender*, in: Vallender/ Undritz, Praxis des Insolvenzrechts, 2012, Kap. 1 Rdnr. 68 f.

411 *Mohrbutter*, in: Mohrbutter/ Ringstmeier, Handbuch Insolvenzverwaltung, 9. Aufl., 2015, Kap. 6 Rdnr. 83.

c) Interessenkollision durch die Vereinbarung einer kalten Zwangsverwaltung?

In jedem Insolvenzverfahren bestehen mehrere Rechtsverhältnisse zwischen den Beteiligten. Sowohl zwischen dem Insolvenzverwalter und den einzelnen Gläubigern[412] als auch zwischen dem Insolvenzverwalter und dem Insolvenzschuldner[413] bestehen gesetzliche Schuldverhältnisse des bürgerlichen Rechts. Der Insolvenzverwalter sieht sich somit einer Vielschichtigkeit möglicher „Auftraggeber" gegenüber.[414] Er hat *zum einen* die Interessen des Insolvenzschuldners, den die rechtsgeschäftlichen Wirkungen seines Handelns als Inhaber des Vermögens treffen, sowie gegebenenfalls die Interessen schutzwürdiger Dritter zu berücksichtigen.[415] *Zum anderen* hat er die unterschiedlichen, oft gegenläufigen Interessen der einzelnen Gläubiger zu berücksichtigen. Für eine bestmögliche Befriedigung der Gläubiger hat der Insolvenzverwalter die notwendigen Maßnahmen zu ergreifen, um die Haftungsmasse möglichst zu maximieren. Hierzu wird er z. B. einzelne Gegenstände verwerten, zur Insolvenztabelle angemeldete Forderungen bestreiten oder geltend gemachte Aus- und Absonderungsrechte als nicht bestehend zurückweisen. Auch wird er prüfen, ob einzelne Rechtshandlungen des Insolvenzschuldners angefochten

---

412 Das gesetzliche Schuldverhältnis ähnelt dem Verhältnis zwischen einem Beauftragten und seinem Auftraggeber oder zwischen einem Geschäftsführer ohne Auftrag und seinem Geschäftsherrn, vgl. *RG*, Urt. v. 09.04.1920 – II 480/19 = RGZ 98, 302 (306); *Graeber*, in: Münchener Kommentar, InsO, Band 1, 3. Aufl., 2013, § 56 Rdnr. 148.

413 Es handelt sich um ein dem Geschäftsbesorgungsvertrag ähnliches gesetzliches Schuldverhältnis des bürgerlichen Rechts, vgl. *BGH*, Urt. v. 24.01.1991 – IX ZR 250/89 = BGHZ 113, 262 (276); *ders.*, Urt. v. 16.09.2010 – IX ZR 121/09 = WM 2010, 2081 (2082); *BVerwG*, Urt. v. 13.04.2005 – 6 C 4.04 = BVerwGE 123, 203 (217); *VG Frankfurt am Main*, Urt. v. 25.08.2005 – 1 E 3922/04 = Rdnr. 22 (juris).

414 *BGH*, Urt. v. 24.01.1991 – IX ZR 250/89 = BGHZ 113, 262 (276 f.); *Kumpan*, KTS 2010, 169 (171).

415 *BT*-Drucks. 12/2443, S. 9 f., 108 (zu § 1 Abs. 2 Satz 1 InsO-E: „Die Interessen des Schuldners und seiner Familie sowie die Interessen der Arbeitnehmer des Schuldners werden im Verfahren berücksichtigt."); *BT*-Drucks. 12/7302, S. 155 (zu § 1 InsO-E: „Die Vorschrift des Regierungsentwurfs über die Ziele des Insolvenzverfahrens ist redaktionell gestrafft und dadurch auf ihre wesentlichen Elemente zurückgeführt worden."); *BVerfG*, Beschl. v. 23.05.2006 – 1 BvR 2530/04 = BVerfGE 116, 1 (13 f.); *BGH*, Urt. v. 05.12.1991 – IX ZR 275/90 = BGHZ 116, 233 (238); *Ganter/ Lohmann*, in: Münchener Kommentar, InsO, Band 1, 3. Aufl., 2013, § 1 Rdnr. 97; *Pape*, in: Uhlenbruck, InsO, 14. Aufl., 2015, § 1 Rdnr. 1, 16.

werden können. Derartige Handlungen sind für den jeweils betroffenen Gläubiger nachteilig.

Jedem Insolvenzverfahren sind mithin Interessenkollisionen der verschiedenen Beteiligten immanent. Zur ordnungsgemäßen Aufgabenwahrnehmung muss der Insolvenzverwalter als Verwalter fremden Vermögens vor eigenen Interessenkollisionen geschützt werden, um im Rahmen seines pflichtgemäßen Ermessens einen angemessenen Ausgleich zwischen den unterschiedlichen Interessen der Beteiligten zu finden.[416]

Bei der kalten Zwangsverwaltung nimmt der Insolvenzverwalter neben den bereits kraft Gesetzes bestehenden Verpflichtungen weitere vertragliche Verpflichtungen wahr. Damit eine derartige Verwertungsvereinbarung zulässig und nicht insolvenzzweckwidrig ist, müssen sich die getroffenen Vereinbarungen innerhalb der insolvenzrechtlichen Vorgaben halten.[417] Die Interessen der absonderungsberechtigten Gläubiger sind daher mit denjenigen der Insolvenzmasse abzustimmen. Hierin liegt der Unterschied zu Verträgen, die nur zwischen dem Insolvenzverwalter und einem einzelnen Gläubiger in dessen Interesse abgeschlossen werden.

Die Vereinbarkeit der unterschiedlichen Interessen erhöht den Koordinationsaufwand für den Insolvenzverwalter. Um die unabhängige Stellung des Insolvenzverwalters sicherzustellen, empfiehlt es sich daher, in der Verwertungsvereinbarung zwar die wesentlichen Eckpunkte zu regeln, dem Insolvenzverwalter aber im Übrigen die Durchführung der kalten Zwangsverwaltung zu überlassen.

3. *Fazit*

Der Insolvenzverwalter übernimmt die kalte Zwangsverwaltung im Rahmen seiner Insolvenzverwaltertätigkeit. Er tritt kein zweites Amt neben seinem Insolvenzverwalteramt an. Der Insolvenzverwalter koordiniert die unterschiedlichen Interessen der Beteiligten. Bei der Ausgestaltung der Verwertungsvereinbarung im Rahmen einer kalten Zwangsverwaltung hat er darauf zu achten, dass sämtliche Vereinbarungen mit den insolvenzrechtlichen Grundsätzen vereinbar sind und ihm bei seiner Tätigkeit genügend Handlungsspielraum verbleibt.

---

416 *Schubert*, in: Münchener Kommentar, BGB, Band 1, 7. Aufl., 2015, § 164 Rdnr. 60.
417 Siehe zur Insolvenzzweckwidrigkeit ausführlich Kapitel 2 C.III.2.b).

B. Gesetzliche Vorgaben für die inhaltliche Ausgestaltung

Bevor man sich der weiteren inhaltlichen Ausgestaltung von Verwertungsvereinbarungen zur Regelung der kalten Zwangsverwaltung widmet, ist zu klären, welche Gesetzes- bzw. Rechtsbestimmungen hierbei zu beachten sind.

Insolvenzverwalter unterstehen den Bestimmungen der InsO.[418] Zwangsverwalter haben die Bestimmungen von ZVG und ZwVwV zu beachten, wobei im Verhältnis hierzu die einschlägigen insolvenzrechtlichen Bestimmungen vorgehen.[419]

Es *wird vertreten*, dass sich das Handeln des Insolvenzverwalters im Rahmen einer kalten Zwangsverwaltung nach den Vorschriften richten müsse, die für einen Zwangsverwalter bei einer gerichtlich angeordneten Zwangsverwaltung gelten.[420] Abweichende Vereinbarungen seien nur nach Maßgabe des materiellen Rechts und den Bestimmungen des ZVG gestattet.[421] Grund hierfür sei, dass der Insolvenzverwalter in der kalten Zwangsverwaltung wie ein gerichtlich bestellter Zwangsverwalter,[422] nach dem Leitbild des ZVG[423] handele.

Dies ist jedoch zweifelhaft. Das System des ZVG i. V. m. der ZwVwV ist auf die Besonderheiten des Einzelzwangsvollstreckungsverfahrens ausgerichtet. Die Handlungsoptionen von Insolvenzverwalter und Zwangsverwalter divergieren aufgrund der unterschiedlichen Zwecke von Einzelzwangs- und Gesamtvollstreckungsverfahren.[424] In dieser Arbeit wurde bereits festgestellt, dass der Insolvenzverwalter bei Durchführung der kalten Zwangsverwaltung im Rahmen seiner Insolvenzverwaltertätigkeit handelt und hierbei sowohl die Interessen der Insolvenzgläubiger und des Insolvenzschuldners als auch die Interessen der

---

418 *Graeber*, in: Münchener Kommentar, InsO, Band 1, 3. Aufl., 2013, § 56 Rdnr. 143.

419 *BGH*, Urt. v. 11.10.1984 - VII ZR 216/83 = NJW 1985, 1082 (1083); *ders.*, Beschl. v. 18.02.2004 - XII ZR 196/99 = Rdnr. 23 (juris); *Stöber*, ZVG, 21. Aufl., 2016, § 152 Rdnr. 3.

420 *Eickmann*, ZfIR 2007, 557 (559); *Wedekind/ Wedekind*, Zwangsverwaltung, 2011, L. Rdnr. 1879; *a. A. OLG Köln*, Urt. v. 13.11.2013 - 2 U 17/13 = ZInsO 2016, 108 (109); *dass.*, Urt. v. 11.12.2013 - 2 U 2/13 = Rdnr. 119 (juris).

421 *Eickmann*, ZfIR 2007, 557 (559); *Mitlehner*, ZIP 2012, 649 (653), wobei er vertritt, dass im Außenverhältnis zu Dritten alleine die Vorschriften der InsO gelten (a. a. O., S. 654).

422 Siehe hierzu Kapitel 3 A.II.1.

423 *Cranshaw*, ZfIR 2013, 393 (394 f.); *Tetzlaff*, in: Münchener Kommentar, InsO, 3. Aufl., 2013, § 165 Rdnr. 177.

424 Zu den Handlungsoptionen der Verwalter siehe Kapitel 5 B.

absonderungsberechtigten Gläubiger zu beachten hat.[425] Dem Insolvenzverwalter kommen aufgrund seiner Ermächtigung gemäß § 80 Abs. 1 InsO umfassende Handlungsbefugnisse zu, welche nicht durch die zwangsvollstreckungsrechtlichen Vorschriften begrenzt werden dürfen.[426] Für die kalte Zwangsverwaltung gelten mithin die allgemeinen Regelungen des Insolvenzverfahrens.[427]

Aufgrund der im Vertragsrecht geltenden Privatautonomie bleibt es den Parteien im Rahmen der insolvenzrechtlichen Vorgaben unbenommen, sich an den zwangsvollstreckungsrechtlichen Vorschriften zu orientieren.[428] Um die Handlungsfreiheit des Insolvenzverwalters zu erhalten, sollten die zwangsvollstreckungsrechtlichen Vorschriften jedoch nicht durch einen pauschalen Verweis undifferenziert für anwendbar erklärt werden. Andernfalls würden die Parteien zwar eine Personenverschiedenheit der Verwalter, wie bei parallel laufenden Insolvenzverfahren und gerichtlichen Zwangsverwaltungsverfahren üblich,[429] vermeiden, die sonstigen Vorteile der kalten Zwangsverwaltung[430] würden hingegen nivelliert werden.

C. Gegenstand der Vereinbarung

Gegenstand der Verwertungsvereinbarung ist die Verwaltung des zur Insolvenzmasse gehörenden Grundstücks durch den Insolvenzverwalter gegen Beteiligung der Insolvenzmasse an den Einnahmen und Unterlassung der Beantragung eines Zwangsvollstreckungsverfahrens durch die absonderungsberechtigten Gläubiger.[431]

---

425 Siehe hierzu Kapitel 3 A.II.2.c).

426 So auch *Janca*, InsbürO 2004, 377 (378).

427 *LG Bonn*, Urt. v. 04.12.2012 – 3 O 92/12 = Rdnr. 113 (juris); *Ellrich/ Lind*, ForderungsPraktiker Wiki Kredit-Servicing 2012, 16 (17 f.). Auch bei einer freihändigen Veräußerung können die Parteien in der Verwertungsvereinbarung vom ZVG abweichende Regelungen treffen oder sich hieran orientieren, vgl. *Büchler*, in: Hamburger Kommentar, InsO, 5. Aufl., 2015, § 165 Rdnr. 12; *Elsner*, in: Mohrbutter/ Ringstmeier, Handbuch Insolvenzverwaltung, 9. Aufl., 2015, Kap. 24 Rdnr. 10.

428 *Büchler*, in: Hamburger Kommentar, InsO, 5. Aufl., 2015, § 165 Rdnr. 14; *Keller*, NZI 2013, 265 (270 f.). Nach *Ellrich/ Lind* (ForderungsPraktiker Wiki Kredit-Servicing 2012, 16 (18 f.)) sollte die entsprechende Anwendbarkeit der §§ 146 ff. ZVG vereinbart werden, um Regelungslücken zu vermeiden.

429 Zur Bestellung des Insolvenzverwalters auch als Zwangsverwalter in einem gerichtlich angeordneten Zwangsverwaltungsverfahren siehe Kapitel 1 A.II.2.b)cc)(1).

430 Siehe hierzu Kapitel 5.

431 *Bork*, ZIP 2013, 2129 (2132); *Morvilius*, Zwangsversteigerung/ Zwangsverwaltung, 2. Aufl., 2009, B. Zwangsverwaltung, Rdnr. 824.

Um einen Zusammenhang zwischen dem konkreten Insolvenzverfahren und der kalten Zwangsverwaltung herzustellen, sollten in der Verwertungsvereinbarung zudem die wesentlichen Eckdaten des Insolvenzverfahrens aufgenommen werden. Hierzu gehören der Name des Insolvenzschuldners, das zuständige Insolvenzgericht, Aktenzeichen, Datum und Uhrzeit des Eröffnungsbeschlusses sowie die wesentlichen Angaben zum gegenständlichen Grundstück (Grundbuchamt, Grundbuchbezirk, Blattnummer, Gemarkung, Flur und Flurstück sowie die Belastungen).[432] Daneben sollte die aktuelle Nutzung des Grundstücks näher festgehalten werden.

D. Verwaltungszeitraum

Vertragsparteien müssen stets wissen, innerhalb welchen Zeitraums sie aus dem Vertrag Rechte ableiten können und Pflichten erfüllen müssen. Haben die Parteien versäumt, eine entsprechende Regelung zu treffen, und lässt sich ihr Wille bei Abschluss des Vertrages nicht feststellen, so ist auf das Gesetzesrecht zurückzugreifen. Bei der Vereinbarung einer kalten Zwangsverwaltung können sich Bestimmungen aus den Normen des Geschäftsbesorgungs-, Auftrags- und Dienstvertragsrechts[433] ergeben, welche sich jedoch nach den insolvenzspezifischen Regelungen richten.[434] Die gesetzlichen Bestimmungen bilden häufig die konkrete vertragliche Situation nicht ab, was zu Auslegungsproblemen führen kann.

I. Beginn

Der Beginn der kalten Zwangsverwaltung ist in vielerlei Hinsicht entscheidend. Er spielt etwa für die Frage eine Rolle, ab wann sich die Tätigkeit des Insolvenzverwalters (auch) nach den Bestimmungen der Verwertungsvereinbarung richtet oder ab wann die eingezogenen Mieten auch der Befriedigung der absonderungsberechtigten Gläubiger dienen.

---

432 *Ellrich/ Lind*, ForderungsPraktiker Wiki Kredit-Servicing 2012, 16 (18); *Heyn/ Kreuznacht/ Voss*, Arbeitshilfen für Insolvenzsachbearbeiter, 3. Aufl., 2014, Teil 2 Muster 191 Rdnr. 429; *Obermüller*, Insolvenzrecht in der Bankpraxis, 8. Aufl., 2011, Rdnr. 6.949.

433 Zum Rechtscharakter der Verwertungsvereinbarung siehe Kapitel 2 D.

434 *BGH*, Urt. v. 24.01.1991 – IX ZR 250/89 = BGHZ 113, 262 (276 f.).

1. Keine Beschlagnahme nach ZVG

Bei einem gerichtlichen Zwangsverwaltungsverfahren kommt es entscheidend auf die Beschlagnahme an, § 146 Abs. 1 i. V. m. § 20 Abs. 1 ZVG.[435]

Ein wichtiger Bestandteil und Voraussetzung für den Abschluss der Vereinbarung einer kalten Zwangsverwaltung ist jedoch die Erklärung der absonderungsberechtigten Gläubiger, dass sie auf die Beantragung eines gerichtlichen Zwangsverwaltungsverfahrens verzichten.[436] Eine Beschlagnahme nach den Vorschriften des ZVG findet gerade nicht statt.

2. Beschlagnahme durch privatrechtliche Vereinbarung?

Ohne eine wirksame Beschlagnahme stehen die Mietforderungen weiterhin der Insolvenzmasse zu und werden vom Insolvenzverwalter zur Insolvenzmasse eingezogen. Das Pfandrecht an der jeweiligen Mietforderung erlischt mit deren Einziehung, § 1124 Abs. 1 Satz 1 BGB. Eine Befriedigung der absonderungsberechtigten Gläubiger findet nicht statt. Da es im Rahmen der kalten Zwangsverwaltung an einer hoheitlichen Beschlagnahme fehlt, liegt der Gedanke nahe, eine Beschlagnahme stattdessen durch privatrechtliche Vereinbarung herbeizuführen. Dies ist im Ergebnis jedoch nicht möglich. Die Beschlagnahme wird durch hoheitliches Handeln des Vollstreckungsgerichts bewirkt, das für den Staat als Inhaber der Staatsgewalt tätig wird.[437] Die Beschlagnahmewirkung wird durch die Eintragung des Zwangsverwaltungsvermerks in das Grundbuch sichergestellt. Ein gutgläubiger Dritterwerb wird hierdurch ausgeschlossen.[438] Aufgrund ihres öffentlich-rechtlichen Charakters[439] kann die Beschlagnahme nicht durch privatrechtliche Vereinbarung der Parteien mit dinglicher Wirkung gegenüber Dritten bewirkt werden.

---

435 Siehe hierzu Kapitel 1 A.II.2.b)aa).

436 Siehe hierzu ausführlich Kapitel 3 F.III.

437 *BGH*, Beschl. v. 10.07.2008 – V ZB 130/07 = BGHZ 177, 218 (221); *Cranshaw*, in: Depré, ZVG, 1. Aufl., 2014, § 22 Rdnr. 40; *Stöber*, ZVG, 21. Aufl., 2016, § 20 Rdnr. 2.

438 *Schöner/ Stöber*, Grundbuchrecht, 15. Aufl., 2012, 2. Teil Rdnr. 1620.

439 *BGH*, Beschl. v. 10.07.2008 – V ZB 130/07 = BGHZ 177, 218 (221); *Cranshaw*, in: Depré, ZVG, 1. Aufl., 2014, § 22 Rdnr. 40; *Stöber*, ZVG, 21. Aufl., 2016, § 20 Rdnr. 2.

3. *Bestimmung eines „fiktiven Beschlagnahmezeitpunktes“?*

Ausgehend von diesem Problem wird in der *Literatur* vorgeschlagen, den Beginn und die Dauer der kalten Zwangsverwaltung bzw. einen „fiktiven Beschlagnahmezeitpunkt“ festzulegen.[440] Dieser „fiktive Beschlagnahmezeitpunkt“ soll der Abgrenzung der Rechte der Insolvenzmasse einerseits und der Rechte der absonderungsberechtigten Gläubiger andererseits im Hinblick auf Erträge und Aufwendungen dienen.[441] Der „fiktive Beschlagnahmezeitpunkt“ soll den Beschlagnahmezeitpunkt nach dem ZVG ersetzen,[442] welcher – wie bereits gesehen – mangels Anordnungsbeschlusses nicht existiert.

Grundsätzlich findet bei Fiktionen in anderen Rechtsbereichen ein vollwertiger Ersatz statt. Dies gilt z. B. bei der Berechnung fiktiver Reparaturkosten, wenn der Schaden geltend gemacht wird, ohne die beschädigte Sache reparieren zu lassen.[443]

Nachfolgend soll daher untersucht werden, ob ein derartiger vollwertiger Ersatz durch die Vereinbarung eines fiktiven Beschlagnahmezeitpunktes überhaupt möglich und erforderlich ist. Hierzu ist es notwendig, sich nochmals die Wirkungen der Beschlagnahme bei Anordnung eines gerichtlichen Zwangsverwaltungsverfahrens in Erinnerung zu rufen und diese mit der Situation der kalten Zwangsverwaltung zu vergleichen.

---

440 *Beuck*, in: Bork/ Hölzle, Handbuch Insolvenzrecht, 1. Aufl., 2014, Kap. 8 Rdnr. 210; *Büchler*, in: Hamburger Kommentar, InsO, 5. Aufl., 2015, § 165 Rdnr. 15; *Eckardt*, Grundpfandrechte im Insolvenzverfahren, 14. Aufl., 2014, E. Rdnr. 416, 423; *Ellrich/ Lind*, ForderungsPraktiker Wiki Kredit-Servicing 2012, 16 (19); *Hees*, in: Schmitt, Praxishandbuch Gestaltung von Wirtschaftsverträgen, 2015, Kap. 9 Rdnr. 173 a. E.; *Keller*, ZfIR 2002, 861 (867); *ders.*, NZI 2013, 265 (270 f.); *Kindler*, Grundpfandrechte im Insolvenzverfahren, 1. Aufl., 2009, S. 50; *Sinz*, in: K. Schmidt, InsO, 19. Aufl., 2016, § 165 Rdnr. 29; *Tetzlaff*, in: Lwowski/ Fischer/ Langenbucher, Das Recht der Kreditsicherung, 9. Aufl., 2011, § 6 Rdnr. 25; *ders.*, in: Münchener Kommentar, InsO, Band 2, 3. Aufl., 2013, § 165 Rdnr. 189; *Wipperfürth*, Das Grundstück in der Insolvenz, 1. Aufl., 2014, C. Rdnr. 665.

441 *Eckardt*, Grundpfandrechte im Insolvenzverfahren, 14. Aufl., 2014, E. Rdnr. 416; *Keller*, ZfIR 2002, 861 (867); *ders.*, NZI 2013, 265 (270); *Kindler*, Grundpfandrechte im Insolvenzverfahren, 1. Aufl., 2009, S. 50.

442 *Keller*, NZI 2013, 265 (270).

443 Die Umsatzsteuer ist allerdings in Abzug zu bringen, § 249 Abs. 2 Satz 2 BGB.

a) Entzug der Verwaltungs- und Benutzungsbefugnis

Bei gerichtlich angeordneter Zwangsverwaltung bewirkt die Beschlagnahme den Entzug der Verwaltungs- und Benutzungsbefugnis bei dem Schuldner (Insolvenzverwalter) zugunsten des Zwangsverwalters für die Dauer des gerichtlichen Zwangsverwaltungsverfahrens.[444]

Der Entzug der Verwaltungs- und Benutzungsbefugnis wird bei dem *Insolvenzschuldner* bereits durch den Insolvenzbeschlag bewirkt.[445] Hingegen ist ein Entzug der Verwaltungs- und Benutzungsbefugnis des *Insolvenzverwalters* bei der kalten Zwangsverwaltung gerade nicht gewollt. Es ist der Insolvenzverwalter, der aufgrund der mit den absonderungsberechtigten Gläubigern abgeschlossenen Verwertungsvereinbarung die kalte Zwangsverwaltung durchführt.[446] Die Verwertungsvereinbarung der Parteien hat auf den Insolvenzbeschlag keine Auswirkungen. Dieser bleibt vollumfänglich erhalten.[447] Die Wirkung des Entzugs der Verwaltungs- und Benutzungsbefugnis ist mithin bei der kalten Zwangsverwaltung im Hinblick auf den Insolvenzschuldner nicht erforderlich und im Hinblick auf den Insolvenzverwalter nicht gewollt.

b) Relatives Verfügungsverbot

Zur Erhaltung der Zwangsverwaltungsmasse bewirkt die Beschlagnahme nach dem ZVG zudem ein relatives Verfügungsverbot. Der Insolvenzverwalter kann trotz seiner Verfügungsbefugnis nicht über den der gerichtlichen Zwangsverwaltung unterliegenden Gegenstand mit Wirkung gegenüber dem betreibenden Gläubiger verfügen.[448]

Im Rahmen der kalten Zwangsverwaltung besteht kein derartiges gesetzliches Verfügungsverbot. Dieses kann auch nicht mit Wirkung gegenüber Dritten durch rechtsgeschäftliche Vereinbarung begründet werden, § 137 Satz 1 BGB.[449] Möglich ist lediglich die schuldrechtliche Verpflichtung, über das Grundstück und die Mietforderungen nicht zu verfügen, § 137 Satz 2 BGB.[450] Verfügt der

---

444 Siehe hierzu Kapitel 1 A.II.2.b)aa).

445 Insoweit daher zutreffend *Eickmann*, ZfIR 2007, 557 (559).

446 Siehe hierzu Kapitel 3 A.II.

447 *Wipperfürth*, Das Grundstück in der Insolvenz, 1. Aufl., 2014, C. Rdnr. 667; *a. A. Kahlert*, DStR 2013, 97 (99).

448 Siehe hierzu Kapitel 1 A.II.2.b)aa).

449 Eine abweichende Vereinbarung hinsichtlich der Verfügungsbefugnis des Treuhänders ist nicht möglich, vgl. *Armbrüster*, in: Münchener Kommentar, BGB. Band 1, 6. Aufl., 2012, § 137 Rdnr. 18 m. w. N.

450 Zur Frage eines vertraglichen Ausschlusses der Freigabe siehe Kapitel 5 B.III.2.

Insolvenzverwalter dennoch absprachewidrig über das Grundstück und die Mietforderungen, so ist diese Verfügung Dritten gegenüber wirksam.[451] Die absonderungsberechtigten Gläubiger können dann gegebenenfalls, wenn die sonstigen Voraussetzungen vorliegen, lediglich Unterlassungs- und Schadensersatzansprüche gegen den Insolvenzverwalter geltend machen.[452] Zum Schutz der absonderungsberechtigten Gläubiger sollte eine derartige Verpflichtung des Insolvenzverwalters dennoch vorsorglich in die Verwertungsvereinbarung aufgenommen werden.

c) Aktualisierung der potentiellen Haftung der Mietforderungen

Eine weitere Wirkung der Beschlagnahme ist die Aktualisierung der potentiellen Haftung der Mietforderungen. Ohne Beschlagnahme besteht für den Grundpfandrechtsgläubiger an den Mietforderungen noch kein Absonderungsrecht.[453]

Die Vereinbarung einer kalten Zwangsverwaltung bewirkt weder eine Beschlagnahme noch können die Parteien eine solche vertraglich vereinbaren.[454] Auch der Verweis auf § 110 Abs. 1 und 2 InsO hilft insofern nicht weiter.[455] Zum Schutz der Insolvenzmasse beschränkt § 110 InsO die Wirksamkeit von Vorausverfügungen des Insolvenzschuldners in zeitlicher Hinsicht.[456] § 110 InsO begründet jedoch für die Grundpfandrechtsgläubiger kein Recht zur abgesonderten Befriedigung an den Mietforderungen. Der Insolvenzverwalter könnte daher die aufgrund des Haftungsverbandes an den Mietforderungen bestehenden Pfandrechte durch Verfügung über die Mietforderungen zum Erlöschen bringen.[457] Die Wirkung der Aktualisierung der potentiellen Haftung der Mietforderung kann durch Vereinbarung nicht erreicht werden.

d) Stellungnahme

Im Ergebnis sind demnach im Rahmen der kalten Zwangsverwaltung die Wirkungen der Beschlagnahme entweder (1) *nicht erforderlich* (wie der Entzug der Verwaltungs- und Benutzungsbefugnis bei dem Insolvenzschuldner) oder (2) *nicht gewollt* (wie der Entzug der Verwaltungs- und Benutzungsbefugnis bei dem

---

451 *Armbrüster*, in: Münchener Kommentar, BGB, Band 1, 7. Aufl., 2015, § 137 Rdnr. 1.
452 *Armbrüster*, in: Münchener Kommentar, BGB, Band 1, 7. Aufl., 2015, § 137 Rdnr. 1.
453 Siehe hierzu ausführlich Kapitel 1 A.II.2.c)aa)(2).
454 Siehe hierzu vorstehend Kapitel 3 D.I.1. und Kapitel 3 D.I.2.
455 So aber *Eickmann*, ZfIR 2007, 557 (559).
456 *Eckert*, in: Münchener Kommentar, InsO, Band 2, 3. Aufl., 2013, § 110 Rdnr. 1; *Kroth*, in: Braun, InsO, 6. Aufl., 2014, § 110 Rdnr. 1.
457 Siehe Kapitel 1 A.II.2.c)aa)(2).

Insolvenzverwalter) oder (3) *nicht erreichbar* (wie die Begründung eines rechtsgeschäftlichen Verfügungsverbotes sowie die Aktualisierung der potentiellen Haftung der Mietforderungen).[458] Die Verwendung des Begriffs „fiktiver Beschlagnahmezeitpunkt" im Rahmen einer kalten Zwangsverwaltung suggeriert jedoch, dass die vorgenannten Wirkungen einer Beschlagnahme nach dem ZVG auch bei der kalten Zwangsverwaltung eintreten. Der Begriff ist daher irreführend und sollte nicht verwendet werden.[459]

Dessen ungeachtet sollten die Parteien den Beginn des Verwaltungszeitraums festlegen, damit sie wissen, ab wann sich ihre Rechte und Pflichten auch nach den vertraglichen Bestimmungen richten. Letztendlich verlangen auch *diejenigen Vertreter*, die einen „fiktiven Beschlagnahmezeitpunkt" für erforderlich halten, die Festlegung des nach ihrer Ansicht zeitgleichen Beginns des Verwaltungszeitraums.[460]

II. Ende

Die oben aufgeführten Gründe für die Festlegung des Beginns der kalten Zwangsverwaltung gelten entsprechend auch für deren Ende. Die Parteien sollten daher in der Verwertungsvereinbarung Regelungen zur Vertragsdauer treffen. Andernfalls liefe das Vertragsverhältnis auf unbestimmte Zeit und könnte

---

458 *A. A. Becker*, ZInsO 2013, 2532 (2537); *Kahlert*, DStR 2013, 97 (98 f.). Daher ist auch die Aussage von *Kahlert* (a. a. O.) unzutreffend, wonach mit der Vereinbarung einer kalten Zwangsverwaltung dieselben Wirkungen erzielt werden wie mit der Anordnung einer gerichtlichen Zwangsverwaltung.

459 Kritisch zum Begriff der „fiktiven Beschlagnahme" auch *Eickmann*, ZfIR 2007, 557 (559).

460 *Büchler*, in: Hamburger Kommentar, InsO, 5. Aufl., 2015, § 165 Rdnr. 15 („Beginn und Dauer der Laufzeit (fiktiver Beschlagnahmezeitpunkt)"); *Hees*, in: Schmitt, Praxishandbuch Gestaltung von Wirtschaftsverträgen, 2015, Kap. 9 Rdnr. 173 a. E. („Beginn und Dauer der Laufzeit (fiktiver Beschlagnahmezeitpunkt)"); *Tetzlaff*, in: Münchener Kommentar, InsO, Band 2, 3. Aufl., 2013, § 165 Rdnr. 189 („Festlegung von Beginn und Dauer der „kalten Zwangsverwaltung": Bestimmung eines fiktiven Beschlagnahmezeitpunktes"*)*. Nicht ganz eindeutig hingegen *Beuck*, in: Bork/ Hölzle, Handbuch Insolvenzrecht, 1. Aufl., 2014, Kap. 8 Rdnr. 210 („Festlegung von Beginn und Dauer der „kalten Zwangsverwaltung" bzw. Bestimmung eines fiktiven Beschlagnahmezeitpunktes"); *Sinz*, in: K. Schmidt, InsO, 19. Aufl., 2016, § 165 Rdnr. 29 („fiktiven Beschlagnahmezeitpunkt festlegen oder Beginn und Dauer der Vereinbarung bestimmen").

von jeder Partei jederzeit ohne Grund gekündigt werden.[461] Entsprechendes gilt bei ausdrücklicher Festlegung einer unbestimmten Vertragslaufzeit. Für die Parteien wäre der Bestand des Vertragsverhältnisses ungewiss. Zur Sicherung einer möglichen Verwertungsoption des Grundstücks ist aber insbesondere für den Insolvenzverwalter eine gewisse Planbarkeit vonnöten.[462]

Die Festlegung eines datierten Endzeitpunktes[463] unabhängig von der konkreten Situation erscheint wenig praktikabel. Denkbar wäre es etwa, die Dauer von dem Zeitraum abhängig zu machen, der für die Veräußerung des Grundstücks von den Parteien erwartet wird.[464] Nimmt eine etwaige Veräußerung jedoch mehr Zeit in Anspruch, so müsste die Vertragsdauer durch sämtliche Parteien verlängert werden. Die Dauer der kalten Zwangsverwaltung könnte daher auch an den noch nicht terminierten Zeitpunkt der Veräußerung des Grundstücks geknüpft werden.[465] Möglich ist auch eine Befristung bis zur Beendigung des Insolvenzverfahrens.[466]

III. Fazit

Die Parteien sollten in der Verwertungsvereinbarung die Vertragsdauer, mithin deren Beginn und Ende, ausdrücklich zur Abgrenzung der Rechte der Insolvenzmasse und der absonderungsberechtigten Gläubiger festlegen.[467]

---

461 Bei der kalten Zwangsverwaltung handelt es sich um einen Geschäftsbesorgungsvertrag mit dienstvertraglichem Charakter, da die Verwaltungstätigkeit als solches im Mittelpunkt steht. Da die Vergütung nicht nach Zeitabschnitten bemessen ist, besteht ein jederzeitiges Kündigungsrecht (§ 675 Abs. 1 BGB i V. m. § 620 Abs. 2, § 621 Nr. 5 BGB). § 621 BGB ist abdingbar (*BGH*, Urt. v. 25.11.1963 – VII ZR 29/62 = BGHZ 40, 235 (238); *Weidenkaff*, in: Palandt, BGB, 75. Aufl., 2016, § 621 Rdnr. 2).

462 *Keller*, NZI 2013, 265 (269); *a. A. Heyn/ Kreuznacht/ Voss*, Arbeitshilfen für Insolvenzsachbearbeiter, 3. Aufl., 2014, Teil 2 Muster 191 Rdnr. 429 („Diese Verwertungsvereinbarung ist von den Parteien jeweils mit einer Frist von einem Monat zum Monatsende kündbar.").

463 *Wipperfürth*, Das Grundstück in der Insolvenz, 1. Aufl., 2014, C. Rdnr. 666.

464 *Ellrich/ Lind*, ForderungsPraktiker Wiki Kredit-Servicing 2012, 16 (19).

465 *Wipperfürth*, Das Grundstück in der Insolvenz, 1. Aufl., 2014, C. Rdnr. 666.

466 *Keller*, NZI 2013, 265 (269).

467 *Bork*, ZIP 2013, 2129 (2132); *Büchler*, in: Hamburger Kommentar, InsO, 5. Aufl., 2015, § 165 Rdnr. 15; *Hees*, in: Schmitt, Praxishandbuch Gestaltung von Wirtschaftsverträgen, 2015, Kap. 9 Rdnr. 173 a. E.; *Keller*, ZfIR 2002, 861 (867); *ders.*, NZI 2013, 265 (270 f.); *Kindler*, Grundpfandrechte im Insolvenzverfahren, 1. Aufl., 2009, S. 50; *Tetzlaff*, ZfIR 2005, 179 (181); *ders.*, in: Lwowski/ Fischer/ Langenbucher, Das Recht

E. Einzug und Verwendung der Mietforderungen

Wesentlicher Punkt der Verwertungsvereinbarung ist der Einzug und die Verwendung der Mietforderungen. Nachfolgend soll untersucht werden, ob die Mieteinnahmen in die Insolvenzmasse fließen oder von dieser zu separieren sind. Zudem ist zu klären, wie die Erlöse verteilt bzw. verwendet werden können und welche Tilgungsbestimmungen die Parteien hierbei treffen können.

I. Einzug der Mietforderungen

1. Durch Insolvenzverwalter

Mangels Beschlagnahme im Sinne des ZVG stehen die Mieten weiterhin der Insolvenzmasse zu und werden vom Insolvenzverwalter eingezogen.[468]

Teilweise wird vorgeschlagen, dass der Insolvenzverwalter die zukünftigen Mietforderungen an die absonderungsberechtigten Gläubiger abtreten soll.[469] Forderungsinhaber wären dann die absonderungsberechtigten Gläubiger. Diese Vorgehensweise ist abzulehnen.[470] Ungeachtet dessen, dass eine Mehrzahl von Forderungsinhabern zu praktischen Problemen führen kann, würden derartige Forderungsübertragungen zu einer zumindest mittelbaren Schlechterstellung der Insolvenzmasse führen.[471] Die Insolvenzmasse bliebe weiterhin Kostenschuldnerin etwaiger Verbindlichkeiten, ihr würden jedoch direkt keine Mieteinnahmen zur Kostentragung zufließen.[472] Der Insolvenzverwalter wäre auf die

---

der Kreditsicherung, 9. Aufl., 2011, § 6 Rdnr. 25; *ders.*, in: Münchener Kommentar, InsO, Band 2, 3. Aufl., 2013, § 165 Rdnr. 189; *a. A. Mitlehner*, ZIP 2012, 649 (654).

468 Siehe hierzu bereits Kapitel 3 D.I.2. Entgegen der Ansicht von *Haunschild* (ForderungsPraktiker 2010, 201 (205)) werden die Mietforderungen mangels Rechtsgrundlage nicht von den absonderungsberechtigten Gläubigern, sondern vom Insolvenzverwalter eingezogen.

469 *Beuck*, in: Bork/ Hölzle, Handbuch Insolvenzrecht, 1. Aufl., 2014, Kap. 8 Rdnr. 210; *Haunschild*, ForderungsPraktiker 2010, 201 (205 Fn. 24); *Hawelka*, ZfIR 2010, 665 (672); *Metoja*, in: MaInsO Mindestanforderungen an die Insolvenzabwicklung, 2010, E. Rdnr. 1499; *Tetzlaff*, in: Lwowski/ Fischer/ Langenbucher, Das Recht der Kreditsicherung, 9. Aufl., 2011, § 6 Rdnr. 25; *ders.*, in: Münchener Kommentar, InsO, Band 2, 3. Aufl., 2013, § 165 Rdnr. 189; *Weis*, in: Schmidt/ Haarmeyer/ Albrecht, Praxis und Ausbildung im Insolvenzbüro, 2. Aufl., 2010, G. Rdnr. 700.

470 Ebenso *Mitlehner*, ZIP 2012, 649 (653).

471 Zur Zulässigkeit der kalten Zwangsverwaltung siehe ausführlich Kapitel 2 C.

472 Dies ist eines der Argumente, weshalb die Pfändung von Mietforderungen nach Eröffnung des Insolvenzverfahrens abzulehnen ist, vgl. hierzu Kapitel 1 A.II.3.b).

Mitwirkung der absonderungsberechtigten Gläubiger angewiesen. Entsprechendes würde hinsichtlich der Zahlung des Ausgleichsbetrages gelten.[473]

2. *Bildung einer Sondermasse*

Nachdem nun festgestellt wurde, dass der Insolvenzverwalter weiterhin die Mieten einzieht, ist im Folgenden zu klären, ob er die Mieten zur Insolvenzmasse einzieht oder durch Bildung einer Sondermasse von dieser separiert.

a) *Begriff der Sondermasse allgemein*

In der Insolvenz einer (natürlichen oder juristischen) Person gilt der Grundsatz „eine Person, ein Vermögen, ein Insolvenzverfahren", d. h. den Gläubigern wird das gesamte Vermögen haftungsrechtlich zugewiesen, es bildet die einheitliche Insolvenzmasse.[474] Bei Sondermassen handelt es sich um Teile dieser Insolvenzmasse, die innerhalb ein und desselben Insolvenzverfahrens haftungsrechtlich nur einzelnen Gläubigern oder Gläubigergruppen zugewiesen sind.[475] Die Bildung von Sondermassen innerhalb des Insolvenzverfahrens ist dem Insolvenzrecht nicht fremd.[476]

Sondermassen können etwa aufgrund gesetzlicher Vorschriften zu bilden sein.[477] Darüber hinaus hat der Insolvenzverwalter eine Sondermasse zu bilden, wenn bestimmte Erlöse nur der Befriedigung bestimmter privilegierter

---

Zur Unzulässigkeit einer isolierten Freigabe der Mietforderungen vgl. *Becker*, ZInsO 2013, 2532 (2536); *Bork*, ZIP 2013, 2129 (2132) m. w. N.

473 Siehe hierzu ausführlich Kapitel 3 E.III.

474 *Hahn*, Die gesamten Materialien zu den Reichs-Justizgesetzen, Band 4, 1983, A. c. I. 1. Buch, 1. Titel, Begründung zu § 3 KO-E, S. 57; *Henckel*, in: Jaeger, InsO, Band 1, 1. Aufl., 2004, § 35 Rdnr. 131; *Hirte*, in: Uhlenbruck, InsO, 14. Aufl., 2015, § 35 Rdnr. 53; *Peters*, in: Münchener Kommentar, InsO, Band 1, 3. Aufl., 2013, § 35 Rdnr. 72.

475 *BGH*, Urt. v. 10.05.1978 – VIII ZR 32/77 = BGHZ 71, 296 (304); *ders.*, Beschl. v. 18.02.2004 – XII ZR 196/99 = Rdnr. 23 (juris); *OLG Stuttgart*, Beschl. v. 03.06.1997 – 19 VA 6/97 = OLGR Stuttgart 1997, 66 (67); *Henckel*, in: Jaeger, InsO, Band 1, 1. Aufl., 2004, § 35 Rdnr. 141; *Hirte*, in: Uhlenbruck, InsO, 14. Aufl., 2015, § 35 Rdnr. 55; *Mohrbutter*, in: Mohrbutter/ Ringstmeier, Handbuch Insolvenzverwaltung, 9. Aufl., 2015, Kap. 6 Rdnr. 197, Kap. 23 Rdnr. 7; offen gelassen von *LG Münster*, Beschl. v. 03.02.2014 – 5 T 318/13 = Rdnr. 33 (juris).

476 *BGH*, Urt. v. 10.05.1978 – VIII ZR 32/77 = BGHZ 71, 296 (304).

477 Z. B. § 32 Abs. 3, § 33 DepotG.

Gläubiger dienen.[478] Ohne eine derartige Sondermasse würden die Erträge in die Insolvenzmasse fließen und somit auch anderen Gläubigern zugutekommen. Dies würde zu einer Vermögensverschiebung zugunsten nicht privilegierter Gläubiger führen. Hingegen soll die Bildung einer Sondermasse dann nicht erforderlich sein, wenn bei Vermischung der Erlöse mit der Insolvenzmasse deren Verteilung zu demselben Ergebnis führt.[479]

b) *Zwangsverwaltungsmasse als Sondermasse bei gerichtlich angeordneter Zwangsverwaltung*

Mit Anordnung des gerichtlichen Zwangsverwaltungsverfahrens im Laufe eines Insolvenzverfahrens werden weder das Grundstück noch die Mietforderungen massefremd, sie bilden vielmehr eine Sondermasse innerhalb der Insolvenzmasse, deren Umfang sich aus der Beschlagnahmewirkung ergibt.[480] Anders als die Insolvenzmasse unterliegt die Zwangsverwaltungsmasse ausschließlich der Verwaltung des Zwangsverwalters.[481] Zieht der Zwangsverwalter die Mietforderungen ein, so erlöschen sie durch Erfüllung, § 362 Abs. 1 BGB. Um zu vermeiden, dass die absonderungsberechtigten Gläubiger ihre Rechtsposition verlieren, die ihnen an den Mietforderungen zugestanden haben, setzen sich ihre Pfandrechte

---

478 *BGH*, Beschl. v. 20.11.2008 - IX ZB 199/05 = WM 2009, 189 (190, zu § 93 InsO); *ders.*, Urt. v. 09.10.2014 - IX ZR 140/11 = BGHZ 202, 324 (343, zu § 92 InsO); *LG Münster*, Beschl. v. 03.02.2014 - 5 T 318/13 = Rdnr. 32 (juris, zu § 93 InsO); *Brandes/ Gehrlein*, in: Münchener Kommentar, InsO, Band 2, 3. Aufl., 2013, § 92 Rdnr. 15; *Henckel*, in: Jaeger, InsO, Band 1, 1. Aufl., 2004, § 35 Rdnr. 141; *K. Schmidt*, in: K. Schmidt, InsO, 19. Aufl., 2016, § 93 Rdnr. 28; *Mohrbutter*, in: Mohrbutter/ Ringstmeier, Handbuch Insolvenzverwaltung, 9. Aufl., 2015, Kap. 6 Rdnr. 198; *Piekenbrock*, in: Ahrens/ Gehrlein/ Ringstmeier, Fachanwaltskommentar Insolvenzrecht, 2. Aufl., 2014, § 92 Rdnr. 21; *Pohlmann*, in: Hamburger Kommentar, InsO, 5. Aufl., 2015, § 92 Rdnr. 34, § 93 Rdnr. 75.

479 *Brandes/ Gehrlein*, in: Münchener Kommentar, InsO, Band 2, 3. Aufl., 2013, § 92 Rdnr. 15.

480 *RG*, Urt. v. 20.10.1933 - II 30/33 = RGZ 142, 85 (93); *BGH*, Beschl. v. 18.02.2004 - XII ZR 196/99 = Rdnr. 23 (juris); *Brinkmann*, in: Uhlenbruck, InsO, 14. Aufl., 2015, § 165 Rdnr. 31; *Depré/ Lambert*, ZfIR 2012, 1 (7); *Eickmann*, Immobiliarvollstreckung und Insolvenz, 1998, Rdnr. 203; *Hennings-Holtmann*, Zwangsversteigerung und Zwangsverwaltung, 5. Aufl., 2007, Kap. 4 Rdnr. 3.29; *Tetzlaff*, in: Münchener Kommentar, InsO, Band 2, 3. Aufl., 2013, § 165 Rdnr. 30.

481 *BGH*, Beschl. v. 18.02.2004 - XII ZR 196/99 = Rdnr. 23 (juris).

im Wege der dinglichen Surrogation am Erlös fort.[482] Die Verfahrenskosten sowie die Ausgaben der Verwaltung gehen zulasten der Zwangsverwaltungsmasse und nicht der Insolvenzmasse.[483] Verbleibt nach der vollständigen Befriedigung der privilegierten Gläubiger ein Übererlös, so fließt dieser in die Insolvenzmasse.[484]

c) Sondermasse im Rahmen der kalten Zwangsverwaltung

Fraglich ist, ob der Insolvenzverwalter auch für das in der kalten Zwangsverwaltung verwaltete Grundstück eine Sondermasse zu bilden hat.

Die Aussage des *RG*, dass

> „abgesehen von den Fällen der Einleitung einer Zwangsverwaltung und von der Kaufgeldermasse bei einer Zwangsversteigerung (...) die Reichskonkursordnung keine besondere, zur Befriedigung absonderungsberechtigter Gläubiger bestimmte Masse [kennt]",[485]

ist zumindest – wie vorstehend unter Kapitel 3 E.I.2.a) dargestellt – heute nicht mehr gültig.

Für die Beantwortung der vorstehenden Frage könnte die insolvenzrechtliche Qualifizierung der Gläubigeransprüche eine entscheidende Rolle spielen.

aa) Insolvenzrechtliche Qualifizierung der Gläubigeransprüche

(1) Kein Absonderungsrecht an den Mietforderungen

Anders als bei einer gerichtlich angeordneten Zwangsverwaltung haben die absonderungsberechtigten Gläubiger bei einer kalten Zwangsverwaltung an den Mietforderungen kein Absonderungsrecht.[486] Danach stünde auch der Verwertungserlös der kalten Zwangsverwaltung grundsätzlich der Insolvenzmasse zu. Zieht der Insolvenzverwalter die Mietforderungen ein, so werden sie enthaftet,

---

482 *RG*, Urt. v. 06.07.1910 – V 569/09 = RGZ 74, 106 (108); *BGH*, Beschl. v. 10.10.2013 – IX ZB 197/11 = WM 2013, 2176 (2177); *OLG Hamm*, Urt. v. 17.12.1987 – 27 U 252/86 = Rdnr. 36 (juris); *Ganter*, NZI 2008, 583 (583); *Wenzel*, in: Erman, BGB, Band 2, 14. Aufl., 2014, § 1124 Rdnr. 1.

483 *Ganter*, in: Münchener Kommentar, InsO, Band 1, 3. Aufl., 2013, § 49 Rdnr. 88; *Raab*, DZWIR 2006, 234 (235).

484 *Hahn*, Die gesamten Materialien zu den Reichs-Justizgesetzen, Band 4, 1983, A. c. I. 1. Buch, 1. Titel, Begründung zu § 3 KO-E, S. 56; *BGH*, Urt. v. 13.10.1959 – VIII ZR 186/58 = NJW 1959, 2251 (2251); *Hess*, in: Hess, Insolvenzrecht, Band 1, 2. Aufl., 2013, § 49 Rdnr. 9; *Thole*, in: K. Schmidt, InsO, 19. Aufl., 2016, § 53 Rdnr. 8.

485 *RG*, Urt. v. 13.03.1889 – V 343/88 = RGZ 23, 54 (59).

486 Siehe hierzu Kapitel 3 D.I.3.c).

§ 1124 Abs. 1 Satz 1 BGB.[487] Dies verdeutlicht die entscheidende Bedeutung der Beschlagnahme,[488] deren Wirkungen nicht vereinbart werden können.[489] Da den absonderungsberechtigten Gläubigern an den Mietforderungen noch keine gesicherte Rechtsposition zugestanden hat, findet mangels Schutzbedürftigkeit auch keine dingliche Surrogation hinsichtlich der Mieteinnahmen statt.[490] Eine anderweitige Annahme würde dem Wertungssystem der §§ 1123 ff. BGB widersprechen. Insoweit sind die absonderungsberechtigten Gläubiger in Bezug auf die im Rahmen der kalten Zwangsverwaltung eingezogenen Einnahmen nicht privilegiert.

(2) Kategorisierung als sonstige Masseverbindlichkeiten

Die absonderungsberechtigten Gläubiger leiten ihre Ansprüche auf Beteiligung an den Mieteinnahmen aus der Verwertungsvereinbarung mit dem Insolvenzverwalter ab. Da die Verbindlichkeiten aufgrund dieser schuldrechtlichen Vereinbarung mit dem Insolvenzverwalter erst im laufenden Insolvenzverfahren begründet werden, handelt es sich hierbei um *sonstige Masseverbindlichkeiten* gemäß § 55 Abs. 1 Nr. 1 Var. 1 InsO.[491]

Sobald ihre Forderungen fällig sind,[492] sind Massegläubiger in voller Höhe vor den Insolvenzgläubigern aus der um Aussonderungsgegenstände, zur Absonderung stehende Gegenstände und etwaige Aufrechnungen bereinigten

---

487 *BGH*, Beschl. v. 10.10.2013 – IX ZB 197/11 = WM 2013, 2176 (2177).

488 *BGH*, Beschl. v. 10.10.2013 – IX ZB 197/11 = WM 2013, 2176 (2177).

489 Siehe hierzu Kapitel 3 D.I.2.

490 *Mitlehner*, ZIP 2012, 649 (654). Anders verhält es sich nach der *h. M.* bei der freihändigen Veräußerung eines belasteten Grundstücks, wenn diese zum Untergang des Rechts führt, vgl. *BGH*, Urt. v. 11.03.2010 – IX ZR 34/09 = ZIP 2010, 791 (791); *Büchler*, in: Hamburger Kommentar, InsO, 5. Aufl., 2015, § 165 Rdnr. 12; *Elsner*, in: Mohrbutter/ Ringstmeier, Handbuch Insolvenzverwaltung, 9. Aufl., 2015, Kap. 24 Rdnr. 10; *Gehrlein*, Aktuelle Rechtsprechung zum Insolvenzrecht, 1. Aufl., 2013, Kap. B. III. Ziff. 2d; *Hess*, in: Hess, Insolvenzrecht, Band 2, 2. Aufl., 2013, § 165 Rdnr. 13; *Pape/ Uhlenbruck/ Voigt-Salus,* Insolvenzrecht, 2. Aufl., 2010, Kap. 25 Rdnr. 9; *a. A. Ganter*, in: Münchener Kommentar, InsO, Band 1, 3. Aufl., 2013, Vorb. vor §§ 49–52 Rdnr. 99b.

491 *Becker*, ZInsO 2013, 2532 (2537); *Bork*, ZIP 2013, 2129 (2132 f.); *Mitlehner*, ZIP 2012, 649 (654); *ders.*, ZIP 2015, 60 (62); *Thole*, in: K. Schmidt, InsO, 19. Aufl., 2016, § 55 Rdnr. 4, 6.

492 *BGH*, Urt. v. 06.05.2004 – IX ZR 48/03 = BGHZ 159, 104 (114); *OLG Düsseldorf*, Urt. v. 27.01.2012 – I-22 U 49/11 = NZI 2012, 675 (677); *Hefermehl*, in: Münchener Kommentar, InsO, Band 1, 3. Aufl., 2013, § 53 Rdnr. 51.

Insolvenzmasse vorweg zu befriedigen, § 53 InsO.[493] Unter den Massegläubigern herrscht grundsätzlich Gleichrang,[494] so dass sie vom Insolvenzverwalter gleichmäßig zu befriedigen sind.[495] Würde der Insolvenzverwalter demnach die Mieteinnahmen aus der kalten Zwangsverwaltung zur Insolvenzmasse vereinnahmen, so stünden sie zur Befriedigung sämtlicher Massegläubiger zur Verfügung. Der Kreis der Zugriffsberechtigten würde sich – im Vergleich zu einer abgesonderten Befriedigung bei einer gerichtlich angeordneten Zwangsverwaltung – erweitern. Die Mieteinnahmen wären haftungsrechtlich nicht mehr privilegiert den absonderungsberechtigten Gläubigern zugewiesen.

(3) Lösungsvorschlag von *Bork*

Um eine zur gerichtlich angeordneten Zwangsverwaltung vergleichbare Situation bei der kalten Zwangsverwaltung herzustellen, schlägt *Bork*[496] vor, dass der Insolvenzverwalter mit den absonderungsberechtigten Gläubigern deren *Vorrang vor den übrigen Massegläubigern* vereinbart. Hierdurch stünden die übrigen Massegläubiger im Vergleich zur gerichtlich angeordneten Zwangsverwaltung nicht schlechter. Dies ist im Grundsatz richtig. Bei einer gerichtlich angeordneten Zwangsverwaltung partizipieren die Massegläubiger nur im Falle eines Übererlöses an den Einnahmen.[497] Jedoch geht der Gesetzgeber – mit Ausnahme der Sondersituation bei einer Masseunzulänglichkeit nach § 209 InsO – vom Gleichrang der Massegläubiger aus.

Der Vorschlag von *Bork* löst des Weiteren folgendes Problem nicht: Massegläubigern steht grundsätzlich die gesamte Insolvenzmasse als haftendes Vermögen zur Verfügung, § 53 InsO. Das Rechtsinstitut der kalten Zwangsverwaltung ist jedoch nur zulässig, wenn die absonderungsberechtigten Gläubiger nicht besser

---

493 *Hefermehl*, in: Münchener Kommentar, InsO, Band 1, 3. Aufl., 2013, § 53 Rdnr. 1, 12, 18; *Mohrbutter*, in: Mohrbutter/ Ringstmeier, Handbuch Insolvenzverwaltung, 9. Aufl., 2015, Kap. 6 Rdnr. 316; *Thole*, in: K. Schmidt, InsO, 19. Aufl., 2016, § 53 Rdnr. 7 f.

494 *Hefermehl*, in: Münchener Kommentar, InsO, Band 1, 3. Aufl., 2013, § 53 Rdnr. 11; *Thole*, in: K. Schmidt, InsO, 19. Aufl., 2016, § 53 Rdnr. 9.

495 *BGH*, Urt. v. 06.05.2004 – IX ZR 48/03 = BGHZ 159, 104 (114 f.); *OLG Düsseldorf*, Urt. v. 27.01.2012 – I-22 U 49/11 = NZI 2012, 675 (677); *Hefermehl*, in: Münchener Kommentar, InsO, Band 1, 3. Aufl., 2013, § 53 Rdnr. 11.

496 *Bork*, ZIP 2013, 2129 (2133); kritisch hierzu *Mitlehner*, ZIP 2012, 649 (654); *ders.*, ZIP 2015, 60 (62).

497 Siehe hierzu Kapitel 3 E.I.2.b).

gestellt werden als bei einer gerichtlich angeordneten Zwangsverwaltung.[498] Bei dieser werden die absonderungsberechtigten Gläubiger gegenständlich begrenzt aus den aus der ordnungsgemäßen Nutzung des belasteten Grundstücks stammenden Erträgen befriedigt.[499] In der kalten Zwangsverwaltung ist daher die Befriedigungsmasse für die absonderungsberechtigten Gläubiger auf die Einnahmen aus der Grundstücksverwaltung zu begrenzen.[500] Auf die Insolvenzmasse darf im Übrigen nicht zugegriffen werden.

(4) Abgrenzung zur Insolvenzmasse durch Bildung einer Sondermasse

Durch die Bildung einer Sondermasse für die kalte Zwangsverwaltung,[501] wie für den Erlös aus der Verwertung von Absonderungsgut,[502] gelingt eine klare Abgrenzung zur Insolvenzmasse.[503] Die Einnahmen und Ausgaben der kalten Zwangsverwaltung werden buchhalterisch genau erfasst[504] und über ein separates Konto abgewickelt.[505] Hierdurch wird sichergestellt, dass die absonderungsberechtigten

---

498 Siehe hierzu ausführlich Kapitel 2 C.III.2.b).

499 Siehe Kapitel 1 A.II.2.a).

500 *Cranshaw*, ZfIR 2013, 393 (395); *Eickmann*, ZfIR 2007, 557 (561); *Keller*, NZI 2013, 265 (268 ff.); *Wipperfürth*, Das Grundstück in der Insolvenz, 1. Aufl., 2014, C. Rdnr. 668.

501 *Ellrich/ Lind*, ForderungsPraktiker Wiki Kredit-Servicing 2012, 16 (17 f.); *Engels*, in: Hintzen/ Engels/ Rellermeyer, ZVG, 14. Aufl., 2013, § 146 Rdnr. 40; *Hasselblatt*, in: ForderungsPraktiker Wiki Kredit-Servicing 2012, 22 (25); *Kahlert*, DStR 2013, 97 (99); *Knees*, ZIP 2001, 1568 (1575); *Mohrbutter*, in: Mohrbutter/ Ringstmeier, Handbuch Insolvenzverwaltung, 9. Aufl., 2015, Kap. 23 Rdnr. 7; *Tetzlaff*, ZfIR 2005, 179 (183); *a. A. Ganter*, in: Münchener Kommentar, InsO, Band 1, 3. Aufl., 2013, Vorb. vor §§ 49–52 Rdnr. 100a; *Mitlehner*, ZIP 2012, 649 (654 Fn. 66).

502 *Mohrbutter*, in: Mohrbutter/ Ringstmeier, Handbuch Insolvenzverwaltung, 9. Aufl., 2015, Kap. 23 Rdnr. 11, Kap. 41 Rdnr. 37.

503 *Hasselblatt*, in: ForderungsPraktiker Wiki Kredit-Servicing 2012, 22 (25); *Knees*, ZIP 2001, 1568 (1575); *ders.*, Zwangsversteigerung und Zwangsverwaltung, 7. Aufl., 2013, S. 257; *Tetzlaff*, ZfIR 2005, 179 (183); *Zimmer*, Insolvenzbuchhaltung, 2013, F. Rdnr. 387.

504 *Mohrbutter*, in: Mohrbutter/ Ringstmeier, Handbuch Insolvenzverwaltung, 9. Aufl., 2015, Kap. 23 Rdnr. 8; sowie ausführlich *Zimmer*, Insolvenzbuchhaltung, 2013, G. Rdnr. 609 ff.; *a. A. Mitlehner*, ZIP 2012, 649 (654 Fn. 66).

505 *Ellrich/ Lind*, ForderungsPraktiker Wiki Kredit-Servicing 2012, 16 (17, 20); *Janca*, InsbürO 2004, 377 (381); *Metoja*, in: MaInsO Mindestanforderungen an die Insolvenzabwicklung, 2010, E. Rdnr. 1502; *Mohrbutter*, in: Mohrbutter/ Ringstmeier, Handbuch Insolvenzverwaltung, 9. Aufl., 2015, Kap. 23 Rdnr. 8; *Obermüller*, Insolvenzrecht in der Bankpraxis, 8. Aufl., 2011, Rdnr. 6.949 Muster 48; *Ringstmeier*, in: Beck/ Depré,

Gläubiger nur aus den Mieteinnahmen des verwalteten Grundstücks befriedigt werden.[506] Zugleich wird erreicht, dass die Mieteinnahmen nicht zur Befriedigung anderer Massegläubiger verwendet werden.

bb) Zwischenfazit

Aufgrund der vorstehenden Erwägungen und der Tatsache, dass die absonderungsberechtigten Gläubiger ohne eine gewisse Sicherheit, dass die Mieteinnahmen abzüglich der Ausgaben der kalten Zwangsverwaltung[507] und des Ausgleichsbetrages zugunsten der Insolvenzmasse[508] ihrer Befriedigung dienen und nicht durch andere Massegläubiger aufgezehrt werden, eine kalte Zwangsverwaltung regelmäßig nicht eingehen würden, ist bei Durchführung einer kalten Zwangsverwaltung eine Sondermasse zu bilden.

d) Umfang der Sondermasse

Die Sondermasse wird aus den Mieteinnahmen der kalten Zwangsverwaltung generiert.[509] Die Parteien haben in der Verwertungsvereinbarung die Zuordnung der Mieteinnahmen zur Insolvenz- bzw. Sondermasse genau festzulegen.[510] Sie sind hierbei nicht an die §§ 1123 ff. BGB gebunden, können sich aber hieran orientieren.

Für die Durchführung der kalten Zwangsverwaltung benötigt der Insolvenzverwalter Kapital, ohne welches es bei der Grundstücksverwaltung zu erheblichen Verzögerungen kommen kann. Der Insolvenzverwalter wäre in seinen Handlungsoptionen eingeschränkt, was von den Parteien nicht gewollt ist. Es empfiehlt sich daher, die Mieten spätestens ab dem auf den Beginn der kalten Zwangsverwaltung folgenden Monat zur Sondermasse zu vereinnahmen. Auch hinsichtlich der Miete für den bei Beginn der kalten Zwangsverwaltung laufenden Monat sollten die Parteien eine Regelung treffen. Da in der Verwertungsvereinbarung der

---

Praxis der Insolvenz, 2. Aufl., 2010, § 22 Rdnr. 114; *Tetzlaff*, ZfIR 2005, 179 (183); *Zimmer*, Insolvenzbuchhaltung, 2013, F. Rdnr. 391.

506 *Keller*, NZI 2013, 265 (268).

507 Siehe nachfolgend Kapitel 3 E.II.

508 Siehe nachfolgend Kapitel 3 E.III.1.

509 Zur Einteilung der Mietforderungen siehe ausführlich Kapitel 1 A.II.2.c)bb).

510 *Büchler*, in: Hamburger Kommentar, InsO, 5. Aufl., 2015, § 165 Rdnr. 15; *Eckardt*, Grundpfandrechte im Insolvenzverfahren, 14. Aufl., 2014, E. Rdnr. 423; *Hees*, in: Schmitt, Praxishandbuch Gestaltung von Wirtschaftsverträgen, 2015, Kap. 9 Rdnr. 173 a. E.

Beginn der kalten Zwangsverwaltung festzulegen ist,[511] könnte dieser zugleich als Zäsur für die Zuordnung der Mieteinnahmen dienen. Die Miete wäre dann gegebenenfalls anteilig zwischen Insolvenz- und Sondermasse aufzuteilen. Bei der Behandlung der Miete für den laufenden Monat dürfte auch eine Rolle spielen, ob die Miete bereits zur Insolvenzmasse vereinnahmt wurde (siehe sogleich). In der *Literatur* wird zudem empfohlen, dass die Parteien auch hinsichtlich rückständiger Mieten und Mieten, die vor Abschluss der Verwertungsvereinbarung durch den Insolvenzverwalter zur Insolvenzmasse bereits eingezogen wurden, eine Vereinbarung treffen sollen.[512] Bei der gerichtlich angeordneten Zwangsverwaltung erfasst der Haftungsverband auch rückständige Mietforderungen, die innerhalb eines Jahres ab ihrer Fälligkeit beschlagnahmt werden, § 1123 Abs. 2 Satz 1 BGB. Eingezogene Mietforderungen werden hingegen frei, § 1124 Abs. 1 Satz 1 BGB. Auch im Rahmen der kalten Zwangsverwaltung bietet sich eine derartige Differenzierung an. Wurden rückständige Mietforderungen noch nicht zur Insolvenzmasse eingezogen, so sollten die Parteien eine Vereinbarung treffen, wonach der Insolvenzverwalter diese rückwirkend bis zu einem bestimmten Zeitpunkt, jedoch innerhalb der Grenze des § 1123 Abs. 2 Satz 1 BGB, zumindest anteilig zur Sondermasse einzieht. Wurden die Mietforderungen hingegen bereits zur Insolvenzmasse eingezogen, so sollten diese nicht mehr im Nachgang der Sondermasse gutgeschrieben werden, da sie gegebenenfalls bereits zur Befriedigung anderer Masseverbindlichkeiten verbraucht wurden.

II. Ausgaben im Rahmen der kalten Zwangsverwaltung

1. Haftungsmasse

Der Insolvenzverwalter hat für das verwaltete Grundstück Ausgaben zu tätigen, wie z. B. Instandhaltungs- und Reparaturkosten, Betriebskosten und Versicherungsbeiträge. Bei diesen Kosten handelt es sich nicht um Kosten des

511 Siehe hierzu ausführlich Kapitel 3 D.I.

512 *Beuck,* in: Bork/ Hölzle, Handbuch Insolvenzrecht, 1. Aufl., 2014, Kap. 8 Rdnr. 210; *Büchler*, in: Hamburger Kommentar, InsO, 5. Aufl., 2015, § 165 Rdnr. 15; *Eckardt*, Grundpfandrechte im Insolvenzverfahren, 14. Aufl., 2014, E. Rdnr. 423; *Hees*, in: Schmitt, Praxishandbuch Gestaltung von Wirtschaftsverträgen, 2015, Kap. 9 Rdnr. 173 a. E.; *Ringstmeier*, in: Beck/ Depré, Praxis der Insolvenz, 2. Aufl., 2010, § 15 Rdnr. 99; *Tetzlaff*, in: Münchener Kommentar, InsO, Band 2, 3. Aufl., 2013, § 165 Rdnr. 189.

Insolvenzverfahrens i. S. v. § 54 InsO.[513] Im Gegensatz zur gerichtlich angeordneten Zwangsverwaltung bleibt bei der kalten Zwangsverwaltung die Zuständigkeit der Insolvenzmasse für das verwaltete Grundstück bestehen.[514] Alle nach Eröffnung des Insolvenzverfahrens durch den Insolvenzverwalter veranlassten Ausgaben sowie Ausgaben aufgrund von gegenseitigen Verträgen, deren Erfüllung verlangt wird, sind daher Masseverbindlichkeiten i. S. v. § 55 Abs. 1 Nr. 1, 2 InsO.[515] Masseverbindlichkeiten sind grundsätzlich aus der Insolvenzmasse zu bestreiten, § 53 InsO.

Bei Durchführung einer kalten Zwangsverwaltung hat der Insolvenzverwalter aus den Einnahmen der kalten Zwangsverwaltung eine Sondermasse zu bilden.[516] Die Ausgaben der kalten Zwangsverwaltung sind – obwohl es sich um Masseverbindlichkeiten handelt – aus dieser Sondermasse zu bestreiten.[517] Nur so wird eine Belastung der Insolvenzmasse mit den Ausgaben der kalten Zwangsverwaltung vermieden,[518] was letztlich wiederum für die Bildung einer Sondermasse spricht. In der Verwertungsvereinbarung müssen die Parteien daher zwingend regeln, dass die Ausgaben der kalten Zwangsverwaltung aus dieser Sondermasse zu bestreiten sind.[519]

2. Ersatz- und Freistellungsansprüche gegen die absonderungsberechtigten Gläubiger

a) Gesetzliche Ersatz- und Freistellungsansprüche

Der Insolvenzverwalter sollte im Rahmen der kalten Zwangsverwaltung grundsätzlich nur Verpflichtungen eingehen, die aus der vorhandenen Sondermasse bestritten werden können. Dennoch können Situationen eintreten, in denen

---

513 *BGH*, Beschl. v. 19.11.2009 – IX ZB 261/08 = NZI 2010, 188 (190); *Hefermehl*, in: Münchener Kommentar, InsO, Band 1, 3. Aufl., 2013, § 53 Rdnr. 20.

514 *Mitlehner*, ZIP 2012, 649 (654 Fn. 66); *Ringstmeier*: in: Beck/ Depré, Praxis der Insolvenz, 2. Aufl., 2010, § 22 Rdnr. 115.

515 *Becker*, ZInsO 2013, 2532 (2537); *Bork*, ZIP 2013, 2129 (2132 f.); *Ganter*, in: Münchener Kommentar, InsO, Band 1, 3. Aufl., 2013, Vorb. vor §§ 49–52 Rdnr. 100a; *Mitlehner*, ZIP 2012, 649 (654); *Raab*, DZWIR 2006, 234 (234).

516 Siehe hierzu Kapitel 3 E.I.2.c).

517 *Ellrich/ Lind*, ForderungsPraktiker Wiki Kredit-Servicing 2012, 16 (18); *Mohrbutter*, in: Mohrbutter/ Ringstmeier, Handbuch Insolvenzverwaltung, 9. Aufl., 2015, Kap. 23 Rdnr. 8.

518 Siehe bereits Kapitel 2 C.III.2.b).

519 *Kolmann*, in: Cranshaw/ Paulus/ Michel, Bankenkommentar zum Insolvenzrecht, Band 2, 2. Aufl., 2012, § 165 Rdnr. 40; *Mitlehner*, ZIP 2012, 649 (654 Fn. 66).

diese zur Tilgung sämtlicher Verbindlichkeiten nicht ausreicht. Ein Rückgriff auf die Insolvenzmasse muss in solchen Fällen indes verhindert werden.

Aufgrund des Geschäftsbesorgungscharakters[520] der Verwertungsvereinbarung besteht seitens der Insolvenzmasse ein Aufwendungsersatzanspruch nach § 675 Abs. 1 i. V. m. § 670 BGB[521] bzw. ein Freistellungsanspruch nach § 257 BGB gegen die absonderungsberechtigten Gläubiger. Voraussetzung hierfür ist, dass der Insolvenzverwalter die Aufwendungen im Zeitpunkt ihrer Erbringung vom Standpunkt eines nach verständigem Ermessen Handelnden für erforderlich halten durfte.[522] Hierbei können Kriterien wie etwa Umfang und Zweck der Geschäftsbesorgung, Verhältnis von Kosten und Nutzen sowie Bedeutung der Geschäftsbesorgung für den Geschäftsherrn eine Rolle spielen.[523] Die Beurteilung der Erforderlichkeit etwaiger Aufwendungen kann zu Streitigkeiten zwischen den Parteien führen. Dies gilt es zu vermeiden. Liegt diese tatbestandliche Voraussetzung im konkreten Einzelfall zudem nicht vor, kann der Insolvenzverwalter ohne eine vertragliche Regelung auf die absonderungsberechtigten Gläubiger nicht zurückgreifen.[524] Im Falle einer Unterdeckung wäre der Insolvenzverwalter gegebenenfalls nach § 60 Abs. 1 InsO schadensersatzpflichtig.

b) Vertragliche Ersatz- und Freistellungsansprüche

Die Verwertungsvereinbarung sollte daher eine Regelung enthalten, wonach die absonderungsberechtigten Gläubiger verpflichtet sind, im Falle einer Unterdeckung der Sondermasse die Insolvenzmasse von den Verpflichtungen der kalten Zwangsverwaltung freizustellen.[525] Nur mittels einer derartigen Vereinbarung lassen sich Streitigkeiten zwischen den Parteien über die Erforderlichkeit etwaiger Aufwendungen vermeiden. Der Insolvenzverwalter hat den

---

520 Zum Rechtscharakter der Verwertungsvereinbarung siehe Kapitel 2 D.

521 *Zimmer*, in: Kraemer/ Vallender/ Vogelsang, Handbuch zur Insolvenz, 73. Lieferung, 2016, Kap. 16 Rdnr. 146 (zu § 93 InsO). So jetzt wohl auch *OLG Köln*, Urt. v. 13.11.2013 - 2 U 17/13 = ZInsO 2016, 108 (111).

522 *Mansel*, in: Jauernig, BGB, 16. Aufl., 2015, § 670 Rdnr. 3; *Seiler*, in: Münchener Kommentar, BGB, Band 4, 6. Aufl., 2012, § 670 Rdnr. 9.

523 *Seiler*, in: Münchener Kommentar, BGB, Band 4, 6. Aufl., 2012, § 670 Rdnr. 9.

524 *OLG Köln*, Urt. v. 13.11.2013 - 2 U 17/13 = ZInsO 2016, 108 (111).

525 *Bork*, ZIP 2013, 2129 (2133); *Hawelka*, ZfIR 2010, 665 (672); *Keller*, NZI 2013, 265 (271); *Kühne*, in: Haarmeyer/ Pape/ Stephan/ Nickert, Formular-Kommentar Insolvenzrecht, 3. Aufl., 2016, Teil 10 Muster 9 Rdnr. 73, 75; *Metoja*, in: MaInsO Mindestanforderungen an die Insolvenzabwicklung, 2010, E. Rdnr. 1497; *Mitlehner*, ZIP 2012, 649 (654 Fn. 66); *Tetzlaff*, in: Lwowski/ Fischer/ Langenbucher, Das Recht der Kreditsicherung, 9. Aufl., 2011, § 6 Rdnr. 25.

absonderungsberechtigten Gläubigern eine etwaige Unterdeckung rechtzeitig anzuzeigen.[526]

Fehlt dennoch eine derartige vertragliche Regelung, macht dies die Verwertungsvereinbarung nicht evident insolvenzzweckwidrig.[527] Ohne konkrete Anhaltspunkte muss nicht zwingend davon ausgegangen werden, dass die Einnahmen zur Deckung der Ausgaben der kalten Zwangsverwaltung nicht ausreichen.

Um eine etwaige eigene Haftung – wie vorstehend erläutert – zu vermeiden, ist eine derartige vertragliche Regelung aus Sicht des Insolvenzverwalters jedoch erforderlich. Andernfalls könnte er lediglich versuchen, mit den an der Verwertungsvereinbarung beteiligten Gläubigern eine ergänzende Vereinbarung zu treffen. Hierzu ist er allerdings auf deren Mitwirkung angewiesen.

3. Vorschusspflicht der absonderungsberechtigten Gläubiger

Um zu vermeiden, dass der Geschäftsbesorger die Ausgaben vorleisten, also kreditieren muss,[528] sieht § 675 Abs. 1 i. V. m. § 669 BGB zudem eine Vorschusspflicht des Geschäftsherrn vor. Der Insolvenzverwalter kann danach von den absonderungsberechtigten Gläubigern auch einen Vorschuss auf die objektiv erforderlichen, d. h. notwendigen Aufwendungen verlangen.[529] Aufgrund des weiten Handlungsspielraumes des Insolvenzverwalters und abhängig von den von den Parteien in der Verwertungsvereinbarung getroffenen Maßnahmen wird ein derartiger Rückgriff jedoch an der gesetzlichen Voraussetzung der objektiven Erforderlichkeit häufig scheitern.

Aus Sicht des Insolvenzverwalters sollte daher stets auch auf eine vertragliche Regelung der Vorschusspflicht hingewirkt werden. Ob sie zwingend erforderlich ist, hängt von der Struktur der an der Verwertungsvereinbarung beteiligten Gläubiger im konkreten Einzelfall, insbesondere deren mutmaßliche Zahlungswilligkeit und -fähigkeit ab.

---

526 Für eine Anzeige nach spätestens zehn Tagen vgl. *Wipperfürth*, Das Grundstück in der Insolvenz, 1. Aufl., 2014, K. Rdnr. 891 Muster III. 7.

527 Siehe hierzu ausführlich Kapitel 2 C.III.2.b).

528 *Seiler*, in: Münchener Kommentar, BGB, Band 4, 6. Aufl., 2012, § 669 Rdnr. 1.

529 *Berger*, in: Erman, BGB, Band 1, 14. Aufl., 2014, § 669 Rdnr. 2; *Martinek*, in: Staudinger, BGB, Buch 2, 2006, § 669 Rdnr. 10.

4. *Weitere Vereinbarungen*

Gleichzeitig sind die Interessen sowie etwaige gesetzliche und / oder interne Vorgaben der absonderungsberechtigten Gläubiger zu berücksichtigen. Die Parteien könnten daher im Gegenzug vereinbaren, dass der Insolvenzverwalter die vorherige Zustimmung der absonderungsberechtigten Gläubiger für nicht zwingend erforderliche Maßnahmen oder für Maßnahmen, die eine bestimmte Wertgrenze überschreiten, einzuholen hat.[530]

Ein Verstoß der absonderungsberechtigten Gläubiger gegen ihre Freistellungsverpflichtung könnte zudem mit einem Kündigungsrecht des Insolvenzverwalters sanktioniert werden.[531]

III. Ausgleich für die Durchführung der kalten Zwangsverwaltung

Die Durchführung der kalten Zwangsverwaltung ist für den Insolvenzverwalter mit einem höheren Aufwand und einem gewissen Haftungsrisiko verbunden,[532] welche bei einer gerichtlich angeordneten Zwangsverwaltung den Zwangsverwalter treffen. Als Anreiz, überhaupt eine kalte Zwangsverwaltung durchzuführen, vereinbaren die Parteien der Verwertungsvereinbarung daher die Zahlung eines Ausgleichsbetrages aus den bei der kalten Zwangsverwaltung erzielten Einnahmen.

1. *Ausgleichsbetrag zugunsten der Insolvenzmasse oder als Vergütung des Insolvenzverwalters?*

Fraglich ist dabei, ob es sich bei diesem Ausgleichsbetrag um eine (zusätzliche) Vergütung des Insolvenzverwalters handelt oder ob der Ausgleichsbetrag der Insolvenzmasse zufließt.

Zumeist wird ohne nähere Begründung vertreten, dass der Ausgleichsbetrag der Insolvenzmasse zufließt.[533] Nach *a. A.* kann der Ausgleichsbetrag sowohl der

---

530 *Ellrich/ Lind*, ForderungsPraktiker Wiki Kredit-Servicing 2012, 16 (20); *Fischer*, ZInsO 2013, 1969 (1982); *Janca*, InsbürO 2004, 377 (383); *Obermüller*, Insolvenzrecht in der Bankpraxis, 8. Aufl., 2011, Rdnr. 6.949; *Wipperfürth*, Das Grundstück in der Insolvenz, 1. Aufl., 2014, K. Rdnr. 891 Muster III. 7. Zur Beendigungsmöglichkeit wegen fehlender Wirtschaftlichkeit siehe Kapitel 3 G.I.3 und Kapitel 3 G.II.1.

531 Siehe hierzu Kapitel 3 G.I.2 und Kapitel 3 G.II.1.

532 *Ellrich/ Lind*, ForderungsPraktiker Wiki Kredit-Servicing 2012, 16 (20); *Vogelsang*, in: Lexikon des Rechts, 116. EL, 2015, Sicherheitenverwertung.

533 *Becker*, ZInsO 2013, 2532 (2534); *Bork*, ZIP 2013, 2129 (2133); *Büchler*, in: Hamburger Kommentar, InsO, 5. Aufl., 2015, § 165 Rdnr. 14; *Dithmar/ Schneider*, in: Braun, InsO, 6. Aufl., 2014, § 165 Rdnr. 38; *Eckardt*, Grundpfandrechte im Insolvenzverfahren,

Insolvenzmasse als auch dem Insolvenzverwalter zugutekommen.[534] Danach käme es auf die vertragliche Vereinbarung an. Das *LG Leipzig*[535] sieht hingegen in der Ausgleichszahlung eine Sondervergütung für den Insolvenzverwalter als Gegenleistung für die Durchführung der kalten Zwangsverwaltung.

Da bei der Vereinbarung einer kalten Zwangsverwaltung der entgeltliche Geschäftsbesorgungsvertrag zwischen dem Insolvenzverwalter als Verwalter der Insolvenzmasse und den absonderungsberechtigten Gläubigern Rechtsgrund für die Vergütungspflicht ist,[536] ist Inhaber des Vergütungsanspruchs die *Partei des Vertrages*. Der Ausgleichsbetrag steht folglich der *Insolvenzmasse* zu. Gegen solche Vereinbarungen, die im Ergebnis allen Insolvenzgläubigern zugutekommen, ist rechtlich nichts einzuwenden.[537]

Der Insolvenzverwalter hat somit den Ausgleichsbetrag als Gegenleistung für die Durchführung der kalten Zwangsverwaltung in die Insolvenzmasse abzuführen. In dieser soll er auch vollumfänglich zur Verteilung an die aus der Insolvenzmasse zu befriedigenden Gläubiger verbleiben. Mit dem der Insolvenzmasse zustehenden Ausgleichsbetrag sollen weder die Ausgaben der kalten Zwangsverwaltung beglichen noch die absonderungsberechtigten Gläubiger befriedigt werden. Eine klare Abgrenzung ist deswegen zwingend

---

14. Aufl., 2014, E. Rdnr. 421; *Hees*, in: Schmitt, Praxishandbuch Gestaltung von Wirtschaftsverträgen, 2015, Kap. 9 Rdnr. 173; *Homann*, in: Ahrens/ Gehrlein/ Ringstmeier, Fachanwaltskommentar Insolvenzrecht, 2. Aufl., 2014, § 165 Rdnr. 23; *Keller*, ZfIR 2002, 861 (867); *ders.*, NZI 2013, 265 (267); *Laroche*, in: Vallender/ Undritz, Praxis des Insolvenzrechts, 2012, Kap. 2 Rdnr. 270; *Niering*, NZI 2008, 146 (147); *Pape/ Uhlenbruck/ Voigt-Salus*, Insolvenzrecht, 2. Aufl., 2010, Kap. 25 Rdnr. 8; *Ringstmeier*, in: Beck/ Depré, Praxis der Insolvenz, 2. Aufl., 2010, § 15 Rdnr. 99 („Zwangsverwaltungsgebühr"), § 22 Rdnr. 114; *Sajogo*, AnwZert InsR 22/2011 Anm. 3; *Schmidt/ Büchler*, InsbürO 2007, 214 (218); *Tetzlaff*, ZInsO 2004, 521 (528); *ders.*, in: Lwowski/ Fischer/ Langenbucher, Das Recht der Kreditsicherung, 9. Aufl., 2011, § 6 Rdnr. 25; *Vogelsang*, in: Lexikon des Rechts, 116. EL, 2015, Sicherheitenverwertung.

534 *Depré/ Lambert*, ZfIR 2012, 1 (8 Fn. 48); *Ellrich/ Lind*, ForderungsPraktiker Wiki Kredit-Servicing 2012, 16 (20); *Hasselblatt*, in: ForderungsPraktiker Wiki Kredit-Servicing 2012, 22 (25); *Knees*, Zwangsversteigerung und Zwangsverwaltung, 7. Aufl., 2013, S. 257; *Molitor*, ZInsO 2011, 1486 (1487); *Weis*, in: Schmidt/ Haarmeyer/ Albrecht, Praxis und Ausbildung im Insolvenzbüro, 2. Aufl., 2010, G. Rdnr. 698.

535 *LG Leipzig*, Beschl. v. 23.01.2007 – 12 T 763/06 = ZInsO 2007, 148 (148).

536 Zum Rechtscharakter der Verwertungsvereinbarung siehe Kapitel 2 D.

537 *BGH*, Urt. v. 20.12.1976 – II ZR 215/75 = WM 1977, 256 (257); *Schilken*, in: Jaeger, InsO, Band 2, 1. Aufl., 2007, § 63 Rdnr. 19.

erforderlich. Auch dies spricht für die Bildung einer Sondermasse im Rahmen der kalten Zwangsverwaltung.[538]

2. Höhe des Ausgleichsbetrages zugunsten der Insolvenzmasse

Die Höhe des Ausgleichsbetrages zugunsten der Insolvenzmasse richtet sich nach der vertraglichen Vereinbarung.

Fehlt eine vertragliche Vereinbarung jedoch, so müsste subsidiär auf das Gesetzesrecht zurückgegriffen werden. Aufgrund des dienstvertraglichen Charakters[539] der Verwertungsvereinbarung wäre die Höhe des Ausgleichsbetrages als Entgelt für die Durchführung der kalten Zwangsverwaltung nach Maßgabe von § 612 Abs. 2 BGB zu ermitteln. Danach wäre der Ausgleichsbetrag anhand der üblichen Vergütung zu bestimmen, bei welcher es sich um die nach einer festen Übung für gleiche oder ähnliche Dienstleistungen an dem betreffenden Ort mit Rücksicht auf die persönlichen Verhältnisse gewöhnlich gewährte Vergütung handelt.[540] Die vorstehende Definition der „üblichen Vergütung" macht deutlich, dass es im jeweiligen Einzelfall sehr schwierig sein wird, die Höhe des Ausgleichsbetrages zu bestimmen. Um Streitigkeiten über die Höhe des Ausgleichsbetrages zugunsten der Insolvenzmasse zu vermeiden, sollten die Parteien dessen Höhe in der Verwertungsvereinbarung festlegen.

Die Höhe ist grundsätzlich frei verhandelbar,[541] solange sie nicht gesetzes- oder sittenwidrig ist.[542] Für die Bemessung der Höhe des Ausgleichsbetrages werden verschiedene Möglichkeiten vorgeschlagen.

a) Orientierung an den Regelungen des ZwVwV?[543]

Teilweise wird vorgeschlagen, sich bei der Bemessung der Höhe des Ausgleichsbetrages zugunsten der Insolvenzmasse an den Regelungen der §§ 17 ff. ZwVwV

---

538 Siehe hierzu Kapitel 3 E.I.2.c).

539 Siehe Fn. 461.

540 *Weidenkaff*, in: Palandt, BGB, 75. Aufl., 2016, § 612 Rdnr. 8.

541 *Homann*, in: Ahrens/ Gehrlein/ Ringstmeier, Fachanwaltskommentar Insolvenzrecht, 2. Aufl., 2014, § 165 Rdnr. 23; *Leithaus*, in: Andres/ Leithaus, InsO, 3. Aufl., 2014, § 165 Rdnr. 32; *Ringstmeier*, in: Beck/ Depré, Praxis der Insolvenz, 2. Aufl., 2010, § 15 Rdnr. 99, § 22 Rdnr. 114; *Tetzlaff*, ZInsO 2004, 521 (528); *Wipperfürth*, Das Grundstück in der Insolvenz, 1. Aufl., 2014, C. Rdnr. 664.

542 *Weidenkaff*, in: Palandt, BGB, 75. Aufl., 2016, § 611 Rdnr. 51.

543 Die vorliegende Situation wird von § 24 ZwVwV (Nichtanwendbarkeit der Verordnung) nicht erfasst.

zur Vergütung des Zwangsverwalters zu orientieren.[544] Danach besteht seitens des Zwangsverwalters Anspruch auf eine angemessene Vergütung seiner Geschäftsführung sowie auf Erstattung seiner Auslagen, wobei Art und Umfang der Aufgaben sowie seine Leistung zu berücksichtigen sind, § 17 Abs. 1 ZwVwV. Die ZwVwV sieht eine pauschalierte, betragsbezogene Vergütung vor.[545] Bei vermieteten Objekten beträgt die Regelvergütung des Zwangsverwalters 10 % des im Verwaltungszeitraum eingezogenen Bruttobetrages, § 18 Abs. 1 Satz 1 ZwVwV.[546] Bei einem Missverhältnis zwischen Tätigkeit und Vergütung kann die Regelvergütung auf bis zu 5 % nach unten bzw. 15 % nach oben angepasst werden, § 18 Abs. 2 ZwVwV. Zusätzlich erhält der Zwangsverwalter für erfolglose Einziehungsbemühungen eine Vergütung von 20 % der Vergütung, die er erhalten hätte, wenn diese Mieten eingezogen worden wären, § 18 Abs. 1 Satz 2 ZwVwV. Für die Fertigstellung von Bauvorhaben erhält er 6 % der von ihm verwalteten Bausumme, § 18 Abs. 3 ZwVwV.

Gegen eine Bemessung des Ausgleichsbetrages zugunsten der Insolvenzmasse anhand der §§ 17 ff. ZwVwV sprechen jedoch folgende Erwägungen:

Der Ausgleichsbetrag stellt die Gegenleistung für die Durchführung der kalten Zwangsverwaltung dar.[547] Der Insolvenzverwalter kann – gegebenenfalls nach Rücksprache mit den Gläubigern – Maßnahmen durchführen, die einem Zwangsverwalter nach Maßgabe der ZwVwV untersagt sind.[548] Je nach Erweiterung des

---

544 *Becker*, ZInsO 2013, 2532 (2534); *Büchler*, in: Hamburger Kommentar, InsO, 5. Aufl., 2015, § 165 Rdnr. 14; *Eckardt*, Grundpfandrechte im Insolvenzverfahren, 14. Aufl., 2014, E. Rdnr. 420; *Hees*, in: Schmitt, Praxishandbuch Gestaltung von Wirtschaftsverträgen, 2015, Kap. 9 Rdnr. 173; *Homann*, in: Ahrens/ Gehrlein/ Ringstmeier, Fachanwaltskommentar Insolvenzrecht, 2. Aufl., 2014, § 165 Rdnr. 23; *Laroche*, in: Vallender/ Undritz, Praxis des Insolvenzrechts, 2012, Kap. 2 Rdnr. 270; *Niering*, NZI 2008, 146 (147); *Raab*, DZWIR 2006, 234 (234 f.).

545 *Haarmeyer/ Wutzke/ Förster/ Hintzen*, Zwangsverwaltung, 5. Aufl., 2011, vor §§ 17–22 ZwVwV Rdnr. 6.

546 Bruttobetrag meint die Grundmiete zuzüglich Nebenkosten, vgl. *Haarmeyer/ Wutzke/ Förster/ Hintzen*, Zwangsverwaltung, 5. Aufl., 2011, § 18 ZwVwV Rdnr. 9; *Klahr*, in: Beck'scher Online-Kommentar, Kostenrecht, 13. Edition, 2016, § 18 ZwVwV Rdnr. 14, 19. Kritisch zur gesetzlich festgesetzten Höhe *Haarmeyer/ Wutzke/ Förster/ Hintzen*, Zwangsverwaltung, 5. Aufl., 2011, vor §§ 17–22 ZwVwV Rdnr. 1 f. Seit dem Inkrafttreten der ZwVwV am 01.01.2004 (§ 26 ZwVwV) wird keine pauschale Steigerung der Regelvergütung mehr gewährt, vgl. *BGH*, Beschl. v. 26.04.2012 – V ZB 155/11 = WM 2012, 1198 (1199).

547 Siehe hierzu Kapitel 2 D.

548 Siehe hierzu Kapitel 5 B.I.

Aufgabenbereichs sind demnach Fälle denkbar, in denen die von der ZwVwV vorgesehenen Grenzwerte als nicht angemessen erscheinen. Dies dürfte auch der Grund sein, weshalb manche Befürworter auf die Möglichkeit einer höheren Quote für die Insolvenzmasse hinweisen.[549]

Für den Fall, dass die Vergütung des Zwangsverwalters aufgrund der Deckelung in § 18 Abs. 2 ZwVwV nicht angemessen ist, ist eine einheitliche Abrechnung nach Stundensätzen möglich, § 19 Abs. 2 ZwVwV.[550] Hiernach müsste der Insolvenzverwalter u. a. nachweisen, dass die jeweiligen Stunden im Rahmen der kalten Zwangsverwaltung angefallen sind und nicht im Rahmen des „reinen" Insolvenzverfahrens. Dies ist praktisch schwer handhabbar.

Darüber hinaus hat der Verordnungsgeber für gesetzliche Zwangsverwaltungsverfahren mit besonders kurzer Verfahrensdauer oder mit geringem Zeitaufwand eine Mindestvergütung von EUR 600,00 festgelegt, wenn der Zwangsverwalter das Objekt in Besitz genommen hat, § 20 Abs. 1 ZwVwV.[551] Diese Regelung passt nicht auf die Situation der kalten Zwangsverwaltung, bei welcher keine gesonderte Inbesitznahme erfolgt.

Die Regelungen der §§ 17–22 ZwVwV zur Vergütung des Zwangsverwalters sind ein in sich abgeschlossenes System. Die einzelnen Regelungen sind aufeinander abgestimmt und sollten daher nicht „einzeln" herausgenommen und zur Bestimmung eines Ausgleichsbetrages für die Insolvenzmasse in eine Verwertungsvereinbarung eingefügt werden.

b) Orientierung an den Regelungen der InsVV?[552]

Auch bei den §§ 1 ff. InsVV zur Vergütung des Insolvenzverwalters handelt es sich um ein in sich abgeschlossenes Vergütungssystem, bei dem die einzelnen Regelungen aufeinander abgestimmt sind. Berechnungsgrundlage für die Vergütung des Insolvenzverwalters ist der Wert der Insolvenzmasse, auf die sich die

---

549 *Becker*, ZInsO 2013, 2532 (2534); *Büchler*, in: Hamburger Kommentar, InsO, 5. Aufl., 2015, § 165 Rdnr. 14; *Eckardt*, Grundpfandrechte im Insolvenzverfahren, 14. Aufl., 2014, E. Rdnr. 420; *Hees*, in: Schmitt, Praxishandbuch Gestaltung von Wirtschaftsverträgen, 2015, Kap. 9 Rdnr. 173. *A. A.* hingegen *Laroche* (in: Vallender/ Undritz, Praxis des Insolvenzrechts, 2012, Kap. 2 Rdnr. 270), nach welchem die Vergütung als Anreiz für den Gläubiger darunter liegen sollte.

550 *BR*-Drucks. 842/03, S. 16 (zu § 18 ZwVwV).

551 *Klahr*, in: Beck'scher Online-Kommentar Kostenrecht, 15. Edition, 2016, § 20 ZwVwV Rdnr. 16.

552 Insolvenzrechtliche Vergütungsverordnung (InsVV) v. 19.08.1998, BGBl. I Nr. 54 v. 24.08.1998, S. 2205, aufgrund der Ermächtigungsnorm des § 65 InsO.

Schlussrechnung bezieht, § 63 Abs. 1 Satz 2 InsO, § 1 Abs. 1 Satz 1 InsVV.[553] Aufgrund der Insolvenzmasse als Bezugsgröße würde eine Orientierung an den Vorschriften der InsVV zur Bestimmung des Ausgleichsbetrages zugunsten der Insolvenzmasse für die Durchführung einer kalten Zwangsverwaltung bereits im Ansatz fehlgehen und ist daher abzulehnen.

c) *Pauschale Einmalzahlung*

Vereinzelt wird vorgeschlagen, die Insolvenzmasse im Wege einer pauschalen Einmalzahlung zu beteiligen.[554] Hiergegen spricht bereits, dass im Zeitpunkt des Abschlusses der Verwertungsvereinbarung die Angemessenheit einer Einmalzahlung mangels konkreter Anhaltspunkte, wie z. B. die Höhe der Einnahmen oder die Dauer der kalten Zwangsverwaltung, schwer zu prognostizieren ist.[555] Auch können die Parteien zu diesem Zeitpunkt noch keine konkrete Aussage darüber treffen, wann die Sondermasse genügend Kapital für die Zahlung der Einmalzahlung an die Insolvenzmasse ausweist.

d) *Prozentuale Beteiligung*

Andere halten eine prozentuale Beteiligung der Insolvenzmasse als Ausgleichsbetrag für die Durchführung der kalten Zwangsverwaltung für angemessen. Vorschläge zur Höhe des Prozentsatzes divergieren hierbei von „kleiner Prozentsatz“[556] bzw. „einstelliger Prozentsatz“[557], hin zu „zwischen 1–7 %“[558], „höherer Anteil als 4 %“[559] oder „von 10–20 %“[560]. *Manche* weisen ausdrücklich darauf hin, dass die konkreten Verhältnisse des zu verwaltenden Objekts, z. B. dessen

---

553 Siehe hierzu *BGH*, Beschl. v. 15.11.2012 – IX ZB 88/09 = BGHZ 195, 322 (328 f.); *Frege/ Keller/ Riedel*, Insolvenzrecht, 8. Aufl., 2015, Teil 9 Kap. 1 Rdnr. 2488.

554 *Janca*, InsbürO 2004, 377 (379); *Tetzlaff*, in: Lwowski/ Fischer/ Langenbucher, Das Recht der Kreditsicherung, 9. Aufl., 2011, § 6 Rdnr. 25. Sowohl *Janca* als auch *Tetzlaff* ziehen alternativ eine prozentuale Beteiligung der Insolvenzmasse in Betracht.

555 Diese Bedenken teilt auch *Janca*, InsbürO 2004, 377 (379).

556 *Keller*, ZfIR 2002, 861 (867).

557 *Keller*, NZI 2013, 265 (268).

558 *Wipperfürth*, Das Grundstück in der Insolvenz, 1. Aufl., 2014, C. Rdnr. 664.

559 *Leithaus*, in: Andres/ Leithaus, InsO, 3. Aufl., 2014, § 165 Rdnr. 32.

560 *Bäuerle*, in: Braun, InsO, 6. Aufl., 2014, § 49 Rdnr. 27; *Ellrich/ Lind*, Forderungs-Praktiker Wiki Kredit-Servicing 2012, 16 (20).

Zustand und die Art der Mieter, bei der Bemessung der Höhe des Ausgleichsbetrages zu berücksichtigen sind.[561]

Für die Berechnung der Höhe des Ausgleichsbetrages kommt es neben der (Prozent-) Quote entscheidend auf die konkrete Bemessungsgrundlage an. *Teilweise* wird lediglich vorgeschlagen, einen bestimmten Prozentsatz der Mieten bzw. Einnahmen zugunsten der Insolvenzmasse zu vereinbaren.[562] Eine solche pauschale Regelung bleibt regelmäßig nicht ohne Auslegungsschwierigkeiten. *Janca*[563] weist daher völlig zutreffend darauf hin, dass die Verwertungsvereinbarung konkrete Angaben zur Bemessungsgrundlage (konkrete Mietart sowie Reihenfolge der Kostenpositionen[564]) enthalten sollte. Zudem sollte klargestellt werden, ob es maßgeblich auf die vereinbarte Soll-Miete oder die vom Mieter tatsächlich gezahlte Ist-Miete ankommt.[565]

In der Praxis hat sich die Berechnung anhand der Nettokaltmiete[566] auf Basis der tatsächlich eingezogenen Erträge (Ist-Miete)[567] durchgesetzt. Grundlage bei der Nettokaltmiete ist lediglich die Grundmiete; Betriebskostenvorauszahlungen bzw. -pauschalen werden nicht berücksichtigt.[568] Bei diesen handelt es sich regelmäßig nur um durchlaufende Positionen. Die Berechnung anhand der Ist-Miete ist interessengerecht, weil hierdurch das Risiko von Ausfällen zwischen den Parteien verteilt wird.[569] Sie stellt einen Anreiz für den Insolvenzverwalter dar, seinen Verwalterpflichten nachzukommen und insbesondere Mietminderungen entgegenzuwirken, so dass die Ist-Miete möglichst der Soll-Miete entspricht und ein maximaler Ausgleichsbetrag für die Insolvenzmasse erzielt wird. Würde man

---

561 *Bäuerle*, in: Braun, InsO, 6. Aufl., 2014, § 49 Rdnr. 27; *Ellrich/ Lind*, ForderungsPraktiker Wiki Kredit-Servicing 2012, 16 (20); *Janca*, InsbürO 2004, 377 (382).

562 *Eckardt*, Grundpfandrechte im Insolvenzverfahren, 14. Aufl., 2014, E. Rdnr. 420; *Keller*, ZfIR 2002, 861 (867); *ders.*, NZI 2013, 265 (268); *Wipperfürth*, Das Grundstück in der Insolvenz, 1. Aufl., 2014, C. Rdnr. 664.

563 *Janca*, InsbürO 2004, 377 (382).

564 Siehe hierzu Kapitel 3 E.V.

565 *Janca*, InsbürO 2004, 377 (382).

566 *BGH*, Beschl. v. 14.07.2016 – IX ZB 31/14 = WM 2016, 1543 (1543); *Ellrich/ Lind*, ForderungsPraktiker Wiki Kredit-Servicing 2012, 16 (20); *Janca*, InsbürO 2004, 377 (382); *Sajogo*, AnwZert InsR 22/2011 Anm. 3.

567 *Büchler*, in: Hamburger Kommentar, InsO, 5. Aufl., 2015, § 165 Rdnr. 14; *Ellrich/ Lind*, ForderungsPraktiker Wiki Kredit-Servicing 2012, 16 (20); *Laroche*, in: Vallender/ Undritz, Praxis des Insolvenzrechts, 2012, Kap. 2 Rdnr. 270; *Sajogo*, AnwZert InsR 22/2011 Anm. 3.

568 *Langenberg*, in: Schmidt-Futterer, Mietrecht, 12. Aufl., 2015, § 556 Rdnr. 17.

569 *Janca*, InsbürO 2004, 377 (382).

hingegen die Soll-Miete zugrunde legen, bestünde die Gefahr, dass der berechnete Ausgleichsbetrag die Einnahmen übersteigt. Hieran würde im Ergebnis letztendlich die kalte Zwangsverwaltung scheitern.

e) Fazit

Der Ausgleichsbetrag aus den bei der kalten Zwangsverwaltung erzielten Einnahmen fließt in die Insolvenzmasse. Die Parteien sollten in der Verwertungsvereinbarung die Quote sowie die Bemessungsgrundlage konkret festlegen. Um bei der Festlegung der Quotenhöhe eine größtmögliche Flexibilität zu haben und die konkreten Umstände des jeweiligen Einzelfalles bestmöglich berücksichtigen zu können, sollte die Quote von den Parteien nicht von vornherein durch pauschale Quotenspannen beschränkt, sondern in der Verwertungsvereinbarung frei wählbar sein.[570]

3. Vergütung des Insolvenzverwalters durch Vereinbarung einer Sondervergütung mit den absonderungsberechtigten Gläubigern?

Die Durchführung der kalten Zwangsverwaltung kann für den Insolvenzverwalter mit (erheblicher) Mehrarbeit verbunden sein. Es ist daher fraglich, wie der Insolvenzverwalter für seine Tätigkeit insoweit vergütet wird.

Denkbar wäre nun, dass der Insolvenzverwalter mit den absonderungsberechtigten Gläubigern, gegebenenfalls mittels gesonderter Vereinbarung, eine Sondervergütung für seine Tätigkeit im Rahmen der kalten Zwangsverwaltung vereinbart. Bevor man sich mit der Folgefrage auseinandersetzt, ob eine derartige Sondervergütung neben der Insolvenzverwaltervergütung nach der InsVV, unter Verzicht oder unter Anrechnung auf die Insolvenzverwaltervergütung gezahlt wird, ist zu untersuchen, ob derartige Vergütungsvereinbarungen überhaupt wirksam sind.

a) Grundsatz: Verbot der Vergütungsvereinbarung

aa) Keine Sondervergütung durch die absonderungsberechtigten Gläubiger

Nach *ganz h. M.* ist die Vereinbarung einer Sondervergütung für den Insolvenzverwalter gemäß § 134 BGB nichtig.[571] Bei einer derartigen Vergütungsvereinbarung

---

570 Ebenso *Ringstmeier*, in: Beck/ Depré, Praxis der Insolvenz, 2. Aufl., 2010, § 15 Rdnr. 99.

571 *RG*, Urt. v. 15.04.1935 – VI 561/34 = RGZ 147, 366 (367); *BGH*, Urt. v. 14.10.1981 – IVa ZR 317/80 = NJW 1982, 185 (186, zu § 43 Abs. 4 VglO); *ders.*, Beschl. v. 14.07.2016 – IX ZB 31/14 = WM 2016, 1543 (1545); *OLG Oldenburg*, Urt. v. 10.02.1999 – 2 U 248/99 = NZI 2000, 21 (22); *Amberger*, in: Leonhardt/ Smid/

des Insolvenzverwalters mit einzelnen Verfahrensbeteiligten bestünde nämlich die Gefahr einer persönlichen[572] und wirtschaftlichen[573] Abhängigkeit des Insolvenzverwalters. Dies könnte bei dem Insolvenzverwalter zu Interessenkollisionen führen.[574] Die Vereinbarung einer Sondervergütung an den Insolvenzverwalter *durch die absonderungsberechtigten Gläubiger* scheitert am Unabhängigkeitserfordernis.[575]

Zeuner, InsVV, 1. Aufl., 2014, Einl. Rdnr. 52; *Andres*, in: Andres/ Leithaus, InsO, 3. Aufl., 2014, § 63 Rdnr. 6; *Becker*, ZInsO 2013, 2532 (2535 f.); *Blümle*, in: Braun, InsO, 6. Aufl., 2014, § 63 Rdnr. 4; *Bork*, ZIP 2013, 2129 (2135 f.); *Büttner*, in: Hamburger Kommentar, InsO, 5. Aufl., 2015, § 63 Rdnr. 22; *Frege/ Keller/ Riedel*, Insolvenzrecht, 8. Aufl., 2015, Teil 9 Kap. 1 Rdnr. 2479; *Ganter*, ZIP 2014, 2323 (2333); *Häsemeyer*, Insolvenzrecht, 4. Aufl., 2007, Rdnr. 6.45b; *Keller*, Vergütung und Kosten im Insolvenzverfahren, 3. Aufl., 2010, A. Rdnr. 77; *ders.*, in: Heidelberger Kommentar, InsO, 8. Aufl., 2016, § 64 Rdnr. 40; *Lorenz*, in: Frankfurter Kommentar, InsO, 8. Aufl., 2015, Vorb. InsVV Rdnr. 26, 28; *ders.*, in: Wimmer/ Dauernheim/ Wagner/ Gietl, Handbuch des Fachanwalts Insolvenzrecht, 7. Aufl., 2015, Kap. 29 Rdnr. 184 f.; *Pursche*, in: Mohrbutter/ Ringstmeier, Handbuch Insolvenzverwaltung, 9. Aufl., 2015, Kap. 34 Rdnr. 9, 73; *Stephan*, in: Münchener Kommentar, InsO, Band 1, 3. Aufl., 2013, § 63 Rdnr. 48; *Vuia*, in: K. Schmidt, InsO, 19. Aufl., 2016, § 63 Rdnr. 10. *A. A.* hingegen *LG Leipzig*, Beschl. v. 23.01.2007 - 12 T 763/06 = ZInsO 2007, 148 (148); *Depré/ Lambert*, ZfIR 2012, 1 (9); *Haarmeyer/ Mock*, InsVV, 5. Aufl., 2014, Vorb. Rdnr. 83; *Knees*, ZIP 2001, 1568 (1575); *Mock*, KTS 2012, 59 (92 ff.) sowie für den Fall der Mitwirkung sämtlicher Verfahrensbeteiligter *Graeber/ Graeber*, InsVV, 1. Aufl., 2013, vor § 1 Rdnr. 22 ff.

572 *Hahn*, Die gesamten Materialien zu den Reichs-Justizgesetzen, Band 4, 1983, A. c. I. 2. Buch, 1. Titel, Begründung zu §§ 70–78 KO-E, S. 282; *BT*-Drucks. 12/7302, S. 162 (zu §74 InsO-E); *RG*, Urt. v. 15.04.1935 - VI 561/34 = RGZ 147, 366 (367); *BGH*, Urt. v. 14.10.1981 - IVa ZR 317/80 = NJW 1982, 185 (186, zu § 43 Abs. 4 VglO); *Amberger*, in: Leonhardt/ Smid/ Zeuner, InsVV, 1. Aufl., 2014, Einl. Rdnr. 52; *Bork*, ZIP 2013, 2129 (2136); *Ganter*, ZIP 2014, 2323 (2333); *Graeber*, ZIP 2013, 916 (918); *Keller*, Vergütung und Kosten im Insolvenzverfahren, 3. Aufl., 2010, A. Rdnr. 77; *Lorenz*, in: Frankfurter Kommentar, InsO, 8. Aufl., 2015, Vorb. InsVV Rdnr. 26, 28; *ders.*, in: Wimmer/ Dauernheim/ Wagner/ Gietl, Handbuch des Fachanwalts Insolvenzrecht, 7. Aufl., 2015, Kap. 29 Rdnr. 185 f.; *Stephan*, in: Münchener Kommentar, InsO, Band 1, 3. Aufl., 2013, § 63 Rdnr. 48.

573 *RG*, Urt. v. 15.04.1935 - VI 561/34 = RGZ 147, 366 (367); *Becker*, ZInsO 2013, 2532 (2535); *Schilken*, in: Jaeger, InsO, Band 2, 1. Aufl., 2007, § 63 Rdnr. 18.

574 *Keller*, ZIP 2014, 2014 (2017); *Kumpan*, KTS 2010, 169 (187).

575 *Zimmer*, InsbürO 2015, 510 (515). *Teilweise* wird zur Begründung auch auf die hoheitliche Tätigkeit des Insolvenzverwalters sowie den öffentlich-rechtlichen Charakter des Vergütungsanspruchs abgestellt, vgl. *Keller*, Vergütung und Kosten im

Selbst diejenigen, die Vergütungsvereinbarungen im Rahmen eines Insolvenzplans für möglich halten, sprechen sich für deren Unwirksamkeit aus, wenn nicht alle Beteiligten an der Vereinbarung mitwirken.[576]

bb) Gesetzgebungshistorie

Dieses Ergebnis lässt sich auch der Gesetzgebungshistorie entnehmen. Sowohl im Rahmen des Gesetzgebungsverfahrens für die KO[577] als auch für die InsO[578] wurde diskutiert, ob Vereinbarungen über die Höhe der Insolvenzverwaltervergütung zwischen dem Insolvenzverwalter und dem Gläubigerausschuss bzw. der Gläubigerversammlung zuzulassen sind. Von dieser Möglichkeit wurde Abstand genommen, um die unabhängige Stellung des Insolvenzverwalters nicht zu gefährden.[579]

Wenn jedoch schon zum Schutz der unabhängigen Stellung des Insolvenzverwalters gegen Vergütungsvereinbarungen mit dem Gläubigerausschuss bzw. der Gläubigerversammlung Bedenken bestehen, so bestehen diese erst recht gegen Vereinbarungen, die nur mit den absonderungsberechtigten Gläubigern getroffen werden.

cc) Festsetzung durch das Insolvenzgericht

Voraussetzung für Entnahmen *aus der Insolvenzmasse* ist deren Festsetzung durch das Insolvenzgericht im Beschlusswege, § 64 Abs. 1 InsO, § 8 Abs. 1 Satz 1 InsVV. Eine Vereinbarung zwischen dem Insolvenzverwalter und den absonderungsberechtigten Gläubigern über eine Sondervergütung des Insolvenzverwalters aus der Insolvenzmasse wäre daher nur dann realisierbar, wenn entweder das Insolvenzgericht bei seiner Festsetzung an privatautonome

---

Insolvenzverfahren, 3. Aufl., 2010, A. Rdnr. 77; *Stephan*, in: Münchener Kommentar, InsO, Band 1, 3. Aufl., 2013, § 63 Rdnr. 48, 51.

576 *LG Heilbronn*, Beschl. v. 25.03.2015 – Bm 1 T 130/15, 1 T 130/15 = ZInsO 2015, 910 (911); *Graeber*, ZIP 2013, 916 (918, 920).

577 *Hahn*, Die gesamten Materialien zu den Reichs-Justizgesetzen, Band 4, 1983, A. c. I. 2. Buch, 1. Titel, Begründung zu §§ 70–78 KO-E, S. 282.

578 *BT*-Drucks. 12/7302, S. 162 (zu § 74 InsO-E).

579 *Hahn*, Die gesamten Materialien zu den Reichs-Justizgesetzen, Band 4, 1983, A. c. I. 2. Buch, 1. Titel, Begründung zu §§ 70–78 KO-E, S. 282; *BT*-Drucks. 12/7302, S. 162 (zu § 74 InsO-E).

Vereinbarungen gebunden werden könnte[580] oder § 64 Abs. 1 InsO abdingbar wäre.[581]

Eine derartige Bindung des Insolvenzgerichts wird *teilweise* im Rahmen von Insolvenzplanverfahren bei Billigung sämtlicher Beteiligter befürwortet,[582] was u. a. damit begründet wird, dass es sich bei § 64 Abs. 1 InsO um eine bloße Zuständigkeitsnorm handele.[583] Bei der kalten Zwangsverwaltung besteht jedoch die Besonderheit, dass die Verwertungsvereinbarung nur mit den absonderungsberechtigten Gläubigern getroffen wird.[584] Die übrigen Gläubiger und auch der Insolvenzschuldner, deren Rechte durch Zahlungen aus der Insolvenzmasse jeweils beeinträchtigt werden, bleiben außen vor. In einer Marktwirtschaft muss jedoch grundsätzlich das Urteil derjenigen Personen beachtlich sein, deren Vermögenswerte auf dem Spiel stehen.[585] Dies spricht gegen die Zulässigkeit einer Vereinbarung über eine separate Insolvenzverwaltervergütung.

Die Insolvenzmasse untersteht der Aufsicht des Insolvenzgerichts.[586] Das Insolvenzgericht prüft die Angemessenheit der Insolvenzverwaltervergütung unter Abwägung der verschiedenartigen Interessen und setzt diese fest.[587] Könnten einzelne Verfahrensbeteiligte auf die Höhe der Insolvenzverwaltervergütung Einfluss nehmen, so wäre diese der gerichtlichen Kontrolle entzogen.[588]

Die Festsetzung der Insolvenzverwaltervergütung durch das Insolvenzgericht gemäß § 64 Abs. 1 InsO sichert die unabhängige Stellung des Insolvenzverwalters

580 *LG München I*, Beschl. v. 02.08.2013 - 14 T 16050/13 = ZInsO 2013, 1966 (1966); *Graeber*, ZIP 2013, 916 (917). Nach dem *BGH* (Beschl. v. 22.02.2007 - IX ZB 106/06 = NZI 2007, 341 (341)) bindet ein Insolvenzplan nur die Beteiligten, in deren Rechtsstellung durch den Insolvenzplan eingegriffen wird, wozu weder der Insolvenzverwalter noch das Insolvenzgericht gehören.

581 *Mock*, KTS 2012, 59 (93); *ders.*, in: Uhlenbruck, InsO, 14. Aufl., 2015, § 64 Rdnr. 2.

582 *LG Heilbronn*, Beschl. v. 25.03.2015 - Bm 1 T 130/15, 1 T 130/15 = ZInsO 2015, 910 (911); *Graeber*, ZIP 2013, 916 (917).

583 *Graeber*, ZIP 2013, 916 (917); *a. A. Madaus/ Heßel*, ZIP 2013, 2088 (2090).

584 Zu den Parteien auf Gläubigerseite siehe Kapitel 3 A.I.

585 *BT*-Drucks. 12/2443, S. 79 f.

586 *BGH*, Urt. v. 20.12.1976 - II ZR 215/75 = WM 1977, 256 (257).

587 Zur Angemessenheit der Insolvenzverwaltervergütung vgl. *BVerfG*, Beschl. v. 30.03.1993 - 1 BvR 1045/89, 1381/90, 1 BvL 11/90 = BVerfGE 88, 145 (160 ff.); *BGH*, Beschl. v. 15.01.2004 - IX ZB 96/03 = BGHZ 157, 282 (286 f.). Kritisch zur Interessenabwägung hingegen *Keller*, ZIP 2014, 2014 (2017).

588 *Amberger*, in: Leonhardt/ Smid/ Zeuner, InsVV, 1. Aufl., 2014, Einl. Rdnr. 52.

gegenüber allen Verfahrensbeteiligten.[589] Das Insolvenzverfahren ist objektiv und transparent zu gestalten.[590] Die §§ 63 ff. InsO sind insoweit abschließend.[591]

b) Ausnahme vom Verbot der Vergütungsvereinbarung?

Es wird jedoch verschiedentlich *vertreten*, dass von dem Verbot der Vergütungsvereinbarungen dann eine Ausnahme gemacht werden könne, wenn eine Beeinträchtigung der Unabhängigkeit des Insolvenzverwalters ausgeschlossen sei. Dies soll u. a. dann der Fall sein, wenn sich die Vergütungsvereinbarung auf freigegebene Gegenstände bezieht,[592] als Bestandteil eines Insolvenzplanes von sämtlichen Beteiligten gebilligt wurde[593] oder sich auf Tätigkeiten außerhalb des gesetzlichen Pflichtenkreises des Insolvenzverwalters bezieht.[594]

---

589 *Hahn*, Die gesamten Materialien zu den Reichs-Justizgesetzen, Band 4, 1983, A. c. I. 2. Buch, 1. Titel, Begründung zu §§ 70–78 KO-E, S. 282; *BGH*, Urt. v. 20.12.1976 – II ZR 215/75 = WM 1977, 256 (257, zu §§ 85, 91 KO); *Becker*, ZInsO 2013, 2532 (2535); *Ganter*, ZIP 2014, 2323 (2333); *Schilken*, in: Jaeger, InsO, Band 2, 1. Aufl., 2007, § 63 Rdnr. 18.

590 *Keller*, Vergütung und Kosten im Insolvenzverfahren, 3. Aufl., 2010, A. Rdnr. 77.

591 *Hahn*, Die gesamten Materialien zu den Reichs-Justizgesetzen, Band 4, 1983, A. c. I. 2. Buch, 1. Titel, Begründung zu §§ 70–78 KO-E, S. 282; *BGH*, Urt. v. 20.12.1976 – II ZR 215/75 = WM 1977, 256 (257, zu §§ 85, 91 KO); *ders.*, Urt. v. 14.10.1981 – IVa ZR 317/80 = NJW 1982, 185 (186, zu § 43 Abs. 4 VglO); *OLG Oldenburg*, Urt. v. 10.02.1999 – 2 U 248/99 = NZI 2000, 21 (22); *Becker*, ZInsO 2013, 2532 (2535 f.); *Frege/ Keller/ Riedel*, Insolvenzrecht, 8. Aufl., 2015, Teil 9 Kap. 1 Rdnr. 2479; *Graeber/ Graeber*, InsVV, 1. Aufl., 2013, § 8 Rdnr. 35; *Keller*, Vergütung und Kosten im Insolvenzverfahren, 3. Aufl., 2010, A. Rdnr. 77; *Madaus/ Heßel*, ZIP 2013, 2088 (2089); *Stephan*, in: Münchener Kommentar, InsO, Band 1, 3. Aufl., 2013, § 63 Rdnr. 48; *a. A. Mock*, KTS 2012, 59 (93).

592 *Andres*, in: Andres/ Leithaus, InsO, 3. Aufl., 2014, § 63 Rdnr. 6; *Becker*, ZInsO 2013, 2532 (2536); *Eickmann*, in: Heidelberger Kommentar, InsO, 6. Aufl., 2011, § 63 Rdnr. 6 (nicht mehr in der 8. Aufl.); *Haarmeyer/ Mock*, InsVV, 5. Aufl., 2014, Vorb. Rdnr. 82; *Mock*, in: Uhlenbruck, InsO, 14. Aufl., 2015, § 63 Rdnr. 71a; *Schilken*, in: Jaeger, InsO, Band 2, 1. Aufl., 2007, § 63 Rdnr. 19; *Stephan*, in: Münchener Kommentar, InsO, Band 1, 3. Aufl., 2013, § 63 Rdnr. 51.

593 *LG Heilbronn*, Beschl. v. 25.03.2015 – Bm 1 T 130/15, 1 T 130/15 = ZInsO 2015, 910 (910 f.); *LG München I*, Beschl. v. 02.08.2013 – 14 T 16050/13 = ZInsO 2013, 1966 (1966); *Graeber*, ZIP 2013, 916 (917); *Haarmeyer/ Mock*, InsVV, 5. Aufl., 2014, Vorb. Rdnr. 82; *Stephan*, in: Münchener Kommentar, InsO, Band 1, 3. Aufl., 2013, § 63 Rdnr. 51; *a. A. Frege/ Keller/ Riedel*, Insolvenzrecht, 8. Aufl., 2015, Teil 9 Kap. 1 Rdnr. 2479; *Ganter*, ZIP 2014, 2323 (2333).

594 *Amberger*, in: Leonhardt/ Smid/ Zeuner, InsVV, 1. Aufl., 2014, Einl. Rdnr. 53; *Andres*, in: Andres/ Leithaus, InsO, 3. Aufl., 2014, § 63 Rdnr. 6; *Bork*, ZIP 2013, 2129 (2135);

Manche vertreten ohne nähere Begründung die Auffassung, die Durchführung einer kalten Zwangsverwaltung gehöre nicht zum gesetzlichen Pflichtenkreis des Insolvenzverwalters.[595] *Andere* begründen dies damit, dass die kalte Zwangsverwaltung über die originäre Verwaltertätigkeit hinausgehe[596] bzw. die Verwaltung zugunsten der Grundpfandrechtsgläubiger durchgeführt werde.[597] Nach dem *LG Leipzig*[598] handelt es sich bei dem Insolvenzverfahren und bei der kalten Zwangsverwaltung um zwei Verfahren mit für die Verwalter unterschiedlichen Aufgaben, die verfahrens- und materiell-rechtlich getrennt zu betrachten seien.

Die vorstehenden Annahmen sind so jedoch nicht zutreffend. Dem Insolvenzverwalter obliegt gemäß § 159 InsO die gesetzliche Pflicht, das Schuldnervermögen zu verwerten.[599] Diese Pflicht umfasst das gesamte schuldnerische Vermögen, also auch das unbewegliche Vermögen.[600] Die konkrete Verwertungsart wählt der Insolvenzverwalter unter Beachtung der Vorgaben von Gläubigerversammlung

---

Frege/ Keller/ Riedel, Insolvenzrecht, 8. Aufl., 2015, Teil 9 Kap. 1 Rdnr. 2479; *Haarmeyer/ Mock*, InsVV, 5. Aufl., 2014, Vorb. Rdnr. 82; *Keller*, Vergütung und Kosten im Insolvenzverfahren, 3. Aufl., 2010, A. Rdnr. 80; *Köhler*, in: Beck/ Depré, Praxis der Insolvenz, 2. Aufl., 2010, § 37 Rdnr. 167; *Pursche*, in: Mohrbutter/ Ringstmeier, Handbuch Insolvenzverwaltung, 9. Aufl., 2015, Kap. 34 Rdnr. 9; *Schilken*, in: Jaeger, InsO, Band 2, 1. Aufl., 2007, § 63 Rdnr. 19; *Stephan*, in: Münchener Kommentar, InsO, Band 1, 3. Aufl., 2013, § 63 Rdnr. 51. Nach *a. A.* gilt das Vereinbarungsverbot für die gesamte Dauer des Insolvenzverfahrens, auch wenn es sich um Tätigkeiten handelt, die über den gesetzlichen Pflichtenkreis hinausgehen, vgl. hierzu *BGH*, Urt. v. 14.10.1981 – IVa ZR 317/80 = NJW 1982, 185 (186, zu § 43 Abs. 4 VglO); *OLG Oldenburg*, Urt. v. 10.02.1999 – 2 U 248/99 = NZI 2000, 21 (22); *Haarmeyer/ Wutzke/ Förster/ Hintzen*, Zwangsverwaltung, 5. Aufl., 2011, § 17 ZwVwV Rdnr. 18.

595 *AG Potsdam*, Beschl. v. 24.07.2014 – 35 IN 266/04 (abrufbar unter www.insvv-online.de/wp-content/uploads/2014/11/AG-Potsdam-v-27-07-2014-35-IN-266-04.pdf, Abruf v. 26.05.2016); *Amberger*, in: Leonhardt/ Smid/ Zeuner, InsVV, 1. Aufl., 2014, Einl. Rdnr. 53; *Eickmann*, in: Heidelberger Kommentar, InsO, 6. Aufl., 2011, § 63 Rdnr. 6 (nicht mehr in der 8. Aufl.); *Mock*, in: Uhlenbruck, InsO, 14. Aufl., 2015, § 63 Rdnr. 71a.

596 *Schilken*, in: Jaeger, InsO, Band 2, 1. Aufl., 2007, § 63 Rdnr. 19.

597 *Andres*, in: Andres/ Leithaus, InsO, 3. Aufl., 2014, § 63 Rdnr. 6.

598 *LG Leipzig*, Beschl. v. 23.01.2007 – 12 T 763/06 = ZInsO 2007, 148 (149).

599 Vgl. den Wortlaut von § 159 InsO („hat … zu verwerten"); *Jungmann*, in: K. Schmidt, InsO, 19. Aufl., 2016, § 159 Rdnr. 1; *Wegener*, in: Frankfurter Kommentar, InsO, 8. Aufl., 2015, § 159 Rdnr. 1.

600 *Decker*, in: Hamburger Kommentar, InsO, 5. Aufl., 2015, § 159 Rdnr. 4; *Jungmann*, in: K. Schmidt, InsO, 19. Aufl., 2016, § 159 Rdnr. 8.

oder Gläubigerauschuss frei nach pflichtgemäßem Ermessen.[601] Bei Grundstücken stehen ihm die Zwangsversteigerung, die gerichtliche Zwangsverwaltung sowie die freihändige Veräußerung zur Verfügung.[602] Die kalte Zwangsverwaltung stellt eine weitere Verwertungsmöglichkeit des Insolvenzverwalters zusammen mit den absonderungsberechtigten Gläubigern dar.

Das *LG Leipzig* verkennt bereits im Ansatz die Struktur der kalten Zwangsverwaltung.[603] Die kalte Zwangsverwaltung erfolgt im Rahmen des Insolvenzverfahrens. Die Insolvenzverwaltung ist eine nicht teilbare Daueraufgabe.[604] Es liegt daher keiner der vorgenannten Ausnahmefälle vor.[605]

c) Fazit

Die Unabhängigkeit des Insolvenzverwalters gilt es zu schützen. Eine gesonderte Vergütungsvereinbarung zwischen dem Insolvenzverwalter und den absonderungsberechtigten Gläubigern ist daher unwirksam.[606]

4. Exkurs: Vergütung des Insolvenzverwalters nach den gesetzlichen Vorschriften

Die Vergütung des Insolvenzverwalters soll der Art und dem Umfang seiner Tätigkeit, seiner besonderen Leistung und Verantwortung sowie seinem Haftungsrisiko gerecht werden.[607] Nur eine angemessene Vergütung stellt sicher, dass Insolvenzverfahren

---

601 *Decker*, in: Hamburger Kommentar, InsO, 5. Aufl., 2015, § 159 Rdnr. 6; *Görg/ Janssen*, in: Münchener Kommentar, InsO, Band 2, 3. Aufl., 2013, § 159 Rdnr. 9.

602 Siehe hierzu ausführlich Kapitel 1 B.

603 Siehe hierzu bereits Kapitel 3 A.II.1.

604 *Frege/ Keller/ Riedel*, Insolvenzrecht, 8. Aufl., 2015, Teil 9 Kap. 1 Rdnr. 2479b.

605 Es kann dahinstehen, ob die vorgenannten Beispielsfälle zu Recht als Ausnahme vom Verbot der Vergütungsvereinbarungen behandelt werden.

606 So jetzt auch *BGH*, Beschl. v. 14.07.2016 – IX ZB 31/14 = WM 2016, 1543 (1545). Die Folgefrage, ob derartige Sondervergütungen auf die Insolvenzverwaltervergütung anzurechnen sind, kann dahinstehen. Für eine Anrechnungspflicht: *Wegener*, in: Flitsch/ Wegener/ Weis, Praktikerhandbuch Sicherheitenverwertung, 3. Aufl., 2014, Kap. E. Rdnr. 692 f.; gegen eine Anrechnungspflicht: *LG Leipzig*, Beschl. v. 23.01.2007 – 12 T 763/06 = ZInsO 2007, 148 (149); *Ellrich/ Lind*, ForderungsPraktiker Wiki Kredit-Servicing 2012, 16 (20); *Haarmeyer/ Wutzke/ Förster/ Hintzen*, Zwangsverwaltung, 5. Aufl., 2011, Einl. Rdnr. 8; *Leithaus*, in: Andres/ Leithaus, InsO, 3. Aufl., 2014, § 165 Rdnr. 32; *Molitor*, ZInsO 2011, 1486 (1487); *Undritz/ Knof*, in: Berliner Kommentar, InsO, Band 2, 2015, § 165 Rdnr. 59.

607 *Bundesministerium der Justiz*, Zweiter Bericht der Kommission für Insolvenzrecht, 1986, Vorb. zu den Leitsätzen unter 3.4, S. 113.

von geeigneten Insolvenzverwaltern durchgeführt werden.[608] Angemessen ist eine Vergütung, wenn nach Abzug der allgemeinen Betriebsausgaben und der zu zahlenden Steuern ein den Anforderungen an die Qualität des Leistenden sowie an den Umfang der Arbeitsleistung angemessener Überschuss verbleibt.[609] Andererseits ist darauf zu achten, dass sich die Belastung der Insolvenzmasse mit Vergütungs- und Auslagenerstattungsansprüchen des Insolvenzverwalters in vertretbaren Grenzen hält, um die Insolvenzmasse nicht aufzuzehren und die Befriedigungsaussichten der Insolvenzgläubiger nicht zunichte zu machen.[610]

a) Vergütung nach den Vorschriften der ZwVwV?

Der Insolvenzverwalter handelt im Rahmen seiner Insolvenzverwaltertätigkeit und nicht als vom Gericht bestellter Zwangsverwalter, er übt kein zweites Amt aus.[611] Eine Vergütung nach den Vorschriften der ZwVwV erfolgt nicht.[612]

b) Gesonderte Vergütung nach § 5 InsVV?

Der Insolvenzverwalter kann aufgrund seiner Qualifikation als Rechtsanwalt, Steuerberater, Wirtschaftsprüfer oder aus anderen Gründen eine gesonderte Vergütung nach § 5 InsVV aus der Insolvenzmasse entnehmen, wenn er im Rahmen seiner Tätigkeit als Insolvenzverwalter Aufgaben wahrgenommen hat, die

---

608 *Begründung des Bundesministeriums der Justiz*, Vorb. InsVV, abgedruckt bei *Lorenz*, in: Frankfurter Kommentar, InsO, 8. Aufl., 2015, Anh. V, Vorb. InsVV Rdnr. 1 (Nr. 3); *Bundesministerium der Justiz*, Zweiter Bericht der Kommission für Insolvenzrecht, 1986, Vorb. zu den Leitsätzen unter 3.4, S. 113.

609 *Frege/ Keller/ Riedel*, Insolvenzrecht, 8. Aufl., 2015, Teil 9 Kap. 1 Rdnr. 2479.

610 *Begründung des Bundesministeriums der Justiz*, Vorb. InsVV, abgedruckt bei *Lorenz*, in: Frankfurter Kommentar, InsO, 8. Aufl., 2015, Anh. V, Vorb. InsVV Rdnr. 1 (Nr. 3); *Bundesministerium der Justiz*, Zweiter Bericht der Kommission für Insolvenzrecht, 1986, Vorb. zu den Leitsätzen unter 3.4, S. 113; *LG Heilbronn*, Beschl. v. 09.05.2011 – 1 T 418/10 Hn, 1 T 418/10 = ZInsO 2011, 1958 (1960).

611 Siehe hierzu Kapitel 3 A.II.1.

612 So bereits *Bork*, ZIP 2013, 2129 (2134). *A. A.* hingegen *Eickmann* (ZfIR 2007, 557 (559)), nach welchem die Tätigkeit des Insolvenzverwalters zusätzlich und zwar außerhalb der InsVV entsprechend den Regelungen der ZwVwV zu vergüten ist. Die Vergütung könne zwar nicht als solche vereinbart werden, die Verwertungsvereinbarung zur Durchführung der kalten Zwangsverwaltung löse jedoch eine taxmäßige Vergütung nach §§ 675, 612 Abs. 2 BGB aus. Diese Auffassung ist abzulehnen. Eine taxmäßige (oder übliche) Vergütung ist zu zahlen, wenn die Parteien die Höhe der Vergütung nicht geregelt haben, die Zahlung einer Vergütung als solches (zumindest stillschweigend) aber gerade vereinbart haben.

besonderer rechtlicher Fähigkeiten bedürfen und die ein Insolvenzverwalter ohne diese Sachkunde, aber im Übrigen geeignet i. S. v. § 56 Abs. 1 Satz 1 InsO für das konkrete Verfahren, angemessenerweise einem Spezialisten übertragen hätte.[613] Hierbei kann es sich auch um einzelne Kernaufgaben wie z. B. den Abschluss eines Kaufvertrages über ein massezugehöriges Grundstück bei besonderen rechtlichen Schwierigkeiten oder die Aufhebung eines Mietvertrages handeln.[614]

Auch im Rahmen einer kalten Zwangsverwaltung können derartige Situationen entstehen, die dann nach § 5 InsVV entsprechend zu vergüten sind. Für die Durchführung der kalten Zwangsverwaltung als solches stellt § 5 InsVV hingegen keine Anspruchsgrundlage dar.

c) *Vergütung des Insolvenzverwalters im Rahmen seiner Insolvenzverwaltervergütung*

Der Insolvenzverwalter wird für die Durchführung der kalten Zwangsverwaltung vielmehr im Rahmen seiner Insolvenzverwaltervergütung nach § 63 Abs. 1 Satz 1 InsO entlohnt. Mit der insolvenzrechtlichen Vergütung sollen sämtliche Tätigkeiten des Insolvenzverwalters abgedeckt werden.[615] Bei dem Vergütungsanspruch des Insolvenzverwalters handelt es sich um einen einheitlichen Anspruch, der nicht in selbständige Einzelansprüche aufgespalten werden kann.[616]

aa) Bestimmung der Berechnungsgrundlage nach § 1 InsVV

(1) Ausgangspunkt

Berechnungsgrundlage für die Insolvenzverwaltervergütung ist der Wert der Insolvenzmasse, auf die sich die Schlussrechnung bezieht, § 63 Abs. 1 Satz 2 InsO, § 1 Abs. 1 Satz 1 InsVV.[617] Die Schlussrechnung bezieht sich auf die gesamte der

---

613 *BGH*, Beschl. v. 11.11.2004 – IX ZB 48/04 = NJW 2005, 903 (903); *Riedel*, in: Münchener Kommentar, InsO, Band 1, 3. Aufl., 2013, § 5 InsVV Rdnr. 2, 4; *Schilken*, in: Jaeger, InsO, Band 2, 1. Aufl., 2007, § 63 Rdnr. 20 f.; *Stephan*, in: Münchener Kommentar, InsO, Band 1, 3. Aufl., 2013, § 63 Rdnr. 41.

614 *BGH*, Beschl. v. 11.11.2004 – IX ZB 48/04 = NJW 2005, 903 (903 f.); *Riedel*, in: Münchener Kommentar, InsO, Band 1, 3. Aufl., 2013, § 5 InsVV Rdnr. 7; *Schilken*, in: Jaeger, InsO, Band 2, 1. Aufl., 2007, § 63 Rdnr. 22.

615 *Bundesministerium der Justiz*, Zweiter Bericht der Kommission für Insolvenzrecht, 1986, Begründung zu Leitsatz 3.4.1, S. 114; *Stephan*, in: Münchener Kommentar, InsO, Band 1, 3. Aufl., 2013, § 63 Rdnr. 41; *Vuia*, in: K. Schmidt, InsO, 19. Aufl., 2016, § 63 Rdnr. 23.

616 *BGH*, Beschl. v. 20.05.2010 – IX ZB 11/07 = BGHZ 185, 353 (357 f.).

617 Siehe hierzu *BGH*, Beschl. v. 15.11.2012 – IX ZB 88/09 = BGHZ 195, 322 (328 f.); *Frege/ Keller/ Riedel*, Insolvenzrecht, 8. Aufl., 2015, Teil 9 Kap. 1 Rdnr. 2488.

Verwaltungs- und Verfügungsbefugnis des Insolvenzverwalters unterworfene Insolvenzmasse.[618] Maßgeblich für die Berechnung der Insolvenzverwaltervergütung sind nicht nur das bei Beendigung des Insolvenzverfahrens vorhandene Masseguthaben, sondern auch Vermögenswerte, die nicht mehr vorhanden sind, weil mit ihnen Masseverbindlichkeiten befriedigt oder sie aus der Insolvenzmasse freigegeben wurden.[619] Ebenso fallen Zahlungen auf ein Treuhandsonderkonto in die Insolvenzmasse.[620] Danach sind auch die im Rahmen der kalten Zwangsverwaltung eingezogenen Mieten Bestandteil der Berechnungsgrundlage nach § 1 Abs. 1 InsVV.[621]

Da auf diese Weise auch Werte berücksichtigt werden, die zwar für die Berechnung, letztlich aber nicht für die Bezahlung der Insolvenzverwaltervergütung zur Verfügung stehen, sieht § 1 Abs. 2 InsVV im Sinne einer Bereinigung mehrere Einschränkungen vor.[622] Die dortige Aufzählung, auf die nachfolgend – soweit relevant – näher eingegangen wird, ist abschließend.[623]

---

618 *Riedel*, in: Münchener Kommentar, InsO, Band 1, 3. Aufl., 2013, § 1 Rdnr. 5.

619 *BGH*, Beschl. v. 24.05.2005 – IX ZB 6/03 = NZI 2005, 567 (568); *Haarmeyer/ Mock*, InsVV, 5. Aufl., 2014, § 1 Rdnr. 17; *Riedel*, in; Münchener Kommentar, InsO, Band 1, 3. Aufl., 2013, § 1 InsVV Rdnr. 5.

620 *BGH*, Urt. v. 18.12.2008 – IX ZR 192/07 = NZI 2009, 245 (246); *Riedel*, in; Münchener Kommentar, InsO, Band 1, 3. Aufl., 2013, § 1 InsVV Rdnr. 12; *Weitzmann*, in: Hamburger Kommentar, InsO, 5. Aufl., 2015, § 66 Rdnr. 4 f.

621 So bereits *Amberger*, in: Leonhardt/ Smid/ Zeuner, InsVV, 1. Aufl., 2014, § 3 Rdnr. 52; *Keller*, NZI 2013, 265 (268) sowie im Ergebnis wohl auch *Bork*, ZIP 2013, 2129 (2134); *Zimmer*, in: Kraemer/ Vallender/ Vogelsang, Handbuch zur Insolvenz, 73. Lieferung, 2016, Kap. 16 Rdnr. 148. Nach *a. A.* fließt nur der der Insolvenzmasse zu gewährende Ausgleichsbetrag in die Berechnungsgrundlage für die Insolvenzverwaltervergütung ein, vgl. *BGH*, Beschl. v. 14.07.2016 – IX ZB 31/14 = WM 2016, 1543 (1544 f.); *LG Heilbronn*, Beschl. v. 04.04.2012 – 1 T 89/12 Bm, 1 T 89/12 = ZIP 2012, 2077 (2077); *Becker*, ZInsO 2013, 2532 (2538); *Riedel*, in: Stephan/ Riedel, InsVV, 2010, § 1 Rdnr. 25; *ders.*, in: Münchener Kommentar, InsO, Band 1, 3. Aufl., 2013, § 1 InsVV Rdnr. 19; *Wipperfürth*, Das Grundstück in der Insolvenz, 1. Aufl., 2014, D. Rdnr. 705; *Zimmer*, InsbürO 2015, 510 (515).

622 Amtl. Begründung zur InsVV, abgedruckt bei *Haarmeyer/ Mock*, InsVV, 5. Aufl., 2014, Anh. 2 I. B. (zu § 1 InsVV); *Haarmeyer/ Mock*, InsVV, 5. Aufl., 2014, § 1 Rdnr. 16; *Keller*, in: Bork/ Hölzle, Handbuch Insolvenzrecht, 1. Aufl., 2014, Kap. 25 Rdnr. 62; *Lorenz*, in: Frankfurter Kommentar, InsO, 8. Aufl., 2015, Anh. V, § 1 InsVV Rdnr. 18.

623 *Büttner*, in: Hamburger Kommentar, InsO, 5. Aufl., 2015, § 1 InsVV Rdnr. 16; *Frege/ Keller/ Riedel*, Insolvenzrecht, 8. Aufl., 2015, Teil 9 Kap. 1 Rdnr. 2490; *Lorenz*, in: Frankfurter Kommentar, InsO, 8. Aufl., 2015, Anh. V, § 1 InsVV Rdnr. 18.

(2) Verwertung von mit Absonderungsrechten belasteten Massegegenständen durch den Insolvenzverwalter, § 1 Abs. 2 Nr. 1 InsVV

Zur Bestimmung der Berechnungsgrundlage für die Insolvenzverwaltervergütung werden zudem Massegegenstände, die mit Absonderungsrechten belastet sind, berücksichtigt, wenn sie durch den Insolvenzverwalter verwertet werden, § 1 Abs. 2 Nr. 1 Satz 1 InsVV. Bei unbeweglichen Gegenständen werden damit die Einleitung der Insolvenzverwalterversteigerung, der Beitritt zu einem bereits laufenden Zwangsversteigerungsverfahren sowie die freihändige Veräußerung des Grundstücks erfasst.[624] Zwar stellt auch die gerichtlich angeordnete Zwangsverwaltung eine Verwertungshandlung des Insolvenzverwalters dar (§ 165 InsO), mangels Beschlagnahme (§ 173 ZVG) besteht zugunsten der absonderungsberechtigten Gläubiger allerdings noch kein Absonderungsrecht an den Mietforderungen. Auf das mit Absonderungsrechten belastete Grundstück kommt es bei der gerichtlich angeordneten Zwangsverwaltung nicht an, da nicht die Substanz verwertet, sondern auf die Grundstückserträge zugegriffen wird.[625] Entsprechendes gilt bei Durchführung der kalten Zwangsverwaltung. § 1 Abs. 2 Nr. 1 Satz 1 InsVV ist daher nach seinem Wortlaut nicht einschlägig.[626]

Teilweise wird daher eine analoge Anwendung von § 1 Abs. 2 Nr. 1 Satz 1, 2 InsVV[627] bzw. von § 1 Abs. 2 Nr. 1 Satz 3 InsVV[628] befürwortet. Als Folge des Gleichbehandlungsgrundsatzes gemäß Art. 3 Abs. 1 GG[629] können Rechtsnormen

624 *Haarmeyer/ Mock*, InsVV, 5. Aufl., 2014, § 1 Rdnr. 58; *Lorenz*, in: Frankfurter Kommentar, InsO, 8. Aufl., 2015, Anh. V, § 1 InsVV Rdnr. 22.

625 Siehe hierzu Kapitel 1 A.II.2.a).

626 *Becker*, ZInsO 2013, 2532 (2537); *Bork*, ZIP 2013, 2129 (2134); *Riedel*, in: Münchener Kommentar, InsO, Band 1, 3. Aufl., 2013, § 1 InsVV Rdnr. 19; *a. A. LG Heilbronn*, Beschl. v. 04.04.2012 - 1 T 89/12 Bm, 1 T 89/12 = ZIP 2012, 2077 (2077).

627 So ausdrücklich *Büttner*, in: Hamburger Kommentar, InsO, 5. Aufl., 2015, § 1 InsVV Rdnr. 22 („(...) können unter Anwendung des § 1 Abs. 2 Nr. 1 Satz 2 InsVV nur die Überschüsse aus der kalten Zwangsverwaltung Masse erhöhend Berücksichtigung finden."). Da er sich auf den Überschuss bezieht, ist nicht auszuschließen, dass er, wie auch *Becker* (vgl. nachfolgend Fn. 628), auf Satz 3 abstellt. Kritisch zur analogen Anwendung hingegen *Keller*, in: Bork/ Hölzle, Handbuch Insolvenzrecht, 1. Aufl., 2014, Kap. 25 Rdnr. 62 sowie für den Fall einer freihändigen Veräußerung *Graeber/ Graeber*, InsVV, 1. Aufl., 2013, § 1 Rdnr. 103.

628 *Becker*, ZInsO 2013, 2532 (2537). So jetzt auch *BGH*, Beschl. v. 14.07.2016 - IX ZB 31/14 = WM 2016, 1543 (1545 f.).

629 *Rüthers/ Fischer/ Birk*, Rechtstheorie mit Juristischer Methodenlehre, 8. Aufl., 2015, § 23 Rdnr. 889.

mit anderen Tatbestandsvoraussetzungen auf einen ähnlichen, gesetzlich nicht geregelten Lebenssachverhalt angewandt werden, wenn die Interessenlagen nach Sinn und Zweck so vergleichbar sind, dass der Gesetz- bzw. Verordnungsgeber diesen Lebenssachverhalt ebenso geregelt haben würde.[630] Eine derartige Rechtsfortbildung, die sich vom Gesetzes- bzw. Verordnungswortlaut entfernt, ist jedoch nur zulässig, wenn die Gründe des „Rechts", die für sie sprechen, schwerer wiegen als die Argumente der Gewaltenteilung und der Rechtssicherheit, die eine strikte Einhaltung des Gesetzes bzw. der Verordnung verlangen, und wenn ferner der Gesetzes- bzw. Verordnungswortlaut die Möglichkeit offen lässt, dass der Gesetz- bzw. Verordnungsgeber den problematischen Fall nicht genügend bedacht und ihn deshalb in seiner Regelung nicht genügend berücksichtigt hat.[631]

Mit § 1 Abs. 2 Nr. 1 Satz 1 InsVV bezweckt der Verordnungsgeber, den Insolvenzverwalter an seinem Verwertungserfolg teilhaben zu lassen.[632] Daher werden Massegegenstände, die mit Absonderungsrechten belastet sind, grundsätzlich bei der Bemessung der Berechnungsgrundlage berücksichtigt, wenn sie durch den Insolvenzverwalter verwertet werden. Um zu verhindern, dass die freie Masse weitgehend durch die Vergütung des Insolvenzverwalters aufgezehrt wird, findet jedoch eine betragsmäßige Deckelung statt.[633] § 1 Abs. 2 Nr. 1 Satz 3 InsVV bestimmt daher, dass die mit Absonderungsrechten belasteten Gegenstände nur insoweit berücksichtigt werden, als aus ihnen der Insolvenzmasse ein Überschuss zusteht. Bei einer kalten Zwangsverwaltung bestehen die Überschüsse nach Ansicht des *BGH*[634] regelmäßig aus dem zugunsten der Insolvenzmasse vereinbarten Ausgleichsbetrag.

Die *Vertreter* einer analogen Anwendung von § 1 Abs. 2 Nr. 1 Satz 3 InsVV begründen ihre Ansicht mit einer wirtschaftlichen Betrachtung.[635] Bei Durchführung einer gerichtlichen Zwangsverwaltung stünden den absonderungsberechtigten Gläubigern die Mieteinnahmen nach Abzug der Ausgaben der Verwaltung und der Kosten des Verfahrens nach § 155 ZVG zu, weshalb diese die

---

630 *Rüthers/ Fischer/ Birk*, Rechtstheorie mit Juristischer Methodenlehre, 8. Aufl., 2015, § 23 Rdnr. 889; *Zippelius*, Juristische Methodenlehre, 11. Aufl., 2012, S. 55.

631 *BVerfG*, Beschl. v. 14.02.1973 – 1 BvR 112/65 = BVerfGE 34, 269 (288 ff.); *Zippelius*, Juristische Methodenlehre, 11. Aufl., 2012, S. 54, 57.

632 *Lorenz*, in: Frankfurter Kommentar, InsO, 8. Aufl., 2015, Anh. V, § 1 InsVV Rdnr. 22.

633 *Haarmeyer/ Mock*, InsVV, 5. Aufl., 2014, § 1 Rdnr. 57.

634 *BGH*, Beschl. v. 14.07.2016 – IX ZB 31/14 = WM 2016, 1543 (1545).

635 *BGH*, Beschl. v. 14.07.2016 – IX ZB 31/14 = WM 2016, 1543 (1545); *Becker*, ZInsO 2013, 2532 (2537).

Insolvenzmasse wirtschaftlich betrachtet nicht erhöht hätten. Die kalte Zwangsverwaltung wolle hieran nichts ändern.[636]

Zudem verweist der *BGH*[637] auf die nach seiner Auffassung vergleichbare Situation bei einer freihändigen Veräußerung, bei welcher § 1 Abs. 2 Nr. 1 InsVV analog angewandt wird.[638] Da die kalte Zwangsverwaltung regelmäßig einer freihändigen Veräußerung vorausgehe und diese ermöglichen und vorbereiten soll, könne hier wertungsmäßig nichts anderes gelten.[639]

Eine analoge Anwendung einer Norm setzt – wie bereits erwähnt – *zum einen* eine planwidrige Regelungslücke und *zum anderen* eine Vergleichbarkeit der Interessenlagen voraus. Vorliegend fehlt es jedoch bereits an der ersten Voraussetzung, dem Erfordernis einer planwidrigen Regelungslücke. Bei den Zahlungsansprüchen der absonderungsberechtigten Gläubiger sowie den Ausgaben für die kalte Zwangsverwaltung handelt es sich um Masseverbindlichkeiten gemäß § 55 Abs. 1 Nr. 1 Var. 1 InsO.[640] Diese Kategorisierung beruht auf dem Umstand, dass bei einer kalten Zwangsverwaltung mangels Beschlagnahme gerade kein Absonderungsrecht an den Mietforderungen entsteht.[641]

Die grundsätzliche Aussage des *BGH*[642], wonach die Insolvenzmasse zu schützen und vor der Gefahr einer Auszehrung zu bewahren ist, ist zutreffend. Eine kalte Zwangsverwaltung ist auch nur zulässig, wenn hierdurch die Insolvenzmasse nicht belastet wird.[643] Aus diesem Grund hat der Verordnungsgeber in § 1 Abs. 2 InsVV auch bestimmte Einschränkungen vorgesehen. Die richtige Intention des BGH darf jedoch nicht zu einem Eingriff in die insolvenzrechtliche Systematik führen. Der Verordnungsgeber differenziert in § 1 Abs. 2 InsVV zwischen mit der Verwertung von mit Absonderungsrechten belasteten Gegenständen (§ 1 Abs. 2 Nr. 1 InsVV) *einerseits* und Masseverbindlichkeiten (§ 1 Abs. 2 Nr. 4 InsVV) *andererseits* und sieht jeweils konkrete Ausnahmen bzw. Grenzen vor. Da es sich bei den Zahlungsansprüchen der absonderungsberechtigten Gläubiger sowie den Ausgaben für die kalte Zwangsverwaltung um Masseverbindlichkeiten gemäß § 55 Abs. 1 Nr. 1 Var. 1 InsO handelt, werden

---

636 *BGH,* Beschl. v. 14.07.2016 – IX ZB 31/14 = WM 2016, 1543 (1545); *Becker,* ZInsO 2013, 2532 (2537).

637 *BGH,* Beschl. v. 14.07.2016 – IX ZB 31/14 = WM 2016, 1543 (1545 f.).

638 Siehe Fn. 624.

639 *BGH,* Beschl. v. 14.07.2016 – IX ZB 31/14 = WM 2016, 1543 (1546).

640 Siehe hierzu Kapitel 3 E.I.2.c)aa)(2) und Kapitel 3 E.II.1.

641 Siehe hierzu Kapitel 3 D.I.3.d).

642 *BGH,* Beschl. v. 14.07.2016 – IX ZB 31/14 = WM 2016, 1543 (1546).

643 Siehe hierzu ausführlich Kapitel 2 C.III.2.b).

diese von der Regelung in § 1 Abs. 2 Nr. 4 InsVV erfasst.[644] Für eine analoge Anwendung fehlt es daher bereits an einer entsprechenden Regelungslücke.[645] Diese Tatsache versucht der *BGH* letztendlich dadurch zu überwinden, indem er die Unterscheidung zwischen Absonderungsrechten und Masseverbindlichkeiten aufhebt und eine Art „Gesamtanalogie" zu den Rechtsgedanken von § 1 Abs. 2 Nr. 1 InsVV und § 1 Abs. 2 Nr. 4 Satz 2 lit. b) InsVV vornimmt.

(3) Auswirkungen der Masseverbindlichkeiten auf die Berechnungsgrundlage, § 1 Abs. 2 Nr. 4 InsVV

Ob die Mieten, die der Insolvenzverwalter im Rahmen der kalten Zwangsverwaltung einzieht, vollständig bei der Bestimmung der Berechnungsgrundlage berücksichtigt werden oder nicht, richtet sich mithin nach § 1 Abs. 2 Nr. 4 InsVV. Grundsätzlich werden die Kosten des Insolvenzverfahrens und die sonstigen Masseverbindlichkeiten nicht von der Berechnungsgrundlage abgezogen, § 1 Abs. 2 Nr. 4 Satz 1 InsVV. Ein in einem Insolvenzverfahren erzielter Masseüberschuss ist häufig auf eine besondere Leistung des Insolvenzverwalters zurückzuführen.[646] Daher soll grundsätzlich das wirtschaftliche Gesamtergebnis und nicht nur das zur Verteilung an die Insolvenzgläubiger zur Verfügung stehende erwirtschaftete Vermögen Grundlage der Vergütung sein.[647]

Becker[648] will aufgrund der erforderlichen wirtschaftlichen Gesamtbetrachtung § 1 Abs. 2 Nr. 4 InsVV nicht anwenden. Diese Ansicht wird jedoch nicht vom Wortlaut des § 1 Abs. 2 Nr. 4 Satz 1 InsVV gedeckt, denn bei den Zahlungsansprüchen der absonderungsberechtigten Gläubiger sowie den Ausgaben für die kalte Zwangsverwaltung handelt es sich um von § 1 Abs. 2 Nr. 4 Satz 1 InsVV erfasste Masseverbindlichkeiten gemäß § 55 Abs. 1 Nr. 1 Var. 1 InsO.[649]

Der Verordnungsgeber hat in § 1 Abs. 2 Nr. 4 Satz 2 InsVV jedoch explizit zwei Ausnahmen vorgesehen. Weitere Abzüge kennt die InsVV nicht.[650] Ob ein Ausnahmetatbestand auch im Falle der kalten Zwangsverwaltung angezeigt ist,

---

644 Hierzu nachfolgend Kapitel 3 E.III.4.c)aa)(3).

645 *Bork*, ZIP 2013, 2129 (2134).

646 *BT*-Drucks. 12/2443, S. 130 (zu § 74 InsO-E).

647 *BT*-Drucks. 12/2443, S. 130 (zu § 74 InsO-E); *Haarmeyer/ Mock*, InsVV, 5. Aufl., 2014, § 1 Rdnr. 86; *Riedel*, in: Münchener Kommentar, InsO, Band 1, 3. Aufl., 2013, § 1 InsVV Rdnr. 13.

648 *Becker*, ZInsO 2013, 2532 (2537).

649 Siehe hierzu Fn. 640.

650 *BGH*, Urt. v. 05.03.2015 – IX ZR 164/14 = WM 2015, 733 (736); *Riedel*, in: Münchener Kommentar, InsO, Band 1, 3. Aufl., 2013, § 1 InsVV Rdnr. 13.

soll nachfolgend durch Vergleich mit den gesetzlich geregelten Ausnahmetatbeständen untersucht werden.

Nach § 1 Abs. 2 Nr. 4 Satz 2 lit. a) InsVV werden Beträge, die der Insolvenzverwalter als Vergütung nach § 5 InsVV für den Einsatz besonderer Sachkunde erhält, von der Berechnungsgrundlage abgezogen. Da die Insolvenzmasse bereits für diese gesonderte Vergütung des Insolvenzverwalters in Anspruch genommen wurde, soll dieser Betrag nicht nochmals in die Berechnungsgrundlage einfließen und die endgültige Vergütung damit mittelbar erhöhen.[651]

Nach § 1 Abs. 2 Nr. 4 Satz 2 lit. b) InsVV erhöht ein sich aus der Unternehmensfortführung nach Abzug der Ausgaben ergebender Einnahmenüberschuss die Berechnungsgrundlage gemäß § 1 Abs. 1 InsVV.[652] Kosten, mit denen der Gewinn erwirtschaftet werden soll, werden zuvor als Ausgaben von den Einnahmen abgezogen.[653] Auch hierdurch wird verhindert, dass der Insolvenzverwalter für seine Bemühungen doppelt vergütet wird, nämlich zum einen dadurch, dass die Kosten in der Berechnungsgrundlage verbleiben, obwohl sie im Rahmen der Unternehmensfortführung aus der Insolvenzmasse abfließen, und zum anderen dadurch, dass gerade mit ihnen der Überschuss erwirtschaftet wird, der wiederum bei der Berechnungsgrundlage zu berücksichtigen ist.[654] Neben der Verhinderung einer Doppelvergütung dient der Abzug der Ausgaben im Rahmen von § 1 Abs. 2 Nr. 4 Satz 2 lit. b) InsVV der Kontrolle des Insolvenzverwalters. Aufgrund dieser Abzugssystematik hat der Insolvenzverwalter ein Eigeninteresse daran, die Ausgaben zur Erzielung der Einnahmen möglichst gering zu halten, um den Überschuss und damit die Berechnungsgrundlage zu vergrößern. Ohne den vorgesehenen Abzug bestünde die Gefahr erheblicher Ausgaben.

Bei der kalten Zwangsverwaltung fällt nicht zwingend eine gesonderte Vergütung nach § 5 InsVV an (Anwendungsfall des § 1 Abs. 2 Nr. 4 Satz 2 lit. a) InsVV).[655]

Auch zur Situation bei der Unternehmensfortführung (Anwendungsfall des § 1 Abs. 2 Nr. 4 Satz 2 lit. b) InsVV) bestehen bei der kalten Zwangsverwaltung

---

651 *BGH*, Beschl. v. 29.09.2011 – IX ZB 112/09 = WM 2011, 2104 (2105); *Haarmeyer/ Mock*, InsVV, 5. Aufl., 2014, § 1 Rdnr. 87.

652 *Haarmeyer/ Mock*, InsVV, 5. Aufl., 2014, § 1 Rdnr. 92.

653 *BGH*, Beschl. v. 16.10.2008 – IX ZB 179/07 = NZI 2009, 49 (50); *ders.*, Beschl. v. 21.07.2011 – IX ZB 148/10 = NZI 2011, 714 (715); *Haarmeyer/ Mock*, InsVV, 5. Aufl., 2014, § 1 Rdnr. 93.

654 *BGH*, Beschl. v. 16.10.2008 – IX ZB 179/07 = NZI 2009, 49 (50 f.).

655 Siehe Kapitel 3 E.III.4.b).

entgegen der Ansicht des BGH[656] entscheidende Unterschiede: Bei der Unternehmensfortführung kann der Insolvenzverwalter durch Mehrung der Insolvenzmasse seine eigene Vergütung erhöhen, ohne dass ihm hierbei wertmäßig eine Grenze gesetzt ist. Der Abzug der Ausgaben bezweckt dabei mittelbar ein Ausgabenregulativ. Bei der kalten Zwangsverwaltung sind die Mieteinnahmen hingegen auf den vertraglich vereinbarten Betrag begrenzt und werden nicht mittels der Ausgaben erwirtschaftet. Der Mieter zahlt die Miete als Gegenleistung für die Gebrauchsüberlassung der Mietsache.

Mit den in § 1 Abs. 2 Nr. 4 Satz 2 InsVV geregelten Ausnahmetatbeständen wollte der Verordnungsgeber folglich andere, mit der Situation bei einer kalten Zwangsverwaltung nicht vergleichbare Lebenssachverhalte regeln. § 1 Abs. 2 Nr. 4 Satz 1 InsVV findet daher im Rahmen der kalten Zwangsverwaltung ohne die Ausnahmen des Satzes 2 Anwendung. Die an die absonderungsberechtigten Gläubiger ausgezahlten Mieten sowie die Ausgaben der kalten Zwangsverwaltung werden nicht von der Berechnungsgrundlage abgezogen.[657]

(4) Zwischenfazit

Die Mieten, die der Insolvenzverwalter im Rahmen der kalten Zwangsverwaltung einzieht, werden bei der Bestimmung der Berechnungsgrundlage vollständig berücksichtigt.[658]

bb) Zuschlag gemäß § 3 Abs. 1 InsVV

Für die Vergütung des Insolvenzverwalters sieht § 2 Abs. 1 InsVV ein System der wertabhängig gestaffelten Regelsätze vor, die der Insolvenzverwalter grundsätzlich erhält.[659] Gleichzeitig bestimmt § 63 Abs. 1 Satz 3 InsO, dass dem Umfang und der Schwierigkeit der Geschäftsführung des Insolvenzverwalters durch Abweichungen vom Regelsatz Rechnung zu tragen ist. § 3 InsVV schließt hieran

---

656 *BGH*, Beschl. v. 14.07.2016 – IX ZB 31/14 = WM 2016, 1543 (1546).

657 *Amberger*, in: Leonhardt/ Smid/ Zeuner, InsVV, 1. Aufl., 2014, § 3 Rdnr. 52; *Bork*, ZIP 2013, 2129 (2134); *Keller*, NZI 2013, 265 (268).

658 Siehe Fn. 621.

659 *Begründung des Bundesministeriums der Justiz* zu § 2 InsVV, abgedruckt bei *Lorenz*, in: Frankfurter Kommentar, InsO, 8. Aufl., 2015, Anh. V, § 2 InsVV Rdnr. 1. Nach Ansicht des *BGH* (Beschl. v. 04.12.2014 – IX ZB 60/13 = NZI 2015, 141 (142) m. w. N., auch zur Gegenansicht) sind die Regelsätze des § 2 InsVV trotz Geldentwertung (noch) angemessen.

an und gewährt als Korrektiv zu den starren Regelsätzen konkrete tätigkeitsbezogene Zu- und Abschläge.[660]

Nicht geregelt hat der Verordnungsgeber jedoch, wann die Tätigkeit des Insolvenzverwalters angemessen durch die in § 2 Abs. 1 InsVV vorgesehenen Regelsätze abgedeckt wird. Ein sog. Normalverfahren[661] wird bei der Erfüllung von Pflichten angenommen, welche in jedem Insolvenzverfahren zu erfüllen sind und sich unmittelbar aus der InsO ergeben.[662] Zur Kategorisierung eines sog. Normalverfahrens haben die *unterinstanzliche Rechtsprechung* und die *Literatur* objektive Faktoren mit qualitativen und quantitativen Merkmalen entwickelt.[663] Danach soll ein sog. Normalverfahren u. a. dann vorliegen, wenn die Insolvenzverwaltertätigkeit keine Haus- und Grundstücksverwaltung umfasst.[664]

Nach Ansicht des *BGH*[665] ist die Entscheidung über die Gewährung von Zu- bzw. Abschlägen nicht an formale Kriterien zu knüpfen, da der Verordnungsgeber bewusst von bindenden Vorgaben abgesehen habe. Maßgeblich sei, ob bei umfassender Würdigung des Einzelfalles[666] ein Missverhältnis zwischen der

---

660 *Begründung des Bundesministeriums der Justiz* zu § 3 InsVV, abgedruckt bei *Lorenz*, in: Frankfurter Kommentar, InsO, 8. Aufl., 2015, Anh. V, § 3 InsVV Rdnr. 1; *Amberger*, in: Leonhardt/ Smid/ Zeuner, InsVV, 1. Aufl., 2014, Einl. Rdnr. 26; *Blümle*, in: Braun, InsO, 6. Aufl., 2014, § 63 Rdnr. 5.

661 *BGH*, Beschl. v. 22.09.2011 – IX ZB 193/10 = WM 2011, 2100 (2102); *LG Detmold*, Beschl. v. 27.03.2013 – 3 T 22/13 = Rdnr. 5 (juris). Zum Begriff des Normalverfahrens eingehend *Büttner*, in: Hamburger Kommentar, InsO, 5. Aufl., 2015, § 2 InsVV Rdnr. 14 ff.

662 *Pursche*, in: Mohrbutter/ Ringstmeier, Handbuch Insolvenzverwaltung, 9. Aufl., 2015, Kap. 34 Rdnr. 50.

663 *LG Detmold*, Beschl. v. 27.03.2013 – 3 T 22/13 = Rdnr. 5 ff. (juris); *Haarmeyer/ Mock*, InsVV, 5. Aufl., 2014, § 2 Rdnr. 8 ff.; *Lorenz*, in: Wimmer/ Dauernheim/ Wagner/ Gietl, Handbuch des Fachanwalts Insolvenzrecht, 7. Aufl., 2015, Kap. 29 Rdnr. 76 ff.; *ders.*, in: Frankfurter Kommentar, InsO, 8. Aufl., 2015, Anh. V, § 2 InsVV Rdnr. 22 ff.; *Pursche*, in: Mohrbutter/ Ringstmeier, Handbuch Insolvenzverwaltung, 9. Aufl., 2015, Kap. 34 Rdnr. 52; kritisch hierzu *Frege/ Keller/ Riedel*, Insolvenzrecht, 8. Aufl., 2015, Teil 9 Kap. 1 Rdnr. 2493b; *Riedel*, in: Münchener Kommentar, InsO, Band 1, 3. Aufl., 2013, § 2 InsVV Rdnr. 6.

664 *Lorenz*, in: Wimmer/ Dauernheim/ Wagner/ Gietl, Handbuch des Fachanwalts Insolvenzrecht, 7. Aufl., 2015, Kap. 29 Rdnr. 76; *Pursche*, in: Mohrbutter/ Ringstmeier, Handbuch Insolvenzverwaltung, 9. Aufl., 2015, Kap. 34 Rdnr. 52.

665 *BGH*, Beschl. v. 24.07.2003 – IX ZB 607/02 = WM 2003, 1874 (1874 f.).

666 *BGH*, Beschl. v. 24.07.2003 – IX ZB 607/02 = WM 2003, 1874 (1874 f.); *Pursche*, in: Mohrbutter/ Ringstmeier, Handbuch Insolvenzverwaltung, 9. Aufl., 2015, Kap. 34 Rdnr. 50.

Tätigkeit des Insolvenzverwalters und der sich aus § 2 Abs. 1 InsVV ergebenden Vergütung entstehe.[667] Der *BGH*[668] nimmt hierbei eine angemessene Gesamtschau aller Erhöhungs- und Kürzungstatbestände vor.

§ 3 InsVV enthält nach seinem Wortlaut („insbesondere") einen nicht abschließenden Katalog von Zu- und Abschlagstatbeständen.[669] Ein Zuschlag zur Insolvenzverwaltervergütung könnte sich insbesondere aus § 3 Abs. 1 lit. a) InsVV und § 3 Abs. 1 lit. b) Var. 2 InsVV ergeben.[670]

(1) Bearbeitung von Absonderungsrechten gemäß § 3 Abs. 1 lit. a) InsVV

Nach § 3 Abs. 1 lit. a) InsVV ist vom Insolvenzgericht eine die Regelvergütung übersteigende Vergütung festzusetzen, wenn die Bearbeitung von Absonderungsrechten einen erheblichen Teil der Tätigkeit des Insolvenzverwalters ausgemacht hat, ohne dass ein entsprechender Mehrbetrag nach § 1 Abs. 2 Nr. 1 InsVV angefallen ist. Der Mehrbetrag bezieht sich hierbei nur auf die Vergütungserhöhung durch mit Fremdrechten belastete Gegenstände, nicht aber auf eine Erhöhung der Insolvenzmasse.[671]

---

667 *Begründung des Bundesministeriums der Justiz* zu § 3 InsVV, abgedruckt bei *Lorenz*, in: Frankfurter Kommentar, InsO, 8. Aufl., 2015, Anh. V, § 3 InsVV Rdnr. 1; *Riedel*, in: Münchener Kommentar, InsO, Band 1, 3. Aufl., 2013, § 2 InsVV Rdnr. 9.

668 *BGH*, Beschl. v. 24.07.2003 – IX ZB 607/02 = WM 2003, 1874 (1875); *ders.*, Beschl. v. 20.05.2010 – IX ZB 11/07 = BGHZ 185, 353 (357); *ders.*, Beschl. v. 12.05.2011 – IX ZB 143/08 = WM 2011, 1426 (1428 f.); ihm folgend *LG Heilbronn*, Beschl. v. 04.04.2012 – 1 T 89/12 Bm, 1 T 89/12 = ZIP 2012, 2077 (2077); ebenso *Becker*, ZInsO 2013, 2532 (2540); *Lorenz*, in: Frankfurter Kommentar, InsO, 8. Aufl., 2015, Anh. V, § 2 InsVV Rdnr. 22. Kritisch hierzu *Frege/ Keller/ Riedel*, Insolvenzrecht, 8. Aufl., 2015, Teil 9 Kap. 1 Rdnr. 2495a m. w. N.

669 Problematisch ist insofern die Ansicht von *Frege/ Keller/ Riedel* (Insolvenzrecht, 8. Aufl., 2015, Teil 9 Kap. 1 Rdnr. 2493a), nach denen aus dem Nichtvorliegen der genannten Tatbestände in § 3 InsVV geschlossen werden kann, dass es sich um einen sog. Normalfall handelt.

670 Diejenigen, die vertreten, dass es sich bei der Durchführung der kalten Zwangsverwaltung um eine Tätigkeit außerhalb des Pflichtenkreises des Insolvenzverwalters handelt, verneinen logischerweise einen Zuschlag nach § 3 InsVV, vgl. *AG Potsdam*, Beschl. v. 24.07.2014 – 35 IN 266/04 (abrufbar unter www.insvv-online.de/wp-content/uploads/2014/11/AG-Potsdam-v-27-07-2014-35-IN-266-04.pdf, Abruf v. 11.06.2016); *Keller*, Vergütung und Kosten im Insolvenzverfahren, 3. Aufl., 2010, A. Rdnr. 80.

671 *Blersch*, in: Berliner Kommentar, InsO, Band 2, 2015, § 3 InsVV Rdnr. 9; *Lorenz*, in: Frankfurter Kommentar, InsO, 8. Aufl., 2015, Anh. V, § 3 InsVV Rdnr. 15; *Pursche*,

Weitere Voraussetzung ist die Bearbeitung von Absonderungsrechten durch den Insolvenzverwalter. Erfasst wird die rechtliche Prüfung der Berechtigung der geltend gemachten Fremdrechte, wie z. B. im Falle schwieriger Grundstücksbelastungen,[672] und die damit im Zusammenhang stehenden Gespräche oder Verhandlungen mit Sicherungsgläubigern.[673] Auch die Erledigung von Regelaufgaben, die besondere Anforderungen an den Insolvenzverwalter stellt und ihn über das gewöhnliche Maß hinaus in Anspruch nimmt, kann zu einer Erhöhung der Regelvergütung führen.[674] Maßgeblich ist hierbei der real gestiegene Arbeitsaufwand.[675] Nicht erfasst wird hingegen die Arbeitsbelastung des Insolvenzverwalters bei der Verwertung.[676]

Die kalte Zwangsverwaltung dient der Befriedigung der absonderungsberechtigten Gläubiger. Der Insolvenzverwalter hat daher sämtliche Absonderungsrechte am Grundstück zu prüfen, so dass ein Zuschlag nach § 3 Abs. 1 lit. a) InsVV grundsätzlich – abhängig von den Umständen des jeweiligen Einzelfalles – in Betracht kommt.[677]

(2) Häuserverwaltung gemäß § 3 Abs. 1 lit. b) Var. 2 InsVV

Nach § 3 Abs. 1 lit. b) Var. 2 InsVV ist vom Insolvenzgericht eine die Regelvergütung übersteigende Vergütung festzusetzen, wenn der Insolvenzverwalter Häuser verwaltet hat und die Insolvenzmasse nicht entsprechend größer geworden ist. Häuserverwaltungen werden demnach generell nicht von der Regelver-

---

in: Mohrbutter/ Ringstmeier, Handbuch Insolvenzverwaltung, 9. Aufl., 2015, Kap. 34 Rdnr. 62.

672 *Blersch*, in: Berliner Kommentar, InsO, Band 2, 2015, § 3 InsVV Rdnr. 7; *Frege/ Keller/ Riedel*, Insolvenzrecht, 8. Aufl., 2015, Teil 9 Kap. 1 Rdnr. 2496; *Haarmeyer/ Mock*, InsVV, 5. Aufl., 2014, § 3 Rdnr. 15; *Lorenz*, in: Frankfurter Kommentar, InsO, 8. Aufl., 2015, Anh. V, § 3 InsVV Rdnr. 15.

673 *Becker*, ZInsO 2013, 2532 (2540); *Blersch*, in: Berliner Kommentar, InsO, Band 2, 2015, § 3 InsVV Rdnr. 7; *Frege/ Keller/ Riedel*, Insolvenzrecht, 8. Aufl., 2015, Teil 9 Kap. 1 Rdnr. 2496; *Haarmeyer/ Mock*, InsVV, 5. Aufl., 2014, § 3 Rdnr. 15.

674 *BGH*, Beschl. v. 24.07.2003 – IX ZB 607/02 = WM 2003, 1874 (1874); *ders.*, Beschl. v. 28.09.2006 – IX ZB 230/05 = WM 2007, 24 (26); *ders.*, Beschl. v. 11.10.2007 – IX ZB 234/06 = WM 2007, 2389 (2391); *Pursche*, in: Mohrbutter/ Ringstmeier, Handbuch Insolvenzverwaltung, 9. Aufl., 2015, Kap. 34 Rdnr. 62 f. Siehe zu den einzelnen Indikatoren *Lorenz*, in: Frankfurter Kommentar, InsO, 8. Aufl., 2015, Anh. V, § 3 InsVV Rdnr. 14 m. w. N.

675 Siehe Fn. 674.

676 *Frege/ Keller/ Riedel*, Insolvenzrecht, 8. Aufl., 2015, Teil 9 Kap. 1 Rdnr. 2496.

677 So jetzt auch *BGH*, Beschl. v. 14.07.2016 – IX ZB 31/14 = WM 2016, 1543 (1546).

gütung des Insolvenzverwalters abgedeckt.[678] Entgegen dem Wortlaut ist auch die Verwaltung eines einzelnen Hauses zuschlagsfähig.[679] Eine Immobilienbewirtschaftung ist u. a. anzunehmen, wenn der Insolvenzverwalter die Vermietung der Immobilie sowie deren Sicherung und Erhaltung übernimmt und sich um die Sicherstellung der Energie- und Wasserversorgung sowie die Erfüllung der Verkehrssicherungspflichten kümmert.[680] Auch die Durchführung und Abwicklung steckengebliebener Baumaßnahmen und Sanierungsarbeiten sowie die Abwicklung von Versicherungsschäden zählen hierzu.[681] Derartige Tätigkeiten übernimmt der Insolvenzverwalter bei Durchführung einer kalten Zwangsverwaltung, sofern sie anfallen. Die Gewährung eines Zuschlags auf die Insolvenzverwaltervergütung wird daher bei der kalten Zwangsverwaltung weitgehend befürwortet.[682]

Zweite Voraussetzung des § 3 Abs. 1 lit. b) Var. 2 InsVV ist, dass die Insolvenzmasse nicht entsprechend größer geworden ist. Eine Vergrößerung der Insolvenzmasse ist anzunehmen, wenn die Erhöhung der Vergütung, die sich aus der Massemehrung ergibt, ungefähr den Betrag erreicht, der dem Insolvenzverwalter bei unveränderter Insolvenzmasse über einen Zuschlag zustünde.[683] Um dies festzustellen, ist eine Vergleichsrechnung durchzuführen. Der Wert,

---

678 *BGH*, Beschl. v. 24.01.2008 – IX ZB 120/07 = WM 2008, 488 (489); *ders.*, Beschl. v. 14.07.2016 – IX ZB 31/14 = WM 2016, 1543 (1546); *Amberger*, in: Leonhardt/ Smid/ Zeuner, InsVV, 1. Aufl., 2014, § 3 Rdnr. 52; *Riedel*, in: Münchener Kommentar, InsO, Band 1, 3. Aufl., 2013, § 3 InsVV Rdnr. 27; *a. A. Haarmeyer/ Mock*, InsVV, 5. Aufl., 2014, § 3 Rdnr. 26.

679 *BGH*, Beschl. v. 24.01.2008 – IX ZB 120/07 = WM 2008, 488 (489); *Büttner*, in: Hamburger Kommentar, InsO, 5. Aufl., 2015, § 3 InsVV Rdnr. 17.

680 *BGH*, Beschl. v. 24.01.2008 – IX ZB 120/07 = WM 2008, 488 (489); *Becker*, ZInsO 2013, 2532 (2538); *Riedel*, in: Münchener Kommentar, InsO, Band 1, 3. Aufl., 2013, § 3 InsVV Rdnr. 28.

681 *Becker*, ZInsO 2013, 2532 (2538); *Haarmeyer/ Mock*, InsVV, 5. Aufl., 2014, § 3 Rdnr. 28.

682 *LG Heilbronn*, Beschl. v. 04.04.2012 – 1 T 89/12 Bm, 1 T 89/12 = ZIP 2012, 2077 (2077); *Bork*, ZIP 2013, 2129 (2134 f.); *Eckardt*, Grundpfandrechte im Insolvenzverfahren, 14. Aufl., 2014, E. Rdnr. 421; *Frege/ Keller/ Riedel*, Insolvenzrecht, 8. Aufl., 2015, Teil 9 Kap. 1 Rdnr. 2498; *Graeber/ Graeber*, InsVV, 1. Aufl., 2013, § 3 Rdnr. 299; *Haarmeyer/ Mock*, InsVV, 5. Aufl., 2014, Vorb. Rdnr. 102 Begriff „Zwangsverwaltung, kalte"; *Lorenz*, in: Frankfurter Kommentar, InsO, 8. Aufl., 2015, Anh. V, § 3 InsVV Rdnr. 27; *Niering*, NZI 2008, 146 (149 Fn. 6); *Wipperfürth*, Das Grundstück in der Insolvenz, 1. Aufl., 2014, C. Rdnr. 669; *Zimmer*, in: Kraemer/ Vallender/ Vogelsang, Handbuch zur Insolvenz, 73. Lieferung, 2016, Kap. 24 Rdnr. 53.

683 *BGH*, Beschl. v. 24.01.2008 – IX ZB 120/07 = WM 2008, 488 (489).

um den sich die Insolvenzmasse durch die Häuserverwaltung vergrößert hat und die dadurch bedingte Zunahme der Regelvergütung wird verglichen mit der Höhe der Vergütung, die ohne Massemehrung über den dann zu gewährenden Zuschlag erreicht werden würde.[684] Eine etwaige Differenz ist über den Zuschlag in etwa auszugleichen, sie darf jedoch nicht überkompensiert werden.[685] Mit der Vergleichsrechnung soll verhindert werden, dass der Insolvenzverwalter, der durch die Häuserverwaltung eine Massemehrung erreicht, vergütungsrechtlich schlechter steht, als wenn die Insolvenzmasse nicht angereichert worden wäre.[686] Sie ist bei jeder Häuserverwaltung durchzuführen, unabhängig von einer kalten Zwangsverwaltung.

(3) Höhe des Zuschlags

Die Höhe des Zuschlags ist einzelfallabhängig. Es sind insbesondere das Volumen der Häuserverwaltung, die vom Insolvenzverwalter übernommenen Haftungsrisiken sowie seine zusätzliche Arbeitsbelastung zu berücksichtigen.[687] Mit dem Argument, die Häuserverwaltung ähnele stark der Tätigkeit des Zwangsverwalters, wird vorgeschlagen, (wenigstens) die Höhe des Zuschlags anhand der Vergütung des Zwangsverwalters nach §§ 17 ff. ZwVwV zu bemessen.[688] Auch nach Ansicht des *BGH*[689] kann bei der Beurteilung der Angemessenheit des Zuschlags auf § 18 ZwVwV zurückgegriffen werden.

Die Orientierung an einem gesetzlich verankerten Vergütungssystem kann vorteilhaft sein, setzt allerdings voraus, dass dies erforderlich ist und eine gewisse

---

684 *BGH*, Beschl. v. 24.01.2008 – IX ZB 120/07 = WM 2008, 488 (489); *LG Heilbronn*, Beschl. v. 04.04.2012 – 1 T 89/12 Bm, 1 T 89/12 = ZIP 2012, 2077 (2077 f.); *Bork*, ZIP 2013, 2129 (2134 f.). Nach *Blersch* (in: Berliner Kommentar, InsO, Band 2, 2015, § 3 InsVV Rdnr. 12) ist eine Vergleichsrechnung bei der Häuserverwaltung nicht durchzuführen.

685 *BGH*, Beschl. v. 24.01.2008 – IX ZB 120/07 = WM 2008, 488 (489); *LG Heilbronn*, Beschl. v. 04.04.2012 – 1 T 89/12 Bm, 1 T 89/12 = ZIP 2012, 2077 (2078). Kritisch zur Deckelung aber *Becker*, ZInsO 2013, 2532 (2539 f.).

686 *BGH*, Beschl. v. 24.01.2008 – IX ZB 120/07 = WM 2008, 488 (489).

687 *Lorenz*, in: Frankfurter Kommentar, InsO, 8. Aufl., 2015, Anh. V, § 3 InsVV Rdnr. 31.

688 *Amberger*, in: Leonhardt/ Smid/ Zeuner, InsVV, 1. Aufl., 2014, § 3 Rdnr. 54 (zieht alternativ die marktübliche Hausverwaltervergütung heran); *Blersch*, in: Berliner Kommentar, InsO, Band 2, 2015, § 3 InsVV Rdnr. 12; *Ganter*, in: Schimansky/ Bunte/ Lwowski, Bankrechts-Handbuch, Band 2, 4. Aufl., 2011, § 90 Rdnr. 601 f.; *Lorenz*, in: Frankfurter Kommentar, InsO, 8. Aufl., 2015, Anh. V, § 3 InsVV Rdnr. 33.

689 *BGH*, Beschl. v. 14.07.2016 – IX ZB 31/14 = WM 2016, 1543 (1546 f.).

Vergleichbarkeit besteht. Dies ist vorliegend nicht der Fall.[690] Die Höhe des Zuschlags bemisst sich nach dem insolvenzrechtlichen Vergütungssystem.

cc) Kontrollüberlegungen

Der Anspruch des Insolvenzverwalters auf Erstattung seiner Kosten und Auslagen ist als Masseverbindlichkeit der Insolvenzmasse vorweg zu entnehmen, §§ 53, 54 Nr. 2 Var. 2 InsO. In die Berechnungsgrundlage für die Vergütung des Insolvenzverwalters werden die Mieteinnahmen aus der kalten Zwangsverwaltung in voller Höhe eingestellt. Zudem wird die Vergütung gegebenenfalls noch durch Zuschläge erhöht. Der Insolvenzmasse fließt für die Durchführung der kalten Zwangsverwaltung nur der vereinbarte Ausgleichsbetrag zu. Die Differenz zwischen Mieteinnahmen und Ausgleichsbetrag dient der Begleichung der Ausgaben der kalten Zwangsverwaltung und der Befriedigung der absonderungsberechtigten Gläubiger. Abhängig vom konkreten Einzelfall sind nun folgende drei Situationen denkbar:

- Der zwischen den Parteien zugunsten der Insolvenzmasse verhandelte *Ausgleichsbetrag* ist im Ergebnis *höher* als derjenige Anteil, der aus der Insolvenzmasse an den Insolvenzverwalter[691] für die Durchführung der kalten Zwangsverwaltung fließt. In diesem Fall profitiert die Insolvenzmasse in Höhe des restlichen Ausgleichsbetrages von der kalten Zwangsverwaltung.
- Der verhandelte Ausgleichsbetrag und der durch die kalte Zwangsverwaltung veranlasste Vergütungsanteil für den Insolvenzverwalter *decken sich*. Die Insolvenzmasse profitiert letztlich nicht von der kalten Zwangsverwaltung, wird jedoch auch nicht zusätzlich belastet. Diese Situation kann mit derjenigen der gerichtlich angeordneten Zwangsverwaltung verglichen werden, von welcher die Insolvenzmasse regelmäßig nicht profitiert.[692]
- Problematisch ist jedoch, wenn der vereinbarte *Ausgleichsbetrag geringer* ist als der durch die kalte Zwangsverwaltung veranlasste Vergütungsanteil.[693] Die Insolvenzmasse würde im Vergleich zur gerichtlich angeordneten Zwangsverwaltung schlechter gestellt werden, da dort die Zwangsverwaltervergütung

---

690 Siehe hierzu bereits Kapitel 3 E.III.2.a) und Kapitel 3 E.III.4.a)

691 Hinzu kommt ein etwaiger Mehrbetrag für die Verfahrenskosten, vgl. hierzu ausführlich Kapitel 5 F.II.2.

692 Siehe Kapitel 2 B. und Kapitel 5 G.III.1.

693 So auch *Zimmer*, in: Kraemer/ Vallender/ Vogelsang, Handbuch zur Insolvenz, 73. Lieferung, 2016, Kap. 24 Rdnr. 53.

der Zwangsverwaltungsmasse entnommen wird.[694] Voraussetzung für die Zulässigkeit einer kalten Zwangsverwaltung ist jedoch, dass es zu keiner Belastung der Insolvenzmasse kommt.[695] Da bei Abschluss der Verwertungsvereinbarung die Höhe der Insolvenzverwaltervergütung noch nicht feststeht, kann sie bei der Festlegung der Höhe des Ausgleichsbetrages nicht berücksichtigt werden. Dies gilt unabhängig von der konkret gewählten Berechnungsmethode. Wird der Ausgleichsbetrag prozentual anhand der Ist-Miete berechnet,[696] so steht auch dessen Höhe bei Abschluss der Vereinbarung noch nicht fest. Die Parteien sollten daher eine entsprechende Freistellungsvereinbarung in die Verwertungsvereinbarung aufnehmen.[697] Da die durchgeführten Maßnahmen im Rahmen der kalten Zwangsverwaltung den Wert des verwalteten Grundstücks steigern können, sollte die Verwertungsvereinbarung vorsehen, dass die absonderungsberechtigten Gläubiger in diesem Fall nur anteilig zur Freistellung verpflichtet sind.[698]

d) Fazit

Der Insolvenzverwalter wird für seine Tätigkeit bei Durchführung einer kalten Zwangsverwaltung im Rahmen seiner Insolvenzverwaltervergütung vergütet. Um eine etwaige Belastung der Insolvenzmasse auszuschließen, haben die Parteien in der Verwertungsvereinbarung entsprechende Freistellungsansprüche vorzusehen.

IV. Befriedigung der absonderungsberechtigten Gläubiger

Nachfolgend soll untersucht werden, wie die absonderungsberechtigten Gläubiger im Rahmen einer kalten Zwangsverwaltung aus den Mieteinnahmen befriedigt werden. Da die Verwertungsvereinbarung auf Gläubigerseite regelmäßig mit mehreren Personen abgeschlossen wird,[699] stellt sich die Frage, wie die Mieteinnahmen unter den beteiligten Gläubigern zu verteilen sind. Zudem ist zu klären, worauf die Mieteinnahmen im Einzelnen anzurechnen sind.

694 Siehe Kapitel 3 E.I.2.b).
695 Siehe hierzu ausführlich Kapitel 2 C.III.2.b).
696 Zur Berechnung der Höhe des Ausgleichsbetrages siehe Kapitel 3 E.III.2.
697 *Bork*, ZIP 2013, 2129 (2133); im Ergebnis auch *Keller*, NZI 2013, 265 (269).
698 Ebenso *Bork*, ZIP 2013, 2129 (2135).
699 Siehe hierzu Kapitel 3 A.I.

1. *Verteilungsverfahren nach den Regelungen des ZVG?*

Teilweise wird vorgeschlagen, die Mieteinnahmen bei Durchführung einer kalten Zwangsverwaltung wie bei einer gerichtlich angeordneten Zwangsverwaltung zu verteilen.[700] Bei einer gerichtlich angeordneten Zwangsverwaltung gilt die zwingende[701] Rangfolge des § 10 ZVG, modifiziert durch die Sonderregelungen der §§ 155–160 ZVG, die den Charakter der gerichtlichen Zwangsverwaltung als Dauerverfahren widerspiegeln.[702] Die Gläubiger sind danach in verschiedene Rangklassen eingeteilt. Die Ansprüche einer Rangklasse mit höherer Nummer werden erst dann berücksichtigt, wenn alle Ansprüche der Rangklassen mit niedrigeren Nummern vollständig befriedigt wurden.[703] Die Werthaltigkeit des Sicherungsmittels bestimmt sich somit nach dem jeweiligen Rang.[704]

In den Rangklassen 2–4 werden demgemäß nur Ansprüche auf laufende wiederkehrende Leistungen sowie Beträge berücksichtigt, die zur allmählichen Tilgung einer Schuld als Zuschlag zu den Zinsen zu entrichten sind, § 155 Abs. 2 Satz 2 ZVG. Rückständige Zinsansprüche, einmalige Nebenleistungen sowie Kapitalbeträge können dingliche Gläubiger indes nur in Rangklasse 5 geltend machen, wenn sie das Verfahren wegen dieser Ansprüche betreiben.[705] Die Beschränkung auf die laufenden Zinsen führt dazu, dass nachrangige Grundpfandrechtsgläubiger wegen ihrer laufenden Zinsen vor einer weiteren Befriedigung des betreibenden (vorrangigen) Grundpfandrechtsgläubigers befriedigt werden.[706]

Bei mehreren Rechten innerhalb der Rangklasse 4 richtet sich der Rang nach dem materiellen Recht der §§ 879 f. BGB. Innerhalb der Rangklasse 5 ist bei mehreren Rechten grundsätzlich der Beschlagnahmezeitpunkt (Prioritätsgrund-

---

700 *Keller*, in: Böttcher, ZVG, 6. Aufl., 2016, § 146 Rdnr. 9c; *Obermüller*, Insolvenzrecht in der Bankpraxis, 8. Aufl., 2011, Rdnr. 6.945.

701 *BGH*, Urt. v. 25.06.1992 – IX ZR 24/92 = NJW 1992, 2629 (2630); *Böttcher*, in: Böttcher, ZVG, 6. Aufl., 2016, § 10 Rdnr. 1; *Cranshaw*, in: Depré, ZVG, 1. Aufl., 2014, § 10 Rdnr. 5; *Rellermeyer*, in: Hintzen/ Engels/ Rellermeyer, ZVG, 14. Aufl., 2013, § 10 Rdnr. 2; *Stöber*, ZVG, 21. Aufl., 2016, § 10 Rdnr. 1.

702 *Keller*, in: Böttcher, ZVG, 6. Aufl., 2016, § 155 Rdnr. 1; *Riedel*, in: Keller, Handbuch Zwangsvollstreckungsrecht, 2013, Kap. 4 Rdnr. 681.

703 *Böttcher*, in: Böttcher, ZVG, 6. Aufl., 2016, § 11 Rdnr. 1; *Rellermeyer*, in: Hintzen/ Engels/ Rellermeyer, ZVG, 14. Aufl., 2013, § 10 Rdnr. 2.

704 *Stürner*, in: Soergel, BGB, Band 14, 13. Aufl., 2002, § 879 Rdnr. 1; *Vieweg/ Werner*, Sachenrecht, 7. Aufl., 2015, § 13 Rdnr. 68.

705 *Haarmeyer/ Wutzke/ Förster/ Hintzen*, Zwangsverwaltung, 5. Aufl., 2011, § 155 Rdnr. 23, § 158 Rdnr. 1; *Keller*, in: Böttcher, ZVG, 6. Aufl., 2016, § 155 Rdnr. 36.

706 *Mylich*, WM 2010, 1923 (1929).

satz) entscheidend, § 11 ZVG. Konkurrieren mehrere Grundpfandrechtsgläubiger untereinander oder Grundpfandrechtsgläubiger mit anderen Gläubigern der Rangklasse 5, ist allerdings umstritten, ob sich das Rangverhältnis nach dem Beschlagnahmezeitpunkt oder nach der Herkunft ihrer Ansprüche, bei dinglichen Rechten mithin nach dem Rang im Grundbuch, richtet.[707]

2. *Vertragliche Festlegung der Tilgungsreihenfolge*

a) *Zulässigkeit der Tilgungsbestimmung*

Die Rangfolge der §§ 10 ff. ZVG ist außerhalb der gesetzlich vorgesehenen Verwertungsmöglichkeiten nicht zwingend.[708] Bei der freihändigen Veräußerung kann die Erlösverteilung entsprechend dieser Rangfolge erfolgen. Der Insolvenzverwalter kann aber auch mit den absonderungsberechtigten Gläubigern abweichende Regelungen treffen.[709] Entsprechendes gilt bei Durchführung einer kalten Zwangsverwaltung, denn es sind keine Gründe ersichtlich, die eine unterschiedliche Behandlung von freihändiger Veräußerung und freihändiger Verwaltung (kalte Zwangsverwaltung) rechtfertigen würden.

Insbesondere wegen der Verrechnung der Mieteinnahmen auf die Kapitalbeträge und die rückständigen Zinsen – was nachfolgend noch zu zeigen sein wird – sollten die Parteien im Rahmen der Verwertungsvereinbarung die Tilgungsreihenfolge ausdrücklich festlegen.[710] Etwaige Abreden zwischen dem

---

707 Zum Streitstand siehe *Keller*, in: Böttcher, ZVG, 6. Aufl., 2016, § 155 Rdnr. 37 m. w. N.; *Stöber*, ZVG, 21. Aufl., 2016, § 155 Rdnr. 7 m. w. N.

708 *Brox/ Walker*, Zwangsvollstreckungsrecht, 10. Aufl., 2014, § 32 Rdnr. 1021; *Haarmeyer/ Wutzke/ Förster/ Hintzen*, Zwangsverwaltung, 5. Aufl., 2011, § 160 Rdnr. 3; *Stöber*, ZVG, 21. Aufl., 2016, § 10 Rdnr. 1; *a. A. Bäuerle*, in: Braun, InsO, 6. Aufl., 2014, § 49 Rdnr. 25; *Brinkmann*, in: Uhlenbruck, InsO, 14. Aufl., 2015, § 49 Rdnr. 53.

709 *OLG Frankfurt am Main*, Urt. v. 11.07.2011 – 23 U 86/10 = Rdnr. 42 (juris); *Büchler*, in: Hamburger Kommentar, InsO, 5. Aufl., 2015, § 165 Rdnr. 12; *Ganter*, in: Münchener Kommentar, InsO, Band 1, 3. Aufl., 2013, Vorb. vor §§ 49- 52 Rdnr. 99c; *Gerhardt*, Grundpfandrechte im Insolvenzverfahren, 11. Aufl., 2005, III. 3. Rdnr. 146 f.; *Henckel*, in: Jaeger, InsO, Band 1, 1. Aufl., 2004, § 49 Rdnr. 33; *Lwowski/ Tetzlaff*, WM 1999, 2336 (2337); *Tetzlaff*, in: Münchener Kommentar, InsO, Band 2, 3. Aufl., 2013, § 165 Rdnr. 32.

710 *Bork*, ZIP 2013, 2129 (2133); *Janca*, InsbürO 2004, 377 (384); *Tetzlaff*, in: Lwowski/ Fischer/ Langenbucher, Das Recht der Kreditsicherung, 9. Aufl., 2011, § 6 Rdnr. 25. Nach *Kindler* (Grundpfandrechte im Insolvenzverfahren, 1. Aufl., 2009, S. 50) ist eine Tilgungsbestimmung hilfreich, aber nicht erforderlich.

Insolvenzschuldner und dem jeweiligen Gläubiger binden den Insolvenzverwalter nicht und sind daher unerheblich.[711]

b) Umfang der Tilgungsbestimmung

aa) Tilgung der laufenden dinglichen Zinsen

Die Parteien können bestimmen, dass die laufenden dinglichen Zinsen durch die Mieteinnahmen getilgt werden.[712]

bb) Tilgung der Kapitalbeträge und rückständigen Zinsen

Fraglich ist, ob die Parteien einer Verwertungsvereinbarung auch vereinbaren können, dass die Mieteinnahmen auf die Kapitalbeträge der Grundpfandrechte und die rückständigen Zinsen angerechnet werden. Da Kapitalbeträge und rückständige Zinsen bei einer gerichtlich angeordneten Zwangsverwaltung nur nachrangig befriedigt werden, wenn der Grundpfandrechtsgläubiger die gerichtlich angeordnete Zwangsverwaltung wegen dieser Ansprüche betreibt,[713] wird *teilweise* eine derartige Verrechnung für nicht möglich gehalten.[714]

Bork[715] räumt zwar zutreffend ein, dass die Insolvenzmasse durch eine Anrechnung der Mieteinnahmen auch auf die Kapitalbeträge nicht benachteiligt werden würde, da die entsprechenden Beträge auch bei einer gerichtlich angeordneten Zwangsverwaltung zur Befriedigung der absonderungsberechtigten Gläubiger verwendet werden und nicht in die Insolvenzmasse fließen würden. Nach *Bork*[716] führt jedoch eine solche Vereinbarung, wonach Mieteinnahmen auch auf die Kapitalbeträge der Grundpfandrechte und die rückständigen Zinsen angerechnet werden sollen, zu einer Besserstellung der Grundpfandrechtsgläubiger.

Dies ist allerdings nicht zutreffend. Grundsätzlich steht es jedem absonderungsberechtigten Gläubiger frei, ein gerichtliches Zwangsverwaltungsverfahren zu beantragen bzw. einem solchen beizutreten. Hierauf verzichten die

---

711 *Berger*, in: Jauernig, BGB, 16. Aufl., 2015, § 1191 Rdnr. 13; *Bülow*, Recht der Kreditsicherheiten, 8. Aufl., 2012, Kap. 1 Rdnr. 462; *Eickmann*, in: Münchener Kommentar, BGB, Band 6, 6. Aufl., 2013, § 1191 Rdnr. 111.

712 *Bork*, ZIP 2013, 2129 (2133).

713 Siehe Kapitel 3 E.IV.1.

714 *Keller*, NZI 2013, 265 (269); *Wipperfürth*, Das Grundstück in der Insolvenz, 1. Aufl., 2014, C. Rdnr. 668. Für den Fall, dass mehrere Grundpfandrechte bestehen auch *Bork*, ZIP 2013, 2129 (2133).

715 *Bork*, ZIP 2013, 2129 (2133).

716 *Bork*, ZIP 2013, 2129 (2133).

beteiligten Gläubiger im Rahmen einer kalten Zwangsverwaltung.[717] Um die absonderungsberechtigten Gläubiger nicht schlechter zu stellen, ist es erforderlich, die Mitwirkung bei der kalten Zwangsverwaltung einem Betreiben im Rahmen eines gerichtlich angeordneten Zwangsverwaltungsverfahrens insoweit gleichzustellen.[718] Der Gesetzgeber wollte mit der Bevorzugung der laufenden Beträge nachrangiger Gläubiger verhindern, dass nachrangige Gläubiger die Zwangsversteigerung des Grundstücks betreiben, weil ihre Zins- und Tilgungsansprüche nicht befriedigt werden.[719] Bei einer kalten Zwangsverwaltung besteht jedoch die Besonderheit, dass an der Verwertungsvereinbarung sämtliche absonderungsberechtigten Gläubiger zu beteiligen sind, soweit sie nicht separat auf die Beantragung von Zwangsvollstreckungsmaßnahmen verzichtet haben.[720] Die Intention des Gesetzgebers trägt somit vorliegend nicht.[721] Die Parteien können daher auch vereinbaren, dass die Mieteinnahmen auf die Kapitalbeträge der Grundpfandrechte und die rückständigen Zinsen angerechnet werden.

cc) Keine Tilgung der gesicherten Forderung

Nicht vereinbaren können die Parteien hingegen, dass die Mieteinnahmen auf die gesicherte Forderung (Rückzahlungsanspruch aus dem Darlehensvertrag) angerechnet werden.[722] Hierbei handelt es sich um eine einfache Insolvenzforderung nach § 38 InsO, welche zur Insolvenztabelle angemeldet werden kann. Anderweitige Vereinbarungen, wonach auch die gesicherten Forderungen getilgt werden, würden der insolvenzrechtlichen Systematik widersprechen und die Insolvenzmasse beeinträchtigen. Sie würden zudem zu einer Besserstellung der Grundpfandrechtsgläubiger im Vergleich zur Situation bei einer

---

717 Siehe hierzu Kapitel 3 F.III.

718 Ebenso *Eickmann*, ZfIR 2007, 557 (559).

719 *Hahn*, Die gesamten Materialien zu den Reichs-Justizgesetzen, Band 5, 1983, A. 1. Abschnitt 3. Titel, S. 63 f.; *Brox/ Walker*, Zwangsvollstreckungsrecht, 10. Aufl., 2014, § 32 Rdnr. 1027.

720 Siehe hierzu Kapitel 3 A.I.2.b).

721 Zu den Folgen einer abspracheswidrigen Beantragung eines Zwangsvollstreckungsverfahrens durch einen absonderungsberechtigten Gläubiger siehe Kapitel 3 G.I.2 und Kapitel 3 G.II.1.

722 *Bork*, ZIP 2013, 2129 (2133); *Keller*, NZI 2013, 265 (269); unklar hingegen *Büchler*, in: Hamburger Kommentar, InsO, 5. Aufl., 2015, § 165 Rdnr. 15; *Janca*, InsbürO 2004, 377 (384); *Wipperfürth*, Das Grundstück in der Insolvenz, 1. Aufl., 2014, C. Rdnr. 668; *a. A. Tetzlaff*, ZInsO 2004, 521 (528).

gerichtlich angeordneten Zwangsverwaltung führen und wären daher insolvenzzweckwidrig.[723]

Um eine Doppelberücksichtigung der Forderung des absonderungsberechtigten Gläubigers zu vermeiden, schränkt § 52 Satz 2 InsO die Befriedigung der persönlichen Forderung auf den Ausfall bei der abgesonderten Befriedigung ein.[724] Auch wenn bei der kalten Zwangsverwaltung auf die Grundschuld und die Nebenforderungen gezahlt wird, stellen die Ansprüche der Grundpfandrechtsgläubiger sonstige Masseverbindlichkeiten dar.[725] Da die absonderungsberechtigten Gläubiger – wie bereits mehrfach erwähnt – bei Durchführung einer kalten Zwangsverwaltung im Vergleich zu einer gerichtlich angeordneten Zwangsverwaltung nicht bessergestellt werden dürfen, haben die Parteien in der Verwertungsvereinbarung zu vereinbaren, dass – entsprechend der Rechtsfolge des § 52 Satz 2 InsO – die absonderungsberechtigten Gläubiger nur mit dem bei der kalten Zwangsverwaltung ausgefallenen Teil an der quotalen Befriedigung teilnehmen.[726]

dd) Zwischenfazit

Im Rahmen der Tilgungsbestimmung sollten die Parteien daher festlegen, in welcher Reihenfolge die Mieteinnahmen auf das Kapital und die Nebenforderungen zu verrechnen sind.[727] Ohne eine derartige vertragliche Tilgungsbestimmung gilt die gesetzliche Tilgungsreihenfolge des § 367 BGB,[728] da die InsO insoweit keine speziellen Bestimmungen vorsieht.[729] Eine Verrechnung auf die gesicherte Forderung ist nicht möglich.

---

723 Siehe Kapitel 2 C.III.2.b).

724 *Bäuerle,* in: Braun, InsO, 6. Aufl., 2014, § 52 Rdnr. 1.

725 Siehe hierzu Kapitel 3 E.I.2.c)aa)(2).

726 *Bork,* ZIP 2013, 2129 (2133); *Eckardt*, Grundpfandrechte im Insolvenzverfahren, 14. Aufl., 2014, E. Rdnr. 423.

727 Zur Zulässigkeit von Parteivereinbarungen über die Tilgungsreihenfolge vgl. *BGH*, Urt. v. 05.04.1984 – III ZR 2/83 = BGHZ 91, 55 (58); *ders.*, Urt. v. 17.02.2011 – IX ZR 83/10 = NZI 2011, 247 (248); *Fetzer,* in: Münchener Kommentar, BGB, Band 2, 7. Aufl., 2016, § 367 Rdnr. 3.

728 *BT*-Drucks. 12/7302, S. 160 (zu § 57 Abs. 1 InsO-E); *BGH*, Urt. v. 17.02.2011 – IX ZR 83/10 = NZI 2011, 247 (247 f.); *ders.*, Urt. v. 09.10.2014 – IX ZR 69/14 = NJW 2015, 162 (163 f.); *OLG Frankfurt am Main,* Urt. v. 23.04.2010 – 25 U 58/08 = ZIP 2010, 2256 (2258); *Ellrich/ Lind*, ForderungsPraktiker Wiki Kredit-Servicing 2012, 16 (20); *Obermüller,* NZI 2011, 663 (663). Zum Streitstand vgl. *Tetzlaff*, in: Münchener Kommentar, InsO, Band 2, 3. Aufl., 2013, § 165 Rdnr. 263 ff.

729 Bei Ausschüttungen des Insolvenzverwalters im Verteilungsverfahren gelten die §§ 366, 367 BGB hingegen nicht, da hier die Bestimmungen der InsO vorgehen,

c) Auswirkungen von Kapitalzahlungen im Hinblick auf die Grundschuld

Abhängig von der Anzahl der an der Verwertungsvereinbarung beteiligten Gläubiger und dem Umfang der an diese zu verteilenden Masse kann es im Rahmen einer kalten Zwangsverwaltung durchaus zu Kapitalzahlungen kommen. Dies hat Auswirkungen auf die Grundschuld.

Wird ein Grundschuldgläubiger im Wege der Zwangsvollstreckung befriedigt, so erlischt die Grundschuld im Umfang der Befriedigung, § 1181 BGB.[730] Diese Rechtsfolge wird damit begründet, dass die Grundschuld ihren Zweck erfüllt habe und daher inhaltlich erschöpft sei.[731] Zudem habe sich durch die zwangsweise Befriedigung des Grundschuldgläubigers der Wert des Grundstücks vermindert, weshalb die nachrangigen Gläubiger aufrücken sollen.[732]

§ 1181 BGB findet jedoch bei freiwilligen Zahlungen keine Anwendung.[733] Ist der Insolvenzschuldner – wie in dieser Arbeit vorausgesetzt[734] – zugleich Eigentümer des belasteten Grundstücks und zahlt der Insolvenzverwalter nun auf die Grundschuld, so entsteht grundsätzlich eine Eigentümergrundschuld.[735] Zu bedenken ist jedoch, dass die Zahlungen des Insolvenzverwalters im Rahmen einer kalten Zwangsverwaltung die Zahlungen eines Zwangsverwalters im Rah-

---

vgl. *BGH*, Urt. v. 12.02.1985 – VI ZR 68/83 = NJW 1985, 3064 (3066); *Fetzer*, in: Münchener Kommentar, BGB, Band 2, 7. Aufl., 2016, § 366 Rdnr. 5; *Grüneberg*, in: Palandt, BGB, 75. Aufl., 2016, § 366 Rdnr. 3, § 367 Rdnr. 1; *Kerwer*, in: jurisPK-BGB, Band 2, 7. Aufl., 2014, § 366 Rdnr. 20.

730 *BGH*, Urt. v. 13.11.1986 – IX ZR 26/86 = BGHZ 99, 110 (114); *Bassenge*, in: Palandt, BGB, 75. Aufl., 2016, § 1181 Rdnr. 3 f.; *Berger*, in: Jauernig, BGB, 16. Aufl., 2015, § 1191 Rdnr. 14; *Depré*, in: Depré, ZVG, 1. Aufl., 2014, § 158 Rdnr. 1, 3; *Eickmann*, ZfIR 2007, 557 (559); *Haarmeyer/ Hintzen*, Handbuch zur Zwangsverwaltung, 3. Aufl., 2012, Kap. 5 Rdnr. 60.

731 *Bülow*, Recht der Kreditsicherheiten, 8. Aufl., 2012, Kap. 1 Rdnr. 348; *Eickmann*, in: Münchener Kommentar, BGB, Band 6, 6. Aufl., 2013, § 1181 Rdnr. 1; *Wolfsteiner*, in: Staudinger, BGB, Buch 3, 2015, § 1181 Rdnr. 1.

732 *Baur/ Stürner*, Sachenrecht, 18. Aufl., 2009, § 36 Rdnr. 115, § 41 Rdnr. 5; *Wenzel*, in: Erman, BGB, Band 2, 14. Aufl., 2014, § 1181 Rdnr. 1.

733 *Bassenge*, in: Palandt, BGB, 75. Aufl., 2016, § 1181 Rdnr. 1; *Berger*, in: Jauernig, BGB, 16. Aufl., 2015, § 1181 Rdnr. 1; *Eickmann*, in: Münchener Kommentar, BGB, Band 6, 6. Aufl., 2013, § 1181 Rdnr. 2.

734 Siehe hierzu Einleitung A.

735 *Baur/ Stürner*, Sachenrecht, 18. Aufl., 2009, § 45 Rdnr. 41; *Obermüller*, Insolvenzrecht in der Bankpraxis, 8. Aufl., 2011, Rdnr. 6.952; *Weber*, Grundstücksrecht, 4. Aufl., 2015, § 15 Rdnr. 104 mit Nachweisen zu den unterschiedlichen dogmatischen Begründungen.

men einer gerichtlich angeordneten Zwangsverwaltung ersetzen. Die Intention des Gesetzgebers zu § 1181 BGB gilt es daher im Rahmen einer kalten Zwangsverwaltung zu bewahren. Die Grundschuldgläubiger sollten sich daher in der Verwertungsvereinbarung verpflichten, im Umfang einer etwaigen Kapitalzahlung die Löschung ihres dinglichen Rechts zu bewilligen.[736]

3. Weitere Vereinbarungen

Die Parteien sollten zudem vereinbaren, dass der Insolvenzverwalter für die Verteilung der Einnahmen ein besonderes Verteilungsverzeichnis anlegt.[737] Auch sollten sie festhalten, zu welchen Zeitpunkten etwaige Übererlöse an die absonderungsberechtigten Gläubiger auszukehren sind.[738]

V. Verteilungsreihenfolge

Bei Durchführung einer kalten Zwangsverwaltung sind aus den Mieteinnahmen die Ausgaben der kalten Zwangsverwaltung (vgl. vorstehend unter II.), der Ausgleichsbetrag zugunsten der Insolvenzmasse (vgl. vorstehend unter III.) sowie die Befriedigungsansprüche der absonderungsberechtigten Gläubiger (vgl. vorstehend unter IV.) zu bestreiten. In der Verwertungsvereinbarung ist daher festzulegen, in welcher Reihenfolge die vorgenannten Ansprüche aus der Sondermasse[739] zu befriedigen sind.

1. Ausgaben und Ausgleichsbetrag vor Gläubigerbefriedigung

Unstreitig dürfte zunächst sein, dass an die absonderungsberechtigten Gläubiger nur ein Übererlös nach Begleichung sowohl der Ausgaben der kalten Zwangsverwaltung als auch des Ausgleichsbetrages zugunsten der Insolvenzmasse ausbezahlt wird. Wie bei einer gerichtlich angeordneten Zwangsverwaltung muss

---

736 *Eickmann*, ZfIR 2007, 557 (559).

737 *Hirte*, in: Uhlenbruck, InsO, 14. Aufl., 2015, § 35 Rdnr. 56; *Mohrbutter*, in: Mohrbutter/ Ringstmeier, Handbuch Insolvenzverwaltung, 9. Aufl., 2015, Kap. 6 Rdnr. 199.

738 *Heyn/ Kreuznacht/ Voss*, Arbeitshilfen für Insolvenzsachbearbeiter, 3. Aufl., 2014, Teil 2 Muster 191 Rdnr. 429; *Janca*, InsbürO 2004, 377 (382); *Obermüller*, Insolvenzrecht in der Bankpraxis, 8. Aufl., 2011, Rdnr. 6.949; *Raab*, DZWIR 2006, 234 (234 f.); *Weis*, in: Schmidt/ Haarmeyer/ Albrecht, Praxis und Ausbildung im Insolvenzbüro, 2. Aufl., 2010, G. Rdnr. 700; *Wipperfürth*, Das Grundstück in der Insolvenz, 1. Aufl., 2014, K. Rdnr. 891 Muster III. 7.

739 Siehe hierzu Kapitel 3 E.I.2.c).

sich das verwaltete Grundstück zunächst selbst erhalten und unterhalten.[740] Andernfalls wäre auf die absonderungsberechtigten Gläubiger zurückzugreifen.[741] Die Ausgaben der kalten Zwangsverwaltung sind daher zwingend vorweg zu bestreiten. Auch lässt sich ein *Über*erlös erst dann ermitteln, wenn sämtliche von dem Erlös zu tragenden Beträge abgeflossen sind. Insofern ist auch der Ausgleichsbetrag zugunsten der Insolvenzmasse vorweg zu bestreiten.

2. Verhältnis von Ausgleichsbetrag und Ausgaben

Für die Höhe des Ausgleichsbetrages zugunsten der Insolvenzmasse macht es einen Unterschied, ob die quotale Beteiligung[742] vor oder nach Abzug der Ausgaben der kalten Zwangsverwaltung erfolgt.[743]

Bei einer Berechnung *nach* Abzug der Ausgaben, hinge die Höhe des Ausgleichsbetrages von der Höhe der Ausgaben ab und würde sich daher stets ändern. Bei hohen Ausgaben bestünde sogar die Gefahr, dass nur ein sehr geringer oder gar kein Ausgleichsbetrag verbleibt. Der Ausgleichsbetrag zugunsten der Insolvenzmasse wird zwischen den Parteien jedoch gerade als Gegenleistung für die Verwaltungstätigkeit des Insolvenzverwalters vereinbart.[744] Ohne eine derartige Gegenleistung würde es an der Entgeltlichkeit des Geschäftsbesorgungsvertrages[745] und an dem Anreiz, überhaupt eine kalte Zwangsverwaltung durchzuführen,[746] fehlen. Bei dieser Vorgehensweise würden die Ausgaben der kalten Zwangsverwaltung letztendlich von der Insolvenzmasse und nicht von den absonderungsberechtigten Gläubigern getragen werden. Dies gilt es gerade zu verhindern.[747] Daher ist der Ausgleichsbetrag zugunsten der Insolvenzmasse *vor* den Ausgaben der kalten Zwangsverwaltung aus der Sondermasse abzuführen.[748]

---

740 *Engels*, in: Hintzen/ Engels/ Rellermeyer, ZVG, 14. Aufl., 2013, § 155 Rdnr. 7; *Stöber*, ZVG, 21. Aufl., 2016, § 155 Rdnr. 3.

741 Siehe hierzu Kapitel 3 E.II.2.

742 Siehe hierzu Kapitel 3 E.III.2.d) und Kapitel 3 E.III.2.e).

743 Offengelassen *Janca*, InsbürO 2004, 377 (382).

744 Siehe Kapitel 2 D.

745 Siehe Kapitel 2 D.

746 Siehe Kapitel 3 E.III.

747 Siehe Kapitel 3 E.II.1.

748 Nach *a. A.* sind zunächst die objektbezogenen Ausgaben zu begleichen, vgl. hierzu *Heyn/ Kreuznacht/ Voss*, Arbeitshilfen für Insolvenzsachbearbeiter, 3. Aufl., 2014, Teil 2 Muster 191 Rdnr. 429; *Nienerza/ Dahl*, in: Schulte/ Kühling/ Servatius/ Stellmann, Immobilienökonomie 2, 3. Aufl., 2013, Kap. 13 S. 1004; *Ringstmeier*, in: Beck/ Depré, Praxis der Insolvenz, 2. Aufl., 2010, § 22 Rdnr. 114.

3. *Fazit*

Zusammenfassend ist somit festzuhalten, dass aus der Sondermasse zunächst der Ausgleichsbetrag zugunsten der Insolvenzmasse, dann die Ausgaben der kalten Zwangsverwaltung und zuletzt die Befriedigungsansprüche der absonderungsberechtigten Gläubiger zu bestreiten sind.

F. Weitere Vereinbarungen

Bei Abschluss der Verwertungsvereinbarung wird der Insolvenzverwalter in der Regel die konkret vorzunehmenden Maßnahmen noch nicht im Detail kennen. Treffen die Parteien in der Verwertungsvereinbarung zu detaillierte Regelungen, so besteht eine hohe Wahrscheinlichkeit, dass die Parteien die Verwertungsvereinbarung zeitnah an die konkreten Umstände anpassen müssen. Hierzu ist die Mitwirkung sämtlicher Parteien erforderlich. Praktikabler ist es daher, wenn die Parteien ein grundsätzliches Einvernehmen über die Art und Weise der Grundstücksverwaltung treffen,[749] dem Insolvenzverwalter im Übrigen aber einen weiten Handlungs- und Entscheidungsspielraum einräumen.[750] Die Interessen sowie etwaige gesetzliche und / oder interne Vorgaben der absonderungsberechtigten Gläubiger sind hierbei zu berücksichtigen.[751]

Neben den bereits erwähnten Regelungen sollten die Parteien in die Verwertungsvereinbarung auch Regelungen zur Rechnungslegung, zur Grundstücksverwaltung sowie zur etwaigen Einleitung von Zwangsvollstreckungsmaßnahmen aufnehmen. Abhängig von den konkreten Umständen können daneben weitere Vereinbarungen im Rahmen des rechtlich Zulässigen erforderlich sein.

I. Pflicht zur Rechnungslegung

Der weite Handlungs- und Entscheidungsspielraum des Insolvenzverwalters bedingt im Interesse der absonderungsberechtigten Gläubiger die Sicherstellung und Kontrolle einer transparenten Verwaltung.[752] Der Insolvenzverwalter sollte

---

749 *Tetzlaff*, in: Lwowski/ Fischer/ Langenbucher, Das Recht der Kreditsicherung, 9. Aufl., 2011, § 6 Rdnr. 24.

750 Zum Handlungs- und Entscheidungsspielraum als Voraussetzung für einen Geschäftsbesorgungsvertrag siehe Kapitel 2 D.

751 Siehe hierzu bereits Kapitel 3 E.II.4.

752 *Rigol*, in: K. Schmidt, InsO, 19. Aufl., 2016, § 66 Rdnr. 1; *Wegener*, in: Flitsch/ Wegener/ Weis, Praktikerhandbuch Sicherheitenverwertung, 3. Aufl., 2014, Kap. E. Rdnr. 686; *Weitzmann*, in: Hamburger Kommentar, InsO, 5. Aufl., 2015, § 66 Rdnr. 3.

daher im Rahmen der Verwertungsvereinbarung zur Rechnungslegung gegenüber den absonderungsberechtigten Gläubigern verpflichtet werden.[753] Das Ziel der internen Rechnungslegung ist es, die absonderungsberechtigten Gläubiger über die ihnen unbekannten Einzelheiten der Geschäftsbesorgung zu informieren, so z. B. durch Dokumentation der Grundstücksverwaltung und der Sondermasse der kalten Zwangsverwaltung.[754]

Daneben dient die Rechnungslegung dem Schutz des Insolvenzverwalters, da durch diese entlastungs- und haftungsrechtlich relevante Sachverhalte dokumentiert werden.[755]

Neben der Verpflichtung als solche ist auch der Zeitpunkt der Rechnungslegungspflicht festzulegen. Aufgrund des Dauerschuldcharakters der kalten Zwangsverwaltung bietet sich eine periodische Pflicht an.[756]

II. Regelungen zur Verwaltung

Dem Insolvenzverwalter obliegt die Objektverwaltung. Er entscheidet selbständig aufgrund seines Handlungs- und Entscheidungsspielraums über die konkret vorzunehmenden Maßnahmen der Objektpflege.[757] In der Verwertungsvereinbarung können die Parteien grundlegende Entscheidungen zu Maßnahmen der Objektpflege, -verbesserung und -entwicklung treffen.[758] Da die Ausgaben der kalten Zwangsverwaltung aus den Einnahmen zu bestreiten sind und bei Bedarf eine Freistellung durch die absonderungsberechtigten Gläubiger zu erfolgen hat,[759] sollten sich diese eine Kontrollmöglichkeit vertraglich sichern. Hierzu können die Parteien z. B. vereinbaren, dass Ausgaben für Instandhaltung und

---

753 *Bork*, ZIP 2013, 2129 (2133) m. w. N. Zur Auskunfts-, Benachrichtigungs- und Rechenschaftspflicht vgl. auch § 675 Abs. 1 i. V. m. § 666 BGB.

754 Angelehnt an *Grüneberg*, in: Palandt, BGB, 75. Aufl., 2016, § 259 Rdnr. 1; *Sprau*, in: Palandt, BGB, 75. Aufl., 2016, § 666 Rdnr. 4; *Weitzmann*, in: Hamburger Kommentar, InsO, 5. Aufl., 2015, § 66 Rdnr. 2.

755 *Rigol*, in: K. Schmidt, InsO, 19. Aufl., 2016, § 66 Rdnr. 1; *Weitzmann*, in: Hamburger Kommentar, InsO, 5. Aufl., 2015, § 66 Rdnr. 3.

756 *Sprau*, in: Palandt, BGB, 75. Aufl., 2016, § 666 Rdnr. 4.

757 Zur Selbständigkeit des Geschäftsbesorgers siehe Kapitel 2 D.

758 *Hawelka*, ZfIR 2010, 665 (672); *Janca*, InsbürO 2004, 377 (383); *Seidel/ Steinwachs*, in: Becker/ Berndt/ Klein, Insolvenz des Firmenkunden, 3. Aufl., 2012, Teil 2 § 5 II.5.b) S. 54; *Tetzlaff*, in: Lwowski/ Fischer/ Langenbucher, Das Recht der Kreditsicherung, 9. Aufl., 2011, § 6 Rdnr. 25. Zur Vereinbarung von Nutzungsänderungen oder Umbaumaßnahmen siehe Kapitel 5 B.I.2.

759 Siehe hierzu Kapitel 3 E.II.2.

Instandsetzung, die einen bestimmten absoluten oder prozentualen Betrag übersteigen, von der vorherigen Zustimmung der absonderungsberechtigten Gläubiger abhängig sind.[760] Auch könnte der Insolvenzverwalter verpflichtet werden, vor umfangreicheren Maßnahmen mehrere Kostenvoranschläge einzuholen.[761]

III. Regelung zur Einleitung von Zwangsvollstreckungsmaßnahmen

Durch die Anordnung eines gerichtlichen Zwangsverwaltungsverfahrens verliert der Insolvenzverwalter sein Verwaltungs- und Benutzungsrecht, durch die Anordnung eines Zwangsversteigerungsverfahrens wird er in seinem Handlungs- und Entscheidungsspielraum beschränkt.[762] Für eine ungestörte Durchführung der kalten Zwangsverwaltung ist daher mit den Parteien der Verwertungsvereinbarung eine Regelung zur Einleitung von Zwangsvollstreckungsmaßnahmen zu treffen.[763]

Es *wird vorgeschlagen*, in der Verwertungsvereinbarung ausdrücklich vorzusehen, dass die absonderungsberechtigten Gläubiger trotz Vereinbarung der kalten Zwangsverwaltung weiterhin berechtigt sein sollen, Zwangsvollstreckungsmaßnahmen einzuleiten.[764] Eine derartige Vereinbarung ist grundsätzlich möglich. Im Hinblick auf die bezweckte ungestörte Durchführung der kalten Zwangsverwaltung ist dies aber nicht zielführend. Der Insolvenzverwalter müsste jederzeit mit einem entsprechenden Antrag rechnen und hätte keine Planungssicherheit.[765] Hieran ändert auch der Vorschlag nichts, in der Verwertungsvereinbarung gegebenenfalls zusätzlich eine Informationspflicht des den Antrag stellenden absonderungsberechtigten Gläubigers vorzusehen.[766]

---

760 Siehe Fn. 530.

761 *Janca*, InsbürO 2004, 377 (383).

762 Siehe hierzu bereits Kapitel 3 A.I.

763 Zu separaten vollstreckungsbeschränkenden Vereinbarungen mit nicht an der Verwertungsvereinbarung beteiligten Gläubigern siehe Kapitel 3 A.I.2.b).

764 *Kühne*, in: Haarmeyer/ Pape/ Stephan/ Nickert, Formular-Kommentar Insolvenzrecht, 3. Aufl., 2016, Teil 10 Muster 9 Rdnr. 75; *Obermüller*, Insolvenzrecht in der Bankpraxis, 8. Aufl., 2011, Rdnr. 6.945, 6.949; *Seidel/ Steinwachs*, in: Becker/ Berndt/ Klein, Insolvenz des Firmenkunden, 3. Aufl., 2012, Teil 2 § 5 II.5.b) S. 55.

765 So auch *Janca*, InsbürO 2004, 377 (380).

766 So aber *Obermüller*, Insolvenzrecht in der Bankpraxis, 8. Aufl., 2011, Rdnr. 6.945, 6.949; im Ergebnis wohl auch *Ellrich/ Lind* (ForderungsPraktiker Wiki Kredit-Servicing 2012, 16 (19)), die allerdings von einem „Informationsrecht“ sprechen.

Zielführend ist hingegen der *ausdrückliche Verzicht* der absonderungsberechtigten Gläubiger auf die Einleitung von Zwangsvollstreckungsmaßnahmen.[767] Für eine möglichst hohe Planungssicherheit der Parteien sollte sich der Verzicht auf die gesamte Dauer der kalten Zwangsverwaltung beziehen.[768] Dies gilt insbesondere, wenn mit der kalten Zwangsverwaltung eine freihändige Veräußerung vorbereitet werden soll.

Stellt eine an der Verwertungsvereinbarung beteiligte Partei dennoch einen entsprechenden Antrag, macht sie sich gegenüber den anderen Parteien der Vereinbarung gegebenenfalls aus Vertragsverletzung schadensersatzpflichtig.[769]

G. Vereinbarung von Beendigungsmöglichkeiten

Nach Abschluss einer solchen Verwertungsvereinbarung können Umstände eintreten, die dazu führen, dass eine Partei oder die Parteien das Vertragsverhältnis beenden möchten bzw. müssen. Sowohl der Insolvenzverwalter als auch die absonderungsberechtigten Gläubiger haben daher ein Interesse daran, sich keiner schrankenlosen Bindung im Rahmen einer kalten Zwangsverwaltung zu unterwerfen. Nachfolgend werden derartige Beendigungsgründe beleuchtet und ihre vertragliche Umsetzung dargestellt.

I. Für die kalte Zwangsverwaltung spezifische Beendigungsgründe

1. Verlust der Verwaltungs- und Benutzungsbefugnis

Zur Vermeidung einer Haftung des Insolvenzverwalters sollte das Vertragsverhältnis enden bzw. beendet werden können, wenn der Insolvenzverwalter seine Verwaltungs- und Benutzungsbefugnis in Bezug auf das belastete Grundstück verliert und somit nicht mehr zur Durchführung einer kalten Zwangsverwaltung berechtigt ist.

---

767 *BFH*, Urt. v. 28.07.2011 – V R 28/09 = DZWIR 2012, 67 (68, 70); *Ellrich/ Lind*, ForderungsPraktiker Wiki Kredit-Servicing 2012, 16 (19); *Molitor*, ZInsO 2011, 1486 (1487); *Obermüller*, Insolvenzrecht in der Bankpraxis, 8. Aufl., 2011, Rdnr. 6.945; *a. A. Mitlehner*, ZIP 2012, 649 (650).

768 So auch *Wipperfürth*, Das Grundstück in der Insolvenz, 1. Aufl., 2014, K. Rdnr. 891 Muster III. 7. Zum Verwaltungszeitraum der kalten Zwangsverwaltung siehe Kapitel 3 D. Nach *Janca* (InsbürO 2004, 377 (380)) ist gegebenenfalls auch ein befristeter Verzicht möglich.

769 *Keller*, NZI 2013, 265 (268). Zu möglichen Maßnahmen gegen die weitere Zwangsvollstreckung siehe Fn. 382.

a) Anordnung einer gerichtlichen Zwangsverwaltung

Der Insolvenzverwalter verliert seine Verwaltungs- und Benutzungsbefugnis durch Anordnung eines gerichtlichen Zwangsverwaltungsverfahrens.[770] Die Person des Antragstellers ist hierfür unerheblich. Stellt einer der an der Verwertungsvereinbarung beteiligten absonderungsberechtigten Gläubiger den Antrag, liegt zudem seinerseits eine wesentliche Vertragsverletzung vor, sofern ein entsprechender Verzicht vereinbart wurde.[771]

Neben dem Insolvenzverwalter können auch absonderungsberechtigte Gläubiger ein Interesse an der Vertragsbeendigung haben, um dem gerichtlich angeordneten Zwangsverwaltungsverfahren beizutreten und hierdurch ihren Befriedigungsumfang zu erweitern.[772]

b) Ausscheiden des verwalteten Grundstücks aus der Insolvenzmasse

Die Verwaltungs- und Benutzungsbefugnis des Insolvenzverwalters endet auch, wenn das verwaltete Grundstück aus der Insolvenzmasse ausscheidet. Dies ist der Fall bei einer Veräußerung sowie bei Freigabe des verwalteten Grundstücks.[773]

2. Wesentliche Vertragsverletzungen

Verstößt eine der Parteien gegen vertragliche Absprachen, kann dies für die jeweils andere Partei erhebliche wirtschaftliche Auswirkungen haben. Zudem kann es hierdurch zu einem unüberbrückbaren Vertrauensverlust kommen, der ein zukünftiges Zusammenwirken unmöglich macht. Eine wesentliche Vertragsverletzung liegt u. a. vor, wenn ein absonderungsberechtigter Gläubiger entgegen der vertraglichen Absprache ein Zwangsvollstreckungsverfahren einleitet,[774] die absonderungsberechtigten Gläubiger ihrer vertraglich vereinbarten Freistellungsverpflichtung nicht nachkommen[775] oder sich der Insolvenzverwalter (wiederholt) nicht an vertragliche Absprachen hält (z. B Verstoß gegen seine

---

770 Siehe hierzu Kapitel 1 A.II.2.b)aa).

771 Zum Verzicht auf die Einleitung von Zwangsvollstreckungsmaßnahmen siehe Kapitel 3 F.III. Zur Einordnung als wesentliche Vertragsverletzung siehe Kapitel 3 G.I.2.

772 Zum Verteilungsverfahren bei gerichtlich angeordneter Zwangsverwaltung siehe Kapitel 3 E.IV.1.

773 Wurde die Verwertungsvereinbarung für die Dauer bis zur freihändigen Veräußerung des Grundstücks abgeschlossen, so endet das Vertragsverhältnis durch Zeitablauf, vgl. hierzu Kapitel 3 D.II.

774 Siehe hierzu Kapitel 3 F.III.

775 Siehe Kapitel 3 E.II.2.

Rechnungslegungspflicht, fehlende Absprache bei kostenintensiven Instandhaltungsmaßnahmen[776]).

3. Fehlende Wirtschaftlichkeit der kalten Zwangsverwaltung

Werden durch die kalte Zwangsverwaltung nicht genügend Einnahmen erwirtschaftet, so hat dies sowohl für die absonderungsberechtigten Gläubiger als auch für die Insolvenzmasse negative Auswirkungen. Die absonderungsberechtigten Gläubiger sind in diesem Fall verpflichtet, die Kosten der Ausgaben der kalten Zwangsverwaltung zu tragen.[777] Zugleich stehen keine Einnahmen für ihre Befriedigung zur Verfügung. Wird die Höhe des Ausgleichsbetrages anhand der Ist-Miete berechnet,[778] so wirken sich geringe Einnahmen auch für die Insolvenzmasse negativ aus.

Abhängig von den Umständen des Einzelfalles (z. B. Suche nach solventen Mietern, umfangreiche Mängelbeseitigungsmaßnahmen) kann der Arbeitsaufwand des Insolvenzverwalters dennoch beachtlich sein. Sowohl absonderungsberechtigte Gläubiger als auch der Insolvenzverwalter können daher ein Interesse daran haben, das Vertragsverhältnis wegen fehlender Wirtschaftlichkeit zu beenden.

II. Möglichkeiten der vertraglichen Umsetzung

1. Sonderkündigungsrecht

Kraft Gesetzes können die Parteien das Vertragsverhältnis aus wichtigem Grund ohne Einhaltung einer Kündigungsfrist kündigen, wenn Tatsachen vorliegen, aufgrund derer dem Kündigenden unter Berücksichtigung aller Umstände des Einzelfalles und unter Abwägung der beiderseitigen Interessen die Fortsetzung des Vertragsverhältnisses bis zu dessen vereinbarter Beendigung nicht zugemutet werden kann, § 626 Abs. 1 i. V. m. § 675 Abs. 1 BGB.[779]

Darüber hinaus können die Parteien in der Verwertungsvereinbarung explizit regeln, dass bei Vorliegen bestimmter Umstände ein fristloses oder fristgebundenes Sonderkündigungsrecht für eine oder beide Parteien besteht. Die

776 Siehe hierzu Kapitel 3 F. I und Kapitel 3 F.II.
777 Siehe hierzu Kapitel 3 E.II.
778 Zur Berechnung der Höhe des Ausgleichsbetrages siehe Kapitel 3 E.III.2.
779 Siehe auch *Seiler*, in: Münchener Kommentar, BGB, Band 4, 6. Aufl., 2012, § 671 Rdnr. 14.

Entscheidung, ob das Vertragsverhältnis beendet werden soll, ist dann vom Willen der jeweiligen Partei abhängig.

Die Vereinbarung eines Sonderkündigungsrechts kommt grundsätzlich bei sämtlichen der vorgenannten Gründe in Betracht, insbesondere bei wesentlichen Vertragsverletzungen und bei fehlender Wirtschaftlichkeit der kalten Zwangsverwaltung. Die Parteien können zudem vereinbaren, dass ein Sonderkündigungsrecht bereits besteht, wenn ein Antrag auf Anordnung von Zwangsvollstreckungsmaßnahmen betreffend das belastete Grundstück gestellt wird.

2. Auflösende Bedingung

Des Weiteren können die Parteien die Verwertungsvereinbarung unter bestimmte auflösende Bedingungen stellen.[780] Das Vertragsverhältnis endet dann mit Eintritt der jeweiligen Bedingung automatisch, § 158 Abs. 2 BGB.

Für den Fall, dass der Insolvenzverwalter seine Verwaltungsbefugnis verliert, bietet sich die Vereinbarung einer auflösenden Bedingung an.[781] Keine der Parteien muss dann zur Beendigung des Vertragsverhältnisses aktiv werden. Seine Verwaltungsbefugnis verliert der Insolvenzverwalter endgültig, wenn das verwaltete Grundstück aus der Insolvenzmasse ausscheidet. Aber auch bei einem Verlust der Verwaltungsbefugnis durch Anordnung einer gerichtlichen Zwangsverwaltung bietet sich eine auflösende Bedingung an. Zwar erlangt der Insolvenzverwalter im Falle der einstweiligen Einstellung der gerichtlichen Zwangsverwaltung seine Verwaltungsbefugnis zurück, jedoch müssen für eine einstweilige Einstellung die gesetzlichen Voraussetzungen vorliegen.[782] Zudem fehlt dem Insolvenzverwalter für den Zeitraum bis zur einstweiligen Einstellung dennoch die Verwaltungsbefugnis. Eine Differenzierung nach den Gründen für den Verlust der Verwaltungsbefugnis ist zwar grundsätzlich möglich, jedoch nicht erforderlich.

Anders verhält es sich im Falle der fehlenden Wirtschaftlichkeit der kalten Zwangsverwaltung sowie bei Vorliegen einer wesentlichen Vertragsverletzung. Die Beendigung des Vertragsverhältnisses ist in diesen Fällen keine zwingende Folge und sollte daher vom Willen der jeweiligen Partei abhängig sein.

---

780 Zur Zulässigkeit bei Dienstverträgen vgl. *Weidenkaff*, in: Palandt, BGB, 75. Aufl., 2016, Vorb. vor § 620 Rdnr. 4.

781 Für den Fall der Verwertung des Grundstücks ebenso *Keller*, NZI 2013, 265 (269).

782 Siehe hierzu Kapitel 1 A.II.2.b)cc)(2).

III. Fazit

Sowohl der Insolvenzverwalter als auch die absonderungsberechtigten Gläubiger können in bestimmten Situationen ein Interesse daran haben, das Vertragsverhältnis zu beenden. Dies kann z. B. der Fall sein, wenn die jeweils andere Partei wesentlich gegen vertragliche Absprachen verstößt oder die Durchführung der kalten Zwangsverwaltung nicht wirtschaftlich ist. Verliert der Insolvenzverwalter seine Verwaltungs- und Benutzungsbefugnis für das belastete Grundstück, sei es, dass ein gerichtliches Zwangsverwaltungsverfahren angeordnet wurde, sei es, dass das belastete Grundstück nicht mehr Bestandteil der Insolvenzmasse ist, so sollte die kalte Zwangsverwerwaltung zwingend enden bzw. beendet werden können.

Kapitel 4 Anfängliche Gründe gegen die Vereinbarung einer kalten Zwangsverwaltung

Trotz der zahlreichen Gestaltungsmöglichkeiten ist die Vereinbarung einer kalten Zwangsverwaltung für die Parteien nicht in jedem Insolvenzverfahren zielführend. Die Arbeit setzt sich daher nachfolgend mit Situationen auseinander, die möglicherweise bereits gegen den Abschluss einer Verwertungsvereinbarung sprechen.

A. Gerichtliche Zwangsverwaltung

Wurde die gerichtliche Zwangs*verwaltung* des belasteten Grundstücks bereits angeordnet, berührt die Eröffnung des Insolvenzverfahrens nicht das Verwaltungs- und Besitzrecht des Zwangsverwalters, § 80 Abs. 2 Satz 2 InsO.[783] Die Mieteinnahmen sind weiterhin vom Zwangsverwalter zur Zwangsverwaltungsmasse einzuziehen.[784] Würde der Insolvenzverwalter in dieser Situation dennoch mit den absonderungsberechtigten Gläubigern die Durchführung einer kalten Zwangsverwaltung hinsichtlich des beschlagnahmten Grundstücks vereinbaren, so könnte er mangels diesbezüglicher Verwaltungsbefugnis seine Vertragspflichten nicht erfüllen und würde sich gegebenenfalls schadensersatzpflichtig machen.[785] Er sollte daher die Verwertungsvereinbarung erst abschließen, wenn das Vollstreckungsgericht das gerichtliche Zwangsverwaltungsverfahren durch Beschluss aufgehoben hat (§ 161 Abs. 1 ZVG)[786] und dieser Beschluss dem Zwangsverwalter zugegangen

783 Dies setzt voraus, dass die Beschlagnahme nicht nach § 88 InsO (Rückschlagsperre) mit Eröffnung des Insolvenzverfahrens unwirksam wurde.

784 *Dithmar/ Schneider*, in: Braun, InsO, 6. Aufl., 2014, § 165 Rdnr. 12; *Hörndler*, in: Lindner-Figura/ Oprée/ Stellmann, Geschäftsraummiete, 3. Aufl., 2012, Kap. 19 Rdnr. 94 f.

785 *A. A. Undritz/ Knof*, in: Berliner Kommentar, InsO, Band 2, 2015, § 165 Rdnr. 57 („Die Vereinbarung einer „kalten" Zwangsverwaltung kommt auch **nach** Anordnung der Zwangsverwaltung in Betracht.").

786 Der Aufhebungsbeschluss ist konstitutiv, vgl. *BGH*, Beschl. v. 10.07.2008 – V ZB 130/07 = BGHZ 177, 218 (220 ff.); *Brox/ Walker*, Zwangsvollstreckungsrecht, 10. Aufl., 2014, § 32 Rdnr. 1007; *Haarmeyer/ Hintzen*, Handbuch zur Zwangsverwaltung, 3. Aufl., 2012, Kap. 6 Rdnr. 11a.

ist.[787] Um hinsichtlich der Aufhebung des gerichtlichen Zwangsverwaltungsverfahrens sicher zu gehen, kann der Insolvenzverwalter mit dem Vertragsabschluss auch bis zur Rechtskraft des Aufhebungsbeschlusses warten. Ein gerichtliches Zwangsverwaltungsverfahren ist aufzuheben, wenn der betreibende Gläubiger seinen Antrag zurücknimmt, § 161 Abs. 4, § 29 ZVG.[788] Betreiben mehrere Gläubiger ein gerichtliches Zwangsverwaltungsverfahren, so wird das gesamte Verfahren wegen der Selbständigkeit der Einzelverfahren nur aufgehoben, wenn sämtliche Gläubiger ihren Antrag zurücknehmen.[789]

Andererseits könnten die Parteien die Zeit, bis der Insolvenzverwalter die Verwaltungsbefugnis über das belastete Grundstück erlangt, auch nutzen, um die Verwertungsvereinbarung verbindlich zu verhandeln. Die Verwertungsvereinbarung sollte dann unter der aufschiebenden Bedingung stehen, dass das gesamte gerichtliche Zwangsverwaltungsverfahren wirksam aufgehoben, der Aufhebungsbeschluss rechtskräftig oder ein Nachweis über die Löschung des Zwangsverwaltungsvermerks im Grundbuch erbracht wurde. Diese Vorgehensweise sichert die ihren Antrag zurücknehmenden Gläubiger.

Sind die das gerichtliche Zwangsverwaltungsverfahren betreibenden absonderungsberechtigten Gläubiger nicht bereit, ihren Antrag zurück zu nehmen, so sollte der Insolvenzverwalter keine kalte Zwangsverwaltung vereinbaren. Eine kalte Zwangsverwaltung beruht gerade auf einer Kooperation der Vertragsparteien. Bei Vorliegen der tatbestandlichen Voraussetzungen des § 153b Abs. 1 ZVG ist zwar ein gerichtliches Zwangsverwaltungsverfahren auf Antrag des Insolvenzverwalters einstweilen einzustellen, jedoch bleibt dessen Handlungs- und Entscheidungsspielraum beschränkt, die betreibenden Gläubiger erhalten eine Ausgleichszahlung und die Einstellung erfolgt nur vorübergehend.[790]

B. Zwangsversteigerung

Anders als bei gerichtlich angeordneten Zwangsverwaltungsverfahren erlangt der Insolvenzverwalter bei einem Zwangs*versteigerungs*verfahren mit Eröffnung des Insolvenzverfahrens zunächst die Verwaltungs- und Benutzungsbefugnis

---

787 *Sievers*, in: Kindl/ Meller-Hannich/ Wolf, Gesamtes Recht der Zwangsvollstreckung, 3. Aufl., 2016, § 161 ZVG Rdnr. 3.

788 Entsprechendes gilt, wenn das gerichtliche Zwangsverwaltungsverfahren auf Antrag des Insolvenzverwalters betrieben wird, vgl. *Stöber*, ZVG, 21. Aufl., 2016, § 172 Rdnr. 4.

789 *Keller*, in: Böttcher, ZVG, 6. Aufl., 2016, § 161 Rdnr. 27; *Stöber*, ZVG, 21. Aufl., 2016, § 161 Rdnr. 3.

790 Siehe hierzu Kapitel 1 A.II.2.b)cc)(2).

über das belastete Grundstück, § 24 ZVG. Er verliert sie erst mit dem Zuschlag im Zwangsversteigerungsverfahren, § 56 Satz 2 ZVG. Der Insolvenzverwalter hat allerdings bei der Verwaltung und Benutzung des Grundstücks die Grenzen einer ordnungsgemäßen Wirtschaft zu beachten, § 24 ZVG. Hierzu gehören alle Maßnahmen, die nach wirtschaftlichen Überlegungen sinnvoll und vernünftig erscheinen.[791] Der Handlungs- und Entscheidungsspielraum des Insolvenzverwalters wird somit durch ein parallel laufendes Zwangsversteigerungsverfahren begrenzt, was sich auch auf den möglichen Inhalt der Verwertungsvereinbarung auswirkt.

Aufgrund des relativen Verfügungsverbots gemäß § 23 Abs. 1 Satz 1 ZVG ist dem Insolvenzverwalter zudem eine Abstimmung zwischen den Verwaltungsmaßnahmen und einer freihändigen Veräußerung nicht möglich.[792]

Ein parallel laufendes Zwangsversteigerungsverfahren verhindert somit grundsätzlich nicht die Vereinbarung einer kalten Zwangsverwaltung. Die Parteien werden jedoch bei der inhaltlichen Ausgestaltung der Verwertungsvereinbarung beschränkt. Ob eine kalte Zwangsverwaltung für die Parteien dennoch zielführend ist, ist vom jeweiligen Einzelfall abhängig. Bei Bedarf können sie die Verwertungsvereinbarung von der Aufhebung des Zwangsversteigerungsverfahrens abhängig machen.

C. Fehlende Bereitschaft sämtlicher absonderungsberechtigter Gläubiger

Sind nicht alle absonderungsberechtigten Gläubiger bereit, sich an der Verwertungsvereinbarung als Partei zu beteiligen oder eine separate vollstreckungsbeschränkende Vereinbarung einzugehen,[793] so hindert dies noch nicht zwingend die Vereinbarung einer kalten Zwangsverwaltung zwischen dem Insolvenzverwalter und den übrigen absonderungsberechtigten Gläubigern.

Wurde hingegen von einem nicht mitwirkungsbereiten absonderungsberechtigten Gläubiger bereits ein Antrag auf Durchführung eines gerichtlichen Zwangs*verwaltungs*verfahrens gestellt, so ist die Beschlagnahme des Grundstücks absehbar.[794] Die Vereinbarung einer kalten Zwangsverwaltung lohnt sich

---

791 *Sievers*, in: Kindl/ Meller-Hannich/ Wolf, Gesamtes Recht der Zwangsvollstreckung, 3. Aufl., 2016, § 24 ZVG Rdnr. 3; *Stöber*, ZVG, 21. Aufl., 2016, § 23 Rdnr. 3.

792 Siehe hierzu Kapitel 5 B.II.2.

793 Zu den „Beteiligungsformen" absonderungsberechtigter Gläubiger siehe Kapitel 3 A.I.2.

794 Zum Verlust der Verwaltungs- und Benutzungsbefugnis bei Beschlagnahme siehe Kapitel 1 A.II.2.b)aa).

zeitlich nicht mehr. Bei einem Antrag auf Durchführung eines Zwangs*versteigerungs*verfahrens kommt es auf die Umstände des Einzelfalles an.[795]

Wurden hingegen noch keine derartigen Anträge gestellt, so ist bei der Frage, ob eine kalte Zwangsverwaltung vereinbart werden soll, die Wahrscheinlichkeit einer etwaigen Antragsstellung zu bewerten.[796]

D. Fehlende Bereitschaft des Insolvenzverwalters

Andererseits wird der Insolvenzverwalter kein Interesse an der Durchführung einer kalten Zwangsverwaltung haben, wenn das belastete Grundstück unverwertbar ist, er es nach dem Verwertungskonzept des Insolvenzverfahrens nicht benötigt oder von dem Grundstück erhebliche Haftungsrisiken für die Insolvenzmasse ausgehen. In diesen Fällen wird der Insolvenzverwalter das Grundstück im Interesse der Insolvenzmasse freigeben.[797]

E. Zugriff auf Mietforderungen

Wesentliche Voraussetzung für die wirtschaftliche Durchführung einer kalten Zwangsverwaltung ist zudem, dass die Parteien der Verwertungsvereinbarung überhaupt auf die Mieteinnahmen zugreifen können.

I. Vorausverfügungen

Hat der Insolvenzschuldner über Mietforderungen im Voraus verfügt, so wird die Wirksamkeit derartiger Vorausverfügungen im Rahmen eines gerichtlich angeordneten Zwangsverwaltungsverfahrens in zeitlicher Hinsicht zum Schutz der Grundpfandrechtsgläubiger beschränkt, § 1124 Abs. 2 BGB. Maßgeblich ist der Zeitpunkt der Beschlagnahme, zu welcher es bei der kalten Zwangsverwaltung nicht kommt.[798]

---

795 Siehe vorstehend Kapitel 4 B.

796 Rechnen die Parteien mit der Antragstellung durch einen nicht mitwirkungsbereiten absonderungsberechtigten Gläubiger, möchten jedoch gleichwohl eine kalte Zwangsverwaltung vereinbaren, so könnten sie die Antragstellung gegebenenfalls dadurch verhindern, dass der nicht mitwirkungsbereite absonderungsberechtigte Gläubiger gegen Zahlung einer Ablösesumme die Löschung seines Rechts bewilligt. Hierbei ist die Rechtsprechung zur „Lästigkeitsprämie" zu beachten (vgl. Fn. 192 und 290).

797 Siehe hierzu Kapitel 1 B.IV.

798 Siehe hierzu ausführlich Kapitel 3 D.I.1.

Zum Schutz der Insolvenzmasse regeln die §§ 81, 91 Abs. 1 InsO die Unwirksamkeit von Verfügungen und sonstigen Rechtsgeschäften des Insolvenzschuldners. Für eine zeitlich begrenzte Übergangszeit verdrängt § 110 Abs. 1 InsO deren Wirkungen.[799] Vergleichbar mit § 1124 Abs. 2 BGB sind danach Vorausverfügungen für den zur Zeit der Eröffnung des Insolvenzverfahrens laufenden Kalendermonat wirksam. Wird das Insolvenzverfahren nach dem 15. Tag eines Kalendermonats eröffnet, so gilt dies auch für den folgenden Kalendermonat.[800] Für spätere Zeiträume sind Vorausverfügungen unwirksam, so dass die Miete der Insolvenzmasse zusteht.[801] Vorausverfügungen des Insolvenzschuldners entziehen der Insolvenzmasse die Mietforderungen mithin nicht dauerhaft. Sie stehen daher der Vereinbarung einer kalten Zwangsverwaltung nicht grundsätzlich entgegen. Aufgrund ihrer begrenzten Wirksamkeit sind sie jedoch bei der Vereinbarung über den Zeitpunkt, ab welchem Mieten zur Sondermasse zu vereinnahmen sind,[802] zu berücksichtigen.

II. Gepfändete Mietforderungen

Entsprechendes gilt bei Vorauspfändungen der Mietforderungen. Nach § 110 Abs. 2 Satz 2 InsO stehen rechtsgeschäftliche Verfügungen des Insolvenzschuldners solchen gleich, die im Wege der Zwangsvollstreckung erfolgt sind.[803]

F. Fazit

Bei der kalten Zwangsverwaltung handelt es sich um eine Verwertungsvereinbarung zwischen den absonderungsberechtigten Gläubigern und dem Insolvenzverwalter als Verwalter der Insolvenzmasse.[804] Die Bereitschaft des Insolvenzverwalters ist daher zwingende Voraussetzung jeder Verwertungsvereinbarung. Die fehlende

---

799 *BGH*, Urt. v. 14.12.2006 - IX ZR 102/03 = BGHZ 170, 196 (201); *ders.*, Urt. v. 17.09.2009 - IX ZR 106/08 = BGHZ 182, 264 (268); *Eckert*, in: Münchener Kommentar, InsO, Band 2, 3. Aufl., 2013, § 110 Rdnr. 12; *Kroth*, in: Braun, InsO, 6. Aufl., 2014, § 110 Rdnr. 9.

800 Die Wirksamkeit nach § 110 Abs. 1 InsO schließt eine Anfechtung der Vorausverfügung nicht aus, vgl. *BGH*, Urt. v. 30.01.1997 - IX ZR 89/96 = ZIP 1997, 513 (514 f.); *ders.*, Urt. v. 17.09.2009 - IX ZR 106/08 = BGHZ 182, 264 (266); *Andres*, in: Andres/ Leithaus, InsO, 3. Aufl., 2014, § 110 Rdnr. 4; *Eckert*, in: Münchener Kommentar, InsO, Band 2, 3. Aufl., 2013, § 110 Rdnr. 7a.

801 *Andres*, in: Andres/ Leithaus, InsO, 3. Aufl., 2014, § 110 Rdnr. 4.

802 Zum Umfang der Sondermasse siehe Kapitel 3 E.I.2.d).

803 *Bork*, ZIP 2013, 2129 (2130).

804 Siehe hierzu bereits Kapitel 3 A.

Bereitschaft von einzelnen absonderungsberechtigten Gläubigern, an der Verwertungsvereinbarung mitzuwirken oder eine separate vollstreckungsbeschränkende Vereinbarung abzuschließen, stellt hingegen noch keinen zwingenden Hinderungsgrund dar. Maßgeblich sind insoweit die Umstände des Einzelfalles. Es kommt insbesondere darauf an, ob bereits ein Antrag auf Durchführung eines Zwangsvollstreckungsverfahrens gestellt wurde oder wie groß die Wahrscheinlichkeit hierfür ist.

Bei Durchführung eines gerichtlich angeordneten Zwangs*verwaltungs*verfahrens fehlt dem Insolvenzverwalter das Verwaltungs- und Benutzungsrecht des beschlagnahmten Grundstücks. Für die Dauer eines gerichtlich angeordneten Zwangsverwaltungsverfahrens sollte der Insolvenzverwalter daher keine kalte Zwangsverwaltung vereinbaren.

Anders kann es sich hingegen bei der Durchführung eines Zwangs*versteigerungs*verfahrens darstellen, denn der Insolvenzverwalter erlangt das Verwaltungs- und Benutzungsrecht des belasteten Grundstücks. Er hat bei seinem Handeln allerdings die Grenzen einer ordnungsgemäßen Wirtschaft zu beachten. Ob eine kalte Zwangsverwaltung für die Parteien zielführend ist, obwohl der Handlungs- und Entscheidungsspielraum des Insolvenzverwalters begrenzt ist, ist vom jeweiligen Einzelfall abhängig. Bei der Ausgestaltung der Verwertungsvereinbarung ist dies zu berücksichtigen.

Entsprechendes gilt für den Zugriff auf Mietforderungen, über die im Voraus verfügt wurde bzw. welche gepfändet wurden.

Kapitel 5 Vergleich der kalten Zwangsverwaltung mit der gerichtlichen Zwangsverwaltung

Die kalte Zwangsverwaltung hat sich in der Rechtspraxis als Alternative zur gerichtlichen Zwangsverwaltung entwickelt. Um beurteilen zu können, ob die kalte Zwangsverwaltung tatsächlich eine Alternative darstellt, ist es erforderlich, die Vor-, aber auch die Nachteile dieses Rechtsinstituts gegenüber einer gerichtlichen Zwangsverwaltung zu kennen. Dies lässt sich am besten anhand einer Gegenüberstellung der beiden Rechtsinstitute ermitteln. Schon in den vorausgehenden Kapiteln wurden Vor- und Nachteile der kalten Zwangsverwaltung teilweise bereits angesprochen, um die beiden Rechtsinstitute näher zu beschreiben und gegeneinander abzugrenzen. Nachfolgend werden die wichtigsten Vor- und Nachteile mittels eines Vergleichs der beiden Rechtsinstitute dargestellt. Hierbei ist auf die jeweiligen Interessen der absonderungsberechtigten Gläubiger, der Insolvenzmasse und des Insolvenzverwalters einzugehen.

A. Kompetenzstreitigkeiten, Abstimmungsschwierigkeiten und Lösungsmöglichkeiten

Maßnahmen zur Verwertung von Grundpfandrechten führen in der Insolvenz häufig dazu, dass parallel zum Insolvenzverfahren weitere Verfahren durchgeführt werden. Werden einzelne Aufgaben oder ganze Tätigkeitsbereiche von verschiedenen Personen wahrgenommen, so ist eine klare und eindeutige Abgrenzung der einzelnen Zuständigkeiten zwingend erforderlich. Eine derartige Abgrenzung ist jedoch mitunter schwierig und lässt sich nicht immer eindeutig feststellen. Dies kann wiederum zu Kompetenz- und Abgrenzungsstreitigkeiten zwischen den handelnden Personen führen und die eigentliche Tätigkeit behindern. Derartige Kompetenzkonflikte sind in der Krise jedoch hinderlich, da der Insolvenzverwalter häufig schnelle und widerspruchsfreie Entscheidungen zu treffen hat.

I. Gerichtliche Zwangsverwaltung

Mit Anordnung des gerichtlichen Zwangsverwaltungsverfahrens bestellt das Vollstreckungsgericht einen Zwangsverwalter, der das Grundstück in Besitz zu nehmen hat, § 150 ZVG. In der Insolvenz überlagert dann das Besitzrecht des

Zwangsverwalters das Besitzrecht des Insolvenzverwalters hinsichtlich des beschlagnahmten Grundstücks, § 148 Abs. 2 ZVG.[805]

Die beiden Verwalter treten nebeneinander. Hierbei kann es zu Kompetenz- und Abgrenzungsstreitigkeiten zwischen der Aufgabe des Zwangsverwalters zur Nutzung des Grundstücks und der Aufgabe des Insolvenzverwalters zur Verwaltung und Verwertung der Insolvenzmasse kommen. Auch führen die beiden Verwalter ihre Verfahren jeweils nach pflichtgemäßem Ermessen und unabhängig voneinander durch. Durch einzelne Handlungen des Zwangsverwalters kann das Verwertungskonzept des Insolvenzverwalters zudem beeinträchtigt werden.[806]

Der Insolvenzverwalter hat die Möglichkeit, die (vollständige oder teilweise)[807] einstweilige Einstellung eines parallel laufenden gerichtlichen Zwangsverwaltungsverfahrens zu beantragen, § 153b ZVG. Liegen die gesetzlichen Voraussetzungen vor und wird die einstweilige Einstellung angeordnet, so wird das gerichtliche Zwangsverwaltungsverfahren jedoch nicht aufgehoben. Der Zwangsverwalter bleibt weiter im Amt. Die Beschlagnahmewirkungen bleiben bestehen, beziehen sich jedoch nicht mehr auf die Nutzungen. Die Verwaltungs- und Benutzungsbefugnis obliegt nun zwar (wieder) dem Insolvenzverwalter, er ist jedoch aufgrund des relativen Verfügungsverbots weiterhin in seinem Handlungs- und Entscheidungsspielraum beschränkt. Damit die betreibenden Gläubiger durch die einstweilige Einstellung des gerichtlichen Zwangsverwaltungsverfahrens nicht benachteiligt werden, ist an diese zudem eine Ausgleichszahlung aus der Insolvenzmasse zu leisten. Aufgrund der nur vorübergehenden Einstellung kann der betreibende Gläubiger bei Vorliegen der Voraussetzungen des § 153c Abs. 1 ZVG jederzeit die Aufhebung der einstweiligen Einstellung beantragen, was zu einem nochmaligen Verwalterwechsel führt.[808]

II. Kalte Zwangsverwaltung

Bei der kalten Zwangsverwaltung übernimmt der Insolvenzverwalter hingegen sämtliche Aufgaben.[809] Er muss sich nicht mit einem weiteren Verwalter auseinandersetzen und abstimmen. Im Rahmen der mit den absonderungsberechtigten Gläubigern getroffenen Verwertungsvereinbarung entscheidet der Insolvenzverwalter über die Grundstücksnutzung. Er kann somit seine

805 *Eickmann*, Immobiliarvollstreckung und Insolvenz, 1998, Rdnr. 227.
806 Siehe hierzu ausführlich Kapitel 1 A.II.2.b)cc)(1).
807 *Stöber*, ZVG, 21. Aufl., 2016, § 153b Rdnr. 2.
808 Siehe hierzu ausführlich Kapitel 1 A.II.2.b)cc)(2).
809 Siehe hierzu Kapitel 3 A.II.1.

Verwaltungs- und Verwertungsentscheidungen aufeinander abstimmen, was für die Verwertung des Grundstücks vorteilhaft sein kann.[810] Bei der kalten Zwangsverwaltung kommt es folglich weder zu Kompetenzabgrenzungsproblemen[811] noch zu Reibungsverlusten[812] noch zu Lücken bei dem Informationsaustausch, da nur ein Verwalter handelt und entscheidet. Die kalte Zwangsverwaltung wird daher auch als Möglichkeit zur Harmonisierung von gerichtlicher Zwangsverwaltung und Insolvenzverfahren angesehen.[813]

Durch die Übernahme sämtlicher Aufgaben ist der Insolvenzverwalter über alle grundstücksbezogenen Vorgänge informiert. Alle Unterlagen befinden sich in seinen Händen.[814] Anders ist dies hingegen gerade bei einer gerichtlich angeordneten Zwangsverwaltung, bei welcher der Insolvenzverwalter dem Zwangsverwalter sämtliche grundstücksbezogenen Unterlagen, wie Mietverträge, Versorgungsverträge und Versicherungspolicen, herauszugeben hat.[815] Bei der kalten Zwangsverwaltung ist der Insolvenzverwalter somit auch bei etwaigen Kaufvertragsverhandlungen nicht auf die Mitwirkung eines weiteren Verwalters angewiesen.

Für die absonderungsberechtigten Gläubiger besteht zudem der Vorteil, dass sie nur einen Ansprechpartner haben.[816] Sie müssen weder ihre Interessen gegenüber verschiedenen Verwaltern artikulieren noch sind sie gezwungen, die mit

---

810 Siehe hierzu auch Kapitel 5 B.II.2.

811 *Becker*, ZInsO 2013, 2532 (2533); *Eckardt*, Grundpfandrechte im Insolvenzverfahren, 14. Aufl., 2014, E. Rdnr. 418; *Keller*, NZI 2013, 265 (267); *Wipperfürth*, Das Grundstück in der Insolvenz, 1. Aufl., 2014, C. Rdnr. 665.

812 *LG Leipzig*, Beschl. v. 23.01.2007 – 12 T 763/06 = ZInsO 2007, 148 (149); *Bork*, ZIP 2013, 2129 (2132); *Depré/ Lambert*, ZfIR 2012, 1 (8); *Eckardt*, Grundpfandrechte im Insolvenzverfahren, 14. Aufl., 2014, E. Rdnr. 419; *Ganter*, in: Münchener Kommentar, InsO, Band 1, 3. Aufl., 2013, Vorb. vor §§ 49–52 Rdnr. 100b; *Hawelka*, ZfIR 2010, 665 (671); *Keller*, NZI 2013, 265 (267); *Tetzlaff*, ZfIR 2005, 179 (180).

813 *Pape*, AnwBl 2008, 494 (497).

814 *Boddenberg*, in: Haarmeyer/ Wutzke/ Förster, InsO, 2. Aufl., 2012, § 165 Rdnr. 11; *Eckardt*, Grundpfandrechte im Insolvenzverfahren, 14. Aufl., 2014, E. Rdnr. 419; *Ringstmeier*, in: Beck/ Depré, Praxis der Insolvenz, 2. Aufl., 2010, § 15 Rdnr. 99.

815 *Eickmann*, ZIP 1986, 1517 (1522); *ders.*, Immobiliarvollstreckung und Insolvenz, 1998, Rdnr. 228; *Riedel*, in: Keller, Handbuch Zwangsvollstreckungsrecht, 2013, Kap. 4 Rdnr. 608.

816 *BGH*, Beschl. v. 14.07.2016 – IX ZB 31/14 = WM 2016, 1543 (1544); *Bork*, ZIP 2013, 2129 (2132); *Cranshaw*, ZfIR 2013, 393 (395); *Eckardt*, Grundpfandrechte im Insolvenzverfahren, 14. Aufl., 2014, E. Rdnr. 419; *Hawelka*, ZfIR 2010, 665 (671); *Tetzlaff*, ZfIR 2005, 179 (180).

den jeweiligen Verwaltern getroffenen Entscheidungen in Einklang bringen zu müssen oder darauf hinzuwirken.[817]

Auch die einstweilige Einstellung nach § 153b ZVG spielt im Rahmen einer kalten Zwangsverwaltung keine Rolle. Voraussetzung einer kalten Zwangsverwaltung ist gerade, dass kein gerichtliches Zwangsverwaltungsverfahren angeordnet wurde.[818] Die absonderungsberechtigten Gläubiger sind folglich dem Risiko eines Einstellungsantrages des Insolvenzverwalters nicht ausgesetzt,[819] mit welchem er in ihr zulässiges Verwertungsrecht eingreifen könnte.[820]

III. Fazit

Parallel zum Insolvenzverfahren laufende gerichtliche Zwangsverwaltungsverfahren verursachen häufig praktische Schwierigkeiten.[821]

Die Existenz nur eines Verwalters im Rahmen der kalten Zwangsverwaltung vermeidet Kompetenz- und Abgrenzungschwierigkeiten und ist somit sowohl für den Insolvenzverwalter als auch für die absonderungsberechtigten Gläubiger vorteilhaft.

Die Möglichkeit der einstweiligen Einstellung eines gerichtlich angeordneten Zwangsverwaltungsverfahrens kann für den Insolvenzverwalter ein Mittel darstellen, um praktische Schwierigkeiten im Falle von parallel laufenden gerichtlichen Zwangsverwaltungs- und Insolvenzverfahren zu überwinden. Neben den gesetzlichen Voraussetzungen, die für eine einstweilige Einstellung vorliegen müssen, sind an die das gerichtliche Zwangsverwaltungsverfahren betreibenden Gläubiger jedoch zwingend Ausgleichszahlungen zu leisten. Diese Ausgleichszahlungen belasten als Masseverbindlichkeiten gemäß § 55 Abs. 1 Nr. 1 Var. 1 InsO die Insolvenzmasse.[822] Darüber hinaus bleibt bei einem einstweilig eingestellten gerichtlichen Zwangsverwaltungsverfahren die Beschlagnahmewirkung – mit Ausnahme der Verwaltungs- und Benutzungsbefugnis – weiterhin bestehen, so dass der Insolvenzverwalter aufgrund des relativen Verfügungsverbots weiterhin in seinem Handlungs- und Entscheidungsspielraum beschränkt ist.

---

817 *Bork*, ZIP 2013, 2129 (2132).

818 Siehe Kapitel 4 A.

819 *BGH*, Beschl. v. 14.07.2016 – IX ZB 31/14 = WM 2016, 1543 (1544); *Bork*, ZIP 2013, 2129 (2132); *Tetzlaff*, in: Lwowski/ Fischer/ Langenbucher, Das Recht der Kreditsicherung, 9. Aufl., 2011, § 6 Rdnr. 19.

820 *Haarmeyer/ Hintzen*, Handbuch zur Zwangsverwaltung, 3. Aufl., 2012, Kap. 6 Rdnr. 8; *Vallender*, Rpfleger 1997, 353 (356).

821 *BT*-Drucks. 12/2443, S. 177 (zu § 190 InsO-E).

822 *Engels*, in: Hintzen/ Engels/ Rellermeyer, ZVG, 14. Aufl., 2013, § 153b Rdnr. 15.

Im Rahmen einer kalten Zwangsverwaltung hat der Insolvenzverwalter demgegenüber allein die insolvenzrechtlichen Bestimmungen und die Regelungen der Verwertungsvereinbarung zu beachten.[823] Im Übrigen ist er in seinem Handlungs- und Entscheidungsspielraum mangels Beschlagnahme nicht beschränkt. Auch muss der Insolvenzverwalter mangels einstweiliger Einstellung nicht mit einem etwaigen Aufhebungsantrag der absonderungsberechtigten Gläubiger und einer „Rückkehr" zur gerichtlich angeordneten Zwangsverwaltung rechnen.

Aus den vorgenannten Gründen ist die Möglichkeit der einstweiligen Einstellung eines gerichtlich angeordneten Zwangsverwaltungsverfahrens im Vergleich zur kalten Zwangsverwaltung sowohl für den Insolvenzverwalter als auch für die Insolvenzmasse weniger lukrativ.

B. Handlungsoptionen der Verwalter

I. Möglichkeit der Nutzungsänderung und Umgestaltung der verwalteten Immobilie

Ob und zu welchem Preis eine Immobilie vermietbar oder auch verkäuflich ist, hängt von mehreren Faktoren ab. Wesentliche Faktoren sind hierbei u. a. der konkrete Zustand der Immobilie sowie eine entsprechende Nachfrage am Markt.

Befindet sich die Immobilie bei Insolvenzeröffnung in einem Zustand, in welchem sie nicht bzw. nicht wirtschaftlich vermietbar ist, so stellt sich die Frage, ob der Verwalter durch Umgestaltung oder Nutzungsänderung die Immobilie einer Vermietung zuführen kann.

1. Gerichtliche Zwangsverwaltung

Bei einer gerichtlich angeordneten Zwangsverwaltung hat der Zwangsverwalter grundsätzlich nur Maßnahmen zu ergreifen, die das Grundstück in seinem Bestand erhalten und seine ordnungsgemäße Benutzung sichern, § 152 Abs. 1 Hs. 1 ZVG. Erfordert die Vermietung einer Immobilie daher von dem Zwangsverwalter Maßnahmen, die nicht zu den gewöhnlichen Unterhaltungen gehören, benötigt er hierfür die vorherige Zustimmung des Vollstreckungsgerichts, § 10 Abs. 1 Nr. 5 ZwVwV.

Des Weiteren soll der Zwangsverwalter die bisherige vom Insolvenzschuldner zugedachte Nutzungsart grundsätzlich nicht nachhaltig verändern, § 5 Abs. 1

823 Siehe hierzu ausführlich Kapitel 3 B.

ZwVwV.[824] Selbst wenn also ein entsprechendes Mietinteresse besteht, soll er z. B. ein zuvor gewerblich genutztes Grundstück nicht umwidmen und zu Wohnzwecken vermieten.[825] Nur in begründeten Einzelfällen kann der Zwangsverwalter von der bisherigen Nutzung abweichen,[826] wofür er wiederum die vorherige Zustimmung des Vollstreckungsgerichts benötigt, § 10 Abs. 1 Nr. 1 Hs. 1 ZwVwV.

Um durch eine Vermietung Einnahmen zu erzielen, ist der Zwangsverwalter zudem berechtigt, begonnene Bauvorhaben fertig zu stellen, § 5 Abs. 3 ZwVwV.[827] Auch hierbei darf er jedoch in das dem Grundstück zugedachte Nutzungskonzept nicht eingreifen.[828] Eine Fertigstellung von Bauvorhaben ist dem Zwangsverwalter ebenfalls nur mit vorheriger Zustimmung des Vollstreckungsgerichts gemäß § 10 Abs. 1 Nr. 1 Hs. 2 ZwVwV möglich, da berechtigte Interessen der Beteiligten nicht entgegenstehen dürfen und eine derartige Handlung des Zwangsverwalters folgenintensiv ist.[829] Bei seiner Entscheidung berücksichtigt das Vollstreckungsgericht dann die Umstände des Einzelfalles, wie z. B. das Stadium des begonnenen Bauvorhabens und die Verhältnismäßigkeit der

---

824 *BGH*, Beschl. v. 10.12.2004 – IXa ZB 231/03 = BGHZ 161, 336 (341); *Ganter*, ZfIR 2008, 389 (390); *Haarmeyer/ Wutzke/ Förster/ Hintzen*, Zwangsverwaltung, 5. Aufl., 2011, § 1 ZwVwV Rdnr. 5; *Hock/ Klein/ Hilbert/ Deimann*, Immobiliarvollstreckung, 5. Aufl., 2011, 3. Teil Rdnr. 1597, 1599; *Hörndler*, in: Lindner-Figura/ Oprée/ Stellmann, Geschäftsraummiete, 3. Aufl., 2012, Kap. 19 Rdnr. 67; *Keller*, in: Böttcher, ZVG, 6. Aufl., 2016, § 152 Rdnr. 11, 20; *Riedel*, in: Keller, Handbuch Zwangsvollstreckungsrecht, 2013, Kap. 4 Rdnr. 643; *Sievers*, in: Kindl/ Meller-Hannich/ Wolf, Gesamtes Recht der Zwangsvollstreckung, 3. Aufl., 2016, § 152 ZVG Rdnr. 1.

825 *Keller*, in: Böttcher, ZVG, 6. Aufl., 2016, § 152 Rdnr. 20.

826 *BR*-Drucks. 842/03, S. 11 (zu § 5 ZwVwV). Nicht zustimmungsfähig ist ein Eingriff in die vom Insolvenzschuldner dem Grundstück zugedachte Nutzung, der die wirtschaftliche Beschaffenheit des Grundstücks in ihrem Gesamtcharakter nachhaltig berührt, vgl. *Depré*, in: Depré, ZVG, 1. Aufl., 2014, § 152 Rdnr. 10; *Knees*, Zwangsversteigerung und Zwangsverwaltung, 7. Aufl., 2013, S. 217.

827 *BGH*, Beschl. v. 10.12.2004 – IXa ZB 231/03 = BGHZ 161, 336 (341 f.); *Keller*, in: Böttcher, ZVG, 6. Aufl., 2016, § 152 Rdnr. 14, 18.

828 *BGH*, Beschl. v. 10.12.2004 – IXa ZB 231/03 = BGHZ 161, 336 (342); *Keller*, in: Böttcher, ZVG, 6. Aufl., 2016, § 152 Rdnr. 14; *Molitor*, ZInsO 2011, 1486 (1486); *Pape/ Uhlenbruck/ Voigt-Salus*, Insolvenzrecht, 2. Aufl., 2010, Kap. 25 Rdnr. 8; *Stöber*, ZVG, 21. Aufl., 2016, § 152 Rdnr. 4; *a. A. Drasdo*, NJW 2005, 1549 (1549 f.).

829 *BR*-Drucks. 842/03, S. 13 (zu § 10 ZwVwV).

aufzuwendenden Mittel.[830] Eine originäre Bautätigkeit steht dem Zwangsverwalter hingegen nicht zu.[831]

2. *Kalte Zwangsverwaltung*

Der Insolvenzverwalter ist bei der Verwaltung des Grundstücks in seinen Handlungen und Entscheidungen grundsätzlich freier als ein Zwangsverwalter, wobei es bei einer kalten Zwangsverwaltung auf die in der Verwertungsvereinbarung getroffenen (einschränkenden) Bestimmungen ankommt. So ist der Insolvenzverwalter grundsätzlich nicht verpflichtet, den Charakter des Grundstücks zu erhalten, sondern kann dessen Nutzungsart ändern.[832] Auch kann er aufwendige Umgestaltungen oder Umbauten vornehmen, wie z. B. eine unverkäufliche Logistikimmobilie in ein hochpreisiges Loft umbauen.[833] Durch solche Maßnahmen lässt sich häufig ein erheblicher Mehrwert erzielen.[834]

Sofern es sich hierbei allerdings um besonders bedeutsame Rechtshandlungen handelt, bedarf der Insolvenzverwalter der Zustimmung des Gläubigerausschusses bzw. der Gläubigerversammlung.[835] Die Zustimmung des Insolvenzgerichts ist dagegen nicht erforderlich.[836]

3. *Fazit*

Nutzungsänderungen und Umgestaltungen der verwalteten Immobilie können bei Durchführung einer kalten Zwangsverwaltung viel flexibler gehandhabt werden als dies im Rahmen eines gerichtlich angeordneten Zwangsverwaltungsverfahrens der Fall ist.[837] Völlig zu Recht wird dies daher als Vorteil der kalten

---

830 *Keller*, in: Böttcher, ZVG, 6. Aufl., 2016, § 152 Rdnr. 14.

831 *Ellrich/ Lind*, ForderungsPraktiker Wiki Kredit-Servicing 2012, 16 (17); *Keller*, NZI 2009, 745 (747); *Obermüller*, Insolvenzrecht in der Bankpraxis, 8. Aufl., 2011, Rdnr. 6.944.

832 *Becker*, ZInsO 2013, 2532 (2533); *Niering*, ZInsO 2008, 790 (792 f.).

833 *Molitor*, ZInsO 2011, 1486 (1487); *Smid*, Kreditsicherheiten in der Insolvenz, 3. Aufl., 2015, § 25 Rdnr. 86.

834 *Ellrich/ Lind*, ForderungsPraktiker Wiki Kredit-Servicing 2012, 16 (17); *Obermüller*, Insolvenzrecht in der Bankpraxis, 8. Aufl., 2011, Rdnr. 6.944.

835 Siehe hierzu Kapitel 2 E.I.1.a) und Kapitel 2 E.I.2.a).

836 Zu etwaigen Mitwirkungserfordernissen des Insolvenzgerichts siehe Kapitel 2 E.II.2.

837 *Becker*, ZInsO 2013, 2532 (2533); *Kühne*, in: Haarmeyer/ Pape/ Stephan/ Nickert, Formular-Kommentar Insolvenzrecht, 3. Aufl., 2016, Teil 10 Muster 9 Rdnr. 73; *Molitor*, in: Molitor/ Hild, Immobilien in der Insolvenzrechtspraxis, 2014, I. Rdnr. 607, 673; *Obermüller*, Insolvenzrecht in der Bankpraxis, 8. Aufl., 2011, Rdnr. 6.944.

Zwangsverwaltung gegenüber einer gerichtlich angeordneten Zwangsverwaltung angesehen.[838] Dies gilt insbesondere dann, wenn die verwaltete Immobilie im konkreten Verfahren umgestaltet oder ihre Nutzungsart geändert werden muss, um sie überhaupt (wirtschaftlich) vermieten zu können.

II. Möglichkeit der freihändigen Veräußerung des Grundstücks

In der Praxis sind Insolvenzverwalter regelmäßig darum bemüht, nicht mehr benötigte massezugehörige Grundstücke durch freihändige Veräußerung zu verwerten.[839] Hierbei ist entscheidend, wie sich das parallel laufende Verwaltungsverfahren auf den Veräußerungsprozess auswirkt und ob die beiden Verfahren miteinander harmonisiert werden können.

1. Gerichtliche Zwangsverwaltung

Zum Schutz des die gerichtliche Zwangsverwaltung betreibenden Gläubigers sind Verfügungen über den beschlagnahmten Gegenstand diesem gegenüber unwirksam.[840] Ohne die Mitwirkung des betreibenden Gläubigers kann ein Erwerber das beschlagnahmte Grundstück im Rahmen des Insolvenzverfahrens daher nicht rechtssicher freihändig erwerben. Im Ergebnis kann dies dazu führen, dass neben dem gerichtlichen Zwangsverwaltungs- und dem Insolvenzverfahren gegebenenfalls als drittes gerichtliches Verfahren ein Zwangsversteigerungsverfahren erforderlich ist.[841]

Des Weiteren ist der Zwangsverwalter verpflichtet, aus dem verwalteten Grundstück die erzielbaren Nutzungen zu ziehen.[842] Er darf z. B. nicht durch einen „bewussten Leerstand" für eine wirtschaftlich möglichst sinnvolle Verwertung des Grundstücks sorgen[843] und hierdurch den Insolvenzverwalter aktiv unterstützen.[844] Das gerichtliche Zwangsverwaltungsverfahren darf als eigenständige Vollstreckungsart nicht lediglich der Vorbereitung eines Zwangsversteigerungsverfahrens oder einer freihändigen Veräußerung dienen.[845]

---

838 So z. B. *Molitor*, ZInsO 2011, 1486 (1487).
839 Zur freihändigen Veräußerung siehe Kapitel 1 B.III.
840 Siehe hierzu ausführlich Kapitel 1 A.II.2.b)aa).
841 *Becker*, ZInsO 2013, 2532 (2533); *Molitor*, ZInsO 2011, 1486 (1486).
842 *OLG Köln*, Beschl. v. 25.06.2007 – 2 U 39/07 = OLGR Köln 2008, 333 (333).
843 *OLG Köln*, Beschl. v. 25.06.2007 – 2 U 39/07 = OLGR Köln 2008, 333 (333).
844 *Drasdo*, NJW 2013, 1775 (1781).
845 Siehe Kapitel 1 A.II.2.a).

2. *Kalte Zwangsverwaltung*

Bei einer kalten Zwangsverwaltung liegen die Handlungs- und Entscheidungsmöglichkeiten in den Händen des Insolvenzverwalters. Er kann im Rahmen eines einheitlichen Verwertungsplans die Verwaltungs- und Veräußerungsmaßnahmen aufeinander abstimmen. Die Vereinbarung einer kalten Zwangsverwaltung kann auch bereits zusammen mit der Vereinbarung einer freihändigen Veräußerung Bestandteil eines Gesamtarrangements sein.[846]

Solange das verwaltete Grundstück nicht beschlagnahmt wurde, ist eine etwaige freihändige Veräußerung sämtlichen Personen gegenüber wirksam. Für eine lastenfreie Veräußerung benötigt der Insolvenzverwalter jedoch – und hierin besteht gerade kein Unterschied zur gerichtlichen Zwangsverwaltung – die Mitwirkung der dinglich Berechtigten.[847]

Darüber hinaus benötigt der Insolvenzverwalter für eine freihändige Veräußerung des verwalteten Grundstücks – wie in jedem Insolvenzverfahren – die Zustimmung des Gläubigerausschusses bzw. der Gläubigerversammlung.[848]

3. *Fazit*

Der Insolvenzverwalter kann bei einer kalten Zwangsverwaltung bereits im Vorfeld seine Verwaltungsmaßnahmen auf eine potentielle freihändige Veräußerung ausrichten. So kann er z. B. von einer Vermietung des verwalteten Grundstücks absehen, wenn sein Kaufinteressent das verwaltete Grundstück zur Eigennutzung erwerben möchte. Diesbezüglich ist eine freihändige Veräußerung des belasteten Grundstücks für den Insolvenzverwalter bei Durchführung einer kalten Zwangsverwaltung einfacher möglich als bei einem gerichtlich angeordneten Zwangsverwaltungsverfahren.[849]

---

846 *Elsner*, in: Mohrbutter/ Ringstmeier, Handbuch Insolvenzverwaltung, 9. Aufl., 2015, Kap. 24 Rdnr. 18; *Fischer*, ZInsO 2013, 1969 (1982); *Ganter*, in: Münchener Kommentar, InsO, Band 1, 3. Aufl., 2013, Vorb. vor §§ 49–52 Rdnr. 100c; *Görg/ Janssen*, in: Münchener Kommentar, InsO, Band 2, 3. Aufl., 2013, § 159 Rdnr. 11; *Janca*, InsbürO 2004, 377 (377); *Molitor*, ZInsO 2011, 1486 (1487); *ders.*, in: Molitor/ Hild, Immobilien in der Insolvenzrechtspraxis, 2014, I. Rdnr. 605; *Tetzlaff*, in: Lwowski/ Fischer/ Langenbucher, Das Recht der Kreditsicherung, 9. Aufl., 2011, § 6 Rdnr. 24.

847 Siehe hierzu Kapitel 1 B.III.

848 *BGH*, Beschl. v. 28.09.2000 – IX ZR 288/98 = Rdnr. 1 (juris). Mit der freihändigen Veräußerung des verwalteten Grundstücks ist die kalte Zwangsverwaltung zu beenden, vgl. hierzu Kapitel 3 G.I.1.b).

849 *BGH*, Beschl. v. 14.07.2016 – IX ZB 31/14 = WM 2016, 1543 (1544); *Bork*, ZIP 2013, 2129 (2132).

Potentielle Erwerber sind regelmäßig nur an einem lastenfreien Grundstückserwerb interessiert. Bei einer freihändigen Veräußerung bleiben dingliche Rechte bestehen, sofern sie nicht durch den erzielten Erlös abgelöst werden.[850] Dies gilt unabhängig davon, ob eine gerichtliche Zwangsverwaltung oder eine kalte Zwangsverwaltung durchgeführt wird. Da der Insolvenzverwalter – wie vorstehend erläutert – bei einer kalten Zwangsverwaltung die Verwaltungsmaßnahmen auf die freihändige Veräußerung abstimmen kann, kann dies zu einem höheren Veräußerungserlös führen, wodurch wiederum mehr dingliche Rechte abgelöst werden können. Insoweit ist die kalte Zwangsverwaltung vorteilhaft.

III. Möglichkeit der Freigabe des Grundstücks

Ist das belastete Grundstück wertausschöpfend belastet, unverwertbar oder wird es nach dem Verwertungskonzept des Insolvenzverwalters nicht benötigt, so kann der Insolvenzverwalter das Grundstück aus der Insolvenzmasse freigeben.[851]

1. Gerichtliche Zwangsverwaltung

Ab Anordnung eines gerichtlichen Zwangsverwaltungsverfahrens stehen die Einnahmen des verwalteten Grundstücks nicht mehr der Insolvenz-, sondern der Zwangsverwaltungsmasse zu. Aus der Zwangsverwaltungsmasse sind daher auch die Verfahrenskosten sowie die Kosten der Verwaltung zu bestreiten.[852] Reicht die Zwangsverwaltungsmasse für sämtliche Kosten des gerichtlich angeordneten Zwangsverwaltungsverfahrens nicht aus, müssen die betreibenden Gläubiger die Kosten vorschießen.[853] Auf die Insolvenzmasse darf nicht zurückgegriffen werden.[854]

Dennoch geben Insolvenzverwalter Grundstücke aus der Insolvenzmasse auch bei einer gerichtlich angeordneten Zwangsverwaltung frei. Grund hierfür kann etwa sein, dass der Insolvenzverwalter eine endgültige[855] Beseitigung der Zuständigkeit der Insolvenzmasse erreichen möchte, insbesondere bei

850 Siehe hierzu ausführllich Kapitel 1 B.III.

851 Siehe hierzu Kapitel 1 B.IV.

852 Siehe hierzu Kapitel 3 E.I.2.b).

853 *Stöber*, ZVG, 21. Aufl., 2016, § 152 Rdnr. 18.

854 *Elsner*, in: Mohrbutter/ Ringstmeier, Handbuch Insolvenzverwaltung, 9. Aufl., 2015, Kap. 24 Rdnr. 18; *Stöber*, ZVG, 21. Aufl., 2016, § 172 Rdnr. 8.

855 Kritisch hierzu *Häsemeyer*, Insolvenzrecht, 4. Aufl., 2007, Rdnr. 13.19 f.

kontaminierten Grundstücken.[856] Ferner gehen der Insolvenzmasse durch die gerichtliche Zwangsverwaltung die laufenden Einnahmen verloren,[857] so dass das verwaltete Grundstück der Insolvenzmasse in dieser Situation nicht (mehr) nützt. Können sich die Beteiligten dann auch nicht über eine freihändige Veräußerung des belasteten Grundstücks einigen, bei welcher der Insolvenzmasse in der Regel ein Verwertungskostenbeitrag zufließt,[858] bleibt dem Insolvenzverwalter im Prinzip nur die Freigabe.

Mit der Freigabe eines Gegenstandes erlangt der Insolvenzschuldner wieder die Verwaltungs- und Verfügungsbefugnis.[859] Gläubiger, die sich aus dem freigegebenen Gegenstand befriedigen möchten, müssen nun die Zwangsvollstreckung gegen den Insolvenzschuldner betreiben[860] oder sich mit diesem über eine freihändige Veräußerung des Grundstücks verständigen.[861] Insbesondere bei unwilligen oder nicht auffindbaren Insolvenzschuldnern kann dies für die absonderungsberechtigten Gläubiger zu einer erheblichen Verkomplizierung ihrer Verwertungsbemühungen führen.[862]

2. *Kalte Zwangsverwaltung*

Aus den vorstehenden Erwägungen sind absonderungsberechtigte Gläubiger häufig daran interessiert, eine Freigabe des belasteten Grundstücks durch den Insolvenzverwalter möglichst zu verhindern. Hierzu sind sie bereit, auf die

---

856 *BGH*, Urt. v. 21.04.2005 – IX ZR 281/03 = BGHZ 163, 32 (36). Zum Streitstand hinsichtlich der Freigabe von kontaminierten Grundstücken vgl. *Peters*, in: Münchener Kommentar, InsO, Band 1, 3. Aufl., 2013, § 35 Rdnr. 95 ff. m. w. N.

857 *Büchler*, in: Hamburger Kommentar, InsO, 5. Aufl., 2015, § 165 Rdnr. 14; *Hees*, in: Schmitt, Praxishandbuch Gestaltung von Wirtschaftsverträgen, 2015, Kap. 9 Rdnr. 168, 170; *Undritz/ Knof*, in: Berliner Kommentar, InsO, Band 2, 2015, § 165 Rdnr. 57.

858 Siehe Kapitel 1 B.III.

859 Siehe Kapitel 1 B.IV.

860 *Büchler*, in: Hamburger Kommentar, InsO, 5. Aufl., 2015, § 165 Rdnr. 16 f.; *Hawelka*, ZfIR 2010, 665 (671); *Hees*, in: Schmitt, Praxishandbuch Gestaltung von Wirtschaftsverträgen, 2015, Kap. 9 Rdnr. 168, 170. Während der Dauer des Insolvenzverfahrens besteht diese Möglichkeit allerdings wegen des Vollstreckungsverbots nach § 89 Abs. 1 InsO nicht für Insolvenzgläubiger. Zu freigegebenen Gegenständen als „sonstiges Vermögen" des Insolvenzschuldners i. S. v. § 89 Abs. 1 InsO siehe *BGH*, Beschl. v. 12.02.2009 – IX ZB 112/06 = NZI 2009, 382 (383 f.).

861 *Hawelka*, ZfIR 2010, 665 (671); *Tetzlaff*, in: Lwowski/ Fischer/ Langenbucher, Das Recht der Kreditsicherung, 9. Aufl., 2011, § 6 Rdnr. 6.

862 *Tetzlaff*, ZInsO 2004, 521 (524); *ders.*, in: Lwowski/ Fischer/ Langenbucher, Das Recht der Kreditsicherung, 9. Aufl., 2011, § 6 Rdnr. 6.

Durchführung eines gerichtlichen Zwangsverwaltungsverfahrens zu verzichten und stattdessen die im Rahmen der kalten Zwangsverwaltung vereinnahmten Mieten zwischen sich und der Insolvenzmasse aufzuteilen.[863]

Doch auch bei Durchführung einer kalten Zwangsverwaltung ist die Freigabe des verwalteten Grundstücks grundsätzlich zulässig.[864] Der Insolvenzverwalter kann hierfür insbesondere dann einen Anlass sehen, wenn sich während der kalten Zwangsverwaltung herausstellt, dass das Grundstück unverwertbar ist oder die kalte Zwangsverwaltung keinen Ausgleichsbetrag zugunsten der Insolvenzmasse erwirtschaftet.[865]

Um eine Freigabe im Interesse der absonderungsberechtigten Gläubiger auch im Rahmen der kalten Zwangsverwaltung auszuschließen, *wird vorgeschlagen*, dass der Insolvenzverwalter hierauf in der Verwertungsvereinbarung verzichtet.[866] Hiergegen bestehen jedoch Bedenken.[867] Eine kalte Zwangsverwaltung ist nur zulässig, wenn sie nicht evident insolvenzzweckwidrig ist.[868] Ist der Insolvenzverwalter gezwungen, Gegenstände in der Insolvenzmasse zu behalten, die nur noch geeignet sind, das Schuldnervermögen zu schmälern, ist dies nicht mit dem Zweck des Insolvenzverfahrens vereinbar.[869] Belastungen der Insolvenzmasse könnten zwar durch entsprechende Freistellungen seitens der absonderungsberechtigten Gläubiger verhindert werden.[870] Werden die absonderungsberechtigten Gläubiger jedoch ihrerseits insolvent, helfen derartige Freistellungsvereinbarungen nicht weiter. Regressansprüche sind dann regelmäßig nicht (vollständig) realisierbar. Insofern sind Situationen denkbar, in denen der Insolvenzverwalter zur Freigabe gezwungen ist, um eine Belastung der Insolvenzmasse zu vermeiden und sich selbst vor einer Haftung zu schützen.

863 *Büchler*, in: Hamburger Kommentar, InsO, 3. Aufl., 2009, § 165 Rdnr. 14; *Hees*, in: Schmitt, Praxishandbuch Gestaltung von Wirtschaftsverträgen, 2015, Kap. 9 Rdnr. 168; *Undritz/ Knof*, in: Berliner Kommentar, InsO, Band 2, 2015, § 165 Rdnr. 57.

864 *Büchler*, in: Hamburger Kommentar, InsO, 5. Aufl., 2015, § 165 Rdnr. 16; *Molitor*, ZInsO 2009, 231 (232); *ders.*, ZInsO 2011, 1486 (1487).

865 Mit der Freigabe des verwalteten Grundstücks ist die kalte Zwangsverwaltung zu beenden, vgl. hierzu Kapitel 3 G.I.1.b).

866 *Laroche*, in: Vallender/ Undritz, Praxis des Insolvenzrechts, 2012, Kap. 2 Rdnr. 270.

867 Nach Ansicht des *BGH* (Urt. v. 21.04.2005 – IX ZR 281/03 = NJW 2005, 2015 (2016)) verstößt der Ausschluss des Freigaberechts gegen § 85 Abs. 2 InsO.

868 Siehe hierzu ausführlich Kapitel 2 C.III.2.b).

869 *BGH*, Urt. v. 21.04.2005 – IX ZR 281/03 = BGHZ 163, 32 (35 f.).

870 *Molitor*, ZInsO 2009, 231 (232).

Molitor[871] schlägt als vermittelnde Lösung eine *sog. modifizierte Freigabe* vor. Danach soll eine Freigabe entweder nur gegen Zahlung einer angemessenen Entschädigung an die absonderungsberechtigten Gläubiger oder erst nach Ablauf einer bestimmten Frist zulässig sein. Die *erste* Variante widerspricht jedoch dem Verbot evident insolvenzzweckwidriger Vereinbarungen, denn die Insolvenzmasse würde hierbei für eine zulässige[872] Handlungsmöglichkeit des Insolvenzverwalters mit Entschädigungszahlungen belastet werden. Gegen die *zweite* Variante spricht, dass Insolvenzverwalter häufig zu schnellen Entscheidungen gezwungen sind, um eine Schädigung der Insolvenzmasse zu vermeiden. Der Freigabezeitpunkt kann hierbei entscheidend sein.

Dessen ungeachtet könnte eine Freigabe des verwalteten Grundstücks durch eine vertragliche Vereinbarung zwischen dem Insolvenzverwalter und den absonderungsberechtigten Gläubigern auch nicht verhindert werden. Bei der Freigabeerklärung handelt es sich nämlich um eine unwiderrufliche, einseitig empfangsbedürftige Willenserklärung des Insolvenzverwalters gegenüber dem Insolvenzschuldner.[873] Selbst wenn die Verwertungsvereinbarung mithin ein entsprechendes Verbot enthalten würde, würde sich der Insolvenzverwalter bei einem Verstoß hiergegen allenfalls schadensersatzpflichtig machen. Die Freigabeerklärung als solches wäre jedoch wirksam.[874]

Das Interesse absonderungsberechtigter Gläubiger an einem vertraglichen Ausschluss der Freigabemöglichkeit des Insolvenzverwalters ist nachvollziehbar. Neben anzutreffenden Schwierigkeiten in der Kommunikation mit dem Insolvenzschuldner wollen sie zeitliche Verzögerungen ihrer Befriedigung aufgrund von dann regelmäßig erforderlichen Zwangsvollstreckungsmaßnahmen vermeiden. Liegen jedoch nicht die vorgenannten besonderen Situationen, die für eine Freigabe sprechen, vor, so hat der Insolvenzverwalter bei Durchführung einer kalten Zwangsverwaltung regelmäßig kein Interesse an einer Freigabe des verwalteten Grundstücks.[875]

---

871 *Molitor*, ZInsO 2009, 231 (233); *ders.*, ZInsO 2011, 1486 (1487).

872 Siehe Kapitel 1 B.IV.

873 *Hirte*, in: Uhlenbruck, InsO, 14. Aufl., 2015, § 35 Rdnr. 73.

874 *Molitor*, ZInsO 2009, 231 (232).

875 Die Zustimmung des Gläubigerausschusses bzw. der Gläubigerversammlung zur Freigabe eines Grundstücks ist nach § 160 Abs. 1 Satz 1, 2 InsO nur erforderlich, wenn sie sich maßgeblich in wirtschaftlicher Hinsicht auf das Verfahren auswirkt, vgl. *Zipperer*, in: Uhlenbruck, InsO, 14. Aufl., 2015, § 160 Rdnr. 16.

3. Fazit

Der Insolvenzverwalter kann das belastete Grundstück sowohl bei einem gerichtlich angeordneten Zwangsverwaltungsverfahren als auch bei Durchführung einer kalten Zwangsverwaltung aus der Insolvenzmasse freigeben. Die Freigabemöglichkeit kann auch in einer Verwertungsvereinbarung nicht ausgeschlossen werden.

Die Wahrscheinlichkeit einer Freigabe des belasteten Grundstücks ist bei Durchführung einer kalten Zwangsverwaltung aufgrund der Massebeteiligung jedoch deutlich geringer.

IV. Einwirkungsmöglichkeiten der absonderungsberechtigten Gläubiger auf das Handeln des Verwalters allgemein

Der Insolvenzverwalter hat – wie bereits dargestellt – hinsichtlich des belasteten Grundstücks mehrere Verwertungsmöglichkeiten.[876] Für die absonderungsberechtigten Gläubiger kann bei der Entscheidung, ob sie ein gerichtliches Zwangsverwaltungsverfahren beantragen oder mit dem Insolvenzverwalter gemeinsam eine kalte Zwangsverwaltung vereinbaren, eine Rolle spielen, inwieweit sie das Verhalten des jeweiligen Verwalters beeinflussen und steuern können.

1. Gerichtliche Zwangsverwaltung

Der Zwangsverwalter handelt bei seiner gesetzlichen Aufgabenwahrnehmung selbständig und wirtschaftlich nach pflichtgemäßem Ermessen, § 1 Abs. 1 Satz 1 ZwVwV. Er ist weder an Weisungen[877] noch an Wünsche und Anregungen[878] der betreibenden Gläubiger gebunden. Der Zwangsverwalter hat als Wahrer fremder Vermögensinteressen neben den Interessen der die gerichtlich angeordnete

---

876 Siehe Kapitel 1 B.

877 *BGH*, Urt. v. 20.05.1992 – XII ZR 77/91 = NJW 1992, 3041 (3041); *ders.*, Urt. v. 05.02.2009 – IX ZR 21/07 = BGHZ 179, 336 (339); *Depré/ Mayer*, Die Praxis der Zwangsverwaltung, 7. Aufl., 2013, § 2 Rdnr. 535; *Haarmeyer/ Hintzen*, Handbuch zur Zwangsverwaltung, 3. Aufl., 2012, Kap. 4 Rdnr. 4; *Haarmeyer/ Wutzke/ Förster/ Hintzen*, Zwangsverwaltung, 5. Aufl., 2011, § 1 ZwVwV Rdnr. 4, 22; *Keller*, in: Böttcher, ZVG, 6. Aufl., 2016, § 150 Rdnr. 3; *Knees*, Zwangsversteigerung und Zwangsverwaltung, 7. Aufl., 2013, S. 218 f.; *Stöber*, ZVG, 21. Aufl., 2016, § 152 Rdnr. 3.

878 *BGH*, Urt. v. 05.02.2009 – IX ZR 21/07 = BGHZ 179, 336 (339); *Haarmeyer/ Wutzke/ Förster/ Hintzen*, Zwangsverwaltung, 5. Aufl., 2011, § 1 ZwVwV Rdnr. 4; *Stöber*, ZVG, 21. Aufl., 2016, § 152 Rdnr. 3.

Zwangsverwaltung betreibenden Gläubiger auch die Interessen des (Insolvenz-) Schuldners zu beachten.[879]

Das Vollstreckungsgericht überwacht daher, dass die Tätigkeit des Zwangsverwalters und die Rechtmäßigkeit seines Handelns mit dem Sinn und Zweck der gerichtlichen Zwangsverwaltung vereinbar sind.[880] Der Zwangsverwalter unterliegt hierzu den Weisungen des Vollstreckungsgerichts, § 153 Abs. 1 ZVG, § 1 Abs. 1 Satz 2 ZwVwV. Die betreibenden Gläubiger können insoweit lediglich versuchen, entsprechende Anweisungen an den Zwangsverwalter bei dem zuständigen Vollstreckungsgericht anzuregen.[881]

Die Einwirkungsmöglichkeiten der absonderungsberechtigten Gläubiger auf den Zwangsverwalter sind somit äußerst gering.

2. *Kalte Zwangsverwaltung*

In jedem Insolvenzverfahren trifft der Insolvenzverwalter seine Entscheidungen selbständig nach pflichtgemäßem Ermessen.[882] Er hat als mehrseitig fremdbestimmter Treuhänder[883] hierbei sowohl die Interessen des Insolvenzschuldners als auch die unterschiedlichen Interessen der einzelnen Gläubiger sowie gegebenenfalls schutzwürdiger Dritter zu berücksichtigen.[884]

Auch bei Durchführung einer kalten Zwangsverwaltung handelt der Insolvenzverwalter selbständig und ohne an Weisungen der absonderungsberechtigten Gläubiger gebunden zu sein. Ein etwaiges Weisungsrecht der absonderungsberechtigten Gläubiger widerspräche der unabhängigen und neutralen Stellung des Insolvenzverwalters.[885]

Dennoch können die absonderungsberechtigten Gläubiger das Verhalten des Insolvenzverwalters beeinflussen. Indem sie im Rahmen des rechtlich Zulässigen bei der Ausgestaltung der Verwertungsvereinbarung mitwirken, nehmen sie auf die Verwaltungsstrategie des Insolvenzverwalters Einfluss.[886]

---

879 *Haarmeyer/ Wutzke/ Förster/ Hintzen*, Zwangsverwaltung, 5. Aufl., 2011, § 1 ZwVwV Rdnr. 4.

880 *BGH*, Beschl. v. 10.12.2004 – IXa ZB 231/03 = BGHZ 161, 336 (340); *Haarmeyer/ Wutzke/ Förster/ Hintzen*, Zwangsverwaltung, 5. Aufl., 2011, § 1 ZwVwV Rdnr. 22.

881 *Depré/ Mayer*, Die Praxis der Zwangsverwaltung, 7. Aufl., 2013, § 2 Rdnr. 535.

882 Siehe hierzu Kapitel 2 E.II.2.

883 Siehe hierzu Kapitel 2 C.III.1.

884 Siehe hierzu Kapitel 3 A.II.2.c).

885 Siehe hierzu Kapitel 2 D.

886 Ebenso *Hawelka*, ZfIR 2010, 665 (671); *Tetzlaff*, ZfIR 2005, 179 (180 f.).

3. *Fazit*

Die absonderungsberechtigten Gläubiger können weder dem Zwangsverwalter noch dem Insolvenzverwalter Weisungen erteilen.

Im Rahmen einer gerichtlichen Zwangsverwaltung können die absonderungsberechtigten Gläubiger höchstens durch Anregungen gegenüber dem Vollstreckungsgericht auf das Verhalten des Zwangsverwalters einwirken.

Bei der Gestaltung der Verwertungsvereinbarung für eine kalte Zwangsverwaltung wirken die absonderungsberechtigten Gläubiger hingegen in den Grenzen des rechtlich Zulässigen aktiv mit und können so die Verwaltungsstrategie des Insolvenzverwalters mitgestalten.

C. Einzelne Verwaltungsaufgaben

Geht es um einen Vergleich der kalten Zwangsverwaltung mit der gerichtlich angeordneten Zwangsverwaltung, so wird in der *Literatur*[887] häufig auf die Rechtsprechung des *BGH*[888] zu zwei Problembereichen der gerichtlichen Zwangsverwaltung verwiesen. Gemeint sind *zum einen* die Pflicht des Zwangsverwalters zur Herausgabe einer in bar an den Insolvenzschuldner geleisteten Mietsicherheit (vgl. nachfolgend unter I.) und *zum anderen* die Pflicht des Zwangsverwalters zur Abrechnung über Nebenkostenvorauszahlungen und Befriedigung eines etwaigen Rückzahlungsanspruchs des Mieters (vgl. nachfolgend unter II.). Diese Rechtsprechung findet auch in der Literatur teilweise Anklang.[889]

Diese Arbeit untersucht nachfolgend, ob die jeweilige Rechtsprechung zur gerichtlich angeordneten Zwangsverwaltung auf die kalte Zwangsverwaltung zu übertragen ist und falls nicht, ob hierin ein Vorteil der kalten Zwangsverwaltung zu sehen ist.

---

887 *Eickmann*, ZfIR 2007, 557 (560); *Erckens/ Tetzlaff*, ZfIR 2003, 981 (984 f.); *Janca*, InsbürO 2004, 377 (384); *Tetzlaff*, in: Münchener Kommentar, InsO, Band 2, 3. Aufl., 2013, § 165 Rdnr. 188.

888 Zur Mietsicherheit vgl. *BGH*, Urt. v. 16.07.2003 – VIII ZR 11/03 = NJW 2003, 3342 f.; *ders.*, Urt. v. 09.03.2005 – VIII ZR 330/03 = NZM 2005, 596 ff.; *ders.*, Urt. v. 11.03.2009 – VIII ZR 184/08 = NZI 2009, 622 f.; zur Rückzahlungspflicht aus Nebenkostenabrechnungen vgl. *BGH*, Urt. v. 26.03.2003 – VIII ZR 333/02 = NJW 2003, 2320 f.; *ders.*, Urt. v. 03.05.2006 – VIII ZR 168/05 = NJW 2006, 2626 f.

889 *Drasdo*, NJW 2005, 1549 (1552); *Knees*, Zwangsversteigerung und Zwangsverwaltung, 7. Aufl., 2013, S. 224 f.

I. Herausgabe einer in bar an den Insolvenzschuldner geleisteten Mietsicherheit

1. *Gerichtliche Zwangsverwaltung*

Sofern der Insolvenzschuldner als Vermieter nach Beendigung des Mietverhältnisses gegenüber dem Mieter zur Herausgabe einer von diesem in bar geleisteten Mietsicherheit verpflichtet gewesen wäre, so trifft diese Pflicht nach mittlerweile *h. M.* bei einer gerichtlichen Zwangsverwaltung den Zwangsverwalter, selbst wenn dieser die Mietsicherheit seinerseits nicht vom Insolvenzschuldner erhalten hat.[890] Der Zwangsverwalter sei an bestehende Mietverträge gebunden, sofern das Grundstück vor Beschlagnahme den Mietern bereits überlassen war, § 152 Abs. 2 ZVG. Mit der Beschlagnahme übernehme der Zwangsverwalter die im Mietvertrag begründeten Rechte und Pflichten.[891] Die Verwaltungs- und Erfüllungspflicht des Zwangsverwalters schließe die Mietsicherheitsabrede mit ein.[892] Ist die Mietsicherheit nicht in die Zwangsverwaltungsmasse geflossen, so schmälert deren Herausgabe an den Mieter bei Beendigung des Mietverhältnisses die Haftungsmasse zum Nachteil der absonderungsberechtigten Gläubiger.

---

890 *BGH*, Urt. v. 16.07.2003 – VIII ZR 11/03 = NJW 2003, 3342 (3343); *ders.*, Urt. v. 09.03.2005 – VIII ZR 330/03 = NZM 2005, 596 (596 f.) m. w. N.; *ders.*, Urt. v. 11.03.2009 – VIII ZR 184/08 = NZI 2009, 622 (622); *OLG Brandenburg*, Urt. v. 17.09.2003 – 3 U 279/02 = OLGR Brandenburg 2004, 114 (114 f.); *OLG Hamburg*, Urt. v. 14.11.2001 – 4 U 100/01 = NZM 2003, 474 (474); *Blank*, in: Blank/ Börstinghaus, Miete, 4. Aufl., 2014, § 566a Rdnr. 23; *Drasdo*, NJW 2005, 1549 (1552); *Knees*, Zwangsversteigerung und Zwangsverwaltung, 7. Aufl., 2013, S. 224 f.; *Streyl*, in: Schmidt-Futterer, Mietrecht, 12. Aufl., 2015, § 566a Rdnr. 40; *a. A.* noch *LG Köln*, Urt. v. 11.07.1990 – 10 S 144/90 = NJW-RR 1991, 80 (81) m. w. N.; *Alff/ Hintzen*, Rpfleger 2003, 635 (636); *Eickmann*, ZfIR 2007, 557 (560). Kritisch *Häublein*, in: Münchener Kommentar, Band 3, 6. Aufl., 2012, § 566a Rdnr. 4.

891 *BGH*, Urt. v. 16.07.2003 – VIII ZR 11/03 = NJW 2003, 3342 (3343); *ders.*, Urt. v. 09.03.2005 – VIII ZR 330/03 = NZM 2005, 596 (598); *ders.*, Urt. v. 11.03.2009 – VIII ZR 184/08 = NZI 2009, 622 (622); *LG Lüneburg*, Urt. v. 03.12.2008 – 6 S 122/08 = ZMR 2009, 687 (687); *Streyl*, in: Schmidt-Futterer, Mietrecht, 12. Aufl., 2015, § 566a Rdnr. 37; *a. A. Haarmeyer/ Wutzke/ Förtser/ Hintzen*, Zwangsverwaltung, 5. Aufl., 2011, § 155 Rdnr. 10.

892 *BGH*, Urt. v. 16.07.2003 – VIII ZR 11/03 = NJW 2003, 3342 (3343); *OLG Brandenburg*, Urt. v. 17.09.2003 – 3 U 279/02 = OLGR Brandenburg 2004, 114 (115); *OLG Hamburg*, Urt. v. 14.11.2001 – 4 U 100/01 = NZM 2003, 474 (474); *Drasdo*, NJW 2005, 1549 (1552); anders noch *BGH*, Urt. v. 20.09.1978 – VIII ZR 2/78 = WM 1978, 1326 (1326). *A. A. Alff/ Hintzen*, Rpfleger 2003, 635 (636); *Eickmann*, ZfIR 2007, 557 (560); *Erckens/ Tetzlaff*, ZfIR 2003, 981 (983).

Dies sei jedoch vom Gesetzgeber aufgrund des mietvertraglichen Treuhandverhältnisses gewollt.[893]

Die Herausgabe der Mietsicherheit an den Mieter sei zudem als Ausgabe der Verwaltung vorweg zu bestreiten.[894] Ausgaben der Verwaltung i. S. v. § 155 Abs. 1 ZVG sind sämtliche Verwaltungskosten, die der Zwangsverwalter aufbringen muss, um seine Verpflichtungen nach § 152 ZVG zu erfüllen.[895] Reicht die Zwangsverwaltungsmasse hierfür nicht aus, müssen die betreibenden Gläubiger gemäß § 161 Abs. 3 ZVG einen entsprechenden Kostenvorschuss leisten, um eine Aufhebung des gerichtlich angeordneten Zwangsverwaltungsverfahrens zu vermeiden.

2. *Kalte Zwangsverwaltung*

Ohne die vorgenannte *h. M.* zur Herausgabepflicht des Zwangsverwalters bei in bar gezahlten Mietsicherheiten an dieser Stelle bewerten zu wollen, stellt sich die Frage, wie sich diese Situation bei Durchführung einer kalten Zwangsverwaltung darstellt.

Mietverhältnisse des Insolvenzschuldners über unbewegliche Gegenstände oder Räume bestehen bei Insolvenzeröffnung mit Wirkung für die Insolvenzmasse fort, § 108 Abs. 1 Satz 1 InsO.[896] Der Insolvenzverwalter hat das Mietverhältnis mit den Rechten und Pflichten des Insolvenzschuldners als Vermieter fortzuführen.[897] Da die kalte Zwangsverwaltung eine Alternative zur gerichtlich angeordneten Zwangsverwaltung darstellt, könnte man nun erwägen, die vorgenannte Rechtsprechung zur Herausgabepflicht des Zwangsverwalters auch auf die Situation bei der kalten Zwangsverwaltung zu übertragen. Dann müsste

---

893 *BGH*, Urt. v. 16.07.2003 – VIII ZR 11/03 = NJW 2003, 3342 (3343); *ders.*, Urt. v. 09.03.2005 – VIII ZR 330/03 = NZM 2005, 596 (598); *ders.*, Urt. v. 11.03.2009 – VIII ZR 184/08 = NZI 2009, 622 (622); *OLG Brandenburg*, Urt. v. 17.09.2003 – 3 U 279/02 = OLGR Brandenburg 2004, 114 (116); *OLG Hamburg*, Urt. v. 14.11.2001 – 4 U 100/01 = NZM 2003, 474 (475); *a. A. Eickmann*, ZfIR 2007, 557 (560); *Erckens/ Tetzlaff*, ZfIR 2003, 981 (983).

894 *BGH*, Urt. v. 09.03.2005 – VIII ZR 330/03 = NZM 2005, 596 (598 f.); *a. A. Alff/ Hintzen*, Rpfleger 2003, 635 (637); *Depré/ Mayer*, Die Praxis der Zwangsverwaltung, 7. Aufl., 2013, § 2 Rdnr. 620; *Mayer*, Rpfleger 2006, 175 (177).

895 *BGH*, Urt. v. 09.03.2005 – VIII ZR 330/03 = NZM 2005, 596 (598); *Stöber*, ZVG, 21. Aufl., 2016, § 155 Rdnr. 4.

896 Siehe Kapitel 1 A.II.2.c)aa)(1).

897 *Hörndler*, in: Lindner-Figura/ Oprée/ Stellmann, Geschäftsraummiete, 3. Aufl., 2012, Kap. 20 Rdnr. 87; *Streyl*, in: Schmidt-Futterer, Mietrecht, 12. Aufl., 2015, § 566a Rdnr. 44; *Wegener*, in: Uhlenbruck, InsO, 14. Aufl., 2015, § 108 Rdnr. 18.

der Insolvenzverwalter die Mietsicherheit aus der bei der kalten Zwangsverwaltung zu bildenden Sondermasse[898] herausgeben. Bewertet man die Auskehr der Mietsicherheit wie im Rahmen eines gerichtlich angeordneten Zwangsverwaltungsverfahrens als Ausgabe der Verwaltung, dann wären die absonderungsberechtigten Gläubiger bei nicht ausreichender Deckung der Sondermasse zur Freistellung verpflichtet.[899]

Im Rahmen eines Insolvenzverfahrens kann der Mieter seine Mietsicherheit nach § 47 InsO jedoch nur aussondern, wenn diese insolvenzfest und getrennt vom Vermögen des Insolvenzschuldners (Vermieter) angelegt wurde.[900] Andernfalls kann der Mieter seine Forderung lediglich zur Insolvenztabelle anmelden. Der Anspruch des Mieters auf Rückzahlung der geleisteten Mietsicherheit ist dann eine einfache Insolvenzforderung, da dieser Anspruch bereits aufschiebend bedingt vor Eröffnung des Insolvenzverfahrens entstanden ist.[901]

Wurde die Mietsicherheit gerade nicht insolvenzfest angelegt, so würde eine Übertragung der Rechtsprechung zur Herausgabepflicht einer in bar geleisteten Mietsicherheit bei einer gerichtlich angeordneten Zwangsverwaltung auf den Fall einer kalten Zwangsverwaltung im Ergebnis dazu führen, dass der Mieter im Vergleich zu anderen Insolvenzgläubigern, insbesondere zu Mietern anderer Grundstücke, die nicht im Wege einer kalten Zwangsverwaltung verwertet werden, bessergestellt wird. Der Rückzahlungsanspruch des Mieters würde im Ergebnis von einer einfachen Insolvenzforderung zu einer sonstigen Masseverbindlichkeit aufgewertet werden, obwohl die tatbestandlichen Voraussetzungen des § 55 Abs. 1 InsO nicht erfüllt sind. Schon aus diesem Grund ist eine Übertragung der vorgenannten Rechtsprechung abzulehnen. Die Vereinbarung über die Durchführung einer kalten Zwangsverwaltung gilt nur für die Parteien dieser Vereinbarung. Für Ansprüche Dritter, wie Mieter, gilt allein die insolvenzrechtliche Systematik mit den vorgegebenen Rangklassen.[902] Daher ist

---

898 Siehe hierzu ausführlich Kapitel 3 E.I.2.c).

899 Zur Freistellungspflicht siehe Kapitel 3 E.II.2.

900 *BGH*, Urt. v. 20.12.2007 – IX ZR 132/06 = NJW 2008, 1152 (1152) m. w. N.; *Streyl*, in: Schmidt-Futterer, Mietrecht, 12. Aufl., 2015, § 566a Rdnr. 46.

901 *BGH*, Rechtsentscheid v. 08.07.1982 – VIII ARZ 3/82 = BGHZ 84, 345 (349); *ders.*, Urt. v. 20.12.2007 – IX ZR 132/06 = NJW 2008, 1152 (1152); *Häublein*, in: Münchener Kommentar, BGB, Band 4, 6. Aufl., 2012, § 566a Rdnr. 4; *Streyl*, in: Schmidt-Futterer, Mietrecht, 12. Aufl., 2015, § 566a Rdnr. 46; *Tetzlaff*, ZfIR 2005, 179 (181).

902 Ebenso *Eickmann*, ZfIR 2007, 557 (560); *Erckens/ Tetzlaff*, ZfIR 2003, 981 (985); *Hawelka*, ZfIR 2010, 665 (671); *Janca*, InsbürO 2004, 377 (384); *Metoja*, in: MaInsO Mindestanforderungen an die Insolvenzabwicklung, 2010, E. Rdnr. 1496; *Tetzlaff*,

es grundsätzlich nicht erforderlich[903] – aber natürlich auch nicht schädlich –, in die Vereinbarung über die kalte Zwangsverwaltung eine Regelung zur Auskehr etwaiger Mietsicherheiten aufzunehmen.

3. *Fazit*

Die Pflicht des Zwangsverwalters, eine in bar geleistete Mietsicherheit selbst dann an den Mieter herauszugeben, wenn er diese seinerseits nicht vom Insolvenzschuldner zur Zwangsverwaltungsmasse erhalten hat, mindert die Zwangsverwaltungsmasse. Je nach Anzahl der betroffenen Mietverhältnisse wirkt sich dies mehr oder weniger stark auf die Befriedigung der absonderungsberechtigten Gläubiger aus.

Führt der Insolvenzverwalter hingegen eine kalte Zwangsverwaltung durch, so wird die hierdurch erzielte Sondermasse nicht durch Herausgabeansprüche der Mieter auf in bar geleistete Mietsicherheiten belastet. Etwaige Ansprüche Dritter richten sich – unabhängig von der kalten Zwangsverwaltung – allein nach der insolvenzrechtlichen Systematik.

Aufgrund der vorstehenden Thematik kann somit in der Tat eine gerichtliche Zwangsverwaltung im Vergleich zur kalten Zwangsverwaltung für die absonderungsberechtigten Gläubiger im Einzelfall weniger lukrativ sein.[904]

II. Abrechnung über Nebenkostenvorauszahlungen und Befriedigung eines etwaigen Rückzahlungsanspruchs des Mieters

1. *Gerichtliche Zwangsverwaltung*

Die Problematik zur Abrechnung über vom Mieter gezahlte Nebenkostenvorauszahlungen ist ähnlich gelagert wie die Frage der Herausgabe von in bar geleisteten Mietsicherheiten.[905] Nach Ansicht des *BGH*, der sich wiederum weite Teile der *Literatur* angeschlossen haben, erfasst die Abrechnungspflicht des Zwangsverwalters nicht nur die laufenden Abrechnungszeiträume,[906] sondern

---

ZfIR 2005, 179 (181); *Wipperfürth*, Das Grundstück in der Insolvenz, 1. Aufl., 2014, C. Rdnr. 670.

903 So aber *Sinz*, in: K. Schmidt, InsO, 19. Aufl., 2016, § 165 Rdnr. 29; *Tetzlaff*, ZInsO 2004, 521 (528).

904 *Drasdo*, NJW 2005, 1549 (1552); *Erckens/ Tetzlaff*, ZfIR 2003, 981 (983); *Tetzlaff*, ZfIR 2005, 179 (181).

905 Siehe hierzu vorstehend Kapitel 5 C.I.

906 *Depré/ Mayer*, Die Praxis der Zwangsverwaltung, 7. Aufl., 2013, § 2 Rdnr. 633; *Ott/ Vuia*, in: Münchener Kommentar, InsO, Band 2, 3. Aufl., 2013, § 80 Rdnr. 46.

auch solche Abrechnungszeiträume, die vor seiner Bestellung liegen.[907] Aufgrund der mieterschützenden Sondervorschrift des § 152 Abs. 2 ZVG gelte dies selbst dann, wenn etwaige Nachforderungen nicht zugunsten der Haftungsmasse nach § 152 Abs. 1 Hs. 2 ZVG der Beschlagnahme unterliegen.[908]

Sofern der Zwangsverwalter zur Abrechnung über Nebenkostenvorauszahlungen verpflichtet sei, umfasse diese Verpflichtung auch den Ausgleich des sich aus der Abrechnung ergebenden Saldos und zwar sowohl zugunsten als auch zulasten der Zwangsverwaltungsmasse.[909] Wegen der Einheitlichkeit der Abrechnung komme es auch nicht darauf an, ob der Zwangsverwalter die vom Insolvenzschuldner als Vermieter vereinnahmten Nebenkostenvorauszahlungen erhalten habe.[910] Ein etwaiger Rückzahlungsanspruch des Mieters sei vorab gemäß § 155 Abs. 1 ZVG zu begleichen.[911]

---

907 *BGH*, Urt. v. 26.03.2003 – VIII ZR 333/02 = NJW 2003, 2320 (2321) m. w. N. zum Streitstand; *ders.*, Urt. v. 03.05.2006 – VIII ZR 168/05 = NJW 2006, 2626 (2626); *Depré/ Mayer*, Die Praxis der Zwangsverwaltung, 7. Aufl., 2013, § 2 Rdnr. 633; *Drasdo*, NJW 2005, 1549 (1552); *Ellrich/ Lind*, ForderungsPraktiker Wiki Kredit-Servicing 2012, 16 (17); *Schmid*, Handbuch der Mietnebenkosten, 14. Aufl., 2014, 3. Teil Rdnr. 3464; *Stöber*, ZVG, 21. Aufl., 2016, § 152 Rdnr. 12; *a. A. Klühs*, Rpfleger 2006, 640 (642).

908 *BGH*, Urt. v. 03.05.2006 – VIII ZR 168/05 = NJW 2006, 2626 (2627); *Stöber*, ZVG, 21. Aufl., 2016, § 152 Rdnr. 12; anders hingegen noch *BGH*, Urt. v. 26.03.2003 – VIII ZR 333/02 = NJW 2003, 2320 (2321); einschränkend *Haarmeyer/ Wutzke/ Förster/ Hintzen*, Zwangsverwaltung, 5. Aufl., 2011, § 6 ZwVwV Rdnr. 29; ablehnend *Klühs*, Rpfleger 2006, 640 (642 f.).

909 *BGH*, Urt. v. 26.03.2003 – VIII ZR 333/02 = NJW 2003, 2320 (2321); *Drasdo*, NJW 2005, 1549 (1552); *Knees*, Zwangsversteigerung und Zwangsverwaltung, 7. Aufl., 2013, S. 224; *Stöber*, ZVG-Handbuch Zwangsvollstreckung in das unbewegliche Vermögen, 9. Aufl., 2010, Rdnr. 606a. Nach *a. A.* ist der Mieter darauf zu verweisen, sich – wie andere Gläubiger auch – einen Titel zu beschaffen und dem gerichtlichen Zwangsverwaltungsverfahren beizutreten, vgl. *Haarmeyer/ Wutzke/ Förster/ Hintzen*, Zwangsverwaltung, 5. Aufl., 2011, § 6 ZwVwV Rdnr. 30.

910 *BGH*, Urt. v. 26.03.2003 – VIII ZR 333/02 = NJW 2003, 2320 (2321); *ders.*, Urt. v. 11.10.2007 – IX ZR 156/06 = WM 2007, 2387 (2389); *OLG Hamburg*, Rechtsentscheid v. 08.11.1989 – 4 U 97/89 = NJW-RR 1990, 151 (152); *LG Potsdam*, Urt. v. 28.02.2013 – 13 S 153/12 = Rdnr. 34 (juris); *Drasdo*, NJW 2005, 1549 (1552); *Engels*, in: Hintzen/ Engels/ Rellermeyer, ZVG, 14. Aufl., 2013, § 152 Rdnr. 156; *Knees*, Zwangsversteigerung und Zwangsverwaltung, 7. Aufl., 2013, S. 224; *Schmid*, Handbuch der Mietnebenkosten, 14. Aufl., 2014, 3. Teil Rdnr. 3468; *Stöber*, ZVG-Handbuch Zwangsvollstreckung in das unbewegliche Vermögen, 9. Aufl., 2010, Rdnr. 606a.

911 *Depré/ Mayer*, Die Praxis der Zwangsverwaltung, 7. Aufl., 2013, § 2 Rdnr. 634.

2. *Kalte Zwangsverwaltung*

Fraglich ist wiederum, wie sich die Situation bei Durchführung einer kalten Zwangsverwaltung darstellt.

Ob der Insolvenzverwalter im Rahmen eines Insolvenzverfahrens verpflichtet ist, über die Nebenkosten abzurechnen, richtet sich nach dem Entstehungszeitpunkt des Abrechnungsanspruchs, also nach dem Zeitpunkt des Ablaufs der Abrechnungsperiode.[912]

Endet die Abrechnungsperiode bereits *vor* Eröffnung des Insolvenzverfahrens, so handelt es sich bei dem *Abrechnungs*anspruch des Mieters um eine einfache Insolvenzforderung, § 108 Abs. 3 InsO.[913] Der Insolvenzverwalter ist insofern nicht zur Abrechnung über die Nebenkosten verpflichtet. Der Mieter muss vielmehr, soweit ihm das möglich ist, selbst über die Nebenkosten abrechnen oder diese schätzen und seinen *Rückzahlungs*anspruch zur Insolvenztabelle anmelden.[914]

Endet die Abrechnungsperiode *nach* Eröffnung des Insolvenzverfahrens, so handelt es sich bei dem *Abrechnungs*anspruch des Mieters um eine Masseverbindlichkeit

---

912 *Eckert*, in: Münchener Kommentar, InsO, Band 2, 3. Aufl., 2013, § 108 Vorb. Rdnr. 69; *Heublein*, in: Beck'scher Online-Kommentar Mietrecht, 3. Edition, 2016, Lexikon, Insolvenz einschl. Verfahren, Kap. C Rdnr. 75; *Jacoby*, in: Jaeger, InsO, Band 3, 1. Aufl., 2014, § 108 Rdnr. 122, 124; *Wegener*, in: Uhlenbruck, InsO, 14. Aufl., 2015, § 108 Rdnr. 22. Nach *a. A.* kommt es auf den Fälligkeitseintritt des Abrechnungsanspruchs an (so *Ringstmeier*, in: K. Schmidt, InsO, 19. Aufl., 2016, § 108 Rdnr. 18). Nach wiederum *a. A.* besteht eine Abrechnungspflicht des Insolvenzverwalters unabhängig davon, ob der Abrechnungszeitraum vor oder nach Insolvenzeröffnung liegt (so *Belz/ Lüke*, in: Bub/ Treier, Handbuch der Geschäfts- und Wohnraummiete, 4. Aufl., 2014, VIII C. Rdnr. 509; *Blank*, in: Blank/ Börstinghaus, Miete, 4. Aufl., 2014, § 556 Rdnr. 254; *Derleder*, NZM 2009, 8 (15); *Hörndler*, in: Lindner-Figura/ Oprée/ Stellmann, Geschäftsraummiete, 3. Aufl., 2012, Kap. 20 Rdnr. 92; *Schmid*, Handbuch der Mietnebenkosten, 14. Aufl., 2014, 3. Teil Rdnr. 3470; *Sternel*, Mietrecht aktuell, 4. Aufl., 2009, Kap. V Rdnr. 308; *Weitemeyer*, in: Staudinger, BGB, Buch 2, 2014, § 556 Rdnr. 102).

913 *Eckert*, in: Münchener Kommentar, InsO, Band 2, 3. Aufl., 2013, § 108 Vorb. Rdnr. 69; *Heublein*, in: Beck'scher Online-Kommentar Mietrecht, 3. Edition, 2016, Lexikon, Insolvenz einschl. Verfahren, Kap. C Rdnr. 75; *Jacoby*, in: Jaeger, InsO, Band 3, 1. Aufl., 2014, § 108 Rdnr. 124; *Wegener*, in: Uhlenbruck, InsO, 14. Aufl., 2015, § 108 Rdnr. 22.

914 *Eckert*, in: Münchener Kommentar, InsO, Band 2, 3. Aufl., 2013, § 108 Vorb. Rdnr. 69; *a. A. Sternel*, Mietrecht aktuell, 4. Aufl., 2009, Kap. V Rdnr. 308; *Tetzlaff*, ZfIR 2005, 179 (182).

gemäß § 55 Abs. 1 Nr. 2 InsO.[915] Für die Kategorisierung eines etwaigen *Rückzahlungs*anspruchs des Mieters kommt es auf den Zeitpunkt der Vorauszahlungen an. Hat der Mieter die Vorauszahlungen *vor* Eröffnung des Insolvenzverfahrens geleistet, handelt es sich um einfache Insolvenzforderungen gemäß § 108 Abs. 3 InsO.[916] Der Rückzahlungsanspruch wird zwar erst mit Abrechnung fällig, entsteht aber bereits aufschiebend bedingt mit der jeweiligen Vorauszahlung.[917] Hat der Mieter die Vorauszahlungen erst *nach* Eröffnung des Insolvenzverfahrens geleistet, handelt es sich hingegen um eine Masseverbindlichkeit.[918] Masseverbindlichkeiten sind – wie bereits erwähnt – grundsätzlich vorweg aus der Insolvenzmasse zu begleichen.[919]

Bei Durchführung einer kalten Zwangsverwaltung vereinnahmt der Insolvenzverwalter die Mieten inklusive der Nebenkostenvorauszahlungen ab dem mit den an der Verwertungsvereinbarung beteiligten absonderungsberechtigten Gläubigern vereinbarten Zeitpunkt zur Sondermasse.[920] Der Insolvenzmasse fließt insoweit kein Vermögen zu. Um eine Belastung der Insolvenzmasse zu vermeiden, sind etwaige Rückzahlungsansprüche des Mieters, soweit sie als Masseverbindlichkeiten zu qualifizieren sind, ab dem vorgenannten Zeitpunkt als Ausgaben der kalten Zwangsverwaltung aus der Sondermasse zu begleichen.

---

915 *Heublein*, in: Beck'scher Online-Kommentar Mietrecht, 3. Edition, 2016, Lexikon, Insolvenz einschl. Verfahren, Kap. C Rdnr. 75; *Jacoby*, in: Jaeger, InsO, Band 3, 1. Aufl., 2014, § 108 Rdnr. 124; *Wegener*, in: Uhlenbruck, InsO, 14. Aufl., 2015, § 108 Rdnr. 22.

916 *BGH*, Urt. v. 21.12.2006 – IX ZR 7/06 = NZI 2007, 164 (164); *Eckert*, in: Münchener Kommentar, InsO, Band 2, 3. Aufl., 2013, § 108 Vorb. Rdnr. 70; *Heublein*, in: Beck'scher Online-Kommentar Mietrecht, 3. Edition, 2016, Lexikon, Insolvenz einschl. Verfahren, Kap. C Rdnr. 75; *Jacoby*, in: Jaeger, InsO, Band 3, 1. Aufl., 2014, § 108 Rdnr. 119; *Tetzlaff*, ZfIR 2005, 179 (182); *Wegener*, in: Uhlenbruck, InsO, 14. Aufl., 2015, § 108 Rdnr. 23; *a. A. Hörndler*, in: Lindner-Figura/ Oprée/ Stellmann, Geschäftsraummiete, 3. Aufl., 2012, Kap. 20 Rdnr. 93.

917 *BGH*, Urt. v. 13.04.2011 – VIII ZR 295/10 = WM 2011, 991 (992); *Eckert*, in: Münchener Kommentar, InsO, Band 2, 3. Aufl., 2013, § 108 Vorb. Rdnr. 70; *Jacoby*, in: Jaeger, InsO, Band 3, 1. Aufl., 2014, § 108 Rdnr. 119; *Tetzlaff*, ZfIR 2005, 179 (182); *Wegener*, in: Uhlenbruck, InsO, 14. Aufl., 2015, § 108 Rdnr. 23; kritisch hierzu *Derleder*, NZM 2004, 568 (574).

918 *BGH*, Urt. v. 21.12.2006 – IX ZR 7/06 = NZI 2007, 164 (164); *Heublein*, in: Beck'scher Online-Kommentar Mietrecht, 3. Edition, 2016, Lexikon, Insolvenz einschl. Verfahren, Kap. C Rdnr. 75; *Jacoby*, in: Jaeger, InsO, Band 3, 1. Aufl., 2014, § 108 Rdnr. 119; *Tetzlaff*, ZfIR 2005, 179 (182); *Wegener*, in: Uhlenbruck, InsO, 14. Aufl., 2015, § 108 Rdnr. 23.

919 Siehe hierzu Kapitel 3 E.I.2.c)aa)(2).

920 Siehe hierzu Kapitel 3 E.I.2.d).

Auch bei dieser Konstellation würde eine Übertragung der zwangsverwaltungsrechtlichen Rechtsprechung auf die kalte Zwangsverwaltung im Ergebnis zu einer Besserstellung des Mieters und zu einer Missachtung der insolvenzrechtlichen Systematik führen. Es findet daher nach – soweit ersichtlich – einhelliger Auffassung völlig zu Recht keine Übertragung dieser Rechtsprechung statt.[921]

3. *Fazit*

Die Abrechnungspflicht des Zwangsverwalters wird im Vergleich zu derjenigen des Insolvenzverwalters häufig einen größeren Zeitraum umfassen. Umso weiter sie zeitlich zurückreicht, desto größer ist die Wahrscheinlichkeit, dass Vorauszahlungen noch vor Eröffnung des Insolvenzverfahrens an den (Insolvenz-) Schuldner geleistet wurden. Auch wenn der Zwangsverwalter die Vorauszahlungen nicht vom Insolvenzschuldner erhalten hat, muss er sie dennoch bei der Nebenkostenabrechnung berücksichtigen. Hierdurch wird die Zwangsverwaltungsmasse zum Nachteil der absonderungsberechtigten Gläubiger belastet.

Bei Durchführung einer kalten Zwangsverwaltung gilt weiterhin die insolvenzrechtliche Systematik. Handelt es sich bei den etwaigen Rückzahlungsansprüchen der Mieter um Insolvenzforderungen, so sind diese zur Insolvenztabelle anzumelden und werden gegebenenfalls quotal befriedigt. Sind Rückzahlungsansprüche der Mieter hingegen als Masseverbindlichkeiten zu qualifizieren, so sind sie ab dem zwischen den Parteien der Verwertungsvereinbarung vereinbarten Zeitpunkt als Ausgaben der kalten Zwangsverwaltung aus der Sondermasse zu begleichen.

D. Beschlagnahme und deren Wirkungen

I. Gerichtliche Zwangsverwaltung

Mit Beschlagnahme des Grundstücks im Wege der gerichtlichen Zwangsverwaltung steht dem Grundpfandrechtsgläubiger ein Absonderungsrecht auch an den betreffenden Mietforderungen zu. Der Grundpfandrechtsgläubiger erlangt eine

---

921 *Eckert*, in: Münchener Kommentar, InsO, Band 2, 3. Aufl., 2013, § 108 Vorb. Rdnr. 70 (zur „reinen" Insolvenzverwaltung); *Hawelka*, ZfIR 2010, 665 (671); *Metoja*, in: MaInsO Mindestanforderungen an die Insolvenzabwicklung, 2010, E. Rdnr. 1496; *Tetzlaff*, ZfIR 2005, 179 (183); *ders.*, in: Münchener Kommentar, InsO, Band 2, 3. Aufl., 2013, § 165 Rdnr. 188.

gesicherte Rechtsposition an den Mietforderungen, welche für die Insolvenzgläubiger als Zugriffsobjekt nunmehr endgültig ausscheiden.[922]

Zum Schutz des betreibenden Gläubigers bewirkt die Beschlagnahme ferner ein relatives Verfügungsverbot.[923] Durch dieses Verfügungsverbot ist der betreibende Gläubiger vor allen Verfügungen des Insolvenzschuldners (bzw. des Insolvenzverwalters) über das Grundstück und / oder die beschlagnahmten Gegenstände geschützt, die seine Befriedigungsaussichten verringern oder vereiteln können.[924] Bei der gerichtlich angeordneten Zwangsverwaltung fallen auch die beschlagnahmten Mietforderungen unter das Verfügungsverbot des § 23 Abs. 1 Satz 1 ZVG.[925] Daher sind Abtretungen der Mietforderungen nach Beschlagnahme dem betreibenden Gläubiger gegenüber unwirksam.[926]

Auch können andere absonderungsberechtigte Gläubiger dem gerichtlich angeordneten Zwangsverwaltungsverfahren zwar beitreten, sie können dem betreibenden Gläubiger die beschlagnahmten Mietforderungen jedoch nicht mehr entziehen.

II. Kalte Zwangsverwaltung

Anders verhält es sich hingegen bei Durchführung einer kalten Zwangsverwaltung. Die kalte Zwangsverwaltung bewirkt gerade keine Beschlagnahme des verwalteten Grundstücks, so dass zugunsten des Grundpfandrechtsgläubigers auch keine Absonderungsrechte an den Mietforderungen entstehen. Der Grundpfandrechtsgläubiger erlangt mithin keine gesicherte Rechtsposition an den Mietforderungen.[927]

Mangels Beschlagnahme besteht im Rahmen einer kalten Zwangsverwaltung auch kein relatives Verfügungsverbot hinsichtlich des verwalteten Grundstücks und der Mietforderungen.[928] Die absonderungsberechtigten Gläubiger können für sich lediglich dadurch einen gewissen Schutz erreichen, dass sie den Insolvenzverwalter in der Verwertungsvereinbarung verpflichten, weder über

---

922 Siehe hierzu ausführlich Kapitel 1 A.II.2.c)aa)(2).

923 Siehe hierzu Kapitel 1 A.II.2.b)aa).

924 *Sievers*, in: Kindl/ Meller-Hannich/ Wolf, Gesamtes Recht der Zwangsvollstreckung, 3. Aufl., 2016, § 23 ZVG Rdnr. 2; *Stöber*, ZVG, 21. Aufl., 2016, § 23 Rdnr. 1.

925 *Böttcher*, in: Böttcher, ZVG, 6. Aufl., 2016, § 23 Rdnr. 21; *Stöber*, ZVG, 21. Aufl., 2016, § 23 Rdnr. 6, § 148 Rdnr. 2.

926 *Böttcher*, in: Böttcher, ZVG, 6. Aufl., 2016, § 23 Rdnr. 21; *Stöber*, ZVG, 21. Aufl., 2016, § 23 Rdnr. 6.

927 Siehe hierzu ausführlich Kapitel 3 D.I.3.c).

928 Siehe hierzu ausführlich Kapitel 3 D.I.3.b).

das verwaltete Grundstück noch über die Mietforderungen zu verfügen. Verfügt der Insolvenzverwalter dennoch über die Mietforderungen, so sind diese Verfügungen auch den absonderungsberechtigten Gläubigern gegenüber wirksam. Sie können dann lediglich gegebenenfalls Unterlassungs- und Schadensersatzansprüche gegen den Insolvenzverwalter geltend machen.[929]

III. Fazit

Für die absonderungsberechtigten Gläubiger ist die Beschlagnahmewirkung ein eindeutiger Vorteil der gerichtlich angeordneten Zwangsverwaltung gegenüber der kalten Zwangsverwaltung. Durch die Beschlagnahme erlangen die Grundpfandrechtsgläubiger eine dinglich gesicherte Rechtsposition an den Mietforderungen.

Im Rahmen der kalten Zwangsverwaltung erlangen die absonderungsberechtigten Gläubiger hinsichtlich der Mieteinnahmen hingegen nur schuldrechtliche Ansprüche gegen den Insolvenzverwalter. Dies macht sich insbesondere dann bemerkbar, wenn während der Durchführung einer kalten Zwangsverwaltung ein gerichtliches Zwangsverwaltungsverfahren angeordnet wird, was zur Beschlagnahme der Mietforderungen führt und diese der kalten Zwangsverwaltung entzieht.[930] Die absonderungsberechtigten Gläubiger können dann zwar ihrerseits dem gerichtlich angeordneten Zwangsverwaltungsverfahren beitreten. Im Ergebnis führt dieser Verwertungsablauf jedoch zu einem Zeitverlust bei den absonderungsberechtigten Gläubigern, denn jetzt müssen sie, sofern erforderlich, doch noch die erforderlichen Vollstreckungsvoraussetzungen beschaffen und sind wiederum von der Arbeitsbelastung des zuständigen Vollstreckungsgerichts abhängig. Dessen müssen sich die Parteien bewusst sein.

Auf den ersten Blick erscheint der Umstand, dass bei einer kalten Zwangsverwaltung mangels Beschlagnahme kein relatives Verfügungsverbot besteht, für den Insolvenzverwalter vorteilhaft zu sein. Ohne Verfügungsverbot kann der Insolvenzverwalter mit Wirkung gegenüber allen Gläubigern wirksam über das verwaltete Grundstück verfügen.[931] Zu bedenken ist jedoch, dass potentielle Erwerber regelmäßig an einem lastenfreien Erwerb interessiert sind, weshalb

929 Siehe hierzu ausführlich Kapitel 3 D.I.3.b).

930 Zum Beendigungserfordernis vgl. Kapitel 3 G.I.1.a).

931 Zum Zustimmungserfordernis des Gläubigerausschusses bzw. der Gläubigerversammlung vgl. § 160 Abs. 2 Nr. 1 InsO.

sämtliche Grundpfandrechtsgläubiger bei der freihändigen Veräußerung mitwirken müssen.[932]

Bei einem gerichtlichen Zwangsverwaltungsverfahren ist nach dem betreibenden Gläubiger zu differenzieren: Wird das gerichtliche Zwangsverwaltungsverfahren von einem Grundpfandrechtsgläubiger betrieben, so stellt sich die Situation im Ergebnis genauso dar wie bei einer kalten Zwangsverwaltung. Sämtliche Grundpfandrechtsgläubiger – zu denen in diesem Fall gerade auch der betreibende Gläubiger gehört – müssen für eine lastenfreie Veräußerung mitwirken. Wird das gerichtliche Zwangsverwaltungsverfahren hingegen von einem anderen Gläubiger betrieben, so müsste neben den Grundpfandrechtsgläubigern auch der betreibende Gläubiger der freihändigen Veräußerung zustimmen.

E. Zeitraum bis zum Beginn der Verwertungsmaßnahme

Es ist das ureigene Interesse eines jeden Gläubigers, möglichst frühzeitig Befriedigung der eigenen Forderungen zu erlangen. Ein Gläubiger wird daher im Rahmen des rechtlich Zulässigen regelmäßig versuchen, die Verwertung seines Rechts möglichst zu forcieren.

I. Gerichtliche Zwangsverwaltung

Im Rahmen eines gerichtlich angeordneten Zwangsverwaltungsverfahrens stehen die Mieteinnahmen erst mit Wirksamwerden der Beschlagnahme der Zwangsverwaltungsmasse zu und dienen letztendlich der Befriedigung der absonderungsberechtigten Gläubiger.[933]

Für eine wirksame Beschlagnahme müssen die absonderungsberechtigten Gläubiger zunächst die erforderlichen Vollstreckungsvoraussetzungen schaffen. Dies kann mitunter sehr zeitintensiv sein, denn sie müssen gegebenenfalls ihren Titel erst gegen den Insolvenzverwalter umschreiben lassen, welcher dem Insolvenzverwalter sodann zuzustellen ist. Hierbei sind die gesetzlich vorgesehenen Fristen einzuhalten.[934]

---

932 Siehe Kapitel 1 B.III. und Kapitel 5 B.II.

933 Siehe hierzu Kapitel 1 A.II.2.b)aa).

934 *Becker*, ZInsO 2013, 2532 (2533); *Boddenberg*, in: Haarmeyer/ Wutzke/ Förster, InsO, 2. Aufl., 2012, § 165 Rdnr. 11; *Bork*, ZIP 2013, 2129 (2132); *Hawelka*, ZfIR 2010, 665 (671); *Janca*, InsbürO 2004, 377 (377); *Keller*, NZI 2013, 265 (267); *Molitor*, ZInsO 2011, 1486 (1486); *Ringstmeier*, in: Beck/ Depré, Praxis der Insolvenz, 2. Aufl., 2010, § 15 Rdnr. 99; *Tetzlaff*, ZfIR 2005, 179 (180).

Zudem kommt es in der Praxis aufgrund der hohen Arbeitsbelastung der Vollstreckungsgerichte[935] immer wieder zu zeitlichen Verzögerungen, bis das beantragte Verfahren letztendlich auch angeordnet wird.[936] In Einzelfällen kann dies mehrere Monate in Anspruch nehmen.[937] Der jeweilige Antragsteller hat hierauf keinen Einfluss.

II. Kalte Zwangsverwaltung

Bei der Vereinbarung einer kalten Zwangsverwaltung sind die absonderungsberechtigten Gläubiger hingegen nicht auf die Mitwirkung des Insolvenzgerichts angewiesen.[938] Sie müssen z. B. ihren Titel nicht gegen den Insolvenzverwalter umschreiben lassen oder eine „Anordnung" der kalten Zwangsverwaltung, vergleichbar mit der Anordnung eines gerichtlichen Zwangsverwaltungsverfahrens, abwarten.[939] Insofern sind die absonderungsberechtigten Gläubiger von der Arbeitsbelastung des Insolvenzgerichts unabhängig.

Die Parteien haben es grundsätzlich selbst in der Hand, in der Verwertungsvereinbarung den Zeitpunkt zu bestimmen, ab welchem die Mieteinnahmen zur Sondermasse zu vereinnahmen sind und letztendlich der Befriedigung der absonderungsberechtigten Gläubiger dienen.[940]

---

935 Siehe hierzu Ergebnisse der Gerichtsbefragung 2010 des *IGZ Bundesverband Interessengemeinschaft Zwangsverwaltung e. V.* unter I., abrufbar unter www.igzwangsverwaltung.de (Abruf v. 11.06.2016).

936 *Bork*, ZIP 2013, 2129 (2132); *Janca*, InsbürO 2004, 377 (377); *Keller*, NZI 2013, 265 (267); *Tetzlaff*, ZfIR 2005, 179 (180); *Wipperfürth*, Das Grundstück in der Insolvenz, 1. Aufl., 2014, C. Rdnr. 663.

937 *Erckens/ Tetzlaff*, ZfIR 2003, 981 (984, „drei bis vier Monate"); *Janca*, InsbürO 2004, 377 (377). Noch einen Schritt weiter geht *Ringstmeier* (in: Beck/ Depré, Praxis der Insolvenz, 2. Aufl., 2010, § 22 Rdnr. 115), nach welchem die von den Parteien erwartete Zeitspanne zwischen Insolvenzeröffnung und beabsichtigter Verwertung einer Immobilie so kurz ist, dass sich die Anordnung des gerichtlichen Zwangsverwaltungsverfahrens nicht lohnt.

938 Siehe hierzu Kapitel 2 E.II.2.

939 *Becker*, ZInsO 2013, 2532 (2533); *Büchler*, in: Hamburger Kommentar, InsO, 3. Aufl., 2009, § 165 Rdnr. 14; *Hees*, in: Schmitt, Praxishandbuch Gestaltung von Wirtschaftsverträgen, 2015, Kap. 9 Rdnr. 173; *Homann*, in: Ahrens/ Gehrlein/ Ringstmeier, Fachanwaltskommentar Insolvenzrecht, 2. Aufl., 2014, § 165 Rdnr. 22; *Ringstmeier*, in: Beck/ Depré, Praxis der Insolvenz, 2. Aufl., 2010, § 15 Rdnr. 99; *Undritz/ Knof*, in: Berliner Kommentar, InsO, Band 2, 2015, § 165 Rdnr. 57.

940 Siehe hierzu ausführlich Kapitel 3 E.I.2.d).

Neben dem vertraglich festgelegten Zeitpunkt ist jedoch insbesondere der Zeitraum entscheidend, den die Parteien benötigen, um die Verwertungsvereinbarung zu verhandeln. Hierbei spielen verschiedene Faktoren eine Rolle. Ein wesentlicher Faktor ist regelmäßig die Anzahl der zu beteiligenden Gläubiger. Je mehr verschiedene Interessen zu koordinieren sind, desto schwieriger können sich die Verhandlungen darstellen, was wiederum den Abschluss der Verwertungsvereinbarung verzögern kann.[941] Erfahrenheit der Parteien, insbesondere des Insolvenzverwalters, sowie ein entsprechendes Verhandlungsgeschick können hier zielführend sein. Ein weiterer Faktor ist das Stadium des Insolvenzverfahrens, in welchem die Parteien beginnen, über eine kalte Zwangsverwaltung zu verhandeln. Dies sollte möglichst frühzeitig der Fall sein, denn gerade zu Beginn eines Insolvenzverfahrens hat der Insolvenzverwalter regelmäßig zahlreiche wegweisende Entscheidungen zu treffen. Diese Entscheidungen können – soweit sie die Verwaltung und gegebenenfalls eine etwaige anschließende Veräußerung des belasteten Grundstücks betreffen – den Gestaltungsspielraum der Parteien bei den Vertragsverhandlungen einschränken. Die Vertragsverhandlungen können hierdurch schwieriger werden oder gar scheitern.

III. Fazit

Bei der gerichtlich angeordneten Zwangsverwaltung handelt es sich um ein formalisiertes Verfahren.[942] Der jeweilige Antragsteller hat die gesetzlichen Vorgaben zu erfüllen und die gesetzlich vorgesehenen Fristen einzuhalten.

Bei einer kalten Zwangsverwaltung ist das Verfahren hingegen vereinfacht.[943] Es liegt im alleinigen Verantwortungs- und Einflussbereich der Parteien. Auf die Arbeitsbelastung des zuständigen Insolvenzgerichts kommt es diesbezüglich – anders als bei einer gerichtlich angeordneten Zwangsverwaltung – nicht an. Dies kann für die absonderungsberechtigten Gläubiger in zeitlicher Hinsicht vorteilhaft sein.

F. Kosten

Häufig wird als Vorteil der kalten Zwangsverwaltung für die absonderungsberechtigten Gläubiger die Kostenersparnis im Vergleich zu den Kosten eines gerichtlichen Zwangsverwaltungsverfahrens angeführt.[944] Die gerichtliche Zwangsverwaltung

941 Siehe Kapitel 3 A.I.2.a).

942 *BGH*, Beschl. v. 17.04.2008 – V ZB 146/07 = WM 2008, 1278 (1280).

943 *Bork*, ZIP 2013, 2129 (2132).

944 *Becker*, ZInsO 2013, 2532 (2533); *Depré/ Lambert*, ZfIR 2012, 1 (2, 8); *Haunschild*, ForderungsPraktiker 2010, 201 (205); *Keller*, NZI 2013, 265 (267); *Mitlehner*, ZIP 2012,

wird als „kostenträchtig“[945] bzw. „kostenaufwändig“[946] bezeichnet. Ob die Durchführung einer kalten Zwangsverwaltung tatsächlich zu einer (nennenswerten) Kostenersparnis führt, soll nachfolgend untersucht werden.

I. Gerichtliche Zwangsverwaltung

Bei einer gerichtlichen Zwangsverwaltung setzen sich die wesentlichen Kosten aus den Verfahrenskosten und der Vergütung für den Zwangsverwalter zusammen. Die Kosten für die Durchführung einer gerichtlichen Zwangsverwaltung sollen anhand folgenden Beispielsfalles veranschaulicht werden:

Beispielsfall:
Zur Insolvenzmasse gehört ein Grundstück, welches mit einem in einem durchschnittlichen Erhaltungszustand befindlichen Gebäude bebaut ist. Dieses Gebäude ist vollständig an den Betreiber eines Bekleidungshauses vermietet. Die monatliche Nettokaltmiete beträgt EUR 65.000,00 zuzüglich Nebenkostenvorauszahlungen von netto EUR 1.000,00, so dass sich eine monatliche Gesamtmiete von brutto EUR 78.540,00 (inklusive Umsatzsteuer) ergibt. Die Jahresmiete liegt demnach bei brutto EUR 942.480,00. Die gerichtliche Zwangsverwaltung wird für das Jahr 2015 durchgeführt.

1. *Gerichtskosten*

Für die Durchführung einer gerichtlichen Zwangsverwaltung fällt nach Nr. 2221 GKG-KV pro Kalenderjahr eine 0,5 Verfahrensgebühr an.[947] Die Mindestgebühr beträgt EUR 120,00, im ersten und letzten Kalenderjahr jeweils EUR 60,00. Die Verfahrensgebühr wird für jedes angefangene Kalenderjahr, beginnend mit dem Tag der Beschlagnahme, erhoben.[948] Die Gebühr für die Durchführung des gerichtlichen Zwangsverwaltungsverfahrens bestimmt sich nach dem Gesamtwert der Einkünfte, § 55 GKG. Bei dem Gesamtwert der Einkünfte ist auf die tatsächlich eingezogenen Bruttoeinkünfte des jeweiligen Kalenderjahres und nicht nur auf die

---

649 (653); *Molitor*, ZInsO 2011, 1486 (1486); *ders.*, in: Molitor/ Hild, Immobilien in der Insolvenzrechtspraxis, 2014, I. Rdnr. 601; *Tetzlaff*, ZfIR 2005, 179 (180 f.); kritisch hierzu *Cranshaw*, ZfIR 2013, 393 (395); *Hawelka*, ZfIR 2006, 258 (259); *Niering*, NZI 2008, 146 (147).

945 *BGH*, Beschl. v. 14.07.2016 – IX ZB 31/14 = WM 2016, 1543 (1544); *Bork*, ZIP 2013, 2129 (2132).

946 *Tetzlaff*, ZInsO 2004, 521 (527).

947 Hinzu kommen eine Festgebühr von EUR 100,00 für die Anordnung der gerichtlichen Zwangsverwaltung (Nr. 2220 GKG-KV) sowie etwaige Auslagen (Nr. 9000 ff. GKG-KV).

948 *Dörndorfer*, in: Binz/ Dörndorfer, GKG, 3. Aufl., 2014, § 55 GKG Rdnr. 1; *Hartmann*, Kostengesetze, 46. Aufl., 2016, § 55 GKG Rdnr. 1.

Überschüsse abzustellen.[949] Die Einkünfte sind in dem Kalenderjahr zu erfassen, in dem sie dem Zwangsverwalter zugehen.[950]

Lösung:
*Im vorliegenden Beispielsfall hat der Zwangsverwalter Einkünfte in Höhe von brutto EUR 942.480,00 eingezogen. Die Verfahrensgebühr für die gerichtliche Zwangsverwaltung im Jahr 2015 beträgt somit EUR 2.578,00 (= 0,5 * EUR 5.156,00, vgl. § 34 Abs. 1 Satz 2 GKG).*

Soweit die Zwangsverwaltungsmasse nicht reicht, um die Kosten des gerichtlichen Zwangsverwaltungsverfahrens zu decken, hat der betreibende Gläubiger die Kosten zu tragen, § 26 Abs. 1 GKG.

2. Zwangsverwaltervergütung

Der Zwangsverwalter ist für seine gesamte Tätigkeit angemessen zu vergüten, §§ 17 ff. ZwVwV. Die Höhe der Vergütung ist hierbei an der Art und dem Umfang der Aufgabe sowie an der Leistung des Zwangsverwalters auszurichten, § 152a Satz 2 ZVG, § 17 Abs. 1 Satz 2 ZwVwV.[951] Gemäß § 18 Abs. 1 Satz 1 ZwVwV erhält der Zwangsverwalter bei einem vermieteten Grundstück als Vergütung in der Regel 10 % der im Zeitraum seiner Verwaltung eingezogenen[952] Bruttomieten (Ist-Miete).[953] Zur Bruttomiete gehören neben der Grundmiete auch die Nebenkostenvorauszahlungen bzw. -pauschalen sowie eine etwaige Umsatzsteuer.[954]

---

949 *Dörndorfer*, in: Binz/ Dörndorfer, GKG, 3. Aufl., 2014, § 55 GKG Rdnr. 2; *Hartmann*, Kostengesetze, 46. Aufl., 2016, § 55 GKG Rdnr. 1; *Sengl*, in: Beck'scher Online-Kommentar Kostenrecht, 15. Edition, 2016, § 55 GKG Rdnr. 2 f.; *Stöber*, ZVG-Handbuch Zwangsvollstreckung in das unbewegliche Vermögen, 9. Aufl., 2010, Rdnr. 793; *von König*, in: Keller, Handbuch Zwangsvollstreckungsrecht, 2013, Kap. 9 Rdnr. 138.

950 *Sengl*, in: Beck'scher Online-Kommentar Kostenrecht, 15. Edition, 2016, § 55 GKG Rdnr. 3; *Stöber*, ZVG-Handbuch Zwangsvollstreckung in das unbewegliche Vermögen, 9. Aufl., 2010, Rdnr. 793.

951 Hat der Zwangsverwalter das beschlagnahmte Objekt in Besitz genommen, so beträgt die Mindestvergütung EUR 600,00, § 20 Abs. 1 ZwVwV.

952 Für den Fall von Einzugsbemühungen enthält § 18 Abs. 1 Satz 2 ZwVwV eine Sonderregelung.

953 *Engels*, in: Hintzen/ Engels/ Rellermeyer, ZVG, 14. Aufl., 2013, § 152a Rdnr. 29; *Haarmeyer/ Hintzen*, Handbuch zur Zwangsverwaltung, 3. Aufl., 2012, Kap. 3 Rdnr. 94; *Haarmeyer/ Wutzke/ Förster/ Hintzen*, Zwangsverwaltung, 5. Aufl., 2011, § 18 ZwVwV Rdnr. 8b, 9.

954 *LG Mainz*, Beschl. v. 11.02.2000 – 8 T 327/99 = Rpfleger 2000, 288 (288); *Engels*, in: Hintzen/ Engels/ Rellermeyer, ZVG, 14. Aufl., 2013, § 152a Rdnr. 29; *Haarmeyer/ Wutzke/ Förster/ Hintzen*, Zwangsverwaltung, 5. Aufl., 2011, § 18 ZwVwV Rdnr. 9.

Die Zwangsverwaltervergütung deckt grundsätzlich die gesamte Tätigkeit des Zwangsverwalters vom Zeitpunkt seiner Bestellung bis zur Beendigung seiner Tätigkeit ab.[955] Die Abrechnung erfolgt kalenderjährig, § 22 Satz 1 i. V. m. § 14 Abs. 2 Satz 1 ZwVwV.

Im Falle eines Missverhältnisses zwischen der Regelvergütung nach § 18 Abs. 1 ZwVwV und der Tätigkeit des Zwangsverwalters im Einzelfall, kann der Prozentsatz von 10 % auf bis zu 5 % abgesenkt oder auf bis zu 15 % angehoben werden, § 18 Abs. 2 ZwVwV.[956] *Teilweise* wird zur Bestimmung eines etwaigen Missverhältnisses auf die Begründung des Bundesministeriums der Justiz in der ursprünglichen Fassung des Entwurfs der ZwVwV vom 14.07.2003[957] verwiesen, wonach von einem Regelfall nach § 18 Abs. 1 ZwVwV auszugehen sei, wenn es sich um die gerichtliche Zwangsverwaltung eines nicht gewerblich genutzten Objekts in einem durchschnittlichen Erhaltungszustand mit bis zu zehn Einheiten handele, bei dem die bisherige Nutzung ohne rechtliche und tatsächliche Hindernisse fortgesetzt werden könne.[958] Bei der Verwaltung einer gewerblich genutzten Immobilie werden daher Erhöhungen von maximal 2 %[959] oder bis zu 3 %[960] vorgeschlagen.

Der *BGH*[961] hat diese Vorgehensweise abgelehnt, da danach bereits dann ein Missverhältnis vorläge, wenn sich die gerichtliche Zwangsverwaltung von diesem gedachten Regelfall in ihren äußeren Merkmalen signifikant unterscheide, also

---

955 *Haarmeyer/ Wutzke/ Förster/ Hintzen*, Zwangsverwaltung, 5. Aufl., 2011, § 18 ZwVwV Rdnr. 8a.

956 Ist die Zwangsverwaltervergütung nach § 18 Abs. 1, 2 ZwVwV offensichtlich unangemessen, kann der Zwangsverwalter nach seiner Wahl auf Stundenbasis abrechnen, § 19 Abs. 2 ZwVwV.

957 *Bundesministerium der Justiz*, Entwurf einer Zwangsverwalterverordnung (ZwVwV) vom 14.07.2003, Aktenzeichen R B 4-375112-7280/2003, S. 17 (zu § 18 ZwVwV-E; abrufbar unter http://www.gesmat.bundesgerichtshof.de/gesetzesmaterialien/15_wp/ZwangsverwalterVO/diske_1_juni_2003.pdf, Abruf v. 08.10.2016).

958 *LG Erfurt*, Beschl. v. 02.01.2007 – 2 T 244/05 = Rpfleger 2007, 277 (277 f.); *LG Frankfurt am Main*, Beschl. v. 12.04.2011 – 2–09 T 184/10 = Rpfleger 2011, 548 (549); *AG Nordhausen*, Beschl. v. 09.06.2004 – 7 L 42/03 = Rpfleger 2004, 646 (646); *Haarmeyer/ Wutzke/ Förster/ Hintzen*, Zwangsverwaltung, 5. Aufl., 2011, § 18 ZwVwV Rdnr. 4.

959 *LG Erfurt*, Beschl. v. 02.01.2007 – 2 T 244/05 = Rpfleger 2007, 277 (278); *AG Nordhausen*, Beschl. v. 09.06.2004 – 7 L 42/03 = Rpfleger 2004, 646 (646).

960 *LG Frankfurt am Main*, Beschl. v. 12.04.2011 – 2–09 T 184/10 = Rpfleger 2011, 548 (549); *Engels*, in: Hintzen/ Engels/ Rellermeyer, ZVG, 14. Aufl., 2013, § 152a Rdnr. 61; *Haarmeyer/ Wutzke/ Förster/ Hintzen*, Zwangsverwaltung, 5. Aufl., 2011, § 18 ZwVwV Rdnr. 30.

961 *BGH*, Beschl. v. 15.11.2007 – V ZB 12/07 = WM 2008, 543 (544).

z. B. ein gewerblich genutztes Objekt betreffe. Dieses Verständnis lasse sich aber weder auf die ZwVwV noch auf die Begründung des Bundesministeriums der Justiz[962] zur letztlich beschlossenen Fassung stützen.[963] Vielmehr solle § 18 ZwVwV grundsätzlich die Fälle der vollständigen oder teilweisen Vermietung abdecken.[964] Ein Missverhältnis liege daher nur vor, wenn der im Einzelfall entstehende Aufwand auch unter Berücksichtigung der bei einer pauschalierenden Vergütungsregelung notwendigerweise entstehenden Härten zu einer unangemessen hohen oder einer unangemessen niedrigen Vergütung führe.[965] Maßgeblich sei eine Gesamtwürdigung der festgestellten Umstände des Einzelfalles.[966] Die Faustregeltabellen[967] könnten hierbei eine Orientierungshilfe sein.[968] Eine Bindung des Tatrichters an die Faustregeltabellen bestehe hingegen nicht.[969] Die gewerbliche Nutzung als solche rechtfertige noch keine Anhebung der Vergütung nach § 18 Abs. 2 ZwVwV.[970] Zwar könne die Verwaltung gewerblich genutzter Objekte vor allem in buchhalterischer und steuerlicher Hinsicht einen größeren Aufwand verursachen, jedoch werden mit der Vermietung von Gewerbeflächen regelmäßig höhere Einnahmen erzielt, wodurch sich die Vergütung nach § 18 Abs. 1 Satz 1 ZwVwV erhöhe.[971]

Der Zwangsverwalter hat zudem Anspruch auf die Erstattung seiner angemessenen Auslagen, § 21 Abs. 2 Satz 1 ZwVwV. Zu den Auslagen gehören insbesondere die in einem konkreten gerichtlichen Zwangsverwaltungsverfahren anfallenden

---

962 *BR*-Drucks. 842/03, S. 15 f. (zu § 18 ZwVwV).

963 *BGH,* Beschl. v. 15.11.2007 – V ZB 12/07 = WM 2008, 543 (544).

964 *BR*-Drucks. 842/03, S. 15 (zu § 18 ZwVwV); *BGH,* Beschl. v. 15.11.2007 – V ZB 12/07 = WM 2008, 543 (544).

965 *BGH,* Beschl. v. 15.11.2007 – V ZB 12/07 = WM 2008, 543 (544); ebenso *LG Frankfurt am Main*, Beschl. v. 12.04.2011 – 2-09 T 184/10 = Rpfleger 2011, 548 (549); ähnlich *Engels,* in: Hintzen/ Engels/ Rellermeyer, ZVG, 14. Aufl., 2013, § 152a Rdnr. 58.

966 *BGH,* Beschl. v. 15.11.2007 – V ZB 12/07 = WM 2008, 543 (544 f.).

967 Vgl. Faustregeltabelle des *IGZ Bundesverband Interessengemeinschaft Zwangsverwaltung e. V.*, Rpfleger 2004, 653 (656 f.).

968 *BGH,* Beschl. v. 15.11.2007 – V ZB 12/07 = WM 2008, 543 (544); *LG Erfurt*, Beschl. v. 02.01.2007 – 2 T 244/05 = Rpfleger 2007, 277 (278); *Engels,* in: Hintzen/ Engels/ Rellermeyer, ZVG, 14. Aufl., 2013, § 152a Rdnr. 62.

969 *BGH,* Beschl. v. 22.03.2007 = IX ZB 201/05 = ZInsO 2007, 370 (370).

970 *BGH,* Beschl. v. 15.11.2007 – V ZB 12/07 = WM 2008, 543 (545); *Haarmeyer/ Wutzke/ Förster/ Hintzen*, Zwangsverwaltung, 5. Aufl., 2011, § 18 ZwVwV Rdnr. 20; *a. A. AG Wolgast,* Beschl. v. 07.11.2002 – L 7/2001 = Rpfleger 2003, 257 (257).

971 *BGH,* Beschl. v. 15.11.2007 – V ZB 12/07 = WM 2008, 543 (545).

Post- und Telekommunikationsentgelte.[972] Anstelle der tatsächlich entstandenen Auslagen kann der Zwangsverwalter für den jeweiligen Abrechnungszeitraum eine Pauschale von 10 % seiner Vergütung, höchstens jedoch EUR 40,00 für jeden angefangenen Monat seiner Tätigkeit, fordern, § 21 Abs. 2 Satz 2 ZwVwV.

Zusätzlich zur Vergütung und zur Erstattung der Auslagen wird ein Betrag in Höhe der vom Zwangsverwalter zu zahlenden Umsatzsteuer festgesetzt, § 17 Abs. 2 ZwVwV.[973]

Lösung:
Im vorliegenden Beispielsfall kann der Zwangsverwalter die Festsetzung von insgesamt brutto EUR 112.726,32 beantragen.

Vergütung (10 % von EUR 942.480,00)	*EUR*	*94.248,00*
*Auslagen (maximal 12 * EUR 40,00)*	*EUR*	*480,00*
Zwischenergebnis	*EUR*	*94.728,00*
Umsatzsteuer (19 %)	*EUR*	*17.998,32*
Gesamtbetrag	*EUR*	*112.726,32*

3. *Ergebnis*

Für eine gerichtliche Zwangsverwaltung würden im vorliegenden Beispielsfall Kosten von mindestens EUR 115.304,32 anfallen.

II. Kalte Zwangsverwaltung

Die Durchführung einer kalten Zwangsverwaltung ist für die absonderungsberechtigten Gläubiger dann kostengünstiger, wenn im Rahmen der kalten Zwangsverwaltung weniger Kosten anfallen als bei Durchführung eines gerichtlichen Zwangsverwaltungsverfahrens.

Bei einer kalten Zwangsverwaltung entfallen sowohl die Kosten für ein zusätzliches Vollstreckungsverfahren als auch die Kosten für einen Zwangsverwalter. Dafür fließt bei einer kalten Zwangsverwaltung ein Ausgleichsbetrag in die Insolvenzmasse. Auch wirkt sich eine kalte Zwangsverwaltung auf die Kosten des Insolvenzverfahrens und die Vergütung des Insolvenzverwalters aus.

Ergänzter Beispielsfall:
Das Insolvenzverfahren wurde auf Eigenantrag des späteren Insolvenzschuldners eröffnet und dauerte drei Jahre. Für die Dauer von einem Jahr führte der Insolvenzverwalter eine kalte Zwangsverwaltung durch, für welche die Parteien einen Ausgleichsbetrag

---

972 *BR*-Drucks. 842/03, S. 17 (zu § 21 ZwVwV).

973 Vgl. hierzu ausführlich *Haarmeyer/ Wutzke/ Förster/ Hintzen*, Zwangsverwaltung, 5. Aufl., 2011, § 17 ZwVwV Rdnr. 17.

zugunsten der Insolvenzmasse in Höhe von 7 % der eingezogenen Nettokaltmieten vertraglich vereinbarten. Bei Beendigung des Insolvenzverfahrens beträgt die Teilungsmasse EUR 2.432.156,43 (inklusive der eingezogenen Mieten von brutto EUR 942.480,00).

1. Ausgleichsbetrag

Der Ausgleichsbetrag zugunsten der Insolvenzmasse wird in der Praxis meistens anhand einer bestimmten, regelmäßig einstelligen Quote der Nettokaltmieten (Ist-Miete) berechnet.[974]

Lösung:
*Im vorliegenden Beispielsfall beträgt der Ausgleichsbetrag EUR 54.600,00 (7 % von EUR 780.000,00 (= 12 * EUR 65.000,00)).*

2. Insolvenzverfahren

Die einzelnen Gebührentatbestände des Insolvenzverfahrens ergeben sich aus Teil 2 Hauptabschnitt 3 der Anlage 1 zu § 3 Abs. 2 GKG (Kostenverzeichnis).[975] Für die Durchführung[976] jedes Insolvenzverfahrens – unabhängig von der Vereinbarung einer kalten Zwangsverwaltung – entsteht eine 3,0-fache Verfahrensgebühr bei Antragstellung durch einen Gläubiger, Nr. 2330 GKG-KV. Erfolgt die Durchführung des Insolvenzverfahrens auf Antrag des Insolvenzschuldners entsteht eine 2,5-fache Verfahrensgebühr, Nr. 2320 GKG-KV. Die Verfahrensgebühr deckt alle gerichtlichen Tätigkeiten innerhalb eines Insolvenzverfahrens ab.[977]

Gegenstandswert für die Gebühren des Insolvenzverfahrens ist nach § 58 Abs. 1 Satz 1 GKG grundsätzlich die Insolvenzmasse im Zeitpunkt der Beendigung des Insolvenzverfahrens.[978] Masseverbindlichkeiten werden von der Insolvenzmasse nicht abgezogen.[979] Gegenstände, die mit Absonderungsrechten

---

974 Siehe hierzu Kapitel 3 E.III.2.d).

975 Hinzu kommen noch etwaige Auslagen (Nr. 9000 ff. GKG-KV).

976 Für das Verfahren über den Antrag (Eröffnungsverfahren) entsteht zudem eine 0,5 Gebühr, vgl. Nr. 2310 GKG-KV (Eigenantrag) bzw. Nr. 2311 GKG-KV (Fremdantrag). Bei einem Fremdantrag entsteht eine Mindestgebühr von EUR 180,00.

977 *Frege/ Keller/ Riedel*, Insolvenzrecht, 8. Aufl., 2015, Teil 9 Kap. 2 Rdnr. 2587.

978 *Frege/ Keller/ Riedel*, Insolvenzrecht, 8. Aufl., 2015, Teil 9 Kap. 2 Rdnr. 2567.

979 *Frege/ Keller/ Riedel*, Insolvenzrecht, 8. Aufl., 2015, Teil 9 Kap. 2 Rdnr. 2567; *Keller*, in: Gottwald, Insolvenzrechts-Handbuch, 5. Aufl., 2015, § 128 Rdnr. 29.

behaftet sind, werden mit dem für die Insolvenzmasse freien Betrag berücksichtigt.[980]

Lösung:
*Im vorliegenden Beispielsfall entsteht wegen des Eigenantrags des Insolvenzschuldners eine 2,5-fache Verfahrensgebühr. Die Verfahrensgebühr für die Durchführung des Insolvenzverfahrens beträgt EUR 26.390,00 (= 2,5 * EUR 10.556,00, vgl. § 34 Abs. 1 Satz 2 GKG). Ohne Durchführung einer kalten Zwangsverwaltung würde die Verfahrensgebühr aufgrund der dann geringeren Teilungsmasse hingegen EUR 17.840,00 (= 2,5 * EUR 7.136,00, vgl. § 34 Abs. 1 Satz 2 GKG) betragen.*

3. *Insolvenzverwalter*

Die Vergütung des Insolvenzverwalters bestimmt sich ausgehend von der Berechnungsgrundlage (§ 1 InsVV) nach den Regelsätzen des § 2 Abs. 1 InsVV.[981] Abhängig vom konkreten Einzelfall ist gegebenenfalls ein Zuschlag gemäß § 3 Abs. 1 lit. a) InsVV und / oder § 3 Abs. 1 lit. b) Var. 2 InsVV zu gewähren.[982]

Zudem kann jeder Insolvenzverwalter – unabhängig von einer kalten Zwangsverwaltung – Ersatz seiner tatsächlich entstandenen Auslagen oder alternativ nach seiner Wahl eine Pauschale in Höhe von 15 % der Regelvergütung[983] im ersten Jahr und danach in Höhe von 10 %, höchstens jedoch EUR 250,00 je angefangenen Monat der Dauer seiner Tätigkeit fordern, § 8 Abs. 3 Satz 1 InsVV. Der Pauschsatz darf allerdings 30 % der Regelvergütung nicht übersteigen, § 8 Abs. 3 Satz 2 InsVV.

Zusätzlich zur Vergütung und zur Erstattung der Auslagen wird ein Betrag in Höhe der vom Insolvenzverwalter zu zahlenden Umsatzsteuer festgesetzt, § 7 InsVV.[984]

Lösung:
Bei einer Teilungsmasse von EUR 2.432.156,43 (inklusive eingezogenen Bruttomieten von EUR 942.480,00[985]) kann der Insolvenzverwalter die Festsetzung von brutto EUR 101.617,82 beantragen.

---

980 *Frege/ Keller/ Riedel*, Insolvenzrecht, 8. Aufl., 2015, Teil 9 Kap. 2 Rdnr. 2567; *Keller*, in: Gottwald, Insolvenzrechts-Handbuch, 5. Aufl., 2015, § 128 Rdnr. 29.

981 Siehe hierzu ausführlich Kapitel 3 E.III.4.c)aa).

982 Siehe hierzu ausführlich Kapitel 3 E.III.4.c)bb).

983 Zu- und Abschläge nach § 3 InsVV bleiben außer Betracht, vgl. *Frege/ Keller/ Riedel*, Insolvenzrecht, 8. Aufl., 2015, Teil 9 Kap. 1 Rdnr. 2502a.

984 Vgl. hierzu *Riedel*, in: Stephan/ Riedel, InsVV, 2010, § 7 Rdnr. 1 ff.

985 Dem Beispielsfall wurde in Abweichung von der aktuellen Rechtsprechung des BGH die in dieser Arbeit vertretene Ansicht zugrunde gelegt, wonach die Mieten, die der

Regelvergütung nach § 2 Abs. 1 InsVV			*EUR*	*76.393,13*[986]
40 % aus EUR 25.000,00	*EUR*	*10.000,00*		
25 % aus EUR 25.000,00	*EUR*	*6.250,00*		
7 % aus EUR 200.000,00	*EUR*	*14.000,00*		
3 % aus EUR 250.000,00	*EUR*	*7.500,00*		
2 % aus EUR 1.932.156,43	*EUR*	*38.643,13*		
*Auslagenpauschale (maximal 36 * EUR 250,00)*			*+ EUR*	*9.000,00*
Zwischenergebnis			*EUR*	*85.393,13*
Umsatzsteuer (19 %)			*+ EUR*	*16.224,69*
Gesamtbetrag			*EUR*	*101.617,82*

Ohne die Durchführung einer kalten Zwangsverwaltung könnte der Insolvenzverwalter aufgrund der dann geringeren Teilungsmasse (EUR 1.489.676,43) die Festsetzung von EUR 79.186,80 beantragen.[987]

4. Ergebnis

Bei Durchführung einer kalten Zwangsverwaltung würden im vorliegenden Beispielsfall für das gesamte Insolvenzverfahren Kosten in Höhe von etwa EUR 182.607,82 entstehen.

Insolvenzverwalter im Rahmen der kalten Zwangsverwaltung einzieht, bei der Bestimmung der Berechnungsgrundlage vollständig berücksichtigt werden, vgl. hierzu Kapitel 3 E.III.4.c)aa).

986 Hält man im vorliegenden Fall einen Zuschlag gemäß § 3 Abs. 1 lit a), lit. b) Var. 2 InsVV von 30 % für angemessen, so folgt aus einer Vergleichsberechnung, dass der Insolvenzverwalter vorliegend durch die aufgrund der Massemehrung erhöhte Regelvergütung bereits hinreichend entschädigt wird, vgl. hierzu ausführlich Kapitel 3 E.III.4.c)bb).

987 Der Gesamtbetrag von EUR 79.186,80 ergibt sich aus einer Regelvergütung von EUR 57.543,53 zuzüglich einer Auslagenpauschale von EUR 9.000,00 zuzüglich Umsatzsteuer (19 %) von insgesamt EUR 12.643,27.

Ausgleichsbetrag	*EUR*	*54.600,00*
Verfahrensgebühr	*+ EUR*	*26.390,00*
Insolvenzverwaltervergütung	*+ EUR*	*101.617,82*
Gesamtbetrag	*EUR*	*182.607,82*

Für das „reine" Insolvenzverfahren ohne Durchführung einer kalten Zwangsverwaltung würden Kosten in Höhe von etwa EUR 97.026,80 entstehen.

Verfahrensgebühr	*EUR*	*17.840,00*
Insolvenzverwaltervergütung	*+*	*79.186,80*
	EUR	
Gesamtbetrag	*EUR*	*97.026,80*

Hieraus ergibt sich ein durch die kalte Zwangsverwaltung verursachter Mehrbetrag in Höhe von etwa EUR 85.581,02. Da der Ausgleichsbetrag im vorliegenden Beispielsfall lediglich EUR 54.600,00 beträgt, ist die Insolvenzmasse in Höhe von EUR 30.981,02 von den absonderungsberechtigten Gläubigern freizustellen.[988]

III. Fazit

Der Vergleich der Kosten bei Durchführung einer gerichtlichen Zwangsverwaltung von mindestens EUR 115.304,32 mit den Kosten für die Durchführung einer kalten Zwangsverwaltung von etwa EUR 85.581,02 bestätigt den angeführten Vorteil der Kostenersparnis für die absonderungsberechtigten Gläubiger. Die Durchführung einer kalten Zwangsverwaltung führt in der Tat zu einer nennenswerten Kostenersparnis.

G. Auswirkungen auf die Insolvenzmasse

Welche Auswirkungen eine gerichtlich angeordnete Zwangsverwaltung bzw. eine kalte Zwangsverwaltung auf die Insolvenzmasse haben können, wurde für ein besseres Verständnis in den vorangehenden Kapiteln bereits erläutert. Daher werden die wesentlichen Auswirkungen im Sinne eines zusammenfassenden Überblicks nachfolgend nur kurz dargestellt.

988 Siehe zu den Kontrollüberlegungen Kapitel 3 E.III.4.c)cc).

I. Ausgaben der gerichtlichen Zwangsverwaltung bzw. der kalten Zwangsverwaltung

Hinsichtlich der Ausgaben für eine gerichtliche Zwangsverwaltung bzw. für eine kalte Zwangsverwaltung besteht – bei einer entsprechenden vertraglichen Regelung in der Vereinbarung über eine kalte Zwangsverwaltung[989] – grundsätzlich eine ähnliche Situation für die Insolvenzmasse: Die Ausgaben der Verwaltung sind aus der jeweiligen Sondermasse zu bestreiten. Sofern die jeweilige Sondermasse nicht ausreicht, kann bei einer gerichtlichen Zwangsverwaltung von den betreibenden Gläubigern ein entsprechender Kostenvorschuss angefordert werden.[990] Bei Durchführung einer kalten Zwangsverwaltung kann von den an der Verwertungsvereinbarung beteiligten absonderungsberechtigten Gläubigern eine Freistellung von den Verpflichtungen bzw. ein entsprechender Vorschuss verlangt werden.[991] Die mit Anordnung einer gerichtlichen Zwangsverwaltung eintretenden Wirkungen können und sollen somit insoweit bei einer kalten Zwangsverwaltung durch vertragliche Vereinbarungen erzielt werden.

Ein Unterschied besteht jedoch. Im Rahmen einer kalten Zwangsverwaltung ist die Insolvenzmasse im Außenverhältnis – anders als bei einer gerichtlichen Zwangsverwaltung – weiterhin verantwortlich,[992] auch wenn mit den vorstehenden Regelungen ein Rückgriff auf die Insolvenzmasse gerade vermieden werden soll.

II. Verwertungserlös durch eine freihändige Veräußerung

Der Insolvenzverwalter kann sowohl bei einer gerichtlich angeordneten Zwangsverwaltung als auch bei Durchführung einer kalten Zwangsverwaltung das belastete Grundstück freihändig veräußern.[993] In der Verwertungsvereinbarung legen die Parteien hierzu üblicherweise fest, in welcher Höhe die Insolvenzmasse an dem Veräußerungserlös partizipiert.[994] Die Höhe des Verwertungskostenbeitrages ist frei verhandelbar.[995] Gewöhnlich vereinbaren die Parteien

---

989 Siehe hierzu ausführlich Kapitel 3 E.II.

990 Vgl. § 161 Abs. 3 ZVG.

991 Siehe hierzu Kapitel 3 E.II.2 und Kapitel 3 E.II.3.

992 Zur Situation bei einer kalten Zwangsverwaltung siehe Kapitel 3 E.II.1; zur Situation bei einer gerichtlich angeordneten Zwangsverwaltung siehe Kapitel 3 E.I.2.b).

993 Siehe Kapitel 5 B.II.

994 Siehe Kapitel 1 B.III.

995 *Leithaus*, in: Andres/ Leithaus, InsO, 3. Aufl., 2014, § 165 Rdnr. 33.

einen bestimmten Prozentsatz des Veräußerungserlöses.[996] Die Insolvenzmasse profitiert somit üblicherweise von einer freihändigen Veräußerung. Dies gilt unabhängig davon, ob parallel zum Insolvenzverfahren eine gerichtliche Zwangsverwaltung oder eine kalte Zwangsverwaltung durchgeführt wird.

Ein Unterschied besteht jedoch insofern, als der Insolvenzverwalter im Rahmen einer kalten Zwangsverwaltung – anders als bei einer gerichtlichen Zwangsverwaltung – seine Grundstücksverwaltung mit einer beabsichtigten freihändigen Veräußerung abstimmen kann.[997] Der Insolvenzverwalter kann hierbei insbesondere etwaige aktuelle Anforderungen und Nachfragen am Markt berücksichtigen und so gegebenenfalls den Kreis potentieller Erwerber erweitern. Eine größere Auswahl bei den potentiellen Erwerbern kann aufgrund einer etwaigen Konkurrenzsituation die Verhandlungsposition des Insolvenzverwalters stärken. Eventuell kann der Insolvenzverwalter so einen höheren Veräußerungserlös aushandeln. Wird der Verwertungskostenbeitrag zugunsten der Insolvenzmasse nun prozentual in Abhängigkeit zum Veräußerungserlös berechnet, so wirkt sich ein höherer Veräußerungserlös mittelbar auch positiv auf den Verwertungskostenbeitrag aus. Hierin kann ein Vorteil der kalten Zwangsverwaltung liegen. Letztendlich ist dies jedoch von den konkreten Umständen des Einzelfalles abhängig.

III. Beteiligung der Insolvenzmasse an den Einnahmen der Verwaltung

Hinsichtlich einer etwaigen Beteiligung der Insolvenzmasse an den Einnahmen der Verwaltung besteht ein grundsätzlicher Unterschied zwischen einer gerichtlich angeordneten Zwangsverwaltung und einer kalten Zwangsverwaltung.

1. Gerichtliche Zwangsverwaltung

Massezugehörige Grundstücke sind – wie bereits mehrfach erwähnt – regelmäßig wertausschöpfend belastet. Die bei einer gerichtlichen Zwangsverwaltung erzielten Einnahmen dienen dann allein der (teilweisen) Befriedigung absonderungsberechtigter Gläubiger.[998] Ein Vermögenszufluss

---

996 *Dithmar/ Schneider*, in: Braun, InsO, 6. Aufl., 2014, § 165 Rdnr. 33; *Leithaus*, in: Andres/ Leithaus, InsO, 3. Aufl., 2014, § 165 Rdnr. 33; *Tetzlaff*, ZInsO 2004, 521 (529).

997 Siehe hierzu Kapitel 5 B.II.2.

998 Siehe hierzu Kapitel 2 B.

zur Insolvenzmasse findet in diesen Fällen regelmäßig nicht statt, sondern bildet die absolute Ausnahme.[999]

2. *Kalte Zwangsverwaltung*

Anders verhält es sich hingegen bei einer kalten Zwangsverwaltung. Wesentlicher Bestandteil der Verwertungsvereinbarung ist der zwischen den Parteien vereinbarte Ausgleichsbetrag zugunsten der Insolvenzmasse.[1000] Selbst wenn also das verwaltete Grundstück wertausschöpfend belastet ist, stellt der vereinbarte Ausgleichsbetrag eine Möglichkeit zur weiteren – wenngleich moderaten[1001] – Anreicherung der Insolvenzmasse dar.

Ob es im Ergebnis jedoch tatsächlich zu einer Anreicherung der Insolvenzmasse kommt, hängt *zum einen* von der Höhe der Mieteinnahmen[1002] und *zum anderen* von den durch die kalte Zwangsverwaltung veranlassten Mehrkosten[1003] ab.

3. *Fazit*

Eine etwaige Beteiligung der Insolvenzmasse an den Einnahmen der Verwaltung ist vom konkreten Einzelfall abhängig. Die Wahrscheinlichkeit eines finanziellen Vorteils für die Insolvenzmasse ist bei Durchführung einer kalten Zwangsverwaltung höher als bei einer gerichtlich angeordneten Zwangsverwaltung.

H. Gesamtfazit

Sowohl ein gerichtlich angeordnetes Zwangsverwaltungsverfahren als auch eine kalte Zwangsverwaltung bieten – wie vorstehend näher ausgeführt – jeweils Vorteile. Fasst man die einzelnen Erwägungen in ihrer Gesamtheit zusammen, so überwiegen jedoch die Vorteile der kalten Zwangsverwaltung. Diese Vorteile kommen nicht nur den an der Verwertungsvereinbarung beteiligten absonderungsberechtigten Gläubigern, sondern auch dem Insolvenzverwalter und der

---

999 *Hahn*, Die gesamten Materialien zu den Reichs-Justizgesetzen, Band 4, 1983, A. c. I. 1. Buch, 1. Titel, Begründung zu § 3 KO-E, S. 55; *Pape*, AnwBl 2008, 494 (495); *Ringstmeier*, in: Beck/ Depré, Praxis der Insolvenz, 2. Aufl., 2010, § 22 Rdnr. 116.

1000 Siehe hierzu ausführlich Kapitel 3 E.III.1.

1001 Siehe Kapitel 3 E.III.2.

1002 Zur Berechnung der Höhe des Ausgleichsbetrages siehe Kapitel 3 E.III.2.

1003 Siehe hierzu Kapitel 5 F.II.

Insolvenzmasse zugute. Die kalte Zwangsverwaltung kommt somit nicht nur unter dem Druck und im Interesse der absonderungsberechtigten Gläubiger zustande,[1004] sondern stellt vielmehr regelmäßig eine Win-Win-Situation[1005] für die Beteiligten dar.

Bei der kalten Zwangsverwaltung handelt es sich somit tatsächlich um eine Alternative zur gerichtlich angeordneten Zwangsverwaltung.[1006]

1004 So jedoch *Boddenberg*, in: Haarmeyer/ Wutzke/ Förster, InsO, 2. Aufl., 2012, § 165 Rdnr. 11; *Cranshaw*, in: MaInsO Mindestanforderungen an die Insolvenzabwicklung, 2010, B. Rdnr. 586; *Ringstmeier*, in: Beck/ Depré, Praxis der Insolvenz, 2. Aufl., 2010, § 15 Rdnr. 99.

1005 So *Bork*, ZIP 2013, 2129 (2132).

1006 Ebenso *Haarmeyer/ Hintzen*, Handbuch zur Zwangsverwaltung, 3. Aufl., 2012, Kap. 1 Rdnr. 35; *Tetzlaff*, ZfIR 2005, 179 (183).

Kapitel 6 Zusammenfassung und Ausblick

In diesem Kapitel 6 werden zunächst in einem *ersten Teil* zusammenfassend nochmals die wesentlichen Ergebnisse dieser Arbeit dargestellt (vgl. nachfolgend unter A.). Hierbei wird insbesondere darauf eingegangen, welche Regelungen nach derzeitiger Rechtslage – ohne Kodifikation – in einer Verwertungsvereinbarung (zwingend) enthalten sein sollten.

Der *zweite Teil* dieses Kapitels gibt sodann einen Ausblick und widmet sich der Frage, ob es einer Kodifikation des Rechtsinstituts der kalten Zwangsverwaltung bedarf (vgl. nachfolgend unter B.).

A. Zusammenfassung

I. Grundlagen und Voraussetzungen für eine kalte Zwangsverwaltung

Der *Begriff* kalte Zwangsverwaltung ist für das vorliegende Rechtsinstitut ungünstig gewählt, da er eine Nähe zum Einzelzwangsvollstreckungsrecht suggeriert, obwohl es sich um eine Verwertungsmöglichkeit des Insolvenzverwalters im Rahmen eines Insolvenzverfahrens handelt. Vorzugswürdig hierfür ist daher – parallel zum Begriff der freihändigen Veräußerung – die Bezeichnung als *freihändige Verwaltung*. Dieser Begriff ist zudem nur dann zu verwenden, wenn die Verwaltung des Grundstücks durch den Insolvenzverwalter selbst aufgrund einer Verwertungsvereinbarung mit den absonderungsberechtigten Gläubigern erfolgt. Obliegt die Verwaltung hingegen anderen Personen, so sind hierfür eigene Begrifflichkeiten zu verwenden.

Eine kalte Zwangsverwaltung ist zulässig, wenn sie *nicht insolvenzzweckwidrig* ist, d. h. es dürfen weder die Insolvenzmasse beeinträchtigt noch die absonderungsberechtigten Gläubiger im Vergleich zu einer gerichtlich angeordneten Zwangsverwaltung besser gestellt werden. Im Ergebnis kommt es somit auf die konkrete inhaltliche Ausgestaltung der Verwertungsvereinbarung im jeweiligen Einzelfall an. Der Insolvenzverwalter benötigt für die Vereinbarung einer kalten Zwangsverwaltung weder die Zustimmung eines Gläubigerorgans noch die des Insolvenzgerichts.

Bei der Verwertungsvereinbarung handelt es sich um einen *Geschäftsbesorgungsvertrag* i. S. v. § 675 Abs. 1 BGB zwischen dem Insolvenzverwalter als Verwalter der Insolvenzmasse und den absonderungsberechtigten Gläubigern. Der Insolvenzverwalter übernimmt die Grundstücksverwaltung und kehrt die Mieteinnahmen an die absonderungsberechtigten Gläubiger aus. Als Gegenleistung hierfür führt er einen gewissen Ausgleichsbetrag als Entgelt in die Insolvenzmasse ab. Bei Durchführung einer kalten Zwangsverwaltung handelt der Insolvenzverwalter im Interesse der absonderungsberechtigten Gläubiger, der Insolvenzmasse sowie im eigenen Interesse.

II. Inhaltliche Ausgestaltung der Verwertungsvereinbarung

Auf Gläubigerseite sind *Partei* der Verwertungsvereinbarung die erstrangigen Grundpfandrechtsgläubiger sowie die sonstigen vorrangigen absonderungsberechtigten Gläubiger. Hingegen sollte der Insolvenzverwalter mit nachrangigen absonderungsberechtigten Gläubigern nach Möglichkeit vollstreckungsbeschränkende Vereinbarungen für die Dauer der kalten Zwangsverwaltung abschließen und Massegläubiger bei Fälligkeit ihrer Forderungen fortlaufend befriedigen. Der Insolvenzverwalter übt kein zweites Amt aus, sondern handelt als Verwalter der Insolvenzmasse im Rahmen seiner Insolvenzverwaltertätigkeit. Er sollte daher weder als „kalter Zwangsverwalter" noch als „Quasi-Zwangsverwalter" oder „inoffizieller Zwangsverwalter" bezeichnet werden.

Bei der inhaltlichen Ausgestaltung der Verwertungsvereinbarung sind die *insolvenzrechtlichen Bestimmungen* zwingend zu beachten, welche die Parteien im Rahmen des rechtlich Zulässigen ergänzen können. Den Parteien ist es zudem überlassen, auch die zwangsvollstreckungsrechtlichen Vorschriften heranzuziehen. Sie sollten diese jedoch nicht durch einen pauschalen Verweis undifferenziert für anwendbar erklären, um die Handlungsfreiheit des Insolvenzverwalters zu erhalten und nicht die Vorteile der kalten Zwangsverwaltung zu nivellieren.

In der Verwertungsvereinbarung sollten die Parteien den *Verwaltungszeitraum*, mithin Beginn und Ende der kalten Zwangsverwaltung, ausdrücklich festlegen. Entgegen einer weit verbreiteten Ansicht sollte der Beginn hierbei nicht als „fiktiver Beschlagnahmezeitpunkt" bezeichnet werden. Dieser Begriff suggeriert, dass die Wirkungen einer Beschlagnahme nach dem ZVG auch bei der kalten Zwangsverwaltung eintreten. Dies ist jedoch nicht der Fall. Die Wirkungen der Beschlagnahme nach dem ZVG sind bei einer kalten Zwangsverwaltung entweder nicht erforderlich oder nicht gewollt oder nicht erreichbar.

Bei Durchführung einer kalten Zwangsverwaltung hat der Insolvenzverwalter eine *Sondermasse* zu bilden, da den absonderungsberechtigten Gläubigern mangels Beschlagnahme an den Mietforderungen und damit an den Mieteinnahmen keine Absonderungsrechte zustehen. Sie leiten ihre Ansprüche auf Beteiligung an den Mieteinnahmen vielmehr aus der Verwertungsvereinbarung mit dem Insolvenzverwalter her (sonstige Masseverbindlichkeiten). Nur durch Bildung einer Sondermasse kann sichergestellt werden, dass die Mieteinnahmen nicht zur Befriedigung anderer Massegläubiger verwendet werden. Zudem wird hierdurch gewährleistet, dass die Befriedigung der an der Verwertungsvereinbarung beteiligten absonderungsberechtigten Gläubiger gegenständlich begrenzt allein aus den Grundstückserträgen der kalten Zwangsverwaltung erfolgt.

Als Ausgleich für die Bildung einer Sondermasse sind die *Ausgaben* der kalten Zwangsverwaltung aus dieser zu bestreiten. Eine Belastung der Insolvenzmasse muss in jedem Fall vermieden werden. Daher sollten die an der Verwertungsvereinbarung beteiligten absonderungsberechtigten Gläubiger verpflichtet sein, im Falle einer Unterdeckung der Sondermasse die Insolvenzmasse von den Verpflichtungen der kalten Zwangsverwaltung freizustellen.

Der als Gegenleistung vereinbarte *Ausgleichsbetrag* fließt in die Insolvenzmasse. Die Höhe des Ausgleichsbetrages können die Parteien frei verhandeln. Für eine bestmögliche Einzelfallgerechtigkeit bietet sich eine quotale Beteiligung der Insolvenzmasse an den Mieteinnahmen ohne pauschale Quotenspannen an. Neben der Quotenhöhe ist auch die konkrete Berechnungsgrundlage festzulegen. Die Praxis, wonach die Berechnung anhand der Nettokaltmiete auf Basis der tatsächlich eingezogenen Erträge (Ist-Miete) erfolgt, ist interessengerecht.

Der Insolvenzverwalter wird für die Durchführung einer kalten Zwangsverwaltung im Rahmen seiner *Insolvenzverwaltervergütung* entlohnt. Bei der Bestimmung der Berechnungsgrundlage nach § 1 InsVV sind auch die im Rahmen der kalten Zwangsverwaltung eingezogenen Mieten vollständig zu berücksichtigen. Die Regelvergütung des Insolvenzverwalters ist gegebenenfalls mittels eines Zuschlags für die Bearbeitung von Absonderungsrechten und / oder der Häuserverwaltung zu erhöhen. Die Höhe des Zuschlags ist einzelfallabhängig und bemisst sich nach dem insolvenzrechtlichen Vergütungssystem. Für den Fall, dass der Ausgleichsbetrag zugunsten der Insolvenzmasse geringer ist als der durch die kalte Zwangsverwaltung veranlasste Mehrkostenbetrag sollten die an der Verwertungsvereinbarung beteiligten absonderungsberechtigten Gläubiger verpflichtet sein, die Insolvenzmasse insofern freizustellen. Vereinbarungen zwischen dem Insolvenzverwalter und den absonderungsberechtigten Gläubigern über eine Sondervergütung des Insolvenzverwalters sind hingegen nichtig und zwar unabhängig davon, ob die Zahlung aus der Insolvenzmasse oder durch die absonderungsberechtigten Gläubiger erfolgen soll.

Die Parteien können frei bestimmen, wie die Mieteinnahmen zur *Tilgung* der laufenden und rückständigen dinglichen Zinsen sowie der Kapitalbeträge der Grundpfandrechte verrechnet werden. Im Umfang einer etwaigen Kapitalzahlung sollten sich die Grundschuldgläubiger des Weiteren verpflichten, die Löschung ihres dinglichen Rechts zu bewilligen. Um zudem eine Besserstellung der absonderungsberechtigten Gläubiger zu vermeiden, haben die Parteien entsprechend der Rechtsfolge des § 52 Satz 2 InsO zu vereinbaren, dass die absonderungsberechtigten Gläubiger nur mit dem bei der kalten Zwangsverwaltung ausgefallenen Teil an der quotalen Befriedigung teilnehmen.

Die *Verteilungsreihenfolge* der Einnahmen lautet: Zuerst Ausgleichsbetrag zugunsten der Insolvenzmasse, dann Ausgaben der kalten Zwangsverwaltung und zuletzt Befriedigung der absonderungsberechtigten Gläubiger. Nur bei dieser Reihenfolge kann sichergestellt werden, dass der Ausgleichsbetrag zugunsten der Insolvenzmasse nicht aufgezehrt wird und somit die Entgeltlichkeit des Geschäftsbesorgungsvertrages gewahrt wird.

Um Streitigkeiten zu verhindern, sollten die Parteien darüber hinaus die grundlegenden Entscheidungen zu Maßnahmen der *Objektpflege, -verbesserung und -entwicklung* vertraglich festlegen. In Bezug auf die Verwaltungsentscheidungen des Insolvenzverwalters sollten sich die an der Verwertungsvereinbarung beteiligten absonderungsberechtigten Gläubiger zudem vertraglich entsprechende *Kontrollmöglichkeiten* sichern.

Des Weiteren sollten die absonderungsberechtigten Gläubiger in der Verwertungsvereinbarung auf die Beantragung von *Zwangsvollstreckungsmaßnahmen* für die Dauer der kalten Zwangsverwaltung verzichten.

Für den Fall, dass der Insolvenzverwalter seine Verwaltungs- und Benutzungsbefugnis während der Dauer der kalten Zwangsverwaltung verliert, sollte die vertragliche Bindung der Verwertungsvereinbarung zwingend *enden*, was insbesondere durch eine auflösende Bedingung erreicht werden kann. Auch im Falle einer wesentlichen Vertragsverletzung oder der fehlenden Wirtschaftlichkeit der kalten Zwangsverwaltung sollten sich die Parteien von der vertraglichen Bindung lösen können, z. B. durch die Vereinbarung entsprechender Sonderkündigungsrechte.

III. Anfängliche Gründe gegen die Vereinbarung einer kalten Zwangsverwaltung

Zwingende Voraussetzung für die Durchführung einer kalten Zwangsverwaltung ist die Verwaltungs- und Benutzungsbefugnis des Insolvenzverwalters über das belastete Grundstück, § 80 Abs. 1 InsO. Eine kalte Zwangsverwaltung scheidet mithin aus und sollte daher vom Insolvenzverwalter und den absonderungsberechtigten Gläubigern nicht vereinbart werden, wenn ein gerichtliches Zwangs*verwaltungs*verfahren angeordnet worden ist. Entsprechendes gilt, wenn ein entsprechender Antrag seitens eines Gläubigers bereits gestellt wurde und die Anordnung des gerichtlichen Zwangsverwaltungsverfahrens daher absehbar ist.

Ob auch ein angeordnetes Zwangs*versteigerungs*verfahren sowie die fehlende Bereitschaft sämtlicher absonderungsberechtigter Gläubiger bei der Verwertungsvereinbarung mitzuwirken bzw. eine isolierte vollstreckungsbeschränkende Vereinbarung einzugehen, eine kalte Zwangsverwaltung hindern, ist abhängig vom jeweiligen Einzelfall.

IV. Vergleich der kalten Zwangsverwaltung mit der gerichtlichen Zwangsverwaltung

Vorteil der *kalten Zwangsverwaltung* ist die Tätigkeit bloß eines Verwalters, wodurch es nicht zu Kompetenzkonflikten und Abstimmungsschwierigkeiten kommt. Auch kann das verwaltete Grundstück – sofern erforderlich – umgestaltet oder seine Nutzungsart geändert werden. Die absonderungsberechtigten Gläubiger können im Rahmen der Vertragsverhandlungen auf die Verwaltungsstrategie des Insolvenzverwalters einwirken und bestimmte Maßnahmen und Richtlinien zusammen mit dem Insolvenzverwalter festlegen. Hinsichtlich des Beginns der kalten Zwangsverwaltung müssen die absonderungsberechtigten Gläubiger keine gesetzlichen Fristen einhalten und sind von der Arbeitsbelastung des Insolvenzgerichts unabhängig. Zudem ist eine kalte Zwangsverwaltung für die absonderungsberechtigten Gläubiger kostengünstiger. Des Weiteren profitiert die Insolvenzmasse regelmäßig vom vertraglich vereinbarten Ausgleichsbetrag.

Darüber hinaus ist eine freihändige Veräußerung des verwalteten Grundstücks, welche grundsätzlich im Rahmen beider Verwaltungsverfahren möglich ist, für den Insolvenzverwalter regelmäßig einfacher durchführbar, da er insbesondere seine Verwaltungsmaßnahmen hierauf abstimmen kann. Auch ist die Wahrscheinlichkeit einer Freigabe des belasteten Grundstücks durch den Insolvenzverwalter geringer.

Dagegen steht allerdings der klare Vorteil der *gerichtlichen Zwangsverwaltung*, nämlich die Wirkungen der Beschlagnahme. Durch die Beschlagnahme erlangt der Grundpfandrechtsgläubiger eine dinglich gesicherte Rechtsposition an den Mietforderungen. Der betreibende Gläubiger wird zudem durch das relative Verfügungsverbot vor Verfügungen des Insolvenzverwalters geschützt. Der Umstand, dass bei der kalten Zwangsverwaltung kein derartiges Verfügungsverbot besteht, wird jedoch dadurch relativiert, dass der Insolvenzverwalter für eine lastenfreie freihändige Veräußerung, die häufig im Zusammenhang mit einer kalten Zwangsverwaltung beabsichtigt ist, auf die Mitwirkung der Grundpfandrechtsgläubiger angewiesen ist.

Letztlich überwiegen die Vorteile der kalten Zwangsverwaltung in ihrer Gesamtheit und kommen dabei sowohl den an der Verwertungsvereinbarung beteiligten absonderungsberechtigten Gläubigern als auch der Insolvenzmasse und dem Insolvenzverwalter zugute. Die kalte Zwangsverwaltung stellt eine wirkliche Alternative zur gerichtlich angeordneten Zwangsverwaltung dar.

B. Ausblick

Nachdem es sich bei der kalten Zwangsverwaltung tatsächlich um eine Alternative zur gerichtlich angeordneten Zwangsverwaltung handelt, schließt sich die Frage an, ob dieses bislang gesetzlich nicht geregelte Rechtsinstitut einer Kodifikation bedarf.

I. Vorteile einer Kodifikation

Gerichte sind grundsätzlich an Gesetze gebunden. Durch deren Verbindlichkeit wird – im Rahmen ihrer Auslegungsfähigkeit – eine einheitliche Rechtsanwendung gewährleistet. Gerichtsentscheidungen kommt hingegen keine normative Geltung im Sinne einer Verbindlichkeit zu.[1007] Häufig orientieren sich Gerichte zwar an vergleichbaren Entscheidungen, insbesondere wenn es sich um höchstrichterliche oder obergerichtliche Entscheidungen handelt. Sie weichen jedoch auch oft bewusst hiervon ab. Inwieweit eine gewisse Rechtssicherheit auch ohne Kodifikation besteht, hängt insbesondere davon ab, ob und in welchem Umfang einzelne Entscheidungen auf Anerkennung oder Widerspruch in Rechtsprechung und Rechtslehre stoßen.

Ein Gericht entscheidet zudem nur den jeweiligen Einzelfall. Die Verallgemeinerungsfähigkeit gerichtlich aufgestellter Entscheidungssätze ist hierbei häufig begrenzt.[1008] Im Gegensatz hierzu sichtet und bewertet der Gesetzgeber die unterschiedlichen Interessen, wägt sie gegeneinander ab und formuliert dann generelle Regelungen.[1009] Diese Regelungen stimmt der Gesetzgeber aufeinander

---

1007 *Larenz/ Canaris*, Methodenlehre der Rechtswissenschaft, 3. Aufl., 1995, Kap. 5 S. 253 ff.; *Looschelders/ Roth*, Juristische Methodik im Prozess der Rechtsanwendung, 1996, E. S. 302.

1008 *Looschelders/ Roth*, Juristische Methodik im Prozess der Rechtsanwendung, 1996, E. S. 302.

1009 *Looschelders/ Roth*, Juristische Methodik im Prozess der Rechtsanwendung, 1996, E. S. 302.

ab, um so das Rechtsinstitut möglichst vollständig zu durchdringen. Bei Bedarf kann der Gesetzgeber bereits bestehende Regelungen auch umgestalten und insgesamt neu ordnen.[1010]

Ohne Kodifikation wird Rechtssicherheit letztlich nur durch Gewohnheitsrecht[1011] erreicht, welches aus ungeschriebenen Normen besteht, denen die gleiche Verbindlichkeit wie geschriebenen Normen zukommt.[1012] Gewohnheitsrecht entsteht regelmäßig (erst) durch eine lang dauernde tatsächliche Übung, die von der Überzeugung der beteiligten Verkehrskreise getragen wird, dass es sich um geltendes Recht handelt.[1013] Auch eine ständige höchstrichterliche Rechtsprechung führt zu einer gewissen Rechtssicherheit. Die Instanzgerichte werden sich hieran meistens halten; sie sind hierzu allerdings nicht verpflichtet.[1014] Selbst eine ständige Rechtsprechung kann sich allerdings – unter Beachtung des Vertrauensschutzes und der Rechtssicherheit – im Laufe der Zeit ändern.[1015]

II. Stellungnahme

Mangels gesetzlicher Regelungen herrscht – laut *Johann*[1016] – in der Rechtspraxis eine gewisse Unsicherheit bei der Vereinbarung und Durchführung einer kalten Zwangsverwaltung.

Die aktuelle Entscheidung des BGH vom 14.07.2016[1017] hat nun die Frage der Zulässigkeit des Rechtsinstituts der kalten Zwangsverwaltung geklärt. Auch hat der BGH – wenn auch nicht überzeugend – zur Berechnung der Vergütung des Insolvenzverwalters Stellung genommen. Weitere wesentliche Grundfragen der kalten Zwangsverwaltung – wie die Bildung einer Sondermasse sowie die

---

1010 *Looschelders/ Roth*, Juristische Methodik im Prozess der Rechtsanwendung, 1996, E. S. 302 f.

1011 Siehe Fn. 238.

1012 *BGH*, Beschl. v. 19.06.1962 – I ZB 10/61 = BGHZ 37, 219 (224); *Looschelders/ Roth*, Juristische Methodik im Prozess der Rechtsanwendung, 1996, E. S. 322.

1013 *Larenz/ Canaris*, Methodenlehre der Rechtswissenschaft, 3. Aufl., 1995, Kap. 5 S. 258; *Looschelders/ Roth*, Juristische Methodik im Prozess der Rechtsanwendung, 1996, E. S. 322.

1014 *Looschelders/ Roth*, Juristische Methodik im Prozess der Rechtsanwendung, 1996, E. S. 321.

1015 *BGH*, Urt. v. 05.07.1972 – IV ZR 125/70 = BGHZ 59, 343 (346 ff.); *Looschelders/ Roth*, Juristische Methodik im Prozess der Rechtsanwendung, 1996, E. S. 321 f.; *Sprau*, in: Palandt, BGB, 75. Aufl., 2016, Einl. Rdnr. 22, 46.

1016 *Johann*, DStZ 2012, 127 (128).

1017 *BGH*, Beschl. v. 14.07.2016 – IX ZB 31/14 = WM 2016, 1543 ff.

Haftungsbegrenzung der Insolvenzmasse, um nur zwei zu nennen – sind bislang weiterhin nicht rechtssicher geklärt. Ob und wann mit diesbezüglichen Gerichtsentscheidungen, insbesondere der OLG und des BGH, zu rechnen ist, ist derzeit nicht absehbar.

Um die Frage nach dem Bedürfnis einer Kodifikation beantworten zu können, sollte man sich zunächst auf das Wesen der kalten Zwangsverwaltung zurückbesinnen. Die kalte Zwangsverwaltung basiert auf einer freiwilligen Vereinbarung der Parteien. Es steht im Ermessen des Insolvenzverwalters und auch der absonderungsberechtigten Gläubiger, ob sie eine derartige Verwertungsvereinbarung eingehen oder nicht. Wirkt eine Partei nicht mit, so stehen die in Kapitel 1 genannten (zwangsvollstreckungsrechtlichen) Befriedigungs- und Verwertungsmöglichkeiten zur Verfügung.

Ein Vorteil der kalten Zwangsverwaltung gegenüber einer gerichtlich angeordneten Zwangsverwaltung ist die Flexibilität bei der Ausgestaltung der Verwertungsvereinbarung. Die Parteien können den bestehenden Handlungsspielraum nutzen, um Vereinbarungen zu treffen, die den konkreten Einzelfall bestmöglich abbilden. Um diesen Vorteil nicht zu nivellieren, sollte der Gesetzgeber im Falle einer Kodifikation die vertragliche Ausgestaltung derartiger Verwertungsvereinbarungen daher allenfalls generalklauselartig regeln. Sofern das Rechtsinstitut der kalten Zwangsverwaltung überhaupt kodifiziert werden sollte, so hätte dies im Rahmen der InsO, am besten im Vierten Teil „Verwaltung und Verwertung der Insolvenzmasse", Dritter Abschnitt „Gegenstände mit Absonderungsrechten" zu erfolgen.

Damit bleibt aber nach wie vor die Frage nach der generellen Regelungsbedürftigkeit der wesentlichen Grundfragen. Da es sich bei der kalten Zwangsverwaltung um eine Verwertungsmaßnahme des Insolvenzverwalters im Rahmen eines Insolvenzverfahrens handelt, unterliegt sein Handeln den insolvenzrechtlichen Vorschriften. Daher sind von vornherein – auch ohne explizite Kodifikation des Rechtsinstituts der kalten Zwangsverwaltung – die insolvenzrechtlichen Vorschriften für die Ausgestaltung der Verwertungsvereinbarung zu beachten. Beispielhaft seien nachfolgend einige wenige Grundfragen genannt, die sich bereits unter Rückgriff auf die insolvenzrechtlichen Bestimmungen beantworten lassen:

– Bereits vor der aktuellen Entscheidung des BGH vom 14.07.2016 bestanden an der grundsätzlichen Zulässigkeit der Vereinbarung einer kalten Zwangsverwaltung keine Bedenken. Diese ergibt sich aus der Generalnorm des § 80 Abs. 1 InsO i. V. m. § 159 InsO. Zudem existierten bereits mehrere diesbezügliche Gerichtsentscheidungen.

- Bei Beachtung der insolvenzrechtlichen Vorgaben, insbesondere des § 1 Satz 1 InsO, sind die Parteien bei der Ausgestaltung der Verwertungsvereinbarung im Übrigen frei. Aus dem Insolvenzverfahrensziel folgt z. B. auch, dass die Insolvenzmasse im Vergleich zur gerichtlich angeordneten Zwangsverwaltung nicht zusätzlich belastet werden darf.
- Da der Insolvenzverwalter die kalte Zwangsverwaltung im Rahmen seiner Tätigkeit als Insolvenzverwalter vornimmt, wird er auch im Rahmen seiner insolvenzrechtlichen Vergütung nach den Bestimmungen der InsVV vergütet. Auch dies ist mittlerweile durch die aktuelle Entscheidung des BGH vom 14.07.2016 gesichert.
- Des Weiteren folgt das Erfordernis der Bildung einer Sondermasse letztendlich bereits aus der insolvenzrechtlichen Qualifizierung der Gläubigeransprüche.

Zusammenfassend ist daher festzuhalten, dass sich die Vorgaben und Grenzen einer kalten Zwangsverwaltung aus den bereits vorhandenen insolvenzrechtlichen Bestimmungen ableiten lassen. Eine gesonderte Kodifikation ist daher grundsätzlich *nicht* erforderlich, insbesondere auch, um der kalten Zwangsverwaltung ihre viel geschätzte Flexibilität zu erhalten.

Es bleibt abzuwarten und zu hoffen, dass die Rechtspraxis – trotz fehlender Kodifikation – die der kalten Zwangsverwaltung zukommenden Ausgestaltungsmöglichkeiten zweckmäßig im Interesse aller Beteiligten einsetzt.

Literaturverzeichnis

Ahrens, Martin/ Gehrlein, Markus/ Ringstmeier, Andreas (Hrsg.), Fachanwaltskommentar Insolvenzrecht, 2. Aufl., Köln 2014.

Alff, Erhard/ Hintzen, Udo, Kautionsrückzahlungspflicht des Zwangsverwalters – zugleich Besprechung von BGH, Urt. v. 16.07.2003, VIII ZR 11/03, Rpfleger 2003, 635–637.

Andres, Dirk/ Leithaus, Rolf/ Dahl, Michael, Insolvenzordnung (InsO), Kommentar, 3. Aufl., München 2014 (zitiert als: *Bearbeiter,* in: Andres/ Leithaus, InsO, 3. Aufl., 2014).

Arbeitskreis für Insolvenz- und Schiedsgerichtswesen e. V., Köln (Hrsg.), Kölner Schrift zur Insolvenzordnung, Das neue Insolvenzrecht in der Praxis, 2. Aufl., Herne u. a. 2000 (zitiert als: *Bearbeiter,* Titel, in: Kölner Schrift zur Insolvenzordnung, 2. Aufl., 2000).

Baumbach, Adolf/ Lauterbach, Wolfgang/ Albers, Jan/ Hartmann, Peter, Zivilprozessordnung mit FamFG, GVG und anderen Nebengesetzen, 74. Aufl., München 2016 (zitiert als: *Bearbeiter,* in: Baumbach/ Lauterbach/ Albers/ Hartmann, ZPO, 74. Aufl., 2016).

Baur, Jürgen F./ Stürner, Rolf, Sachenrecht, 18. Aufl., München 2009.

Beck, Siegfried/ Depré, Peter (Hrsg.), Praxis der Insolvenz – Ein Handbuch für die Beteiligten und ihre Berater, 2. Aufl., München 2010 (zitiert als: *Bearbeiter,* in: Beck/ Depré, Praxis der Insolvenz, 2. Aufl., 2010).

Becker, Axel/ Berndt, Michael/ Klein, Jochen (Hrsg.), Bearbeitungs- und Prüfungsleitfaden Sachsicherheiten: Hereinnahme und Prüfung von Grundschuld, Sicherungsübereignung, Zession und Verpfändung, 3. Aufl., Heidelberg 2012 (zitiert als: *Bearbeiter,* in: Becker/ Berndt/ Klein, Sachsicherheiten, 3. Aufl., 2012).

–, Bearbeitungs- und Prüfungsleitfaden Insolvenz des Firmenkunden: Rechtssichere und revisionsfeste Handlungsmöglichkeiten, 3. Aufl., Heidelberg 2012 (zitiert als: *Bearbeiter,* in: Becker/ Berndt/ Klein, Insolvenz des Firmenkunden, 3. Aufl., 2012).

Becker, Matthias, Die „kalte Zwangsverwaltung" im Vergütungssystem der InsVV, ZInsO 2013, 2532–2540.

Berger, Christian/ Frege, Michael C./ Nicht, Matthias, Unternehmerische Ermessensentscheidungen im Insolvenzverfahren – Entscheidungsfindung, Kontrolle und persönliche Haftung, NZI 2010, 321–332.

Binz, Karl Josef/ Dörndorfer, Josef/ Petzold, Rainer/ Zimmermann, Walter, Gerichtskostengesetz, Gesetz über Gerichtskosten in Familiensachen, Justizvergütungs- und -entschädigungsgesetz und weitere kostenrechtliche Vorschriften, Kommentar, 3. Aufl., München 2014 (zitiert als: *Bearbeiter,* in: Binz/ Dörndorfer, GKG, 3. Aufl., 2014).

Blank, Hubert/ Börstinghaus, Ulf, Miete, Das gesamte BGB-Mietrecht, Kommentar, 4. Aufl., München 2014 (zitiert als: *Bearbeiter,* in: Blank/ Börstinghaus, Miete, 4. Aufl., 2014).

Blersch, Jürgen/ Goetsch, Hans-W./ Haas, Ulrich (Hrsg.), Berliner Kommentar, Insolvenzrecht, InsO, InsVV, Internationales InsR, Steuerrecht, SchVG, ArbnErfG, Band 2, Köln Stand Dezember 2015 (zitiert als: *Bearbeiter,* in: Berliner Kommentar, InsO, Band 2, 2015).

Bork, Reinhard, Die „kalte Zwangsverwaltung" – ein heißes Eisen, ZIP 2013, 2129–2136.

–, Die Unabhängigkeit des Insolvenzverwalters ist nicht disponibel, ZIP 2013, 145–149.

Bork, Reinhard/ Hölzle, Gerrit (Hrsg.), Handbuch Insolvenzrecht, 1. Aufl., Köln 2014 (zitiert als: *Bearbeiter*, in: Bork/ Hölzle, Handbuch Insolvenzrecht, 1. Aufl., 2014).

Böttcher, Roland, ZVG – Gesetz über die Zwangsversteigerung und Zwangsverwaltung, Kommentar, 6. Aufl., München 2016 (zitiert als: *Bearbeiter,* in: Böttcher, ZVG, 6. Aufl., 2016).

Bräuer, Gregor, Insolvenzanfechtungsrechtliche Fragen zur „kalten" Zwangsverwaltung, zugleich Besprechung von OLG Hamm, Urt. v. 14.06.2005 – 27 U 85/04, ZInsO 2006, 742–752.

Braun, Eberhard (Hrsg.), Insolvenzordnung (InsO), Kommentar, 6. Aufl., München 2014 (zitiert als: *Bearbeiter,* in: Braun, InsO, 6. Aufl., 2014).

Breitling, B., Grundzüge des Konkursrechts und Konkursverfahrens nach der Konkursordnung für das Deutsche Reich und den Württembergischen Ausführungsgesetzen, 1. Aufl., Stuttgart 1882 (zitiert als: *Breitling*, Grundzüge des Konkursrechts und Konkursverfahrens, 1. Aufl., 1882).

Brox, Hans/ Walker, Wolf-Dietrich (Begr.), Zwangsvollstreckungsrecht, 10. Aufl., München 2014.

Bub, Wolf-Rüdiger/ Treier, Gerhard (Begr.), Handbuch der Geschäfts- und Wohnraummiete, 4. Aufl., München 2014 (zitiert als: *Bearbeiter,* in: Bub/ Treier, Handbuch der Geschäfts- und Wohnraummiete, 4. Aufl., 2014).

Bülow, Peter, Recht der Kreditsicherheiten, Sachen und Rechte, Personen, 8. Aufl., Heidelberg u. a. 2012 (zitiert als: *Bülow*, Recht der Kreditsicherheiten, 8. Aufl., 2012).

Bundesinstitut für Bau-, Stadt- und Raumforschung, Wohnungs- und Immobilienmärkte in Deutschland 2011, Kurzfassung, (abrufbar unter http://www.bbr.bund.de/BBSR/DE/Veroeffentlichungen/AnalysenKompakt/2012/DL_1_2012.pdf?__blob=publicationFile&v=2, Abruf v. 14.05.2016).

Bundesministerium der Justiz (Hrsg.), Erster Bericht der Kommission für Insolvenzrecht, Köln 1985.

–, Zweiter Bericht der Kommission für Insolvenzrecht, Köln 1986.

Bundesministerium für Verkehr, Bau und Stadtentwicklung (Hrsg.), Bericht über die Wohnungs- und Immobilienwirtschaft in Deutschland, 1. Aufl., 2013, (abrufbar unter www.bmub.bund.de/fileadmin/Daten_BMU/Pools/Broschueren/wohnungs_immobilienwirtschaft_d_broschuere_bf.pdf, Abruf v. 14.05.2016).

Buth, Andrea K./ Hermanns, Michael (Hrsg.), Restrukturierung, Sanierung, Insolvenz, 4. Aufl., München 2014 (zitiert als: *Bearbeiter,* in: Buth/ Hermanns, Restrukturierung, Sanierung, Insolvenz, 4. Aufl., 2014).

Clemente, Clemens, Recht der Sicherungsgrundschuld, 4. Aufl., Köln 2008.

Cranshaw, Friedrich L., Effizientes Zwangsverwaltungs- und Zwangsversteigerungsmanagement – Perspektiven aus Gläubigersicht (Teil 2), ZfIR 2013, 393–402.

Cranshaw, Friedrich L./ Paulus, Christoph G./ Michel, Nicole (Hrsg.), Bankenkommentar zum Insolvenzrecht, Praxiskommentar zu allen für das Kreditinstitut als Insolvenzgläubiger relevanten Vorschriften der Insolvenzordnung, Band 2, 2. Aufl., Heidelberg 2012 (zitiert als: *Bearbeiter,* in: Cranshaw/ Paulus/ Michel, Bankenkommentar zum Insolvenzrecht, Band 2, 2. Aufl., 2012).

de Weerth, Jan, Umsatzsteuer bei der sog. „kalten Zwangsverwaltung", NZI 2007, 329–332.

Depré, Peter (Hrsg.), ZVG, Kommentar, 1. Aufl., Köln 2014 (zitiert als: *Bearbeiter,* in: Depré, ZVG, 1. Aufl., 2014).

Depré, Peter/ Lambert, Antje, Aktuelle steuerliche Aspekte bei der Verwaltung und Verwertung von Immobilien in der Insolvenz, zugleich Besprechung von BFH, Urt. v. 28.07.2011 – V R 28/09 („kalte Zwangsverwaltung" und „kalte Zwangsvollstreckung"), ZfIR 2012, 1–10.

Depré, Peter/ Mayer, Günter, Die Praxis der Zwangsverwaltung, 7. Aufl., Bonn 2013.

Derleder, Peter, Die Betriebskostenabrechnung bei Eigentümer- und Vermieterwechsel, Zwangs- und Insolvenzverwaltung, Eine praxisorientierte Darstellung anhand von Beispielsfällen, NZM 2009, 8–15.

–, Die Rechtsstellung des Wohn- und Gewerberaummieters in der Insolvenz des Vermieters, Eine praktische Darstellung anhand von 20 Fallbeispielen, NZM 2004, 568–579.

Dörndorfer, Josef/ Neie, Jens/ Petzold, Rainer/ Wendtland, Holger (Hrsg.), Beck'scher Online-Kommentar Kostenrecht, 15. Edition, München 2016 (zitiert als: *Bearbeiter,* in: Beck'scher Online-Kommentar Kostenrecht, 15. Edition, 2016).

Drasdo, Michael, Der Zwangsverwalter – Rechte und Pflichten in der Beurteilung der jüngeren Rechtsprechung und Literatur, NJW 2005, 1549–1553.

–, Rechte und Pflichten des Zwangsverwalters, NJW 2013, 1775–1781.

Ebke, Werner F./ Seagon, Christopher/ Blatz, Michael, Insolvenzrecht 2.020 Perspektiven und Visionen, 1. Aufl., Baden-Baden 2014 (zitiert als: *Bearbeiter,* in: Ebke/ Seagon/ Blatz, Insolvenzrecht 2.020 Perspektiven und Visionen, 1. Aufl., 2014).

Eckardt, Diederich, Grundpfandrechte im Insolvenzverfahren, 14. Aufl., Köln 2014.

Eickmann, Dieter, Miet- und Pachtforderungen im Zugriff von Grundpfandrechts- und anderen Gläubigern, ZfIR 2006, 273–278.

–, Zwangsverwaltung in der Insolvenz, ZfIR 2007, 557–561.

–, Probleme des Zusammentreffens von Konkurs und Zwangsverwaltung, ZIP 1986, 1517–1524.

–, Problematische Wechselbeziehungen zwischen Immobiliarvollstreckung und Insolvenz, ZfIR 1999, 81–86.

–, Immobiliarvollstreckung und Insolvenz, Köln 1998.

Eickmann, Dieter/ Böttcher, Roland, Zwangsversteigerungs- und Zwangsverwaltungsrecht, 3. Aufl., München 2013.

Ellrich, Thomas/ Lind, Thorsten Patric, Die „kalte Zwangsverwaltung" durch den Insolvenzverwalter, ForderungsPraktiker Wiki Kredit-Servicing 2012, 16–20.

Emmerich, Volker, Zulässigkeit und Wirkungsweise der Vollstreckungsverträge, ZZP 82 (1969), 413–437.

Erckens, André-Werner/ Tetzlaff, Christian, Die Verantwortlichkeit des Zwangsverwalters für die Rückzahlung der Mietkaution und für andere „Altlasten", Zugleich eine Besprechung von BGH, Urt. v. 16.07.2003 – VIII ZR 11/03, ZfIR 2003, 981–985.

Erman, Walter (Begr.), Bürgerliches Gesetzbuch, Handkommentar mit AGG, EGBGB (Auszug), ErbbauRG, LPartG, ProdHaftG, VBVG, VersAusglG und WEG, Band 1, 14. Aufl., Köln 2014 (zitiert als: *Bearbeiter,* in: Erman, BGB, Band 1, 14. Aufl., 2014).

–, Bürgerliches Gesetzbuch, Handkommentar mit AGG, EGBGB (Auszug), ErbbauRG, LPartG, ProdHaftG, VBVG, VersAusglG und WEG, Band 2, 14. Aufl., Köln 2014 (zitiert als: *Bearbeiter,* in: Erman, BGB, Band 2, 14. Aufl., 2014).

Fischer, Paul, Gefahrenstellen für Kreditinstitute in der Insolvenz ihrer Kunden – Konkretisierungen des BGH – Teil 2, ZInsO 2013, 1969–1984.

Flitsch, Michael/ Wegener, Wolfgang/ Weis, Michael, Praktikerhandbuch Sicherheitenverwertung, Ergebnisorientierte Verwertung von Immobiliar- und Mobiliarsicherheiten sowie Forderungen und sonstigen Rechten innerhalb und außerhalb des Insolvenzverfahrens, 3. Aufl., Heidelberg 2014 (zitiert als: *Bearbeiter,* in: Flitsch/ Wegener/ Weis, Praktikerhandbuch Sicherheitenverwertung, 3. Aufl., 2014).

Foerste, Ulrich, Insolvenzrecht, 6. Aufl., München 2014.

Franken, Thomas/ Dahl, Michael, Mietverhältnisse in der Insolvenz, 2. Aufl., München 2006.

Frege, Michael C., Der Sonderinsolvenzverwalter, Köln 2008.

Frege, Michael C./ Keller, Ulrich, „Schornsteinhypothek" und Lästigkeitsprämie bei Verwertung von Immobiliarvermögen in der Insolvenz, NZI 2009, 11–15.

Frege, Michael C./ Keller, Ulrich/ Riedel, Ernst, Handbuch der Rechtspraxis Insolvenzrecht, 8. Aufl., München 2015 (zitiert als: *Frege/ Keller/ Riedel,* Insolvenzrecht, 8. Aufl., 2015).

Ganter, Hans Gerhard, Die neuere Rechtsprechung des IX./IXa. Zivilsenats des Bundesgerichtshofs in Zwangsverwaltungssachen, ZfIR 2008, 389–394.

–, Der Surrogationsgedanke bei der Aus- und Absonderung, NZI 2008, 583–588.

–, Paradigmenwandel bei der Insolvenzverwaltervergütung?, ZIP 2014, 2323–2334.

Gaul, Hans Friedhelm/ Schilken, Eberhard/ Becker-Eberhard, Ekkehard, Zwangsvollstreckungsrecht, 12. Aufl., München 2010.

Gehrlein, Markus, Aktuelle Rechtsprechung zum Insolvenzrecht, 1. Aufl., München 2013.

Gerhardt, Walter, Grundpfandrechte im Insolvenzverfahren, 11. Aufl., Köln 2005.

Gottwald, Peter (Hrsg.), Insolvenzrechts-Handbuch, 5. Aufl., München 2015 (zitiert als: *Bearbeiter,* in: Gottwald, Insolvenzrechts-Handbuch, 5. Aufl., 2015).

Gottwald, Uwe/ Mock, Peter, Zwangsvollstreckung, Kommentar zu den §§ 704–898 ZPO mit Antrags- und Klagemustern für die Rechtspraxis, 7. Aufl., Freiburg 2015 (zitiert als: *Bearbeiter,* in: Gottwald/ Mock, Zwangsvollstreckung, 7. Aufl., 2015).

Graeber, Alexa/ Graeber, Thorsten, InsVV Insolvenzrechtliche Vergütungsverordnung, Kommentar, 1. Aufl., Potsdam 2013.

Graeber, Thorsten, Vergütungsbestimmung durch Vereinbarungen zwischen einem Insolvenzverwalter und den weiteren Beteiligten eines Insolvenzverfahrens, Einvernehmliche Vergütungsbemessung insbesondere durch Insolvenzpläne, ZIP 2013, 916–920.

Grziwotz, Herbert, Risikogeschäft Grundschuld?, Was Anwälte wissen sollten, AnwBl 2008, 501–504.

Haarmeyer, Hans/ Hintzen, Udo, Handbuch zur Zwangsverwaltung, 3. Aufl., München 2012.

Haarmeyer, Hans/ Mock, Sebastian, Insolvenzrechtliche Vergütung (InsVV), 5. Aufl., München 2014 (zitiert als: *Haarmeyer/ Mock,* InsVV, 5. Aufl., 2014).

Haarmeyer, Hans/ Pape, Gerhard/ Stephan, Guido/ Nickert, Cornelius (Hrsg.), Formular-Kommentar Insolvenzrecht, 3. Aufl., Köln 2016 (zitiert als: *Bearbeiter,* in: Haarmeyer/ Pape/ Stephan/ Nickert, Formular-Kommentar Insolvenzrecht, 3. Aufl., 2016).

Haarmeyer, Hans/ Wutzke, Wolfgang/ Förster, Karsten, Handbuch der vorläufigen Insolvenzverwaltung, 1. Aufl., München 2011.

– *(Hrsg.),* Insolvenzordnung, Kommentar, 2. Aufl., Münster 2012 (zitiert als: *Bearbeiter,* in: Haarmeyer/ Wutzke/ Förster, InsO, 2. Aufl., 2012).

Haarmeyer, Hans/ Wutzke, Wolfgang/ Förster, Karsten/ Hintzen, Udo, Zwangsverwaltung, Zwangsversteigerungsgesetz (§§ 146–161) und Zwangsverwalterverordnung (ZwVwV), 5. Aufl., München 2011 (zitiert als: *Haarmeyer/ Wutzke/ Förster/ Hintzen,* Zwangsverwaltung, 5. Aufl., 2011).

Habersack, Mathias, Die Vollstreckungsunterwerfung des Kreditnehmers im Lichte des Risikobegrenzungsgesetzes, NJW 2008, 3173–3177.

Hahn, Carl (Hrsg.), Die gesamten Materialien zu den Reichs-Justizgesetzen, Band 4, Materialien zur Konkursordnung und dem Einführungsgesetz vom 01. Februar 1877, Neudruck der Ausgabe Berlin 1881, Aalen 1983 (zitiert als: *Hahn,* Die gesamten Materialien zu den Reichs-Justizgesetzen, Band 4, 1983).

– *(Hrsg.),* Die gesamten Materialien zu den Reichs-Justizgesetzen, Band 5, Materialien zum Gesetz über die Zwangsversteigerung und die Zwangsverwaltung und zur Grundbuchordnung, Neudruck der Ausgabe Berlin 1897, Aalen 1983 (zitiert als: *Hahn,* Die gesamten Materialien zu den Reichs-Justizgesetzen, Band 5, 1983).

Hartmann, Peter, Kostengesetze, Beck'sche Kurz-Kommentare, 46. Aufl., München 2016.

Häsemeyer, Ludwig, Insolvenzrecht, 4. Aufl., Köln u. a. 2007.

Hasselblatt, Fabian, Moderne Zwangsverwaltung, Grundlagen und moderne Denkansätze, ForderungsPraktiker Wiki Kredit-Servicing 2012, 22–37.

Haunschild, Michael, Notleidende Immobilienfinanzierung: Zugriff auf die Mieten, Sicherung der Mietzinsen, auch im Insolvenzfall – zugleich Besprechung des BGH-Urt. v. 17.09.2009, ForderungsPraktiker 2010, 201–207.

Hawelka, Michael, Außergerichtliche Verwertung von Immobilienportfolios in der Unternehmensinsolvenz – Freihändiger Verkauf, ZfIR 2010, 665–672.

–, Insolvenzanfechtung, Grundpfandrechte, Mietzinsforderungen und die Gläubigerbenachteiligung, ZfIR 2006, 258–259.

Hennings-Holtmann, Dorothee, Zwangsversteigerung und Zwangsverwaltung, 5. Aufl., Stuttgart 2007.

Herberger, Maximilian/ Martinek, Michael/ Rüßmann, Helmut/ Weth, Stephan (Gesamthrsg.), juris Praxiskommentar, BGB, Band 2 Schuldrecht, 7. Aufl., Saarbrücken 2014 (zitiert als: *Bearbeiter,* in: jurisPK-BGB, Band 2, 7. Aufl., 2014).

– *(Gesamthrsg.),* juris Praxiskommentar, BGB, Band 3 Sachenrecht, 7. Aufl., Saarbrücken 2014 (zitiert als: *Bearbeiter,* in: jurisPK-BGB, Band 3, 7. Aufl., 2014).

Hess, Harald, Insolvenzrecht, Großkommentar in zwei Bänden, Band 1, 2. Aufl., Heidelberg u. a. 2013 (zitiert als: *Bearbeiter,* in: Hess, Insolvenzrecht, Band 1, 2. Aufl., 2013).

–, Insolvenzrecht, Großkommentar in zwei Bänden, Band 2, 2. Aufl., Heidelberg u. a. 2013 (zitiert als: *Bearbeiter,* in: Hess, Insolvenzrecht, Band 2, 2. Aufl., 2013).

Heyn, Michaela/ Kreuznacht, Frank/ Voss, Thore, Arbeitshilfen für Insolvenzsachbearbeiter, 3. Aufl., Köln 2014.

Hintzen, Udo/ Engels, Ralf/ Rellermeyer, Klaus, ZVG Gesetz über die Zwangsversteigerung und Zwangsverwaltung einschließlich EGZVG und ZwVwV, Kommentar, 14. Aufl., Bielefeld 2013 (zitiert als: *Bearbeiter,* in: Hintzen/ Engels/ Rellermeyer, ZVG, 14. Aufl., 2013).

Hock, Rainer/ Klein, Daniela/ Hilbert, Alfred/ Deimann, Ernst, Immobiliarvollstreckung, 5. Aufl., Heidelberg u. a. 2011.

Hofmann, Matthias/ Vendolsky, Marc, Die Pfändung von Miet- oder Pachtforderungen durch Grundpfandrechtsgläubiger in der Insolvenz des Vermieters oder Verpächters, ZfIR 2006, 403–406.

Holzer, Johannes, Entscheidungsträger im Insolvenzverfahren: Zusammenarbeit zwischen Richter, Rechtspfleger und Insolvenzverwalter, 3. Aufl., Köln 2004 (zitiert als: *Holzer,* Entscheidungsträger im Insolvenzverfahren, 3. Aufl., 2004).

IGZ Bundesverband Interessengemeinschaft Zwangsverwaltung e. V., Ergebnisse der Gerichtsbefragung 2010, abrufbar unter www.igzwangsverwaltung.de (Abruf v. 11.06.2016).

–, Faustregeltabelle, Rpfleger 2004, 653–657.

IQS Institut für Qualität und Standards in der Insolvenzabwicklung (Hrsg.), MaInsO Mindestanforderungen an die Insolvenzverwaltung, Best-Practice-Standard für Insolvenzverwalter, Gläubiger und Schuldner zur effizienten und erfolgreichen Verfahrensabwicklung, Heidelberg 2010 (zitiert als: *Bearbeiter,* in: MaInsO Mindestanforderungen an die Insolvenzabwicklung, 2010).

Jaeger, Ernst (Begr.), Konkursordnung mit Einführungsgesetzen, Großkommentar, Band 2, Halbband 1, 8. Aufl., Berlin 1973 (zitiert als: *Jaeger,* KO, Band 2, Halbband 1, 8. Aufl., 1973).

– *(Begr.),* Insolvenzordnung, Großkommentar, Band 1, 1. Aufl., Berlin 2004 (zitiert als: *Bearbeiter,* in: Jaeger, InsO, Band 1, 1. Aufl., 2004).

– *(Begr.),* Insolvenzordnung, Großkommentar, Band 2, 1. Aufl., Berlin 2007 (zitiert als: *Bearbeiter,* in: Jaeger, InsO, Band 2, 1. Aufl., 2007).

– *(Begr.),* Insolvenzordnung, Großkommentar, Band 3, 1. Aufl., Berlin 2014 (zitiert als: *Bearbeiter,* in: Jaeger, InsO, Band 3, 1. Aufl., 2014).

Janca, Marcus, Die „kalte Zwangsverwaltung" im Insolvenzverfahren, InsbürO 2004, 377–385.

Jauernig, Othmar (Begr.), BGB Bürgerliches Gesetzbuch mit Rom-I-, Rom-II-, Rom-III-VO, EG-UntVO/ HUntProt und EuErbVO, Kommentar, 16. Aufl., München 2015 (zitiert als: *Bearbeiter,* in: Jauernig, BGB, 16. Aufl., 2015).

Johann, Ulrich, Qualifiziert die „freihändige Verwertung von Grundpfandrechten" in der Insolvenz als umsatzsteuerpflichtige Geschäftsbesorgung?, Anm. zum Urt. des BFH v. 28.07.2011 (V R 28/09), DStZ 2012, 127–132.

Josten, Ralf, Kreditvertragsrecht, München 2012.

Kahlert, Günter, Kalte Zwangsverwaltung von Grundstücken im Insolvenzverfahren und Einkommensteuer, DStR 2013, 97–99.

Kayser, Godehard/ Thole, Christoph (Hrsg.), Heidelberger Kommentar, Insolvenzordnung, 8. Aufl., Heidelberg u. a. 2016 (zitiert als: *Bearbeiter,* in: Heidelberger Kommentar, InsO, 8. Aufl., 2016).

Keller, Ulrich, Vergütung und Kosten im Insolvenzverfahren, 3. Aufl., Köln 2010.

–, Die Voraussetzungen und der rechtliche Rahmen zur Durchführung einer sog. kalten Zwangsverwaltung, NZI 2013, 265–271.

–, Grundprinzipien der Zwangsverwaltung im Spannungsfeld zwischen Einzelzwangsvollstreckung, Gesamtvollstreckung und Mieterschutz, NZI 2009, 745–751.

–, Grundstücksverwertung im Insolvenzverfahren, ZfIR 2002, 861–872.

–, Die gerichtliche Aufsicht bei Unklarheiten in der Insolvenzabwicklung, oder: Das Gericht steht nicht über der Gläubigerversammlung, NZI 2009, 633–636.

–, Bedarf es wirklich einer Reform des insolvenzrechtlichen Vergütungsrechts?, ZIP 2014, 2014–2023.

– *(Hrsg.),* Handbuch Zwangsvollstreckungsrecht, Berlin 2013 (zitiert als: *Bearbeiter,* in: Keller, Handbuch Zwangsvollstreckungsrecht, 2013).

Kesseler, Christian, Rechtsschutz des „übergangenen" Insolvenzverwalters, ZIP 2000, 1565–1574.

Kilger, Joachim/ Schmidt, Karsten, Insolvenzgesetze KO/ VglO/ GesO, Beck'sche Kurz-Kommentare, 17. Aufl., München 1997 (zitiert als: *Kilger/ K. Schmidt,* Insolvenzgesetze KO/ VglO/ GesO, 17. Aufl., 1997).

Kindl, Johann/ Meller-Hannich, Caroline/ Wolf, Hans-Joachim (Hrsg.), Gesamtes Recht der Zwangsvollstreckung, ZPO, ZVG, Nebengesetze, Europäische Regelungen, Kosten, Nomos Kommentar, 3. Aufl., Baden-Baden 2016 (zitiert als: *Bearbeiter,* in: Kindl/ Meller-Hannich/ Wolf, Gesamtes Recht der Zwangsvollstreckung, 3. Aufl., 2016).

Kindler, Ingo, Grundpfandrechte im Insolvenzverfahren – Eine Untersuchung der Auswirkungen des Insolvenzplanverfahrens auf die Rechtsstellung der Grundpfandgläubiger, 1. Aufl., Berlin 2009 (zitiert als: *Kindler*, Grundpfandrechte im Insolvenzverfahren, 1. Aufl., 2009).

Kirchhof, Hans-Peter/ Stürner, Rolf/ Eidenmüller, Horst (Hrsg.), Münchener Kommentar zur Insolvenzordnung, Band 1, 3. Aufl., München 2013 (zitiert als: *Bearbeiter,* in: Münchener Kommentar, InsO, Band 1, 3. Aufl., 2013).

– *(Hrsg.),* Münchener Kommentar zur Insolvenzordnung, Band 2, 3. Aufl., München 2013 (zitiert als: *Bearbeiter,* in: Münchener Kommentar, InsO, Band 2, 3. Aufl., 2013).

Klühs, Hannes, Die Pflicht des Zwangsverwalters zur Abrechnung von Betriebskosten und Auszahlung entsprechender Mieterguthaben, zugleich Besprechung von BGH v. 03.05.2006, VIII ZR 168/05, Rpfleger 2006, 640–643.

Knees, Klaus-Niels, Zwangsversteigerung und Zwangsverwaltung, Der Vollstreckungsablauf von der Verfahrensanordnung bis zur Erlösverteilung, 7. Aufl., Berlin u. a. 2013 (zitiert als: *Knees*, Zwangsversteigerung und Zwangsverwaltung, 7. Aufl., 2013).

–, Die Bank als Grundpfandrechtsgläubiger in der Unternehmensinsolvenz, ZIP 2001, 1568–1579.

Kraemer, Joachim/ Vallender, Heinz/ Vogelsang, Norbert (Hrsg.), Handbuch zur Insolvenz, Recht Steuern Betriebswirtschaft, 73. Lieferung, Bonn 2016 (zitiert als: *Bearbeiter,* in: Kraemer/ Vallender/ Vogelsang, Handbuch zur Insolvenz, 73. Lieferung, 2016).

Kreft, Gerhart (Hrsg.), Heidelberger Kommentar, Insolvenzordnung, 6. Aufl., Heidelberg u. a. 2011 (zitiert als: *Bearbeiter,* in: Heidelberger Kommentar, InsO, 6. Aufl., 2011).

Krüger, Wolfgang/ Rauscher, Thomas (Hrsg.), Münchener Kommentar zur Zivilprozessordnung mit Gerichtsverfassungsgesetz und Nebengesetzen, Band 2, 5. Aufl., München 2016 (zitiert als: *Bearbeiter,* in: Münchener Kommentar, ZPO, Band 2, 5. Aufl., 2016).

Kumpan, Christoph, Der Insolvenzverwalter als Interessenwahrer, KTS 2010, 169–194.

Kümpel, Siegfried/ Wittig, Arne (Hrsg.), Bank- und Kapitalmarktrecht, 4. Aufl., Köln 2011 (zitiert als: *Bearbeiter,* in: Kümpel/ Wittig, Bank- und Kapitalmarktrecht, 4. Aufl., 2011).

Lambert-Lang, Heidi/ Tropf, Karl Friedrich/ Frenz, Nobert (Hrsg.), Handbuch der Grundstückspraxis, 2. Aufl., Recklinghausen 2005 (zitiert als: *Bearbeiter,* in: Lambert-Lang/ Tropf/ Frenz, Handbuch der Grundstückspraxis, 2. Aufl., 2005).

Larenz, Karl/ Canaris, Claus-Wilhelm, Methodenlehre der Rechtswissenschaft, 3. Aufl., Berlin u. a. 1995.

Lauer, Jörg, Das Kreditengagement zwischen Sanierung und Liquidation, 4. Aufl., Stuttgart 2005.

Lausberg, Carsten, Das Immobilienmarktrisiko deutscher Banken, Sternenfels 2001.

Leonhardt, Peter/ Smid, Stefan/ Zeuner, Mark (Hrsg.), Insolvenzrechtliche Vergütungsverordnung (InsVV), Kommentar, 1. Aufl., Stuttgart 2014 (zitiert als: *Bearbeiter,* in: Leonhardt/ Smid/ Zeuner, InsVV, 1. Aufl., 2014).

Lindner-Figura, Jan/ Oprée, Frank/ Stellmann, Frank, Geschäftsraummiete, 3. Aufl., München 2012 (zitiert als: *Bearbeiter,* in: Lindner-Figura/ Oprée/ Stellmann, Geschäftsraummiete, 3. Aufl., 2012).

Looschelders, Dirk/ Roth, Wolfgang, Juristische Methodik im Prozess der Rechtsanwendung, Zugleich ein Beitrag zu den verfassungsrechtlichen Grundlagen von Gesetzesauslegung und Rechtsfortbildung, Berlin 1996 (zitiert als: *Looschelders/ Roth,* Juristische Methodik im Prozess der Rechtsanwendung, 1996).

Lwowski, Hans-Jürgen/ Fischer, Gero/ Langenbucher, Katja (Hrsg.), Das Recht der Kreditsicherung, 9. Aufl., Berlin 2011 (zitiert als: *Bearbeiter,* in: Lwowski/ Fischer/ Langenbucher, Das Recht der Kreditsicherung, 9. Aufl., 2011).

Lwowski, Hans-Jürgen/ Merkel, Helmut, Kreditsicherheiten, Grundzüge für die Praxis, 8. Aufl., Berlin 2003 (zitiert als: *Lwowski/ Merkel,* Kreditsicherheiten, 8. Aufl., 2003).

Lwowski, Hans-Jürgen/ Tetzlaff, Christian, Verwertung unbeweglicher Gegenstände im Insolvenzverfahren, Ausgewählte Rechtsfragen zur Verwertung von Grundpfandrechten und Zubehör in der Insolvenz, WM 1999, 2336–2352.

Madaus, Stephan/ Heßel, Konrad-Tassilo, Die Verwaltervergütung in Reorganisationsfällen – Unzulänglichkeiten und Reformansätze, ZIP 2013, 2088–2093.

Marchal, Hendrik, „Kalte Zwangsvollstreckung und kalte Zwangsverwaltung führen zu umsatzsteuerpflichtigen Geschäftsbesorgungsleistungen des Insolvenzverwalters gegenüber den Grundpfandgläubigern“, Kommentar zu BFH, Urt. v. 28.07.2011 – V R 28/09, BB 2011, 2791–2792.

Mayer, Günter, Der Zwangsverwalter, die Mietkaution und der BGH, zugleich Besprechung von BGH v. 09.03.2005 – VIII ZR 330/03, Rpfleger 2006, 175–177.

Medicus, Dieter/ Petersen, Jens, Grundwissen zum Bürgerlichen Recht, Ein Basisbuch zu den Anspruchsgrundlagen, 10. Aufl., München 2014 (zitiert als: *Medicus/ Petersen*, Grundwissen zum Bürgerlichen Recht, 10. Aufl., 2014).

Mitlehner, Stephan, Verwertungsvereinbarungen im Insolvenzverfahren, ZIP 2012, 649–657.

–, Anfechtungsanspruch bei Absonderungsrechten an Mietforderungen und wegen Mietforderungen, zugleich Besprechung BGH v. 09.11.2006 – IX ZR 133/05 und 14.12.2006 – IX ZR 102/03, ZIP 2007, 804–807.

–, Wirkung der Eröffnung des Insolvenzverfahrens auf Kreditsicherungsrechte an Immobilien, Sachen, Rechten und Forderungen, ZIP 2015, 60–64.

Mock, Sebastian, Gläubigerautonomie und Vergütung des Insolvenzverwalters – zu den Auswirkungen der Liberalisierung der Bestellung und der Anforderungen an den Insolvenzverwalter auf das Vergütungsrecht –, KTS 2012, 59–96.

Mohrbutter, Harro/ Ringstmeier, Andreas (Hrsg.), Handbuch Insolvenzverwaltung, 9. Aufl., Köln 2015 (zitiert als: *Bearbeiter,* in: Mohrbutter/ Ringstmeier, Handbuch Insolvenzverwaltung, 9. Aufl., 2015).

Molitor, Michael, Verwaltung einer Immobilie in der Insolvenz des Eigentümers, ZInsO 2011, 1486–1488.

–, Zulässigkeit der Freigabe trotz Verwaltungsvereinbarung, ZInsO 2009, 231–233.

Molitor, Michael/ Hild, Thilo L. (Hrsg.), Immobilien in der Insolvenzrechtspraxis, Köln 2014 (zitiert als: *Bearbeiter,* in: Molitor/ Hild, Immobilien in der Insolvenzrechtspraxis, 2014).

Mönning, Rolf-Dieter/ Zimmermann, Franc, Die Einstellungsanträge des Insolvenzverwalters gem. §§ 30d I, 153b I ZVG im eröffneten Insolvenzverfahren, NZI 2008, 134–139.

Morvilius, Theodor, Zwangsversteigerung/ Zwangsverwaltung, 2. Aufl., Köln 2009.

Mugdan, Benno (Hrsg.), Die gesamten Materialien zum Bürgerlichen Gesetzbuch für das Deutsche Reich, Band 3, Sachenrecht, Neudruck der Ausgabe Berlin 1899, Aalen 1979 (zitiert als: *Mugdan*, Die gesamten Materialien zum Bürgerlichen Gesetzbuch, Band 3, 1979).

Musielak, Hans-Joachim/ Voit, Wolfgang, ZPO Zivilprozessordung mit Gerichtsverfassungsgesetz, Kommentar, 13. Aufl., München 2016 (zitiert als: *Bearbeiter,* in: Musielak/ Voit, ZPO, 13. Aufl., 2016).

Mylich, Falk, Der Zugriff Dritter auf den künftigen Grundstücksmietzins – Ein Beitrag zum Grundstücksmietzins als Kreditsicherheit und Vollstreckungsobjekt, WM 2010, 1923–1931.

Nerlich, Jörg/ Römermann, Volker (Hrsg.), Insolvenzordnung (InsO), Kommentar, 29. EL, München 2016 (zitiert als: *Bearbeiter,* in: Nerlich/ Römermann, InsO, 29. EL, 2016).

Niering, Christoph, Der zwangsverwaltende Insolvenzverwalter – Ein Lösungsansatz, nicht nur für Konfliktfälle –, ZInsO 2008, 790–793.

–, Non Performing Loans – Herausforderung für den Insolvenzverwalter, NZI 2008, 146–149.

Obermüller, Manfred, Die Verrechnung von Tilgungen im Insolvenzverfahren, NZI 2011, 663–664.

–, Insolvenzrecht in der Bankpraxis, 8. Aufl., Köln 2011.

Palandt, Otto (Begr.), Bürgerliches Gesetzbuch mit Nebengesetzen, 75. Aufl., München 2016 (zitiert als: *Bearbeiter,* in: Palandt, BGB, 75. Aufl., 2016).

Pape, Gerhard, Die Immobilie in der Krise, Immobilien als Sicherheit, Wertanlage, Altersvorsorge, in der Zwangsvollstreckung und in der Insolvenz, AnwBl 2008, 494–500.

–, Ungeschriebene Kompetenzen der Gläubigerversammlung versus Verantwortlichkeit des Insolvenzverwalters, NZI 2006, 65–72.

Pape, Gerhard/ Gundlach, Ulf/ Vortmann, Jürgen, Handbuch der Gläubigerrechte, 2. Aufl., Köln 2011 (zitiert als: *Bearbeiter,* in: Pape/ Gundlach/ Vortmann, Handbuch der Gläubigerrechte, 2. Aufl., 2011).

Pape, Gerhard/ Uhlenbruck, Wilhelm/ Voigt-Salus, Joachim, Insolvenzrecht, 2. Aufl., München 2010.

Preuß, Nicola, Zivilrechtspflege durch externe Funktionsträger, Das Justizverfassungsrecht der Notare und Verwalter, Tübingen 2005 (zitiert als: *Preuß,* Zivilrechtspflege durch externe Funktionsträger, 2005).

–, „Missbrauch der Vertretungsmacht" des Insolvenzverwalters, NZI 2003, 625–632.

Prütting, Hanns, Die Unabhängigkeit des Insolvenzverwalters, ZIP 2002, 1965–1974.

Raab, Hans, Probleme bei der Immobilienverwertung aus der Sicht des Insolvenzverwalters, DZWIR 2006, 234–239.

Riedel, Ernst/ Volmer, Michael/ Wilsch, Harald, Handbuch der Rechtspraxis, Band 4, Grundbuchrecht, 15. Aufl., München 2012 (zitiert als: *Schöner/ Stöber,* Grundbuchrecht, 15. Aufl., 2012).

Ring, Gerhard/ Grziwotz, Herbert/ Keukenschrijver, Alfred (Hrsg.), BGB Sachenrecht, Band 3, Nomos Kommentar, 4. Aufl., Baden-Baden 2016 (zitiert als: *Bearbeiter,* in: Ring/ Grziwotz/ Keukenschrijver, BGB, Band 3, 4. Aufl., 2016).

Rüthers, Bernd/ Fischer, Christian/ Birk, Axel, Rechtstheorie mit Juristischer Methodenlehre, 8. Aufl., München 2015.

Säcker, Franz Jürgen/ Rixecker, Roland/ Oetker, Hartmut (Hrsg.), Münchener Kommentar zum Bürgerlichen Gesetzbuch, Band 4, Schuldrecht Besonderer Teil 2, 6. Aufl., München 2012 (zitiert als: *Bearbeiter,* in: Münchener Kommentar, BGB, Band 4, 6. Aufl., 2012).

– *(Hrsg.),* Münchener Kommentar zum Bürgerlichen Gesetzbuch, Band 6, Sachenrecht, 6. Aufl., München 2013 (zitiert als: *Bearbeiter,* in: Münchener Kommentar, BGB, Band 6, 6. Aufl., 2013).

Säcker, Franz Jürgen/ Rixecker, Roland/ Oetker, Hartmut/ Limperg, Bettina (Hrsg.), Münchener Kommentar zum Bürgerlichen Gesetzbuch, Band 1, Allgemeiner Teil, 7. Aufl., München 2015 (zitiert als: *Bearbeiter,* in: Münchener Kommentar, BGB, Band 1, 7. Aufl., 2015).

–, *(Hrsg.),* Münchener Kommentar zum Bürgerlichen Gesetzbuch, Band 2, Schuldrecht Allgemeiner Teil, 7. Aufl., München 2016 (zitiert als: *Bearbeiter,* in: Münchener Kommentar, BGB, Band 2, 7. Aufl., 2016).

Sajogo, Dirk, „Kalte Zwangsvollstreckung“ und „kalte Zwangsverwaltung“ durch den Insolvenzverwalter, AnwZert InsR 22/2011 Anm. 3.

Schach, Klaus/ Schultz, Michael (Hrsg.), Beck'scher Online-Kommentar Mietrecht, 3. Edition, München 2016 (zitiert als: *Bearbeiter,* in: Beck'scher Online-Kommentar Mietrecht, 3. Edition, 2016).

Schilken, Eberhard, Gerichtsverfassungsrecht, 3. Aufl., Köln u. a. 2003.

Schimansky, Herbert/ Bunte, Hermann-Josef/ Lwowski, Hans-Jürgen (Hrsg.), Bankrechts-Handbuch, Band 2, 4. Aufl., München 2011 (zitiert als: *Bearbeiter*, in: Schimansky/ Bunte/ Lwowski, Bankrechts-Handbuch, 4. Aufl., 2011).

Schmid, Michael J., Handbuch der Mietnebenkosten, 14. Aufl., Köln 2014.

Schmidt, Andreas (Hrsg.), Hamburger Kommentar zum Insolvenzrecht, InsO – EuInsVO – EGInsO (Auszug) – InsVV – VbrInsFV – InsOBekV – Insolvenzstrafrecht, 5. Aufl., Köln 2015 (zitiert als: *Bearbeiter,* in: Hamburger Kommentar, InsO, 5. Aufl., 2015).

Schmidt, Andreas/ Büchler, Olaf, Effiziente Ermittlung und Abwicklung von Aus- und Absonderungsrechten in der Insolvenz (Teil 5: Absonderungsrechte an Immobilien), InsbürO 2007, 214–219.

Schmidt, Karsten (Hrsg.), Insolvenzordnung, InsO mit EuInsVO, Beck'sche Kurz-Kommentare, 19. Aufl., München 2016 (zitiert als: *Bearbeiter,* in: K. Schmidt, InsO, 19. Aufl., 2016).

Schmidt, Thomas B./ Haarmeyer, Hans/ Albrecht, Achim (Hrsg.), Praxis und Ausbildung im Insolvenzbüro, 2. Aufl., Münster 2010 (zitiert als: *Bearbeiter,* in: Schmidt/ Haarmeyer/ Albrecht, Praxis und Ausbildung im Insolvenzbüro, 2. Aufl., 2010).

Schmidt-Futterer, Wolfgang (Begr.), Mietrecht, 12. Aufl., München 2015 (zitiert als: *Bearbeiter,* in: Schmidt-Futterer, Mietrecht, 12. Aufl., 2015).

Schmitt, Christoph (Hrsg.), Praxishandbuch Gestaltung von Wirtschaftsverträgen, Unwirksame Vertragsklauseln und Verträge vermeiden, Berlin u.a. 2015 (zitiert als: *Bearbeiter,* in: Schmitt, Praxishandbuch Gestaltung von Wirtschaftsverträgen, 2015).

Schulte, Karl-Werner/ Kühling, Jürgen/ Servatius, Wolfgang/ Stellmann, Frank, Immobilienökonomie 2 Rechtliche Grundlagen, 3. Aufl., München 2013 (zitiert als: *Bearbeiter,* in: Schulte/ Kühling/ Servatius/ Stellmann, Immobilienökonomie 2, 3. Aufl., 2013).

Schulte, Manfred, Mietverträge in der Insolvenz des Vermieters, MietRB 2009, 179–182.

Schuschke, Winfried/ Walker, Wolf-Dietrich (Hrsg.), Vollstreckung und Vorläufiger Rechtsschutz nach dem achten und elften Buch der ZPO einschließlich der europarechtlichen Regelungen, Kommentar, 6. Aufl., Köln 2016 (zitiert als: *Bearbeiter,* in: Schuschke/ Walker, Vollstreckung und Vorläufiger Rechtsschutz, 6. Aufl., 2016).

Schütze, Rolf A. (Hrsg.), Einheit und Vielfalt des Rechts, Festschrift für Reinhold Geimer zum 65. Geburtstag, München 2002 (zitiert als: *Bearbeiter,* Titel, in: FS Geimer, 2002).

Smid, Stefan, Handbuch Insolvenzrecht, 6. Aufl., Berlin u. a. 2012.

–, Kreditsicherheiten in der Insolvenz, 3. Aufl., Stuttgart 2015.

Soergel, Hans Theodor (Begr.), Bürgerliches Gesetzbuch mit Einführungsgesetz und Nebengesetzen, Band 14, Sachenrecht 1, 13. Aufl., Stuttgart 2002 (zitiert als: *Bearbeiter,* in: Soergel, BGB, Band 14, 13. Aufl., 2002).

– *(Begr.),* Bürgerliches Gesetzbuch mit Einführungsgesetz und Nebengesetzen, Band 16, Sachenrecht 3, 13. Aufl., Stuttgart 2001 (zitiert als: *Bearbeiter,* in: Soergel, BGB, Band 16, 13. Aufl., 2001).

Spickhoff, Andreas, Insolvenzzweckwidrige Rechtshandlungen des Insolvenzverwalters – Zugleich ein Beitrag zur Reichweite und Dogmatik der Grundsätze des Missbrauchs der Vertretungsmacht, KTS 2000, 15–36.

Staudinger, J. von (Begr.), Buch 2 Recht der Schuldverhältnisse, §§ 556–561; BetrKV; WärmeLV; HeizkostenV (Mietrecht 2 – Miethöhe und Betriebskosten), Berlin, Neubearbeitung 2014 (zitiert als: *Bearbeiter,* in: Staudinger, BGB, Buch 2, 2014).

– *(Begr.),* Buch 2 Recht der Schuldverhältnisse, §§ 657 – 704 (Geschäftsbesorgung), Berlin, Neubearbeitung 2006 (zitiert als: *Bearbeiter,* in: Staudinger, BGB, Buch 2, 2006).

– *(Begr.),* Buch 3 Sachenrecht, §§ 1113 – 1203 (Hypothek, Grundschuld, Rentenschuld), Berlin, Neubearbeitung 2015 (zitiert als: *Bearbeiter,* in: Staudinger, BGB, Buch 3, 2015).

Stein, Friedrich/ Jonas, Martin (Hrsg.), ZPO Kommentar zur Zivilprozessordnung, Band 7, 22. Aufl., Tübingen 2002 (zitiert als: *Bearbeiter,* in: Stein/ Jonas, ZPO, Band 7, 22. Aufl., 2002).

Stephan, Guido/ Riedel, Ernst, InsVV Insolvenzrechtliche Vergütungsverordnung, Kommentar, München 2010 (zitiert als: *Bearbeiter,* in: Stephan/ Riedel, InsVV, 2010).

Sternel, Friedemann, Mietrecht aktuell, 4. Aufl., Köln 2009.

Stöber, Kurt, Zwangsversteigerungsgesetz, Beck'sche Kurz-Kommentare, 21. Aufl., München 2016 (zitiert als: *Stöber,* ZVG, 21. Aufl., 2016).

–, ZVG-Handbuch Zwangsvollstreckung in das unbewegliche Vermögen, 9. Aufl., München 2010.

Stollfuß Medien GmbH & Co. KG (Quelle), Lexikon des Rechts, 116. EL, (Erscheinungsort unbekannt) 2015 (zitiert als: *Bearbeiter*, in: Lexikon des Rechts, 116. EL, 2015, Begriff).

Stürner, Rolf, Aktuelle Probleme des Konkursrechts, Zur Neubearbeitung des Jaegerschen Kommentars, ZZP 94 (1981), 263–310.

Tetzlaff, Christian, Rechtsprobleme der „kalten Zwangsverwaltung", ZfIR 2005, 179–183.

–, Probleme bei der Verwertung von Grundpfandrechten und Grundstücken im Insolvenzverfahren – Neue Entwicklungen seit In-Kraft-Treten der InsO –, ZInsO 2004, 521–530.

Thomas, Heinz/ Putzo, Hans (Begr.), ZPO Zivilprozessordnung, FamFG Verfahren in Familiensachen, EGZPO, GVG, EGGVG, EU-Zivilverfahrensrecht, Kommentar, 37. Aufl., München 2016 (zitiert als: *Bearbeiter,* in: Thomas/ Putzo, ZPO, 37. Aufl., 2016).

Thrum, Jana, Zwangsverwaltung als Vollstreckungsmaßnahme – Teil 2, InsbürO 2009, 96–106.

Uhlenbruck, Wilhelm/ Hirte, Heribert/ Vallender, Heinz (Hrsg.), InsO Insolvenzordnung, Kommentar, 14. Aufl., München 2015 (zitiert als: *Bearbeiter,* in: Uhlenbruck, InsO, 14. Aufl., 2015).

Vallender, Heinz, Zwangsversteigerung und Zwangsverwaltung im Lichte des neuen Insolvenzrechts, Rpfleger 1997, 353–356.

Vallender, Heinz/ Undritz, Sven-Holger (Hrsg.), Praxis des Insolvenzrechts, Köln 2012.

Vieweg, Klaus/ Werner, Almuth, Sachenrecht, 7. Aufl., München 2015.

von Wilmowski, Gustav (Begr.), Deutsche Reichs-Konkursordnung, 6. Aufl., Berlin 1906.

Vorwerk, Volkert/ Wolf Christian (Hrsg.), Beck'scher Online-Kommentar ZPO, Band 8, 21. Edition, München 2016 (zitiert als: *Bearbeiter,* in: Beck'scher Online-Kommentar ZPO, Band 8, 21. Edition, 2016).

Weber, Ralph, Sachenrecht 2 Grundstücksrecht, 4. Aufl., Baden-Baden 2015 (zitiert als: *Weber,* Grundstücksrecht, 4. Aufl., 2015).

Wedekind, Leif Holger/ Wedekind, Katrin, Zwangsverwaltung – ein systematischer Leitfaden für die Praxis, Köln 2011.

Wimmer, Klaus (Hrsg.), FK-InsO Frankfurter Kommentar zur Insolvenzordnung mit EuInsVO, InsVV und weiteren Nebengesetzen, 8. Aufl., Köln 2015 (zitiert als: *Bearbeiter,* in: Frankfurter Kommentar, InsO, 8. Aufl., 2015).

Wimmer, Klaus/ Dauernheim, Jörg/ Wagner, Martin/ Gietl, Josef (Hrsg.), Handbuch des Fachanwalts Insolvenzrecht, 7. Aufl., Köln 2015 (zitiert als: *Bearbeiter,* in: Wimmer/ Dauernheim/ Wagner/ Gietl, Handbuch des Fachanwalts Insolvenzrecht, 7. Aufl., 2015).

Wipperfürth, Sylvia, Das Grundstück in der Insolvenz, 1. Aufl., Köln 2014.

Zimmer, Frank Thomas, Insolvenzbuchhaltung, Interne Rechnungslegung des Insolvenzverwalters, Köln 2013 (zitiert als: *Zimmer,* Insolvenzbuchhaltung, 2013).

–, Vergütung des Insolvenzverwalters für Hausverwaltung und „kalte“ Zwangsverwaltung, InsbürO 2015, 510–515.

Zippelius, Reinhold, Juristische Methodenlehre, 11. Aufl., München 2012.

Zipperer, Helmut, Probleme beim Zusammentreffen von Zwangsverwaltung und Insolvenzverwaltung, ZfIR 2011, 385–395.

–, Die Pfändung von Miet- und Pachtzinsforderungen aus dinglichen Titeln – die ewig junge „Pfändungsbeschlagnahme“, ZfIR 2006, 395–402.

Zöller, Richard (Begr.), ZPO Zivilprozessordnung, mit FamFG und Gerichtsverfassungsgesetz, den Einführungsgesetzen, mit Internationalem Zivilprozessrecht, EU-Verordnungen, Kostenanmerkungen, Kommentar, 31. Aufl., Köln 2016 (zitiert als: *Bearbeiter,* in: Zöller, ZPO, 31. Aufl., 2016).

Materialienverzeichnis

Bundesministerium der Finanzen, Schreiben an die Oberste Finanzbehörden der Länder v. 30.04.2014 „Umsatzsteuerrechtliche Leistungsbeziehungen bei der Verwertung von Sicherungsgut im Insolvenzverfahren, BFH-Urteil v. 28.07.2011, V R 28/09", IV D 2-S 7100/07/10037 (2014/0332437), BStBl I 2014, 816.

Bundesministerium der Justiz, Entwurf einer Zwangsverwalterverordnung (ZwVwV) vom 14.07.2003, Aktenzeichen R B 4-375112-7280/2003.

–, Zwangsverwalterverordnung (ZwVwV) v. 06.11.2003, BR-Drucks. 842/03.

–, Begründung zur InsVV, abgedruckt bei Lorenz, in: Frankfurter Kommentar, InsO, 8. Aufl., 2015, Anh. V.

Bundesregierung, Entwurf einer Insolvenzordnung (InsO) v. 15.04.1992, BT-Drucks. 12/2443, Anlage 1.

–, Entwurf eines Gesetzes zur Vereinfachung des Insolvenzverfahrens v. 02.11.2006, BT-Drucks. 16/3227, Anlage 1.

–, Entwurf eines Gesetzes zur weiteren Erleichterung der Sanierung von Unternehmen v. 04.05.2011, BT-Drucks. 17/5712, Anlage 1.

Rechtsausschuss (6. Ausschuss), Beschlussempfehlung und Bericht zum Gesetzentwurf der Bundesregierung – Drucks. 12/2443 – Entwurf einer Insolvenzordnung (InsO), v. 19.04.1994, BT-Drucks. 12/7302, S. 5 ff.

Abkürzungsverzeichnis

a. A.	andere Ansicht
a. a. O.	am angegebenen Ort
a. E.	am Ende
Abs.	Absatz
AG	Amtsgericht
AGG	Allgemeines Gleichbehandlungsgesetz
Amtl. Begründung	amtliche Begründung
AnfG	Anfechtungsgesetz
Anh.	Anhang
Anm.	Anmerkung(en)
AnwBl	Anwaltsblatt
AnwZert InsR	AnwaltZertifikat Online Insolvenzrecht
ArbnErfG	Gesetz über Arbeitnehmererfindungen
Art.	Artikel
Aufl.	Auflage
BB	Betriebs-Berater
BeckRS	Beck-Rechtsprechung
Begr.	Begründer
Beschl.	Beschluss
BetrkV	Betriebskostenverordnung
BFH	Bundesfinanzhof
BFHE	Sammlung der Entscheidungen des Bundesfinanzhofs
BGB	Bürgerliches Gesetzbuch
BGBl.	Bundesgesetzblatt
BGH	Bundesgerichtshof
BGHZ	Sammlung der Entscheidungen des Bundesgerichtshofs in Zivilsachen
BMF	Bundesministerium der Finanzen
BR-Drucks.	Drucksachen des Bundesrates
BStBl.	Bundessteuerblatt
BT-Drucks.	Drucksachen des Deutschen Bundestages
BVerfG	Bundesverfassungsgericht
BVerfGE	Sammlung der Entscheidungen des Bundesverfassungsgerichts
BVerwG	Bundesverwaltungsgericht

BVerwGE	Sammlung der Entscheidungen des Bundesverwaltungsgerichts
bzw.	beziehungsweise
d. h.	das heißt
dass.	dasselbe
DepotG	Gesetz über die Verwahrung und Anschaffung von Wertpapieren (Depotgesetz)
ders.	derselbe
dies.	dieselbe(n)
DStR	Deutsches Steuerrecht
DStRE	Deutsches Steuerrecht-Entscheidungsdienst
DStZ	Deutsche Steuer-Zeitung
DZWIR	Deutsche Zeitschrift für Wirtschafts- und Insolvenzrecht
EGBGB	Einführungsgesetz zum Bürgerlichen Gesetzbuche
EGGVG	Einführungsgesetz zum Gerichtsverfassungsgesetz
EGInsO	Einführungsgesetz Insolvenzordnung
EG-UntVO	Verordnung (EG) Nr. 4/2009 des Rates über die Zuständigkeit, das anwendbare Recht, die Anerkennung und Vollstreckung von Entscheidungen und die Zusammenarbeit in Unterhaltssachen
EGZPO	Einführungsgesetz zur Zivilprozessordnung
EGZVG	Einführungsgesetz zu dem Gesetz über die Zwangsversteigerung und die Zwangsverwaltung
Einf.	Einführung
Einl.	Einleitung
einschl.	einschließlich
EL	Ergänzungslieferung
ErbbauRG	Gesetz über das Erbbaurecht
ESUG	Gesetz zur weiteren Erleichterung der Sanierung von Unternehmen
EuErbVO	Verordnung (EU) Nr. 650/2012 des Europäischen Parlaments und des Rates über die Zuständigkeit, das anzuwendende Recht, die Anerkennung und Vollstreckung von Entscheidungen und die Annahme und Vollstreckung öffentlicher Urkunden in Erbsachen sowie zur Einführung eines Europäischen Nachlasszeugnisses

EuInsVO	Verordnung (EG) Nr. 1346/2000 des Rates der Europäischen Union über Insolvenzverfahren
EUR	Euro
EU-Verordnungen	Verordnungen der Europäischen Union
e. V.	eingetragener Verein
EWiR	Entscheidungen zum Wirtschaftsrecht
f.	folgende
FamFG	Gesetz über das Verfahren in Familiensachen und in den Angelegenheiten der freiwilligen Gerichtsbarkeit
ff.	fortfolgende
FG	Finanzgericht
Fn.	Fußnote
GesO	Gesamtvollstreckungsordnung
GG	Grundgesetz
GKG	Gerichtskostengesetz
GKG-KV	Kostenverzeichnis zum Gerichtskostengesetz
GmbH	Gesellschaft mit beschränkter Haftung
GVG	Gerichtsverfassungsgesetz
HeizkostenV	Heizkostenverordnung
h. L.	herrschende Lehre
h. M.	herrschende Meinung
Hrsg.	Herausgeber
Hs.	Halbsatz
HUntProt	Protokoll über das auf Unterhaltspflichten anzuwendende Recht (Haager Protokoll)
i. S. v.	im Sinne von
i. V. m.	in Verbindung mit
InsbürO	Zeitschrift für das Insolvenzbüro
InsO	Insolvenzordnung
InsOBekV	Verordnung zu öffentlichen Bekanntmachungen in Insolvenzverfahren im Internet
InsO-E	Entwurf einer Insolvenzordnung
InsR	Insolvenzrecht
InsVV	Insolvenzrechtliche Vergütungsverordnung
IQS	Institut für Qualität und Standards in der Insolvenzabwicklung

jurisPK-BGB	juris Praxiskommentar BGB
Kap.	Kapitel
KO	Konkursordnung
KO-E	Entwurf einer Konkursordnung
KTS	Zeitschrift für Insolvenzrecht. Konkurs, Treuhand, Sanierung
LG	Landgericht
lit.	littera (Buchstabe)
LPartG	Gesetz über die Eingetragene Lebenspartnerschaft
m. w. N.	mit weiteren Nachweisen
MaInsO	Mindestanforderungen an die Insolvenzverwaltung
MDR	Monatsschrift für Deutsches Recht
MietRB	Der Miet-Rechts-Berater
Mot.	Motive
NJW	Neue Juristische Wochenschrift
NJW-RR	Neue Juristische Wochenschrift Rechtsprechungs-Report Zivilrecht
Nr.	Nummer
NZI	Neue Zeitschrift für das Recht der Insolvenz und Sanierung
NZM	Neue Zeitschrift für Miet- und Wohnungsrecht
OLG	Oberlandesgericht(e)
OLGR	OLG-Report: Zivilrechtsprechung der Oberlandesgerichte
OLGZ	Entscheidungen der Oberlandesgerichte in Zivilsachen
ProdHaftG	Gesetz über die Haftung für fehlerhafte Produkte
Rdnr.	Randnummer(n)
RegE	Regierungsentwurf
RG	Reichsgericht
RGZ	Sammlung der Entscheidungen des Reichsgerichts in Zivilsachen
Rpfleger	Der Deutsche Rechtspfleger
S.	Seite
s. u.	siehe unten

s. o.	siehe oben
SchVG	Gesetz über Schuldverschreibungen aus Gesamtemissionen
sog.	sogenannt(e)
u. a.	unter anderem
Urt.	Urteil
v.	vom
Var.	Variante
VbrInsFV	Verordnung zur Einführung von Formularen für das Verbraucherinsolvenzverfahren und das Restschuldbefreiungsverfahren
VBVG	Gesetz über die Vergütung von Vormündern und Betreuern
VersAusglG	Gesetz über den Versorgungsausgleich
VG	Verwaltungsgericht
vgl.	vergleiche
VglO	Vergleichsordnung
VO	Verordnung
Vorb.	Vorbemerkung(en)
VU	Versäumnisurteil
WärmeLV	Wärmelieferverordnung
WEG	Gesetz über das Wohnungseigentum und das Dauerwohnrecht
WM	Wertpapier-Mitteilungen – Zeitschrift für Wirtschafts- und Bankrecht
z. B.	zum Beispiel
ZfIR	Zeitschrift für Immobilienrecht
Ziff.	Ziffer
ZInsO	Zeitschrift für das gesamte Insolvenzrecht
ZIP	Zeitschrift für Wirtschaftsrecht
ZMR	Zeitschrift für Miet- und Raumrecht
ZPO	Zivilprozessordnung
ZVG	Gesetz über die Zwangsversteigerung und die Zwangsverwaltung
ZwVwV	Zwangsverwalterverordnung
ZwVwV-E	Entwurf einer Zwangsverwalterverordnung
ZZP	Zeitschrift für Zivilprozess

Schriften zum Zivilverfahrensrecht und Insolvenzrecht

Herausgegebenvon Martin Ahrens

Band 1 Christoph Renger: Wege zur Restschuldbefreiung nach dem Insolvency Act 1986. Mit Bezügen zum deutschen Recht und unter Berücksichtigung anerkennungsrechtlicher Probleme nach der EuInsVO. 2012.

Band 2 Alexander Dietzel: Der Pfändungsschutz der privaten Altersvorsorge nach den §§ 851c und 851d ZPO. 2014.

Band 3 Gabriele Janlewing: Familienrechtliche Ansprüche gegen den Selbständigen in der Insolvenz. 2014.

Band 4 Sven Schulze: Die Beweislastregel des § 22 AGG. 2014.

Band 5 Steffen Gotter: Die selbstständige Tätigkeit im Insolvenzverfahren und die Negativerklärung gemäß § 35 II 1 InsO. 2015.

Band 6 Markus Johannes Huber: Die Anfechtung vertraglich vereinbarter Aufrechnungen innerhalb und außerhalb der Insolvenz. 2016.

Band 7 Christoph Buchholz: Personenversicherungen in der Insolvenz des Versicherungsnehmers. Schwerpunkt Lebensversicherung. 2016.

Band 8 Hanno Koerfer: Gewerbe- und Berufsrecht im Spannungsfeld zum Insolvenzverfahren. 2016.

Band 9 Viviane Körner: Die kalte Zwangsverwaltung. Freihändige Verwaltung massezugehöriger Grundstücke durch den Insolvenzverwalter aufgrund einer Verwertungsvereinbarung mit absonderungsberechtigten Gläubigern. 2017.

www.peterlang.com

www.ingramcontent.com/pod-product-compliance
Ingram Content Group UK Ltd.
Pitfield, Milton Keynes, MK11 3LW, UK
UKHW021846290926
8980IPUK00005B/679

9 783631 717196